# 팔레스타인 종족 청소

# 팔레스타인 종족 청소

## PALESTINE

### 이스라엘의 탄생과 팔레스타인의 눈물

일란 파페 지음 | 유강은 옮김

교유서가

일러두기

- 이 책은 2017년에 출간된 『팔레스타인 비극사』(열린책들)의 일부 오류를 바로 잡고, 저자의 「한국어판 서문」과 역자의 「옮긴이의 말」을 새로 담아 재출간 한 것이다.
- 별도의 표기가 없는 한 각주는 옮긴이주다.
- 본문 말미에 팔레스타인 연표(435-441)와 영토 분할 관련 지도(443-449)가 있다.

## 한국어판 서문

『팔레스타인 종족 청소』는 2006년 독자들의 손에 처음 쥐어졌습니다. 당시 독자들의 반응이 쇄도했고, 지금도 여전히 많은 반응을 얻고 있습니다. 당시에 "종족 청소"는 새로운 이스라엘 국가에 적용하기에 가혹한 단어처럼 보였습니다—많은 이들이 1948년 사태에 대한 이런 성격 규정을 불편해했지요.

그후로 많은 변화가 있었습니다. 지금은 팔레스타인 문제에 관심 있는 사람이라면 누구나 1948년 이스라엘이 보인 행동을 종족 청소라고 설명합니다. 이제 팔레스타인 마을 파괴와 50만 명이 넘는 팔레스타인인의 강제 추방이 시온주의자들이 차지하고자 한 땅을 비우기 위한 의도로 실행한 전략의 일부였다는 사실을 누구도 부정하지 못합니다. 이제 우리는 1948년을 범죄 이야기로 읽을 수 있습니다. 가해자와 피해자를 인정하고, 피해에 대해 어떻게 보상하는 게 최선인지를 함께 생각할 수 있습니다.

더욱이 이제 종족 청소가 1948년에 끝난 것이 아님이 분명해 보입니다. 오늘날까지도 종족 청소 원리가 이스라엘의 전략을 지배하고 있습니다. 1948년에 군사적 승리를 거둔 뒤 이스라엘은 역사적 팔레스타인 땅의 80퍼센트 가까이 장악했습니다. 자국 국경 안에 상당한 수의 팔레스타인 소수자를 갖게 되었지만요. 이스라엘은 이 팔레스타인 소수자들에게 참정권을 부여하거나 통합하는 대신, 1948년에서 1967년 사이에 야만적인 군사 통치를 자행하면서 팔레스타인인의 인권을 노골적으로 침해했습니다.

1967년까지 역사적 팔레스타인 땅의 20퍼센트 정도가 이스라엘의 통제를 받지 않았습니다. 그런데 1967년 6월 전쟁으로 이스라엘이 이 땅을 점령했습니다. 이제 이스라엘은 팔레스타인 전체를 장악했습니다. 하지만 이내 한 가지 문제에 직면했지요. 극소수의 아랍인을 포함하면서도 어쨌든 유대 국가가 되기를 원했으니까요. 팔레스타인 사람들에게 어떤 권리도 부여하지 않은 채 팔레스타인을 계속 지배하기 위해 이스라엘이 구사하는 방법은 여러 가지가 있습니다. 군사 통치, 차별적 법률, 종족 청소 실행과 국지적인 프로젝트 등이 그것이지요. 이스라엘 북부에서 남부까지, 예루살렘 광역지구, 헤브론 지역과 요르단강 유역에서 팔레스타인인을 추방했습니다. 그래야만 이스라엘이 현지에서 새로운 인구학적 사실을 창조할 수 있었으니까요. 이런 작전은 지금도 계속되고 있습니다.

팔레스타인인들이 현재 진행형의 나크바라고 부르는 이런 현실 때문에 우리는 어느새 1948년으로 되돌아갑니다. 팔레스타인 주택이 파괴되거나 팔레스타인 시위대가 암살당하거나 팔레스타인 활동가가 구금되는 것을 목격할 때면 언제나 우리는 눈앞에서 1948년의 상황이 펼쳐지는 것을 봅니다. 나크바는 지금도 결코 끝나지 않았습니다.

하지만 서방의 정치 엘리트와 주류 언론은 이상하게도 여전히 팔레스타인인들이 겪는 곤경에 무관심합니다. 마치 인권과 민주주의의 언어를 거기까지 확장할 수 없는 것처럼요. 시리아 내전 시기에 팔레스타인 난민들이 포위된 난민촌에서 굶어죽는 참사를 겪는 걸 지켜보고도 서방 정치인이나 언론인은 그들이 고국으로 돌아갈 권리를 인정하지 못하는 듯 보입니다.

한편 팔레스타인 난민들이 굶주리는 동안 이스라엘은 시리아 아사드 정권에 맞서 싸우는 반군에 긴급 의료 지원을 제공해서 전쟁을 계속하도록 반군을 전장으로 보낸다고 자랑했습니다. 2019년 이스라엘 방위군 참모총장은 자리에서 물러나면서 이스라엘이 무기도 제공한다고 인정했습니다. 이스라엘은 이를 인도주의로 간주했지요. 하지만 시리아의 훨씬 가난한 그 모든 이웃과 달리, 이스라엘은 내전을 피해 도망치는 난민은 한 명도 인정하려 하지 않았습니다. 국제사회는 이런 행태에 대해 논평도 거의 하지 않았지요. 하지만 눈에 빤히 보이는 이런 현실에 눈감는 것은 새로운 모습이 아닙니다.

국제사회는 1948년 6월, 이스라엘군과 5월 15일에 팔레스타인에 진입한 아랍 군대가 첫번째 정전을 했을 때 팔레스타인에서 종족 청소가 벌어지는 사실을 처음 알게 됐습니다.

팔레스타인을 구하려는 아랍 전체 차원의 시도는 실패할 운명임이 이미 분명했습니다. 정전 덕분에 유엔 옵서버들은 처음으로 현지의 현실을 가까이에서 볼 수 있었습니다. 그 현실은 종족 청소였지요. 새로운 이스라엘이 주로 몰두한 일은 정전 상황을 활용해서 팔레스타인의 탈아랍화를 가속화하는 것이었습니다. 이는 총격이 멈추는 순간에 시작되어 유엔 옵서버들이 지켜보는 가운데 시행됐습니다.

6월 두번째 주에 이르러 팔레스타인은 도시들을 빼앗겼고 그와 더불어 주요 소도시 주변의 마을 수백 곳이 사라졌습니다. 이스라엘 군대는 소도시와 마을들을 모두 비워버렸습니다. 사람들이 쫓겨났고, 아랍 군대가 팔레스타인에 진입하기 전에 대다수 사람이 이미 도망쳤습니다. 주택, 상점, 학교, 사원은 여전히 그대로였습니다. 시끄러운 총격 소리가 멈춘 가운데 유엔 옵서버들은 우르릉거리며 이 모든 건물을 밀어버리는 트랙터 소리를 들을 수 있었지요. 일부 건물은 몇 세대 전부터 서 있던 것들이었습니다.

앞으로 보게 되겠지만, 유엔 옵서버들은 팔레스타인이 아랍의 지중해 동부 시골에서 유럽산 소나무와, 마을들을 관통해 흐르는 수백 개 개울의 물을 빼내는 거대한 송수관으로 둘러싸인 새로운 유대인 정착촌이 점점이 박힌 땅으로 극적으로 바뀌는 과정을 체계적으로 기록했습니다. 시온주의 운동은 오늘날 갈릴리 지방과 요르단강 서안의 그나마 훼손되지 않고 몇몇 남은 구석진 지역의 풍경에서 겨우 상상이나 할 수 있는 파노라마를 지워버렸습니다.

유엔 옵서버들은 종족 청소가 한창 벌어지고 있다고 상관들에게 끈질기게 보고했고, 아랍 국가기구의 대표들도 비슷한 보고서를 제출했습니다. 이런 압력이 약간이나마 결실을 맺어서 1948년 12월, 유엔 총회는 결의안 제194호를 통과시켰지요. 결의안이 단호하게 말한 것처럼, 팔레스타인 난민들은 집으로 돌아갈 권리가 있었고, 집을 잃은 사람들은 보상받을 수 있게 되었습니다.

1949년 5월 스위스 로잔에서 열린 국제회의를 통해 유엔이 결의안 제194호를 실행하기 위해 임명한 팔레스타인 조정위원회는 바로 이런 논리를 수용했습니다. 이런 틀을 수용하고 이스라엘에 제재 위협을 가하는 등 상당수의 난민을 송환하도록 압력을 넣으려고 마음먹은 미국인들이 조정 시도를 이끌었습니다.

몇 달이 흘러 1949년 말이 되자 미국의 압력은 가라앉았습니다. 시온주의가 로비를 벌이고, 냉전이 고조되고, 이스라엘이 예루살렘을 분할체로, 즉 국제적 도시로 만들라는 유엔 결의안을 거부하면서 유엔은 예루살렘에 새롭게 초점을 맞추는 상황이었거든요. 처음에는 이스라엘 건국을 지지했던 소련만이 시온주의가 현지에서 창조한 새로운 현실을 되돌릴 수 있다고 전 세계에 상기시켰습니다. 그해 말에 이르러 이스라엘은 또한 10만 명의 난민을 송환하겠다는 처음의 입장에서 후퇴했습니다. 미국의 압력을 받아 동의해놓고 마음을 바꾼 겁니다.

팔레스타인 농촌 마을 수백 곳 위에 유대인 정착촌과 유럽식 숲이 서둘러 조성되었고, 이스라엘 불도저들은 도시 지역에서 팔레스타인 주택 수백 채를 파괴했습니다. 팔레스타인의 아랍적 성격을 깡그리 지우려는 시도였지요. 이스라엘의 보헤미안과 여피, 그리고 절박한 상태의 유대인 신규 이민자들이 이런 주택 몇 채를 "구출해서" 들어가 살았고, 정부는 그들의 소유를 사후적으로 승인했습니다. 주택이 워낙 아름답고 위치도 좋아서 결국 진짜 부동산 대박이 됐지요. 이스라엘 부유층, 국제 NGO들, 공사관 등이 새로운 본거지로 이런 주택을 선호했습니다. 현지에서는 국제 옵서버들이 부끄러운 줄 모르는 약탈이 벌어지는 현장을 실시간으로 목격할 수 있었지요. 하지만 국제사회는 약탈을 멈추려는 시도를 전혀 하지 않았습니다.

이스라엘은 흡족하게 이를 전권 위임장으로 받아들였습니다. 유엔 대표가 팔레스타인인들의 권리에 대해 아무리 듣기 좋은 말들을 늘어놓든 간에 이스라엘 국가는 그때부터 줄곧 팔레스타인의 종족 청소가 용인될 것임을 알았습니다.

이스라엘은 이 메시지를 분명하게 들었고, 한때 아랍인이 다수임을 자랑으로 삼던 땅에서 배타적인 유대 국가를 세우려는 계획을 실행하기 시작했습니다. 이스라엘 영토에 남아 있는 팔레스타인인들은 군사 통치를 받으면서 기본적 인권과 시민권을 부정당했습니다. 역대 이스라엘 정부는 또한 1948년에 점령하지 못한 팔레스타인 지역을 결국 자신들의 수중에 장악하는 결말을 계획했습니다. 1967년 역사적 팔레스타인 전체를 점령했을 때 이스라엘은 이를 확실히 알았습니다. 잔학 행위를 잇달아 벌이더라도 얼마나 많은 사람이 지켜보는지는 중요하지 않다는 것을요. 중요한 건 권력을 가진 사람들이 아무 행동도 하지 않는다는 것입니다.

기록하는 펜이 식민화의 칼보다 힘이 세게 만드는 유일한 길은 서방과 세계무대에서 세력 균형을 이동시키는 것입니다. 지금까지 세계 곳곳의 시민사회가 팔레스타인에 대한 유대를 표명하고 있고, 용감한 몇몇 정치인들이 확고한 입장을 보이고는 있지만, 아직 팔레스타인 쪽에 유리하게 균형이 기울지 않았습니다. 팔레스타인 사람들의 입장에 서서 생각할 수 있는 탈식민 국가들이 과연 국제사회에 더 많은 요구를 할 것인지 지켜보아야 할 테지요.

우리는 또한 유럽산 소나무 밑에서, 소나무들 사이에서 다시 땅을 뚫고 나오는 데 성공한 팔레스타인의 오래된 올리브 나무들로부터 용기를 얻을 수 있습니다. 갈릴리 지역의 여러 마을의 폐허 위에 세워진 배타적인 유대 소도시들에 거주하는 팔레스타인인들에게서도 용기를 얻을 수 있지요. 가자, 빌인Bil'in, 알아라끼브Al-Araqib, 셰이크자라, 마사페르야타Masafer Yatta에서 꿋꿋하게 사는 사람들도 귀감이 됩니다. 균형은 좋은 쪽으로 바뀔 수 있습니다.

### 새로운 나크바: 2023년 10월

2023년 10월 7일은 1948년의 사태가 단순히 오래된 역사가 아님을 분명히 보여주었습니다. 이스라엘은 물론 하마스가 주도한 이스라엘 남부 공격이 반세기가 넘는 축출과 점령, 정확히 말하면 식민화와 관계가 있다는 사실을 부정합니다. 그 대신 하마스는 이란의 대리인이자 또한 나치스나 ISIS와 똑같은 세력이며, 순전히 야만적인 반유대주의에 따라 움직인다고 주장하지요. (오늘날 이스라엘은 시리아 내전 당시에 ISIS를 바로 코앞에 두고도 오히려 흡족해한 사실을 편리하게 무시해버립니다.)

하지만 이런 서사를 유지하기가 점점 어려워지고 있습니다. 유엔 사무총장은 10월 7일에 벌어진 용납할 수 없는 민간인 공격을 더 넓은 역사적 맥락에서 보아야 한다고 주장했습니다. 팔레스타인인들이 얼마나 오랫동안 점령당한 채 살았는지 인정해야 한다고요.

제 생각에 이 역사는 1948년보다 훨씬 더 거슬러올라갑니다. 시온주의는 출발점에서부터 정착민 식민주의 운동으로서, 정착민들을 위한 새로운 국가를 건설하는 것을 목표로 삼고 그 땅에 사는 원주민들을 쫓아냈습니다. 1948년은 시온주의 운동이 줄곧 바라던 기회를 제공했고, 전쟁의 혼돈 속에서 시온주의 세력은 팔레스타인 인구 절반 이상을 쫓아내고 마을 수백 곳을 파괴했습니다.

이 과정의 일부로, 이스라엘은 가자지구를 창설했습니다―지금 돌무더기로 변해버린 바로 그곳이지요. 가자지구는 팔레스타인 중부와 남부에서 강제로 쫓겨난 팔레스타인인 수십만 명을 흡수하기 위한 난민촌으로 만들어졌습니다. 이집트가 받아들이기를 거부한 난민들이지요. 마지막 난민들은 1948년 말 이스라엘이 파괴하고 불태우고 철거한 가자지구 근처 마을들에서 쫓겨난 이들입니다. 지난해 10월 7일 하마스가 공격한 수많은 정착촌은 그 파괴된 마을들의 폐허 위에 세워진 곳들입니다.

현재 진행중인 나크바, 이스라엘에서 강경 우파가 권력을 공고히 굳히면서 2020년 이후 격화되는 것을 포함해서 1967년 이래 이어지는 군사 지배와 점령, 2007년부터 계속되는 가자지구에 대한 비인도적 포위 등을 지켜보면, 하마스의 기습공격과 이스라엘의 대응을 둘 다 이해하는 데 도움이 됩니다. 우리는 이스라엘이 단순한 자위 행동을 하거나 위협을 진정시키려고 하는 게 아님을 깨달아야 합니다. 이스라엘은 하마스의 공격을 구실로 활용해서 가자지구에서 종족 청소를 강화하고, 심지어 유대 정착민들의 공격을 강화하는 식으로 요르단강 서안에서 더 많은 팔레스타인인을 쫓아내고 있습니다.

분명히 말하지만, 그렇다고 해서 하마스의 행동이 정당화된다는 이야기는 아닙니다―하마스는 민간인을 살해하고, 인질로 잡는 등 전쟁 범죄를 저질렀습니다. 하지만 지난해 10월 아침에 이스라엘 국경을 침범한 젊은이들은 빗발치는 폭격 아래서 자란 이들입니다. 2006년, 2008~9년, 2014년, 2021년에 거듭 폭격을 겪었지요. 21세기의 폭탄은 여러분이 역사책에서 읽는 그 어떤 것보다 훨씬 파괴적입니다. 이 젊은이들은 폭력과 무력의 언어, 점령 권력이 인간의 존엄성을 비하하는 언어를 배웠습니다. 그렇다고 이번 행동에 대한 변명이 되지는 못하겠지요. 하지만 정의 없이 평화를 누릴 수 없다는 사실을 깨닫는 데는 도움이 됩니다.

하마스 공격 직후에 당연하게도 이스라엘은 세계 각국 정부로부터 거의 만장일치로 공감과 지지를 받았습니다. 에펠탑을 비롯한 서방 세계 전역의 주요 랜드마크마다 희생자들과 연대하는 의미로 이스라엘 국기가 밝게 빛났습니다.

이스라엘 당국은 이런 공감을 가자지구에 사는 200만 주민 전체에 집단적 징벌을 가해도 된다는 백지수표로 해석했습니다. 이스라엘이 가자지구를 맹렬하게 폭격하고, 구호 활동을 봉쇄하고, 핵심 기반 시설을 파괴하자 세계 곳곳의 사람들은 충격을 받았습니다. 국제 사법 재판소는 2024년 1월 이스라엘이 저지른 일부 행동은 제노사이드가 벌어지는 것을 막기 위한 국제법 위반에 해당할 가능성이 높다고 결론 내렸습니다.

사실 이스라엘인들 스스로도 마지막 폭탄이 떨어진 뒤 가자에서 어떤 일이 벌어질지 분명히 알지 못할 겁니다. 이스라엘 당국은 가자지구의 일부를 병합해서 팔레스타인인 수백만 명을 한데 몰아넣을 생각인 듯합니다. 이미 추방당한 사람들의 후손인 많은 이들을 훨씬 더 조밀한 공간 안에, 한층 빽빽한 교도소에 몰아넣으려는 거지요. 시간이 지나면, 과연 이스라엘이 이런 현실을 강제할 수 있는지 밝혀지겠지요. 만약 그런 시도를 한다면, 더 많은 봉기가 일어날 비옥한 토양이 제공되는 셈입니다. 모든 봉기는 지역 차원의 전쟁으로 비화할 잠재력이 있을 테고요.

유감스럽지만, 이는 『팔레스타인 종족 청소』가 앞으로도 유의미함을 전혀 잃지 않을 것임을 의미합니다. 이스라엘에는 진정한 평화 진영이 존재하지 않습니다. 이스라엘 사회가 내부에서부터 경로를 바꾸는 데 필요한 자기성찰과 더 나아가 자기비판을 겪을 것 같지는 않습니다. 제가 이 책에서 기록한 나크바는 설사 그 방식이 달라질지라도 계속될 겁니다.

지금껏 내내, 팔레스타인인 전체가 고통을 겪은 지금까지도 질문은 여전히 그대로 남아 있습니다. 과연 세계가 행동에 나설까요? 우리는 이스라엘이 "중동의 유일한 민주 국가"라고 스스로 신격화하는 것을 태평스럽게 계속 받아들일까요? 아니면 마침내 팔레스타인의 종족 청소를 끝장내고 평화와 화해로 나아가는 길고 고통스러운 길에 나서게 될까요?

2024년 7월

일란 파페

# 서문

우리는 이별을 애도하지 않는다
그럴 시간도 없고 눈물도 메말랐다
우리는 이별의 순간을 부여잡지 않는다
물론 그건 이별이고
우리에게는 눈물이 남아 있다
— 사푸리야 마을 출신 난민 타하 무함마드 알리(1988)


"나는 강제 이주에 찬성합니다. 강제 이주라고 해서 부도덕한 점은 전혀 없습니다."
— 1938년 6월 다비드 벤구리온이 유대 기구 집행 위원회에서 한 발언[1]


## 레드하우스

'레드하우스Red House'는 텔아비브 초기의 전형적인 건물이었다. 1920년대에 이 건물을 짓느라 땀을 흘린 유대인 건축업자들과 장인들의 자랑이었던 건물은 지역 노동자 협의회 본부로 사용하려고 설계된 것이었다.

1947년 말까지도 노동자 협의회 본부였던 건물은 이내 팔레스타인 땅의 주요 시온주의 지하 민병대인 하가나Hagana의 본부가 되었다. 텔아비브 북부 야르콘Yarkon가街의 바다 가까이에 있던 건물은 지중해에 면한 최초의 '히브리' 도시이자 문학가들과 석학들이 애정을 담아 '화이트시티White City'라고 부르는 도시에 추가된 또다른 멋진 건축물이었다. 그 시절에는 오늘날과 달리 티 한 점 없는 흰색 주택들이 그 시대와 지역의 지중해 항구 도시들에 전형적인 풍요로운 광채로 도시 전체를 가득 채우고 있었기 때문이다. 텔아비브는 바우하우스 건축의 모티프와 팔레스타인 토착 건축을 우아하게 융합해서 레반트풍이라는 이름의 혼합물을 이루어, 보기만 해도 흐뭇한 광경이었다. 물론 여기서 레반트풍이라는 말에는 경멸적인 함의가 전혀 담겨 있지 않다. 건물 입구의 구조를 이루는 동시에 2층에 있는 발코니를 지탱하는 전면의 아치들로 아름답게 꾸며진 단순한 직사각형 모양인 '레드하우스'도 마찬가지로 멋진 광경이었다. '레드하우스'라는 이름이 붙은 연유는 노동자 운동과 연관된 것이거나 아니면 해질녘에 건물을 물들인 연분홍색 때문이다.[2] 앞의 이유가 더 어울린다. 이 건물이 1970년대에 이스라엘 키부츠 운동의 본부가 되었을 때 시온주의식 사회주의와 계속 결부되었기 때문이다. 영국 위임통치 시기의 중요한 역사적 유적인 이런 건물들 때문에 2003년 유네스코는 텔아비브를 세계 유산으로 지정했다.

오늘날 이 건물은 발전의 희생양이 되어 이제 그 자리에 없다. 바로 옆에 신축한 쉐라톤호텔의 주차장 부지를 만들기 위해 이 건축 유물을 밀어버렸기 때문이다. 그리하여 이 거리에는 이제 '화이트시티'의 흔적이 전혀 남아 있지 않다. 도시는 사방으로 불규칙하게 뻗은, 오염되고 사치스러운 대도시로 서서히 변형되어 현대의 텔아비브로 변신했다.

1948년 3월 10일 쌀쌀한 수요일 오후에 이 건물에서 베테랑 시온주의 지도자들과 젊은 유대인 군 장교들로 이루어진 11인 그룹이 팔레스타인 종족 청소ethnic cleansing*를 위한 계획을 마지막으로 손질했다. 그날 저녁, 팔레스타인인들을 이 나라의 광대한 지역에서 체계적으로 쫓아낼 준비를 하라는 군사 명령이 현장에 있는 각급 부대에 전해졌다.[3] 명령문에는 사람들을 강제로 쫓아낼 때 어떤 방식을 사용해야 하는지 구체적인 설명이 담겨 있었다. 대규모 위협을 가할 것, 마을과 인구 중심지를 포위하고 포격할 것, 주택, 재산, 물건 등을 방화할 것, 사람들을 추방할 것, 남김없이 파괴할 것, 그리고 마지막으로 쫓겨난 주민들이 돌아오지 못하도록 잔해에 지뢰를 설치할 것 등이었다. 각급 부대마다 이 마스터 플랜의 표적으로 삼을 마을과 동네의 명단이 주어졌다. 플랜 D(히브리어로 달렛Dalet)라는 암호명이 붙은 이 계획은 시온주의자들이 팔레스타인 땅과 원주민들의 운명에 대해 정해놓은 자잘한 계획들을 종합한 네 번째이자 최종판이었다. 이전의 세 계획에는 시온주의 지도부가 유대 민족 운동이 호시탐탐 노리는 땅에 이미 살고 있는 수많은 팔레스타인 사람들의 존재를 어떻게 다룰지에 대해 모호한 설명만이 있었다. 네번째이자 최종판인 이 청사진은 분명하고 명백하게 입장을 밝혔다. 팔레스타인인들은 떠나야 한다는 것이다.[4] 이 계획의 중요성을 처음 주목한 역사학자 중 한 명인 심하 플라판Simcha Flapan의 말을 빌리자면, "'농촌 지역

---

* 보통 '인종 청소'라고 번역되기도 한다. 하지만 'race', 'nation', 'ethnicity'가 각각 '인종', '민족', '종족'에 해당한다는 점, 그리고 유대인과 아랍인이 양쪽 다 단일한 인종으로 구성되어 있지 않다는 점에서 이 책에서는 '종족 청소'로 옮긴다. '인종'은 무엇보다도 생물학적 지표로 구분되는데, 유대인과 아랍인은 원래 같은 셈족으로 생물학적으로는 구별되지 않는다.

의 정복과 파괴"를 포함한 아랍인들에 대한 군사 작전은 하가나의 플랜 달렛에서 시작되었다.'5 이 계획의 목표는 사실 팔레스타인 도시 지역과 농촌 지역 모두를 파괴하는 것이었다.

이 책의 처음 몇 장章에서 보여주겠지만, 이 계획은 팔레스타인에 유대인만 살아야 한다는 시온주의의 이데올로기적 충동이 낳은 불가피한 소산이자, 영국 내각이 위임 통치를 종식시키기로 결정한 뒤 현장에서 전개된 상황에 대한 대응이었다. 지역 팔레스타인 민병대와 잇달아 충돌이 벌어진 사실은 종족 청소된 팔레스타인이라는 이데올로기적 전망을 실행하기 위한 완벽한 배경이자 구실이 되었다. 시온주의 정책은 처음에 1947년 2월 팔레스타인의 공격에 대한 보복에 근거를 두었고, 1948년 3월에는 팔레스타인 땅 전역에서 종족 청소를 실행한다는 구상으로 전환되었다.6

일단 결정이 내려지자 임무를 완수하는 데 6개월이 걸렸다. 계획 실행이 끝났을 때 팔레스타인 원주민의 절반 이상, 그러니까 80만 명 가까이가 집에서 쫓겨나고, 마을 531곳이 파괴되고, 도시의 동네 11곳이 사람이 살지 않는 곳이 되었다. 1948년 3월 10일 결정된 계획, 그리고 무엇보다도 이후 몇 달 동안 진행된 체계적인 실행은 종족 청소 작전의 분명한 사례였다. 오늘날 국제법에서는 이런 작전을 반인도적 범죄로 간주한다.

홀로코스트 이후 대규모 반인도적 범죄를 감추는 것은 거의 불가능한 일이 되었다. 특히 전자 매체가 급증한 이래로 통신 중심의 현대 세계에서는 인간이 저지른 어떤 재앙도 대중의 눈을 피해 숨기거나 잡아 뗄 수 없게 되었다. 그렇지만 이런 범죄 하나가 전 세계 대중의 기억에서 거의 완전히 지워졌다. 1948년 이스라엘이 저지른 팔레스타인인 추방은 그렇게 지워졌다. 팔레스타인 땅의 현대사에서 가장 중요한 이 사건은 그뒤 체계적으로 부정되었고, 지금도 도덕적, 정치적으로 직시해야 할 범죄로 인정받기는커녕 역사적 사실로도 인정되지 않는다.

종족 청소는 반인도적 범죄이며, 오늘날 그런 일을 자행하는 사람들은 특별 재판소에 회부되어야 할 범죄자로 여겨진다. 법의 영역에서 1948년 팔레스타인에서 종족 청소를 시작하고 저지른 이들을 어떻게 지칭하고 다루어야 하는지 결정하기는 어려울지 모르지만, 그들이 저지른 범죄를 재구성하고, 지금까지 달성한 것보다 더 정확하다고 밝혀질 역사적 설명과 더욱 완전한 도덕적 입장에 도달하는 것은 가능하다.

우리는 레드하우스 꼭대기 층의 그 방에 있었던 사람들의 이름을 안다. 그 방에는 '적개심에 불타는 아랍 침략자들'에 맞서 '용감한 싸움'을 벌이면서 보호 장벽 뒤에서 소총을 겨누는 '새로운' 유대인—근육질에 건강하고 검게 탄—의 모습과 나란히 '전우들이여Brothers in Arms'나 '강철 주먹The Fist of Steel' 같은 구호가 담긴 마르크스주의식 포스터가 붙어 있었다. 우리는 또한 현장에서 명령을 실행한 고위 장교들의 이름을 안다. 다들 이스라엘 건국 영웅들의 만신전에서 볼 수 있는 익숙한 인물들이다.[7] 얼마 전까지만 해도 그들 대부분이 계속 살아서 이스라엘의 정치와 사회에서 중요한 역할을 하고 있었다. 그렇지만 오늘날까지 생존한 사람은 극소수뿐이다.

팔레스타인인들, 그리고 시온주의 서사를 곧이곧대로 믿기를 거부하는 다른 사람들은 이 책이 쓰이기 오래전에 이미 이 사람들이 범죄자라는 사실을 분명히 알고 있었다. 다만 이 사람들이 이제까지 처벌을 피하는 데 성공했고, 앞으로도 자신들이 한 일에 대해 재판에 회부되는 일이 없을 뿐이다. 큰 상처로 남은 트라우마 외에도 팔레스타인인들이 가장 깊게 느끼는 좌절은 1948년 이래 이 사람들이 자행한 범죄 행위가 그토록 철저하게 부정되고 팔레스타인의 고통이 그토록 완벽하게 무시된다는 사실이다.

약 30년 전의 종족 청소 피해자들이 1948년에 관한 이스라엘의 공식 서사가 기를 쓰고 감추고 왜곡하려 한 역사적 그림을 새로 짜 맞추기 시작했다. 이스라엘의 역사 서술에 의해 조작된 이야기에 따르면, 팔레스타인인 수십만 명이 신생 유대 국가를 파괴하기로 결심한 아랍 침략군에게 길을 내주기 위해 잠시 자기 집과 마을을 떠나기로 결정하고 대규모로 '자발적 이주'를 했다고 한다. 1970년대에 왈리드 칼리디Walid Khalidi를 필두로 한 팔레스타인 역사학자들은 자기 민족에게 벌어진 일에 관한 진짜 기억과 문서를 수집해서 이스라엘이 지워버리려고 한 그림의 중요한 일부를 복원할 수 있었다. 하지만 1970년에 출간되고 1992년에 재간된(이번에는 팔레스타인 종족 청소의 실행자 중 한 명인 이츠하크 라빈Yitzhak Rabin, 당시 이스라엘 총리의 서문이 실려 있었다) 댄 커즈먼Dan Kurzman의 『창세기 1948Genesis 1948』 같은 책들이 금세 팔레스타인의 역사 서술을 압도해버렸다. 그러나 1987년에 출간된 『팔레스타인의 재앙The Palestinian Catastrophe』에서 유엔 문서와 팔레스타인 난민과 망명자들과 나눈 인터뷰를 바탕으로 1948년 사태에 대한 팔레스타인의 해석을 확인한 마이클 팔럼보Michael Palumbo같이 팔레스타인의 시도를 지지하고 나선 이들도 몇 있었다. 이 난민과 망명자들이 나크바 시기에 겪은 일들에 대한 기억은 너무도 생생해서 독자들의 뇌리에 깊게 각인될 정도였다.[8]

1980년대에 이스라엘에서 이른바 '새로운 역사*new history*'가 무대에 등장함에 따라 팔레스타인의 기억을 둘러싼 싸움에서 정치적 돌파구가 열릴 수도 있었다. '새로운 역사'란 1948년 전쟁에 대한 시온주의적 서사를 수정하려는 소수의 이스라엘 역사가들의 시도였다.[9] 나도 그런 역사가들 중 하나였다. 하지만 우리 새로운 역사학자들은 나크바 부정에 대항하는 싸움에 큰 기여를 하지 못했다. 종족 청소 문제를 회피하고, 특히 외교사학자들처럼 시시콜콜한 세부 사항에 초점을 맞추었기 때문이다. 그렇다 하더라도 이스라엘의 수정주의 역사학자들은 주로 이스라엘의 군사 기록을 활용해서 이스라엘의 주장, 즉 팔레스타인인들이 '자진해서' 떠났다는 주장이 얼마나 그릇되고 터무니없는 것인지를 보여주는 데 성공했다. 이 역사학자들은 마을과 소도시에서 대규모 추방이 벌어진 많은 사례를 확인할 수 있었고, 유대 군대가 대량 학살을 비롯해서 상당히 많은 잔학 행위를 저질렀음을 폭로했다.

이 주제에 관해 글을 쓰는 유명한 인물 중 한 명이 이스라엘 역사학자 베니 모리스Benny Morris이다.[10] 모리스는 이스라엘 군사 기록 보관소에서 추려 낸 문서에만 의존했기 때문에 결국 현장에서 벌어진 일에 관해 아주 부분적인 그림만을 내놓았다. 그렇지만 이런 결과물만으로도 일부 이스라엘 독자들은 팔레스타인인들이 '자발적으로 탈출했다'는 이야기가 신화에 불과하다는 점, 그리고 1948년에 '원시적이고' 적대적인 아랍 세계에 맞서 '도덕적인' 전쟁을 벌였다는 이스라엘의 자아상은 큰 결함이 있고 어쩌면 이미 파산했을지도 모른다는 점을 깨닫는 데 충분했다.

이 그림이 불완전했던 것은 모리스가 기록 보관소에서 찾은 이스라엘 군사 보고서를 액면 그대로, 아니 심지어 절대적인 진실로 받아들였기 때문이다. 따라서 그는 아크레Acre로 공급되는 상수도에 장티푸스균을 탄 일이나 유대인들이 자행한 수많은 강간 사례와 수십 건의 대량 학살 같은 잔학 행위를 무시했다. 그는 또한 1948년 5월 15일 전에는 어떤 강제 추방도 없었다고—그릇된—주장을 계속했다.[11] 팔레스타인측의 자료들을 보면, 아랍 군대가 팔레스타인에 들어오기 몇 달 전이자 영국인들이 아직 이 나라에서 법질서를 책임지고 있을 때—즉 5월 15일 이전에—유대 군대가 25만 명에 육박하는 팔레스타인인을 강제로 쫓아내는 데 이미 성공했음을 분명히 알 수 있다.[12] 모리스를 비롯한 사람들이 아랍 자료를 활용하거나 구술사에 의존했다면, 1948년 팔레스타인인 추방 배후에 체계적인 계획이 존재했음을 제대로 파악할 수 있었을 테고, 이스라엘 군인들이 저지른 극악한 범죄를 좀더 정확하게 서술할 수 있었을 것이다.

그때나 지금이나 역사적, 정치적으로 모리스에게서 발견할 수 있는 것 같은 설명을 넘어설 필요가 있다. 역사적 그림을 완성하기(즉, 그림의 나머지 절반을 채우기) 위해서일 뿐만 아니라—더욱 중요한 점으로—현대 이스라엘-팔레스타인 갈등의 뿌리를 온전히 이해하기 위한 다른 길이 없기 때문이다. 하지만 물론 무엇보다도 범죄를 부정하는 시도에 맞서는 싸움을 계속해야 한다는 도덕적 정언 명령이 존재한다. 이미 다른 이들이 더 나아가려는 시도에 착수했다. 범죄 부정에 맞서는 싸움에서 이미 중요한 공헌을 한 사실을 감안할 때, 기대를 모은 가장 중요한 연구는 왈리드 칼리디의 독창적인 저서인 『남은 것이라곤*All That Remains*』이었다. 파괴된 마을들의 연감이라 할 만한 이 책은 1948년 재앙의 극악한 전모를 이해하고자 하는 사람이라면 반드시 읽어야 할 안내서이

다.[13]

어떤 이는 이미 드러난 역사로도 소란스러운 질문들을 제기하기에 충분할 것이라고 이야기할지 모른다. 그렇지만 '새로운 역사'의 서사와 팔레스타인의 최근 역사 서술의 내용은 어쨌든 도덕적 양심과 행동의 공적 영역에 진입하지 못했다. 이 책에서 나는 1948년 종족 청소의 작동 과정뿐만 아니라 1948년에 시온주의 운동이 팔레스타인 민족에게 자행한 범죄를 세계로 하여금 잊게 하고, 가해자들이 부정할 수 있게 한 인식 체계까지 탐구하고자 한다.

다시 말해, 나는 1948년에 관한 학문적 연구나 공적 토론의 근거로서 종족 청소 패러다임을 주장하고 이를 전쟁 패러다임 대신 활용하고자 한다. 나는 이제까지 종족 청소 패러다임이 부재했었기 때문에 재앙에 대한 부정이 지금까지 계속될 수 있었다고 확신한다. 시온주의 운동이 민족 국가를 창설하면서 벌인 전쟁이 '비극적이지만 불가피하게' 원주민의 '일부'를 추방하는 결과로 이어진 것이 아니다. 오히려 정반대이다. 시온주의 운동의 주요 목표는 신생 국가의 영역 확장을 위해 탐낸 팔레스타인 전역에서 종족 청소를 벌이는 것이었다. 종족 청소 작전이 시작되고 몇 주 뒤에 이웃 아랍 국가들이—각국의 전반적인 군사력에 비해서 적은—소규모의 군대를 보내 종족 청소를 막으려고 했지만 헛된 시도였다. 아랍 정규군을 상대로 전쟁을 벌이는 와중에도 종족 청소 작전은 중단되지 않았고, 1948년 가을에 성공적으로 완수되었다.

어떤 이들에게 1948년 서사의 선험적인 토대로 종족 청소 패러다임을 채택하는 이와 같은 접근법은 처음부터 일종의 고발로 보일지 모른다. 여러모로 볼 때, 이 접근법은 종족 청소를 고안한 정치인들과 실행한 장군들에 대한 나 나름의 고발장이다. 그렇지만 내가 이 사람들의 이름을 언급하더라도 그것은 이미 죽은 이들을 재판정에 불러내기 위해서가 아니라 피해자뿐만 아니라 가해자도 인간으로 만들기 위해서이다. 나는 이스라엘이 저지른 범죄가 '상황'이나 '군대', 또는 모리스가 말한 것처럼 '전시에는 전시에 맞게àla guerre comme àla guerre' 같은 표현이나 주권 국가들에게 면죄부를 주고 개인들에게 정의의 심판을 모면하게 해주는 비슷한 애매한 언급들 같은 모호한 요인 탓으로 돌려지는 일이 없기를 바란다. 나는 고발한다. 그렇지만 나는 이 책에서 비난하는 그 사회의 일원이다. 나는 이 역사에 책임을 느끼는 동시에 나 자신이 그 역사의 일부라고 생각한다. 이 책 마지막 부분에서 보여주는 것처럼, 내가 속한 사회의 다른 이들과 마찬가지로 나 역시 우리 모두 즉 팔레스타인인과 이스라엘인 둘 다를 위한 더 나은 미래를 창조하고자 한다면, 과거로 떠나는 이런 고통스러운 여정이 유일한 길이라고 확신한다. 이 책은 바로 이 길을 열고자 하는 시도이다.

나는 전에 누군가 이런 접근법을 시도했는지 알지 못한다. 1948년 팔레스타인에서 벌어진 일에 관한 이야기를 둘러싸고 경합하는 두 개의 공식적인 역사 서사는 모두 종족 청소 개념을 무시한다. 시온주의/이스라엘의 판본은 현지 주민들이 '자진해서' 떠났다고 주장하는 반면, 팔레스타인인들은 나크바nakbah, 즉 '재앙'이 일어났다고 말한다. 어떻게 보면 이 용어도 실체가 불분명한 표현이다. 누가 또는 무엇이 재앙을 일으켰는가보다는 재앙 자체에 관해 이야기하기 때문이다. 나크바라는 용어를 채택한 것은 유대인의 홀로코스트(쇼아Shoa)가 갖는 도덕적 무게를 맞받아치기 위한 시도였지만, 행위 주체를 거론하지 않은 탓에 나크바라는 말은 1948년과 그후에 세계가 팔레스타인의 종족 청소를 계속 부정하는 데 어느 정도 기여했을지 모른다.

이 책은 모든 사람이 받아들일 만큼 투명한 종족 청소의 개념에 대한 정의로 시작한다. 이 정의는 과거와 우리 시대에 이러한 범죄를 저지른 가해자들에 대한 사법 조치의 근거로 기능했다. 무척 놀랍게도, 여기서는 으레 복잡하고 (평범한 대다수 사람들에게는) 이해하기 힘든 법적 담론 대신 전문 용어를 뺀 분명한 언어를 사용한다. 이렇게 단순하게 이야기한다고 해서 그 행위의 끔찍한 실상을 가볍게 보는 것도 아니고 범죄의 심각성을 덜어 주는 것도 아니다. 오히려 정반대다. 그 결과물은 오늘날 국제 사회가 너그럽게 용서하기를 거부하는 잔학한 정책에 관한 솔직한 설명이다.

종족 청소란 무엇인가에 관한 일반적인 정의는 거의 말 그대로 팔레스타인의 사례에 적용된다. 1948년에 일어난 일에 관한 이야기는 복잡하지 않지만 그렇다고 결코 단순하거나 부차적이지도 않은, 팔레스타인 추방 역사의 한 장으로 나타난다. 실제로 종족 청소라는 프리즘을 통해서 보면, 시온주의나 유대 국가의 정책과 행동에 대해 비판하려는 외부의 시도를 막아 내면서 이스라엘 외교관들이 거의 본능적으로 자랑스럽게 떠벌리고, 또 이스라엘 학자들이 판에 박은 듯이 몸을 숨기는 복잡성의 외투를 꿰뚫어볼 수 있다. 그들은 '외국인들은 이 복잡 미묘한 이야기를 이해하지도 할 수도 없'으며 따라서 설명하려고 애쓸 필요도 전혀 없다고 말한다. 또한 갈등을 해결하려는 시도에 이들이 관여하게 해서도 안 된다고 말한다―이스라엘의 관점을 받아들이지 않는 한은 말이다. 역대 이스라엘 정부가 오랫동안 전 세계를 상대로 능숙하게 이야기한 것처럼, 누군가 할 수 있는 일이라곤 '우리', 즉 이스라엘인들이 갈등하는 양쪽 중 '문명화되고 이성적인' 쪽의 대표자로서 '우리 자신'과 반대쪽, 즉 팔레스타인인들을 위해 공정한 해법을 찾게 내버려두는 것뿐이다. 팔레스타인인들은 어쨌든 팔레스타인이 속한 '문명화되지 않고 감정적인' 아랍 세계의 전형일 뿐이기 때문이다. 미국이 이런 왜곡된 접근법을 기꺼이 받아들이고 그 밑바탕에 깔린 오만을 지지한다는 사실이 드러난 순간, 우리에게 주어진 '평화 과정'은 어떤 결말도 낳지 못했다. 문제의 핵심을 완전히 무시했기 때문에 애초부터 아무런 성과도 낼수 없었다.

하지만 1948년의 이야기는 물론 전혀 복잡하지 않으며, 따라서 이 책은 오랫동안 여러 이유로 이미 팔레스타인 문제와 해법에 다가서는 방법에 관심을 기울인 이들뿐만 아니라 초심자까지 대상으로 삼고 있다. 이 책은 이스라엘이 실체를 부정하고 세계로 하여금 망각하게 하려고 한 팔레스타인 종족 청소에 관한 단순하면서도 끔찍한 이야기이다. 이 사건을 망각에서 끌어내는 것은 비단 이미 한참 뒤늦은 과제가 된 역사 서술의 재구성으로나 직업적 의무로만 우리가 해야 할 일이 아니다. 내가 생각하는 것처럼, 이 일은 도덕적 결단, 즉 팔레스타인과 이스라엘로 찢어진 땅에서 화해의 기회를 만들고 평화가 뿌리 내리기를 원한다면 반드시 내딛어야 할 첫걸음이기도 하다.

# 1. '추정되는' 종족 청소?

종족 청소란 특정한 집단이 다른 집단을 종교, 종족, 민족 등에서 유래하는 근거에 입각해서 주어진 영토에서 체계적으로 제거하는 명확한 정책이라는 것이 필자의 견해이다. 이런 정책은 폭력을 수반하며 흔히 군사 작전과 연결된다. 종족 청소는 차별에서 절멸에 이르기까지 가능한 모든 수단에 의해 달성되어야 하며, 인권 침해와 국제 인도법 위반을 초래한다. (……) 대부분의 종족 청소 방법은 1949년 제네바 총회와 1977년 추가 의정서를 심각하게 위반하는 것이다.

—드라젠 페트로비치, 「종족 청소—방법론 시도」, 〈유럽 국제법 저널〉, 5/3 (1994), 342~360쪽

## 종족 청소의 정의

종족 청소는 오늘날 명확한 개념이다. 전에는 거의 오로지 옛 유고슬라비아에서 벌어진 사건들과 결부되던 추상 개념이었지만, 이제 '종족 청소'는 국제법으로 처벌할 수 있는 반인도적 범죄로 정의되기에 이르렀다. 세르비아의 일부 장군들과 정치인들이 '종족 청소'라는 용어를 특정

한 방식으로 사용하자 학자들은 전에도 이 말을 들었던 사실을 떠올렸다. 제2차세계대전 당시 나치스와 동맹국들은, 크로아티아 민병대가 유고슬라비아에서 그랬던 것처럼, 이 용어를 사용했다. 물론 집단적인 추방의 뿌리는 더 오래된 것이다. 성서 시대부터 식민주의 전성기에 이르기까지 외국 침략자들은 이 용어(또는 비슷한 용어)를 사용했으며 툭하면 원주민들을 대상으로 이 개념을 실행에 옮겼다.

허친슨 백과사전의 정의에 따르면, 종족 청소란 특정한 지역이나 영토에서 종족이 뒤섞인 인구를 균일화하기 위해 강제로 쫓아내는 것이다. 추방하는 목적은 비폭력적 수단을 비롯해 추방자가 사용할 수 있는 모든 수단을 동원해서 최대한 많은 주택을 비우는 것이다. 1995년 11월 데이턴Dayton 협정 이후 크로아티아에서 무슬림들이 쫓겨난 것처럼 말이다.

미국 국무부도 이런 정의를 받아들인다. 국무부 전문가들은 종족 청소의 본질 중 하나가 가능한 모든 수단을 동원해서 지역의 역사를 지워버리는 것이라고 덧붙인다. 가장 흔히 쓰이는 방법은 '보복과 복수 행위를 정당화하는 분위기'를 조성해서 주민들을 몰아내는 것이다. 이런 행위의 최종 결과는 난민 문제의 발생이다. 국무부는 특히 1999년 5월경에 코소보 서부 페야Peck, 페치시에서 벌어진 일에 주목했다. 페야의 인구는 24시간 만에 크게 감소했는데, 치밀한 사전 계획에 이은 체계적인 처형을 통해서만 이런 결과를 달성할 수 있었다. 마을 비우기 작전을 가속화하기 위해 간헐적인 대량 학살도 벌어졌다. 1999년 페야에서 벌어진 사태는 1948년 팔레스타인 마을 수백 곳에서 거의 똑같은 방식으로 일어났다.[1]

유엔으로 고개를 돌리면 이 기구 역시 비슷한 정의를 사용한다는 사실을 알 수 있다. 유엔은 1993년에 이 개념을 진지하게 논의했다. 유엔 인권 이사회UNCHR는 여러 종족이 뒤섞여 사는 지역에—대人세르비아를 만드는 것처럼—종족적 지배를 부과하려는 국가나 정권의 욕구를 추방 행위를 비롯한 폭력적 수단의 사용과 연결한다. 유엔 인권 이사회가 출간한 보고서에서는 종족 청소 행위에 "남자들과 여자들을 떼어놓고, 남자들을 구금하고, 주택을 방화한" 뒤 남은 주택에 다른 종족 집단을 이식하는 것이 포함된다고 정의했다. 보고서에 따르면, 코소보의 몇몇 장소에서는 무슬림 민병대가 저항을 했다. 저항이 완강했던 이런 곳에서는 추방과 동시에 대량 학살이 벌어졌다.[2]

서문에서 언급한 이스라엘의 1948년 플랜 D에는 청소 방법의 목록이 담겨 있다. 이 목록에 있는 방법 하나하나는 유엔의 종족 청소 정의에 설명되어 있는 수단과 일치한다. 나아가 플랜 D에는 대량 추방과 동시에 벌어진 대량 학살의 배경이 정해져 있다.

종족 청소에 관한 이런 언급은 연구자들과 학문의 세계 안에서도 규칙으로 통한다. 종족 청소의 정의에 관한 손꼽히는 종합적인 연구를 발표한 바 있는 드라젠 페트로비치Drazen Petrovic는 종족 청소를 민족주의, 새로운 민족 국가의 형성, 민족 투쟁 등과 결부시킨다. 이런 관점에서 그는 정치인들과 군대가 긴밀하게 연계해서 종족 청소 범죄를 수행한다는 사실을 폭로하고, 종족 청소에서 대량 학살이 어떤 자리를 차지하는지를 언급한다. 즉, 정치 지도부는 종족 청소 실행을 군대 차원에 위임하면서 어떤 체계적인 계획을 제시하거나 분명한 지침을 제공하지 않는다. 그렇지만 전반적인 목표에 관해서는 분명하게 제시한다.[3]

따라서 추방 기구가 마치 관성의 법칙에 따라 움직이는 거대한 불도

저처럼 행동을 개시하면서 앞으로 나아가고 임무를 완수할 때만 멈추는 동안, 정치 지도부는 어떤 시점에서도—팔레스타인에서 벌어진 일도 정확히 똑같다—적극적인 역할을 하지 않는다. 추방 기구가 깔아뭉개고 죽이는 사람들은 애초에 그 기구를 움직이게 한 정치인들의 관심사가 아니다. 페트로비치를 비롯한 이들은 집단 학살genocide의 일환인 대량 학살과, 종족 청소를 수행하라는 상부의 일반적인 지시를 배경으로 삼아 자극을 받은 증오와 복수의 직접적인 결과물인 '계획하지 않은' 대량 학살을 구별해야 한다고 관심을 환기시킨다.

따라서 앞에서 소개한 백과사전의 정의는 종족 청소 범죄를 개념화하려는 학술적인 시도와 일치하는 것처럼 보인다. 두 견해 모두에서 종족 청소는 여러 종족이 섞여 있는 나라에서 특정 집단의 사람들을 쫓아내 난민으로 만드는 한편 그들을 쫓아낸 집을 파괴함으로써 나라를 균일화하려는 시도이다. 분명 종합적인 계획이 존재할 테지만, 종족 청소를 벌이는 부대의 대부분은 직접적인 명령을 필요로 하지 않는다. 사전에 이미 어떤 일을 해야 하는지 알기 때문이다. 청소 작전과 동시에 대량 학살이 벌어지지만, 이런 사태가 벌어진다고 해도 이것이 집단 학살 계획의 일부는 아니다. 대량 학살은 추방 대상인 주민들의 탈주를 가속화하기 위한 핵심 전술이다. 쫓겨난 사람들은 나중에 이 나라의 공식적, 대중적 역사에서 지워지고 집단적 기억에서 삭제된다. 이렇게 정보와 학문에 바탕을 둔 종족 청소의 정의에 따르면, 1948년 팔레스타인에서 벌어진 일은 계획 단계부터 최종 실행에 이르기까지 분명한 종족 청소의 사례에 해당한다.

## 대중적인 정의

전자 백과사전 위키피디아는 손쉽게 접근할 수 있는 지식과 정보의 보고이다. 누구든지 사이트에 들어가서 기존의 정의에 내용을 추가하거나 변경할 수 있으며, 따라서 이 사전은—경험적으로가 아니라 직관적으로—어떤 의견이나 개념에 대한 폭넓은 대중적 인식을 반영한다. 앞에서 언급한 학문적 정의나 백과사전의 정의와 마찬가지로, 위키피디아도 종족 청소를 대규모 추방이자 범죄로 규정한다. 다음의 인용을 보라.

> 가장 일반적인 수준에서 보면, 종족 청소는 종교적·종족적 차별, 정치적·전략적·이데올로기적 고려, 또는 이 둘의 결합된 결과로 주어진 영토에서 '탐탁지 않은' 주민들을 강제로 추방하는 것이라고 이해할 수 있다.[4]

이 항목에서는 1913년 튀르키예의 불가리아인 추방에서 시작해서 2005년 이스라엘이 가자지구에서 유대인 정착민들을 철수시킨 일에 이르기까지 20세기에 벌어진 종족 청소의 사례 몇 가지를 나열하고 있다. 이 목록을 보면, 나치의 종족 청소와 주권 국가가 불법적인 정착민이라고 선언한 사람들을 이동시킨 조치를 같은 범주에 포함시키는 것을 보고 약간 이상하다고 느낄 수도 있다. 하지만 이런 분류가 가능한 것은 위키피디아 편집자들—이 경우에는 사이트에 접속하는 모든 사람—이 정책으로 채택한 원리 때문이다. 즉, 위키피디아에서는 목록에 있는 역사적 사례 각각에 '추정되는alleged'이라는 형용사를 앞에 붙인다.

위키피디아는 또한 1948년 팔레스타인 나크바도 포함시킨다. 하지만 편집자들이 나크바를 나치 독일이나 옛 유고슬라비아의 사례처럼 모호함의 여지가 없는 종족 청소로 보는지, 아니면 이스라엘이 가자지구에서 유대인 정착민들을 이동시킨 경우처럼 다소 의심스러운 사례로 여기는지는 확실하지 않다. 종족 청소라는 주장의 심각성을 측정하기 위해 위키피디아나 다른 자료들이 일반적으로 받아들이는 하나의 기준은 국제 재판소에 기소된 사람이 있는지의 여부이다. 다시 말해 가해자들이 법의 심판대에 올랐다면, 즉 국제 사법 체제에 의해 재판에 회부되었다면, 모든 모호성이 사라지고 종족 청소 범죄 앞에 붙은 '추정되는'이라는 꼬리표가 떨어진다. 하지만 잠시 생각해 보면 이 기준은 또한 이런 재판소에 회부되었어야 하지만 실제로 회부된 적이 없는 사례에까지 확대되어야 한다. 이 기준은 분명히 변경 가능한 것이며, 몇몇 명백한 반인도적 범죄는 오랜 싸움을 거치고서야 세계가 역사적 사실로 인정하게 된다. 아르메니아인들은 자신들이 겪은 집단 학살 사례에서 이런 교훈을 얻었다. 1915년 오스만 정부는 아르메니아인들을 체계적으로 학살하기 시작했다. 1918년까지 100만 정도가 사망한 것으로 추정되지만, 어떤 개인이나 집단도 재판에 회부되지 않았다.

### 범죄로서의 종족 청소

종족 청소는 국제 형사 재판소International Criminal Court(ICC)를 창설한 조약 같은 국제 조약에서 반인도적 범죄로 지정되었으며, '추정되는'지 또는 완전히 인정되는지 여부는 국제법에 따른 판결로 정해진다. 옛 유고슬라비아의 사례에서는 가해자들과 범죄자들을 기소하기 위해 헤이그에 특별 국제 형사 재판소International Criminal Tribunal이 설치되었고, 르완다 사례에서도 탄자니아 아루샤Arusha에 국제 형사 재판소가 설치되었다. 다른 경우에는 비록 법적 절차가 진행되지 않았을 때에도 종족 청소는 전쟁 범죄로 정의되었다(다르푸르에서 수단 정부가 저지른 행동이 대표적인 예이다).

나는 팔레스타인에서 벌어진 종족 청소는 우리의 기억과 의식에 반인도적 범죄로 각인되어야 하며 '추정되는' 범죄들의 목록에서 제외되어야 한다는 깊은 확신을 가지고 이 책을 쓴다. 이 사건에서 가해자들은 모호하지 않다—그들은 아주 구체적인 한 무리의 사람들이다. 유대 독립 전쟁의 영웅인 그들의 이름은 대다수 독자들에게 아주 익숙할 것이다. 이 명단은 누가 뭐라 해도 시온주의 운동의 지도자인 다비드 벤구리온David Ben-Gurion에서 시작한다. 종족 청소 이야기의 첫 장과 마지막 장 모두 그의 집에서 논의되고 마무리되었다. 이 책에서 내가 '협의체consultancy'라고 지칭하는 소규모 집단의 사람들이 그를 도왔다. 임시 비밀 결사인 협의체는 오직 팔레스타인인들을 쫓아내는 음모를 꾸미고 설계하기 위해 만들어진 것이었다.[5] 협의체 회의를 기록한 드문 문서들 중 하나에서는 이 모임을 협의 위원회Haveadah Hamyeazet라고 언급한다. 다른 문서에서는 위원회 성원 11명의 이름이 등장하지만 검열관에 의해 모두 지워져 있다(그렇지만 나중에 밝혀지는 것처럼 나는 전원의 이름을 복원할 수 있었다).[6]

이 간부 모임은 종족 청소를 위한 계획을 준비하고 실행을 감독했으며, 결국 팔레스타인 토착 인구의 절반을 몰아내는 작업을 마무리했다. 여기에는 무엇보다도 전설적인 인물인 이가엘 야딘Igael Yadin과 모셰 다얀Moshe Dayan 같이 미래 유대 국가 군대의 최고위 장교들이 들어 있었다. 그들 외에 이갈 알론Yigal Allon이나 이츠하크 사데Yitzhak Sadeh같이 이스라엘 밖에서는 이름이 알려지지 않았지만 지역 기풍에 단단히 뿌리를 둔 인물들이 함께했다. 이 군인들은 요즘 우리가 '동양 전문가Orientalist'라고 부를 법한 사람들과 잘 어울렸다. 이 사람들은 아랍 국가 출신이거나 중동학 분야의 학자인 탓에 아랍 세계 일반과 특히 팔레스타인인들에 관한 전문가들이었다. 나중에 이 사람들의 이름도 몇 명 등장한다.

장교들과 전문가들 모두 사파드 지역을 청소한 모셰 칼만Moshe Kalman이나 갈릴리 지역 대부분을 일소한 모셰 카르멜Moshe Carmel 같은 지역 사령관들의 지원을 받았다. 이츠하크 라빈은 예루살렘 광역지구뿐만 아니라 리드Lydd와 라믈라Ramla에서도 활동했다. 그들의 이름을 기억하되 단지 이스라엘 전쟁 영웅으로만 생각해서는 안 된다. 그들은 유대인을 위한 국가를 창건하는 데 참여했고, 이스라엘 사람들이 그들이 한 많은 행동을 존경하는 것은 이해할 만한 일이다. 그들은 외부의 공격에 맞서 국민을 지켜주고, 여러 차례 위기를 견디게 해주었으며, 무엇보다도 세계 여러 지역에서 벌어지는 종교적 박해를 피할 수 있는 안식처를 제공했기 때문이다. 하지만 역사는 결국 이런 업적을 저울 한쪽에 놓고 반대편에는 그들이 팔레스타인 원주민들을 상대로 저지른 범죄를 놓고서 판단할 것이다. 다른 지역 사령관들로는 남부를 청소한 시몬 아비단Shimon Avidan과 그의 동료로 그와 함께 싸운 레하밤 제비Rehavam Zeevi 등이 있다. 제비는 오랜 세월이 흐른 뒤 아비단에 대해 이렇게 말했다. '기바티 여단Givati Brigade 사령관 시몬 아비단 같은 사령관들은 10개 마을과 도시를 시작으로 전선을 청소했다.'[7] 아비단의 조력자였던 이츠하크 푼다크

Yitzhak Pundak는 2004년에 〈하레츠Ha'aretz〉에 다음과 같이 말했다. "[전선에] 마을이 200곳 있었는데 다 사라졌습니다. 우리는 마을을 파괴해야 했어요. 그렇지 않으면 갈릴리에 우리가 사는 것처럼 이곳[즉, 팔레스타인 남부 지역]에 아랍인들이 있었을 겁니다. 파괴하지 않았더라면 팔레스타인인이 100만 명 더 존재했을 겁니다."[8]

그리고 현장에 정보 장교들이 있었다. 그들은 단순히 '적'에 대한 자료를 수집하는 요원이 아니었다. 청소 작전에서 중요한 역할을 수행했을 뿐만 아니라 팔레스타인인의 체계적인 추방을 동반한 최악의 잔학 행위에도 몇 차례 참여했다. 그들은 어떤 마을을 파괴할 것인지, 그리고 마을 사람 중 누구를 처형할 것인지 결정하는 최종 권한을 부여받았다.[9] 팔레스타인 생존자들의 기억 속에서 그들은 한 마을이나 동네가 점령된 뒤 그곳에 살던 사람들의 운명을 결정하는 주역이었다. 정보 장교들의 결정에 따라 투옥과 자유, 삶과 죽음이 갈렸다. 1948년에 정보 장교들의 활동을 감독한 이사르 하렐Issar Harel은 훗날 이스라엘 첩보 기관인 모사드Mossad와 샤바크Shabak의 초대 수장이 되었다. 그의 이미지는 많은 이스라엘 사람들에게 친숙하다. 작은 키에 몸집이 좋은 하렐은 1948년에 대령으로 높은 계급은 아니었지만, 심문과 블랙리스트 작성, 그리고 이스라엘 점령 아래 팔레스타인의 삶을 옥죄는 여러 억압적 조치를 두루 감독하는 최고위 장교였다.

마지막으로, 아무리 되풀이해도 지나치지 않은 말이지만, 어떤 각도—즉 법적, 학문적, 대중적 관점 등 어떤 관점—에서 보든 간에 오늘날 종족 청소가 반인도적 범죄이자 전쟁 범죄를 수반한다는 사실은 의심의 여지가 없다. 종족 청소를 계획하고 실행한 혐의로 기소된 이들은 특별 국제 법정에서 심판을 받는다. 하지만 지금 와서 보면 이 경우에 진부화 규칙rule of obsolescence을 적용하는 것을 생각할 수 있을 것이라는—그리고 아주 솔직하게 말해서, 팔레스타인에서 평화의 기회를 얻으려면 적용해야 한다는—말을 덧붙여야 하겠다. 하지만 한 가지 조건이 있다. 미국과 유엔이 공히 화해의 필수 조건으로 여기는 하나의 정치적 해법, 즉 난민의 무조건적인 귀환이 여기서도 실행되어야 한다는 것이다. 미국은 잠시 동안—너무나도 잠시 동안—1948년 12월 11일의 결정(결의안 제194호) 같은 팔레스타인에 대한 유엔의 결정을 지지했다. 1949년 봄에 이르면 미국의 정책은 이미 눈에 띄게 친이스라엘 방향으로 돌아선 상태였고, 워싱턴의 중재자들은 일반적으로 팔레스타인의 관점을 대부분 무시했다. 특히 팔레스타인 난민의 귀환권을 외면하면서 공정한 중개인과는 거리가 멀어졌다.

## 종족 청소의 재구성

앞에서 제시한 종족 청소에 대한 정의를 고수하면 종족 청소의 이데올로기적 원인으로서 시온주의의 기원을 깊숙이 파고들어 갈 필요성이 줄어든다. 이 주제가 중요하지 않기 때문이 아니라 왈리드 칼리디, 누르 마살하Nur Masalha, 게르숀 샤피르Gershon Shafir, 바루흐 키멀링Baruch Kimmerling 등 팔레스타인과 이스라엘의 수많은 학자들이 이미 이 주제를 성공적으로 다루었기 때문이다.[10] 나는 종족 청소 작전 이전의 직접적인 배경에 초점을 맞추고 싶지만, 독자들로서는 이 학자들의 주요한 주장을 간략하게 살펴보는 게 도움이 될 것이다.

처음 집어들기 좋은 책인 누르 마샬하의 『팔레스타인인들의 추방
*Expulsion of the Palestinians*』[11]은 이동transfer 개념이 예나 지금이나 시온주의 정
치사상에 얼마나 깊숙이 뿌리내리고 있는지를 분명하게 보여준다. 시온
주의 운동의 창시자인 테오도어 헤르츨Theodor Herzl부터 팔레스타인 시
온주의 기획의 주요 지도자들에 이르기까지 이 땅을 청소하는 것은 정
당한 선택지였다. 시온주의 운동에서 자유주의적인 사상가로 손꼽히는
레오 모츠킨Leo Motzkin은 1917년에 다음과 같이 말했다.

> 우리의 생각은 팔레스타인 식민화가 두 방향으로 진행되어야 한다
> 는 것이다. '이스라엘 땅Eretz Israel'에 유대인을 정착시키고 이 땅에 있
> 는 아랍인을 나라 바깥의 지역으로 재정착시켜야 한다. 그렇게 많은
> 수의 아랍인을 이동시키는 것은 언뜻 보면 경제적으로 불가능한 것
> 같지만, 그래도 현실적인 방안이다. 팔레스타인 마을을 다른 땅에
> 재정착시키는 데는 아주 많은 돈이 필요하지 않다.[12]

내쫓는 사람들이 이 나라에 새로 온 이들이자 식민화 기획의 일원이
라는 사실 때문에 팔레스타인의 사례는 북아메리카와 남아메리카, 아프
리카와 오스트레일리아에서 벌어진 종족 청소의 식민주의 역사와 관련
된다. 이곳에서도 백인 정착민들이 일상적으로 이런 범죄를 저질렀기 때
문이다. 최근의 몇몇 훌륭한 연구는 이스라엘이 제공하는 역사적 사례
의 이런 흥미로운 측면을 주제로 삼았다. 게르숀 샤피르와 바루흐 키멀
링은 시온주의와 식민주의의 연계에 관해 우리에게 알려주었다. 이 연계
는 처음에는 추방보다는 착취로 이어질 수 있지만, 유대인들의 배타적인

경제라는 사고가 일단 전망의 중심을 차지하자 아랍 노동자나 농민이 끼어들 여지가 사라지게 되었다.[13] 왈리드 칼리디와 사미흐 파르순Samih Farsoun은 이동 이데올로기가 중심을 차지한 것을 위임 통치 종식과 더 밀접하게 연결시켰으며, 이동을 이데올로기에 분명하게 포함시킨 운동에 유엔이 그렇게 많은 팔레스타인인들의 운명을 맡긴 이유를 묻는다.[14]

나는 종족 청소에 관여한 이들의 이데올로기적 성향을 드러내기보다는 그들이 종족이 뒤섞인 지역을 한 종족의 순수한 공간으로 바꾸기 위해 얼마나 체계적인 계획을 세웠는지를 부각시키고자 한다. 초반 몇 장에서 내가 추구하는 것은 이런 목표이다. 그리고 책 말미에 이데올로기적 연계로 돌아가서 1948년에 시작되어 지금까지도 여러 수단으로 계속되고 있는 이스라엘의 팔레스타인 종족 청소를 설명할 수 있는 유일한 이유로 이데올로기를 분석할 것이다.

두번째이자 더 불쾌한 작업은 이스라엘이 추방과 파괴의 마스터플랜을 실행하는 데 사용한 방법을 재구성하고 이런 방법이 종족 청소 행위와 어떻게, 그리고 어느 정도로 관련되는지를 검토하는 일이다. 앞에서 주장한 것처럼, 내가 보기에는 만약 우리가 옛 유고슬라비아에서 벌어진 사태를 접하지 못하고 오로지 팔레스타인의 사례만 알았더라면, 아마 미국과 유엔이 내린 종족 청소에 대한 정의가 아주 세세한 부분까지 나크바에 영향을 받았을 것이라고 생각해도 무방할 것이다.

팔레스타인 종족 청소의 역사를 탐구하고 그것이 오늘날까지 가진 함의를 숙고하기 전에, 잠시 멈춰서 상대적인 수치에 관해 생각해보아야 한다. 제2차세계대전의 결과로 유럽에서 발생한 수백만 명의 이동이나 21세기 초 아프리카에서 생겨난 추방과 비교해보면, 75만 명이라는 쫓겨난 팔레스타인인의 숫자는 '많지 않은' 것처럼 보일 수 있다. 하지만 때로는 숫자를 상대화하고 비율로 생각할 필요가 있다. 그래야만 나라 전체의 인구를 집어삼킨 비극이 얼마나 거대한 것인지를 헤아릴 수 있기 때문이다. 팔레스타인에 살던 원주민의 절반이 내쫓기고, 마을과 도시의 절반이 파괴되었으며, 그중 극소수만이 가까스로 돌아올 수 있었다.

하지만 숫자를 넘어서 팔레스타인의 사례에서 가장 당혹스러운 점은 현실과 재현 사이에 깊은 간극이 있다는 사실이다. 현대에 자행된 범죄이자 외국 기자들과 유엔 옵서버들을 불러모았던 역사적 위기 사태가 도대체 왜 이렇게 철저히 무시되었는지는 정말 이해하기 힘들고 또 설명하기도 어렵다. 그렇지만 1948년 종족 청소가 세계의 집단적 기억에서 거의 완전히 지워지고 세계의 양심에서 삭제되었다는 사실은 부정할 도리가 없다. 그다지 오래지 않은 과거에 당신이 잘 아는 어떤 나라에서 전체 인구의 절반이 1년 만에 강제로 추방되고, 마을과 도시의 절반이 감쪽같이 사라지고, 건물 잔해와 돌멩이만 남았다고 생각해 보라. 그리고 이 재앙이 무시되지는 않더라도 어떤 식으로든 역사책에 전혀 실리지 않고, 이 나라에서 터져나온 갈등을 해결하려는 모든 외교적 노력이 철저하게 방해를 받는다고 생각해보라. 나는 제2차세계대전 이후 세계사를 샅샅이 훑으면서 이런 성격의 사례와 이런 식의 운명을 찾으려고 애를 썼지만 헛수고였다. 제2차세계대전 이전 시기에 그나마 비슷한 사례가 몇 개 있었을 뿐이다. 19세기 말 헝가리에서 비헝가리계를 겨냥해 벌어진 종족 청소, 아르메니아인 집단 학살, 1940년대 나치 점령군이 떠돌이 민족(신티Sinti라고도 알려진 롬 집시)을 상대로 자행한 홀로코스트 등이 그것이다. 나는 미래에 팔레스타인이 이 목록에 포함되는 일이 없기를 희망한다.

# 2. 배타적인 유대 국가를 건설하기 위한 운동

유엔 총회는 어떤 형태로든 종족 청소를 조장하려는 정책과 이데올로기를 강력하게 반대한다.
　—1992년 12월 16일 결의안 제47/80호

## 시온주의의 이데올로기적 동기

시온주의는 1880년대에 중부 유럽과 동유럽에서 민족 부흥 운동으로 등장했다. 이 지역들에서 유대인이 지배적 사회에 완전히 동화되거나 아니면 지속적인 박해의 위험을 무릅써야 하는 압력이 커지던 상황이었다 (그렇지만 나치 독일의 사례에서 우리가 아는 것처럼, 완전히 동화된다고 할지라도 절멸을 막아주는 안전판이 생기는 것은 아니다). 20세기 초에 이르러 시온주의 운동의 지도자들 대부분은 이런 민족 부흥을 팔레스타인 식민화와 결합했다. 다른 이들, 특히 시온주의 운동의 창시자인 테오도어 헤르츨은 다소 모호한 태도를 보였지만, 그가 죽은 뒤 1904년에 팔레스타인에 대한 방침이 굳어지고 합의가 이루어졌다.

유대교에서 팔레스타인을 부르는 이름인 '이스라엘 땅'은 수백 년 동안 여러 세대의 유대인들에게 성지 순례의 장소로 숭배의 대상이었지만 미래의 세속적 국가로 여겨진 적은 없었다. 유대 전통과 종교는 유대인들에게 '종말의 시간'에 약속된 메시아의 재림을 기다리라고 가르친다. 그런 뒤에야 '이스라엘 땅'으로 돌아가서 유대 신정 국가의 주권 국민으로, 즉 하느님께 순종하는 종으로 살 수 있다(이런 이유 때문에 오늘날 초정통파 유대인들의 몇몇 유파는 시온주의와 무관하거나 시온주의에 반대한다). 다시 말해, 시온주의는 세속화되고 민족화된 유대교이다. 시온주의 사상가들은 자신들의 기획을 실현하기 위해 성경에 나오는 영토의 소유권을 주장했고, 새로운 민족주의 운동의 요람으로 이 영토를 재창조, 아니 재발명했다. 그들이 생각하기에 팔레스타인은 '이방인'들이 차지하고 있기 때문에 되찾아야 했다. 여기서 '이방인'들이란 로마 시대 이래로 팔레스타인에 살고 있는 유대인이 아닌 모든 사람을 의미했다.[1] 실제로 많은 시온주의자들이 보기에, 그들이 1882년에 처음 그곳에 도착했을 때 팔레스타인은 누군가 '차지한' 땅도 아니었다. 그냥 '비어 있는' 땅이었다. 그곳에 살고 있던 팔레스타인 원주민들은 대개 그들 눈에 보이지 않았거나, 그게 아니라면 자연이 야기하는 고난의 일부였고, 따라서 정복하고 제거해야 하는 존재였다. 바위든 팔레스타인인들이든 간에 그 어떤 것도 시온주의 운동이 탐내는 땅의 민족적 '되찾음'을 방해하지 못했다.[2]

1918년 영국이 팔레스타인을 점령할 때까지 시온주의는 민족주의 이데올로기와 식민주의 실천의 혼합물이었다. 시온주의의 시야는 제한되어 있었다. 시온주의자들은 당시 이 나라 전체 인구의 5퍼센트에 지나지 않았다. 이주 식민지에 사는 그들은 현지 주민들에게 영향을 미치지 않았고, 현지 주민들의 이목을 특별히 끌지도 않았다. 훗날의 역사학자들이 시온주의 창시자들의 저술에서 분명하게 인지하는 것처럼, 일부 팔레스타인 지도자들은 미래의 유대 국가가 이 나라를 차지하고 팔레스타인 원주민들을 쫓아낼 가능성이 있음을 제1차세계대전 이전에도 뚜렷하게 감지했다. 하지만 다른 이들은 이 운동에 관심이 별로 없었다.

역사적 증거를 보면, 1905년에서 1910년 사이 어느 시점에서 팔레스타인의 몇몇 지도자들이 시온주의에 대해 팔레스타인의 땅과 자산, 권력을 사들이려고 하는 정치 운동으로 논의를 하기는 했지만, 당시에는 그 파괴적인 잠재력을 제대로 파악하지 못했음을 알 수 있다. 현지 엘리트 집단의 많은 성원들은 시온주의를 유럽의 선교·식민주의 운동의 일부로 보았다—사실 어느 정도는 그랬지만, 물론 시온주의에는 다른 강점도 있었고, 이런 강점은 토착 주민들에게 위험한 기획으로 바뀌었다.[3]

시온주의 지도자들은 이런 잠재력을 자주 이야기하거나 분명히 밝히지 않았지만, 팔레스타인의 일부 명사*들과 지식인들은 위험이 스멀스멀 다가오고 있다고 느낀 게 분명하다. 이스탄불의 오스만 정부에 유대인이 팔레스타인으로 이주해서 정착하는 것을 완전히 금지하지는 않더라도 제한해달라고 설득하려고 했기 때문이다. 알다시피 팔레스타인은

---

* 오스만 제국 시절 아랍 지역 전반에 존재한 엘리트 사회 집단을 가리키는 표현. 오스만 제국은 광대한 영토를 통치하기 위해 아나톨리아를 제외한 지역은 현지 엘리트 계층에게 의존해서 간접적으로 지배했다. 농촌 지주, 행정 관료, 군 장교, 종교 지도자, 도시 상업 엘리트 계층 등이 제국에서 점점 자율성을 확대하면서 명사 집안을 형성했고 19세기 내내 영향력을 키웠다. 이 책에 등장하는 후세이니가, 나샤시비가, 칼리디가 등이 팔레스타인의 대표적인 명사 집안이다.

1918년까지 튀르크의 지배를 받았다.[4]

오스만 의회의 팔레스타인 의원인 사이드 알후세이니 Said al-Husayni는 1911년 5월 6일 "유대인들이 팔레스타인, 시리아, 이라크를 아우르는 지역에 국가를 창설하려는 속셈"이라고 주장했다.[5] 하지만 알후세이니가 속한 가문과 지역 명사 집단은 1930년대까지 시온주의 식민화에 반대하는 설교를 하면서도 다른 한편으로 새로운 이주자들에게 땅을 팔았다. 위임 통치 시기가 흘러감에 따라 엘리트 집단의 지식인 부류에서는 불길한 느낌으로 다가오는 위험, 아니 재앙에 대한 인식이 자리를 잡았지만,[6] 이런 인식이 팔레스타인 사회에 닥쳐올 존재 자체의 위기에 대한 적절한 대비로 전환되지는 않았다.

이집트의 주요 지식인들 같은 팔레스타인 주변의 다른 이들은 유대인이 팔레스타인으로 들어오는 것을 유럽 일부 지역이 제일 가난하고 국적 없는 자국 거주자들을 이 나라로 이동시키는 무책임한 시도로 보았을 뿐, 현지 주민들을 쫓아내려는 마스터플랜의 일부로 보지 못했다. 그들이 보기에 이 비참한 사람들의 이동은 유럽 식민 강대국들과 교회들이 선교사와 외교관, 식민지를 통해 '성지'를 장악하려고 하는 훨씬 더 노골적인 시도와 비교하면 사소한 위협에 불과했다.[7] 실제로 영국이 1917년 말에 팔레스타인을 점령하기 전에 시온주의자들은 자신들의 진짜 계획이 어디에 있는지 막연한 생각밖에 없었다. 방침이 없어서가 아니라 아직까지는 소규모인 유대인 이민 공동체의 관심을 우선시해야 할 필요가 있었기 때문이다. 이스탄불 정부에 의해 다시 쫓겨날지도 모른다는 위협은 항상 존재했다.

하지만 내부 소비용으로 미래 전망을 더 분명히 설명할 필요가 있을 때는 모호한 점이 전혀 없었다. 시온주의자들은 서구에서 박해와 학살의 역사를 피하기 위해 팔레스타인에 유대 국가를 창설하기를 기대했다. '옛 조국을 되찾자'는 종교적 호소가 그 수단이 되었다. 이것이 공식적인 서사였고, 시온주의 지도부 성원 대다수의 동기를 진정으로 나타냈음은 의심의 여지가 없다. 하지만 오늘날의 비판적 시각에서 보면, 가능한 다른 장소가 아니라 팔레스타인에 정착하려 한 시온주의의 운동은 19세기 기독교의 천년 왕국설과 유럽 식민주의가 긴밀하게 뒤섞인 결과이다. 개신교의 다양한 선교 협회와 유럽 협조 체제European Concert*의 각국 정부는 오스만 제국에서 떼어 내고자 한 '기독교' 팔레스타인의 미래를 놓고 자기들끼리 경쟁을 벌였다. 서구의 열성주의자들 가운데 종교적인 성향이 강한 이들은 팔레스타인을 유대인들에게 돌려주는 것을 성스러운 계획의 일부로 보았다. 그리스도의 재림과 경건주의 국가 창설을 앞당기는 길이었던 것이다. 이런 종교적 열정은 제1차세계대전 당시 영국 총리였던 로이드 조지Lloyd George 같은 독실한 정치인들로 하여금 시온주의 기획의 성공을 위해 한층 더 헌신적으로 활동하게 부추겼다. 그렇지만 물론 그는 동시에 시온주의 운동이 팔레스타인을 식민화해야 하는 '메시아적' 이유가 아니라 '전략적' 근거를 정부에 제시했다. 여기에는 로이드 조지가 팔레스타인인—그가 '무함마드교도'라고 부른—과 '아랍인'에 대해 품은 엄청난 불신과 경멸이 바탕에 깔려 있었다.[8]

최근 학문 연구는 또한 이스라엘의 공식적인 역사 서술이 시온주의

---

* 나폴레옹 전쟁의 전후 처리를 위해 열린 빈 회의(1814~1815) 이후 30여 년 동안 지속된 유럽의 국제 정치 체제. 오스트리아, 프로이센, 러시아, 영국 등 강대국의 세력 균형이 주요 내용으로 빈 체제, 메테르니히 체제라고도 한다.

를 러시아에서 크게 성공하지 못한 시도를 넘어서 사회주의·마르크스
주의 혁명을 추진하려 한 적극적인 노력으로 묘사함으로써 초기 팔레
스타인 식민화에 대해 마르크스주의적 특색을 덧붙이려 한 점에 의문
을 제기하는 경향이 있다.[9] 더 비판적인 견해는 이런 열망을 기껏해야
의심스럽고 최악의 경우에는 조작에 가까운 것으로 묘사한다. 실제로
오늘날 이스라엘의 자유주의적인 유대인들이 이 나라에서 비유대인이
인구의 다수를 점할 수 있다는 사실에 직면할 때마다 기꺼이 민주주의
의 원리를 내팽개치는 것처럼, 사회주의 시온주의자들 역시 금세 보편적
인 꿈을 내던지고 민족주의의 강력한 유혹에 빠져든 것처럼 보인다. 그
리고 팔레스타인을 사회주의 사회가 아니라 배타적인 유대 사회로 만드
는 게 주된 목표가 되었을 때, 현지 주민들에 대한 종족 청소를 시작하
고 실행한 것은 다름 아닌 시온주의 내의 노동당 운동이었다.

　초기 시온주의 정착민들은 아직 소수인데다 경제적으로 취약한 신규
이주자 집단을 지탱할 수 있는 사회적·공동체적 네트워크를 만들어 내
고 지역 노동 시장에 진입하기 위해 노력하면서 땅뙈기를 사들이는 데
에너지와 자원을 대부분 쏟아부었다. 어떻게 하는 것이 팔레스타인 전
체를 차지하고 이 나라나 그 일부에 민족 국가를 세우는 최선의 길인
지에 관한 정확한 전략은 나중에 생겨났다. 영국 스스로 크게 악화시킨
갈등을 어떻게 하면 가장 잘 해결할 수 있는지에 관한 영국의 구상과
긴밀하게 연결된 전략이었다.

　1917년 영국 외무 장관 밸푸어 경Arthur James Balfour은 시온주의 운동
에 유대 민족의 고국을 팔레스타인에 세워주겠다고 약속하면서[10] 조만
간 이 나라와 사람들을 집어삼키게 되는 끝없는 갈등에 물꼬를 텄다.

영국 정부의 이름으로 한 서약에서 밸푸어는 비유대인 주민들의 열망을 지켜주겠다고 약속했지만—토착 인구가 절대 다수인 점을 감안하면 이상한 언급이다—이 선언은 주권 국가와 독립에 대한 팔레스타인인들의 열망이나 당연한 권리와 갑자기 충돌했다.

1920년대 말에 이르자, 이미 이 제안이 팔레스타인인과 유대인 수백 명의 목숨을 앗아 갔고, 이에 따라 제안의 핵심 내용에 폭력의 가능성이 있음이 분명해졌다. 이제 영국인들은 들끓는 갈등을 해결하기 위해 내키지 않지만 진지한 노력을 할 수밖에 없었다.

1928년까지 영국 정부는 팔레스타인을 식민지가 아니라 영국의 세력권 아래 있는 하나의 국가로 여겼다. 영국의 후견 아래서 유대인들에게 한 약속과 팔레스타인인들의 열망을 둘 다 충족시킬 수 있는 국가로 본 것이다. 영국은 이 국가의 정부뿐만 아니라 의회에서도 두 공동체를 대등한 지위에서 대표할 수 있는 정치 구조를 만들고자 했다. 그런데 실제로 영국이 내놓은 제안은 공평한 수준에 미치지 못했다. 시온주의 이주 식민지들에 유리하고 다수인 팔레스타인을 차별하는 내용이었다. 새로 제안된 입법부 내의 균형은 영국 행정 당국이 임명한 성원들과 제휴하게 될 유대인 공동체에 유리했다.[11]

1920년대에 팔레스타인인들이 전체 인구의 80~90퍼센트를 차지하고 있었기 때문에 처음에 그들은 당연히 영국이 내놓은 대등한 구성안을 받아들이기를 거부했다. 실제로 그들에게 불리하게 작용하는 제안은 말할 것도 없었다. 반면 시온주의 지도자들은 이런 지위를 기꺼이 지지했다. 이제 하나의 양상이 드러난다. 1928년에 팔레스타인 지도부가 유대인 이민 유입이 늘어나고 정착촌이 확대되는 것을 우려하면서 이 정식화를 협상의 토대로 받아들이는 데 동의하자 시온주의 지도부는 재빨리 그것을 거부해버렸다. 1929년 팔레스타인 봉기는, 자신들이 민주주의의 다수결 정치 원리를 무시하는 데 동의한 뒤에도 영국이 대등한 지위라는 최소한의 약속조차 이행하지 않은 것의 직접적인 결과였다. 다수결 정치 원리는 영국이 자신의 세력권 안에 있는 다른 모든 아랍 국가들에서 협상의 토대로 내세운 것이었음에도 팔레스타인에는 적용되지 않았다.[12]

1929년 봉기 이후 런던의 노동당 정부는 팔레스타인의 요구를 받아들일 생각이 있었던 것 같지만, 시온주의의 로비는 영국 정부를 다시 밸푸어 방침으로 기분좋게 돌리는 데 성공했다. 이렇게 되자 다시 봉기가 일어날 게 불 보듯 뻔했다. 1936년에 당연히 일어난 봉기는 결연한 대중 반란의 형태로 터져나왔고, 결국 영국 정부는 인도보다도 더 많은 군대를 팔레스타인에 주둔시킬 수밖에 없었다. 3년 뒤, 영국군은 팔레스타인 농촌에 잔인하고 무자비한 공격을 가함으로써 반란을 진압했다. 팔레스타인 지도부는 망명길에 올랐고, 위임 통치 군대에 맞서 게릴라전을 계속하던 준군사 부대들은 해산했다. 이 과정에서 반란에 관여한 많은 마을 사람들이 체포되거나 부상을 입거나 살해되었다. 팔레스타인 지도부와 생존력 있는 전투 조직이 대부분 자취를 감추자 1947년 유대 군대가 팔레스타인 농촌 지역에 수월하게 진출했다.

두 차례의 봉기 사이에 시온주의 지도부는 한시도 지체하지 않고 팔레스타인을 유대인이 독점하기 위한 계획을 착착 만들어나갔다. 우선 1937년에 영국의 왕립 필 위원회Royal Peel commission가 팔레스타인을 두 국가로 분할하자고 권고했을 때 우호적인 반응을 보이면서 팔레스타인 땅의 작은 부분을 받아들였다.[13] 둘째, 1942년에는 최대주의적 전략을 시도하면서 팔레스타인 전체를 차지하겠다고 요구했다. 시온주의 지도부가 탐낸 지리적 공간은 시간이 흐름에 따라, 그리고 상황과 기회에 따라 달라졌을지 모르지만, 주된 목표는 항상 똑같았다. 시온주의 기획은 박해를 피할 수 있는 유대인의 안식처이자 새로운 유대 민족주의의 요람인 순수한 유대 국가를 팔레스타인에 창건함으로써만 실현될 수 있었다. 그리고 이런 국가는 사회-정치적 구조만이 아니라 종족 구성에서도 순수한 유대 국가여야 했다.

## 군사적 준비 태세

영국 위임 통치 당국은 처음부터 시온주의 운동이 팔레스타인에 미래 국가를 위한 하부 구조로서 독립적인 고립지enclave를 만들게 놔두었고, 1930년대 말 시온주의 운동 지도자들은 유대인의 배타적 독점이라는 추상적 전망을 좀더 구체적인 계획으로 전환할 수 있었다. 외교를 통해 팔레스타인을 양도받는 데 실패할 경우에 결국 무력으로 땅을 차지하기 위한 시온주의의 준비 태세 중에는—시온주의에 동조하는 영국 장교들의 도움을 받아—효율적인 군사 조직을 건설하고 충분한 재정 자원을 확보하는 일도 들어 있었다(유대인 디아스포라 집단에 요청할 수 있었다). 여러 면에서 볼 때, 초창기 외교 집단의 형성은 팔레스타인에서 무력으로 국가를 강탈하려는 전반적인 준비 태세의 필수 불가결한 부분이기도 했다.[14]

유대 국가 구상이 군사주의 및 군대와 긴밀하게 연결되어야 한다는 생각을 시온주의 지도자들에게 더욱 충분하게 각인시킨 것은 특히 영국군 장교 오드 찰스 윈게이트Orde Charles Wingate였다. 무엇보다도 팔레스타인 내에서 그 수가 점점 늘어나는 유대인 고립지와 이주 식민지를 보호해야 할 뿐만 아니라—더욱 중요한 점으로—무장 공격 행위는 현지 팔레스타인인들이 벌일지도 모를 저항을 방지하는 효과적인 억지 수단이었기 때문이다. 나중에 드러난 것처럼, 이런 생각에서 원주민 전체를 강제로 이동시키는 계획 구상에 이르는 길은 아주 짧았다.[15]

오드 윈게이트는 20세기 초 인도의 군인 집안에서 태어나 아주 독실한 가정 교육을 받았다. 그는 수단에서 노예 무역업자들을 잠복 단속하는 효과적인 정책으로 명성을 얻으면서 친아랍적 경력을 시작했다. 1936년 팔레스타인에 배속된 그는 이곳에서 금세 시온주의의 꿈에 매혹되었다. 그는 유대인 정착민들을 적극적으로 장려하기로 마음을 먹고 유대인 부대를 상대로 현지 주민들에게 맞서는 좀더 효과적인 전투 전술과 보복 기법을 가르치기 시작했다. 시온주의자 동료들이 그를 대단히 존경한 것도 전혀 놀랄 일은 아니다.

윈게이트는 팔레스타인 유대인 공동체의 주요 준군사 조직인 하가나를 변신시켰다. 1920년에 창설된 하가나의 명칭은 히브리어로 '방어'를 의미하는데, 표면상으로 주요 목적인 유대인 이주 식민지 보호를 가리키려는 의도이다. 윈게이트의 영향력과 그가 지휘관들에게 불어넣은 호전적 분위기 아래에서 하가나는 순식간에 유대 기구Jewish Agency의 군사 부문이 되었다. 팔레스타인의 시온주의 행정 기관인 유대 기구는 결국 팔레스타인 전체를 군사적으로 차지하고 원주민에 대한 종족 청소를 실시하기 위한 계획을 발전시키고 실행에 옮겼다.[16]

아랍의 반란을 계기로, 하가나 성원들은 윈게이트에게서 배운 군사 전술을 팔레스타인 농촌 지역에서 실행할 수 있었다. 대부분 도로변 저격수나 키부츠에서 물건을 훔치는 도둑 같은 공격 대상을 겨냥한 보복 작전이었다. 하지만 유대인 정착촌 근처에 사는 팔레스타인 공동체를 위협하는 게 주요 목표였던 것으로 보인다.

윈게이트는 아랍 반란이 진행되는 동안 하가나 부대를 영국군에 배속시키는 데 성공했다. 아랍인 마을에 대한 '토벌 작전'이 어떤 결과를 낳아야 하는지를 훨씬 잘 배울 수 있도록 하기 위해서였다. 예를 들어, 1938년 6월 유대인 부대는 팔레스타인 마을을 점령하는 것이 무슨 의미인지를 처음으로 맛보았다. 하가나 1개 부대와 영국군 중대가 이스라엘과 레바논 국경에 있는 한 마을을 합동 공격해서 몇 시간 동안 장악한 것이다.[17]

작전에 참여한 아마치야 코헨Amatziya Cohen은 영국군 하사가 무방비 상태인 마을 사람들을 어떻게 총검으로 공격하는지를 보여주었다고 기억했다. "제군들은 전부 라마트 요하난Ramat Yochanan[하가나의 훈련 기지]에서 배운 게 하나도 없다고 본다. 더러운 아랍 놈들을 공격할 때 총검을 쓰는 기초 사용법도 모르니까 말이다. 왼발을 앞으로 내딛으란 말이다." 하사는 기지로 돌아온 뒤 아마치야와 그의 친구들에게 소리를 질렀다.[18] 이 하사가 만약 1948년에 있었더라면 필시 유대 부대가 얼마나 신속하게 마을 공격 기술을 습득했는지를 보고 자랑스러워했을 것이다.

하가나는 또한 제2차세계대전에서 소중한 군사 경험을 얻었다. 많은 성원들이 영국군의 전쟁에 자원해서 참전했기 때문이다. 팔레스타인에 남은 다른 이들은 수백 년 동안 지방 곳곳에 흩어져 있던 1,200여 개의 팔레스타인 마을을 감시하고 침투했다.

## 마을 파일

팔레스타인 마을을 공격하는 흥분을 맛보는 것만으로는 충분하지 않았다. 체계적인 계획이 필요했다. 이런 제안을 한 것은 히브리대학 출신의 안경 쓴 젊은 역사학자 벤치온 루리아Ben-Zion Luria였다. 당시 루리아는 유대 기구 교육부 직원으로 일하고 있었다. 그는 모든 아랍 마을의 자세한 명부가 있으면 아주 유용할 것이라고 지적하면서 유대 민족 기금Jewish National Fund(JNF)에 이런 목록 작성을 맡으면 어떻겠냐고 제안했다. "이렇게 하면 땅을 되찾는 데 큰 도움이 될 겁니다."[19] 그로서는 더없이 좋은 적임자를 찾은 셈이었다. 유대 민족 기금을 장래에 벌어지는 종족 청소에 가담시키자는 그의 독창적 기획은 이후 이어진 추방 계획에 더 많은 추진력과 열정을 불러일으켰다.

1901년에 창설된 유대 민족 기금은 팔레스타인 식민화를 위한 시온주의의 주요 도구였다. 이 기금은 팔레스타인 땅을 매입해서 유대인 이민자들을 정착시키기 위해 시온주의 운동이 활용했던 기관이었다. 5차 시온주의자 대회Zionist Congress에서 출범한 유대 민족 기금은 위임 통치 시기 내내 팔레스타인 시온화Zioniation를 선두에서 이끌었다. 처음부터 기금은 유대인들을 대표해서 시온주의자들이 팔레스타인에서 소유권을 확보한 토지의 '관리인' 역할로 고안된 것이었다. 유대 민족 기금은 이스라엘 국가가 창설된 뒤에도 이런 역할을 계속 유지했으며, 시간이 흐르면서 이런 주요 역할에 다른 업무가 추가되었다.[20]

위임 통치 시기와 나크바 전후에 유대 민족 기금이 벌인 활동의 대부분은 기금 정착부의 부장인 요세프 바이츠Yossef Weitz와 밀접하게 관련되었다. 바이츠는 전형적인 시온주의 식민주의자였다. 당시 그가 가장 우선 과제로 삼은 것은 부재지주들에게서 매입한 땅에서 팔레스타인 소작농들을 신속하게 추방하는 일이었다. 위임 통치 체제 때문에 전에는 없던 국경이 생기면서 부재지주들은 자기 소유지에서 조금 떨어진 곳이나 심지어 나라 밖에 거주하는 경우가 많았다. 전통적으로 한 구획의 토지나 심지어 마을 전체의 소유권이 바뀌는 경우에도 농민이나 마을 사람이 이사를 갈 필요는 없었다.[21] 팔레스타인은 농업 사회였고, 새로운 지주는 땅을 계속 경작하려면 소작농들이 필요했다. 하지만 시온주의가 등장하면서 모든 것이 바뀌었다. 바이츠는 종종 가장 가까운 참모들을 대동하고 새로 매입한 토지를 직접 찾으면서 새로운 유대인 지주들에게 지역 소작농들을 내쫓으라고 부추겼다. 지주한테는 토지 전체가 필요 없더라도 말이다. 언젠가 바이츠의 측근 참모 중 하나인 요세프 나흐마니Yossef Nachmani가 바이츠에게 '유감스럽게도' 소작농들이 떠나기를 거부하고, 그의 말을 빌리면, 새로 바뀐 일부 유대인 지주들도 "소작농들을 그냥 내버려두는 방안을 궁리하면서 소심한 모습"을 보이고 있다고 보고했다.[22] 이런 '약한 모습'이 계속되지 않도록 하는 게 나흐마니를 비롯한 참모들이 할 일이었다. 그들이 감독하는 가운데 금세 퇴거 작업이 광범위하고 효율적으로 진행되었다.

당시 이런 활동의 영향은 여전히 제한적이었다. 시온주의가 가진 자원이 어쨌든 부족하고, 팔레스타인의 저항이 격렬하고, 영국의 정책이 제약을 가했기 때문이다. 위임 통치가 끝나는 1948년에 이르러, 유대인 공동체는 팔레스타인 토지의 약 5.8퍼센트를 소유하고 있었다. 하지만 가용 자원이 더 많고 새로운 기회가 열리기만 한다면, 더 많은 토지를 얻고 싶다는 열망이 존재했다. 이 때문에 바이츠는 마을 파일에 관한 이야기를 듣자 열변을 토하면서 이것을 '민족적 기획'으로 전환하자고 제안했다.[23]

관련된 모든 이들은 이 구상의 열렬한 지지자가 되었다. 시온주의 지도부의 저명인사이자 역사학자로 나중에 이스라엘 2대 대통령이 되는 이츠하크 벤츠비Yitzhak Ben-Zvi는 유대 기구 정치부장인 모셰 셰르토크(샤레트)Moshe Shertock(Sharett)(나중에 이스라엘의 총리가 된다)에게 보낸 편지에서 이 기획에는 마을의 지형도를 기록하는 일뿐만 아니라 각 마을의 '히브리 민족 기원'을 밝히는 과제도 포함되어야 한다고 설명했다. 더욱이 어떤 마을이 비교적 새로 만들어진 곳인지를 아는 것은 하가나에게 중요한 일이었다. 일부 마을은 1830년대 이집트가 팔레스타인을 점령하던 시기에 '이르러서야' 세워진 곳이었기 때문이다.[24]

하지만 주된 과제는 마을의 지도를 작성하는 것이었고, 따라서 위임 통치 기구 지도 제작부에서 일하는 히브리대학 출신의 지형학자를 채용해서 이 사업을 맡겼다. 그는 항공 사진 측량을 실시하자고 제안하면서 신디야나Sindiyana 마을과 사바린Sabbarin 마을을 찍은 항공 지도 두 장을 벤구리온에게 자랑스럽게 보여주었다(현재 이스라엘 국가 문서 보관소에 있는 이 두 지도는 1948년 이후 두 마을에 관해 남아 있는 유일한 자료이다).

이제 이 나라 최고의 전문 사진가들이 이 계획에 참여를 권유받았다. 텔아비브 출신의 이츠하크 셰페르Yitzhak Shefer와 팔마흐Palmach(하가나의 특공대) 대장 이츠하크 사데의 부인 마르고트 사데Margot Sadeh 역시 발탁되었다. 이 필름 현상소는 마르고트의 집에서 겉으로 관개 회사 간판을 내걸고 운영되었다. 영국 당국이 정체를 알게 되면 자신들을 겨냥한 불법적인 첩보 활동이라고 간주할 수 있었기 때문에 숨겨야 했다. 영국인들은 사실 이미 이 계획을 알고 있었지만, 비밀 은신처를 찾아내지는 못했다. 1947년 지도 제작부 전체가 레드하우스로 자리를 옮겼다.[25]

지형학적 노력과 동양학적 노력이 결합된 결과로 생겨난 최종 성과는 시온주의 전문가들이 점차 팔레스타인 마을 하나하나에 대해 자세한 파일을 작성할 수 있었다는 점이다. 1930년대 말에 이르자 이런 '수집 자료'가 거의 완성되었다. 각 마을의 지형적 위치, 접근 도로, 토질, 샘물, 주요 소득원, 사회-정치적 구성, 종교 소속 관계, 촌장mukhtar의 이름, 다른 마을과의 관계, 개별 남성(16~50세)의 연령, 기타 많은 항목에 관한 정확한 세부 내용이 기록되었다. 중요한 범주 하나는 (시온주의 기획에 대한) '적대감' 지수였다. 1936년 반란에 마을이 어느 정도로 참여했는지에 따라 정해진 지수였다. 반란에 참여한 모든 사람과 영국에 대항하는 싸움에서 구성원을 잃은 가족의 명단이 있었다. 유대인을 죽였다고 소문이 난 사람들에게는 특별히 관심이 집중되었다. 앞으로 살펴보겠지만, 1948년에 이 마지막 정보 몇 가지가 여러 마을에서 최악의 잔학 행위에 기름을 부었고, 결국 대규모 처형과 고문으로 이어졌다.

마을별로 '정찰' 여행을 다니면서 자료를 모으는 일을 맡은 하가나 정규 대원들은 처음부터 이 일이 지리에 관한 단순한 학술 실습이 아님을 깨달았다. 그중 한 명인 모셰 파스테르나크Moshe Pasternak는 1940년 초기의 답사 여행과 자료 수집 활동에 참여했다. 그는 오랜 세월 뒤 다음과 같이 회고했다.

우리는 아랍 마을의 기본 구조를 조사해야 했다. 무슨 말이냐 하면
마을의 구조와 최선의 공격 방법을 파악해야 했다. 군사 학교에서는
근동의 원시적인 마을이 아니라 유럽 현대 도시를 공격하는 법을
배웠다. 우리는 이런 마을을 폴란드나 오스트리아의 마을과 비교할
수 없었다. 아랍 마을은 유럽 마을과 달리 지형적으로 언덕 위에 세
워져 있었다. 그러니까 우리는 위쪽에서 마을에 접근하거나 아래쪽
에서 진입하는 최선의 방법을 찾아내야 했다. 우리는 '아랍 전문가
들Arabists'〔부역자들의 네트워크를 관리하는 동양 전문가들〕에게 정보
원들과 협력하는 최선의 방법을 훈련시켰다.[26]

실제로 많은 마을 파일에 기록된 문제는 파스테르나크와 그의 친구
들이 원시적이고 미개하다고 여기는 그 사람들과 어떻게 협력 체제를
구축할 것인가에 관한 것이었다. 이를테면 '이 사람들은 커피 마시는 걸
좋아하고 손으로 밥을 먹기 때문에 정보원으로 활용하기가 아주 어렵
다'는 식이다. 그의 기억에 따르면, 1943년에 마침내 적절한 정보원 네트
워크가 자리를 잡았다는 인식이 높아졌다. 같은 해에 마을 파일이 재
정리되어 한층 더 체계적으로 바뀌었다. 이 일은 주로 에즈라 다닌Ezra
Danin이라는 한 사람의 작품이었는데, 나중에 그는 팔레스타인 종족 청
소에서 지도적인 역할을 하게 된다.[27]
　감귤 과수원 사업에 종사하던 에즈라 다닌을 발탁한 것은 여러 면에
서 첩보 활동과 마을 파일 조직화의 효율성을 한 단계 더 높이는 계기

가 되었다. 1943년 이후 시기의 파일에는 경작 현황, 농경지, 농장의 수목 숫자, 각 과수원(심지어 각 과수)의 질, 가족당 평균 토지 보유량, 자동차 대수, 상점주, 각 마을의 작업장 성원과 장인의 이름 및 보유한 기술 등에 관한 자세한 설명이 들어 있었다.[28] 나중에 각 씨족과 정치적 소속 관계, 명사들과 평범한 농민들 사이의 사회적 성층, 위임 통치 정부에서 일하는 공무원 명단 등에 관한 꼼꼼한 세부 사항이 추가되었다.

그리고 자료 수집 자체가 추진력을 얻게 되면서 1945년 무렵에 다른 세부 사항이 갑자기 등장하는 모습이 보인다. 마을 이슬람 사원에 관한 설명과 사원 지도자인 이맘imman 명단과 더불어 '평범한 사람이다' 같은 설명이 붙어 있고, 심지어 이 고위 성직자들의 자택 내부에 있는 거실에 관한 정밀한 묘사도 눈에 띈다. 위임 통치가 끝날 무렵에는 정보 내용이 명백하게 군사적인 방향으로 바뀐다. 경계병의 수나(대부분의 마을에는 한 명도 없었다) 마을 사람들이 사용할 수 있는 무기의 양과 질(대개 낡아빠진 것이거나 아예 없었다) 등이 그것이다.[29]

다닌은 훗날 이스라엘의 지도적 동양 전문가가 되는 야코프 시모니Yaacov Shimoni라는 독일계 유대인을 발탁해서 각 마을 내부의 특별 계획, 특히 정보원들의 활동을 감독하는 책임을 맡겼다.[30] 다닌과 시모니는 그중 한 명에게 '회계 담당자ha-gizbar'라는 별명을 붙여주었다. 파일 자료 수집자들에게 풍부한 정보의 원천임이 밝혀진 이 사람은 1941~1945년에 그들을 위해 협력 네트워크를 감독했다. 그는 1945년에 정체가 밝혀져서 팔레스타인 전사들에게 살해되었다.[31]

얼마 뒤 두 사람이 다닌과 시모니의 작업에 합류했다. 여호수아 팔몬Jehoshua Palmon과 투비아 리샨스키Tuvia Lishanski가 그들이다. 팔레스타인 종족 청소를 준비하는 데 적극적인 역할을 한 주역들인 두 사람의 이름을 또한 기억해야 한다. 리샨스키는 이미 1940년대에 유대 민족 기금이 거주 지주나 부재지주에게서 매입한 토지에 살고 있는 소작인들을 몰아내는 작전을 지휘하느라 분주했다. 그는 수백 년 동안 집안 대대로 농사를 짓던 땅에서 이 사람들을 위협하고 계속해서 강제로 몰아내는 데 에너지를 집중했다.

푸레이디스Furaydis 마을과 '오래된' 유대인 정착촌인 지크론야코프Zikhron Yaacov[지금은 도로를 통해 해안 고속 도로와 마르즈이븐아미르Marj Ibn Amir(에메크 이스라엘Emeq Izrael) 평원을 거쳐 와디밀크Wadi Milk까지 이어진다]에서 그리 멀지 않은 곳에 셰페야Shefeya라는 청년 마을(시온주의 청년들을 위한 일종의 기숙 학교)이 있다. 1944년에 바로 이곳에서 마을 파일 기획에서 활동하는 특수 부대들이 훈련을 받았고, 여기서부터 이 부대들은 정찰 작전에 나섰다. 셰페야는 냉전 시기의 스파이 마을과 아주 흡사했다. 아랍어를 쓰는 유대인들이 돌아다니면서 팔레스타인 농민들의 관습적인 생활 방식과 행동을 어설프게 흉내내려고 애를 썼다.[32]

2002년, 이 특별 훈련 기지에 처음 신병으로 들어온 이들 중 한 명이 1944년 근처에 있는 움알지나트Umm al-Zinat 마을로 처음 정찰 작전을 나간 일을 회고했다. 정찰 목표는 마을을 조사해서 촌장이 어디에 사는지, 모스크가 어디에 있는지, 마을 부자들은 어디 살고 1936년 반란에서 누가 활동했는지 등의 정보를 가져오는 것이었다. 잠입자들은 아랍의 전통적인 환대 관습을 이용할 수 있음을 알고 있었고 심지어 촌장의 집에 직접 손님으로 들어가기도 했기 때문에 아주 위험한 임무는 아니었다. 어느 날 그들은 얻으려고 하는 자료를 모두 구하지 못하자 집으로 초대해달라고 요청했다. 두번째 방문중에 토지의 비옥도에 관한 정보를 얻어 오라고 지시를 받았는데, 토질에 관한 이야기를 듣고 깊은 인상을 받았던 것 같다. 1948년 움알지나트는 파괴되었고 마을 주민들도 모두 쫓겨났다. 마을 주민들은 아무런 도발도 하지 않았는데 말이다.[33]

마을 파일의 최종 자료 경신은 1947년에 이루어졌다. 이 경신에서는 각 마을별로 '지명 수배자' 명단을 작성하는 데 초점이 맞춰졌다. 1948년 유대 군대가 이 명단을 이용해서 마을을 점령하는 즉시 수색 체포 작전을 수행했다. 즉, 마을에 있는 남자들을 일렬로 세워놓고 명단에 있는 사람을 확인했다. 대개 처음에 그 사람들에 관한 정보를 준 사람이 확인 작업을 했는데, 현장에서는 머리에 눈 구멍만 뚫은 마대 자루를 써서 상대가 알아보지 못하게 했다. 줄에서 끌려나온 남자들은 종종 그 자리에서 총을 맞았다. 이 명단에 포함시키는 기준은 팔레스타인 민족 운동 참여, 즉 운동 지도자인 무프티 알하즈 아민 알후세이니Mufti al-Hajj Amin al-Husayni*와의 긴밀한 관계 그리고 앞에서 언급한 것처럼 영국인들과 시온주의자들에 대항하는 행동에 참여한 이력이었다.[34] 명단에 오르는 다른 이유들로는 '레바논에 다녀온 적이 있다고 알려짐'이나 '마을 민족 위원회 성원이라는 이유로 영국 당국에 연행됨' 같은 다양한 추정도 있었다.[35]

첫번째 분류인 팔레스타인 민족 운동 참여는 아주 폭넓게 정의되었기 때문에 모든 마을이 포함될 수 있었다. 무프티나 그가 이끄는 정당

---

* 무프티는 원래 이슬람 율법 전문가를 가리키는 표현이다.

과 제휴 관계를 갖는 것은 무척 흔한 일이었다. 어쨌든 그가 이끄는 당은 1923년에 영국 위임 통치가 공식적으로 시작된 이래로 팔레스타인 정치를 지배하고 있었다. 이 당의 당원들은 계속해서 전국 선거와 지방 선거에서 승리했고, 팔레스타인인들의 초기 정부가 되는 아랍 고등 위원회Arab Higher Committee에서 주요 지위를 차지했다. 시온주의 전문가들이 보기에 이런 움직임은 범죄나 마찬가지였다. 1947년의 파일을 보면, 주민이 1,500명 정도 되는 마을들에는 보통 20~30명의 용의자가 있었던 사실을 알 수 있다(예를 들어, 남부 카르멜Carmel 산맥의 하이파 남쪽에 있는 움알지나트에는 그런 용의자가 30명 있었고, 인근 마을 다문Damun에는 25명이 있었다).[36]

이가엘 야딘은 바로 이렇게 팔레스타인 마을 하나하나에서 무슨 일이 벌어지고 있는지를 꼼꼼하고 자세하게 파악한 덕분에 1947년 11월 시온주의 군 사령부가 "팔레스타인 아랍인들을 적절하게 조직할 만한 지도자가 전무하다"고 결론 내릴 수 있었다고 술회했다. 단 하나 심각한 문제라면 영국인들이었다. "영국인들만 없었다면, 우리는 아랍의 폭동 [1947년 유엔 분할 결의안에 대한 반발]을 한 달 만에 진압할 수 있었을 것이다."[37]

## 영국인들에 대항하다: 1945~1947

이 무렵 시온주의 운동은 장래에 이 나라를 차지하기 위한 준비로 팔레스타인 농촌 지도를 꼼꼼하게 작성하는 것 말고도 제2차세계대전이 끝나고 새로운 국가를 순조롭게 출범시키는 최선의 방도를 한층 더 뚜렷하게 인식하고 있었다. 여기서 결정적으로 중요한 요인은 영국인들이 1936년 반란을 진압하면서 이미 팔레스타인 지도부와 방위 역량을 파괴했고, 그 결과 시온주의 지도부가 다음 단계에 착수하기 위한 시간과 공간을 충분히 벌었다는 점이다. 나치의 팔레스타인 침략 위험이 1942년에 사라지자, 시온주의 지도자들은 이 땅을 성공적으로 차지하는 것을 가로막는 유일한 걸림돌은 팔레스타인의 저항이 아니라 영국인들의 존재라는 사실을 더욱 예리하게 인식하게 되었다. 바로 이런 이유 때문에 가령 1942년 뉴욕 빌트모어호텔Biltmore Hotel에서 만난 자리에서 벤구리온은 팔레스타인 위임 통치령 전역에 걸쳐 유대인 국가를 세우겠다는 요구안을 내놓게 된다.[38]

　　제2차세계대전이 막바지로 치달음에 따라 팔레스타인의 유대 지도부는 영국인들을 이 나라에서 몰아내려는 운동에 착수했다. 그와 동시에 75퍼센트로 다수를 차지하고 있는 팔레스타인 주민들에 대한 계획을 입안하는 일을 계속했다. 시온주의의 지도적 인물들은 공개적으로 자신의 견해를 발표하는 대신 가까운 동료들에게 심중을 털어놓거나 일기에 적어놓았다. 그중 한 명인 요세프 바이츠는 1940년에 이렇게 썼다. "아랍인들을 이동시키는 것은 우리의 권리"이고 "아랍인들은 떠나야 한다"![39] 벤구리온 자신은 1937년에 아들에게 편지를 쓰면서 이것이 시온주의가 택할 수 있는 유일한 방침이라고 확신한 것처럼 보인다. "아랍인들은 떠나야 할" 테지만, 그렇게 되려면 전쟁 같이 시의적절한 계기가 필요하다.[40] 시의적절한 계기는 1948년에 찾아왔다. 벤구리온은 여러 면에서 이스라엘 국가의 창건자이며 초대 총리를 지내기도 했다. 그는 또한 팔레스타인 종족 청소를 지휘했다.

## 다비드 벤구리온: 설계자

다비드 벤구리온은 1920년대부터 1960년대까지 시온주의 운동을 이끌었다. 1886년 폴란드 푸옹스크Plonsk(당시에는 제정 러시아에 속했다)에서 다비드 그루엔David Gruen으로 태어난 그는 1906년 이미 열렬한 시온주의자인 상태로 팔레스타인에 왔다. 작은 키에 흰머리를 뒤로 빗어 넘기고 항상 카키색 군복 차림인 충격적인 그의 외모는 이제 전 세계 많은 이들에게 익숙한 모습이다. 종족 청소 작전이 시작되었을 때, 그는 군복에 권총을 차고 목에 쿠피야kufiyya*를 둘렀다. 휘하의 엘리트 부대와 똑같은 복장을 한 것이다. 당시 그의 나이는 60세 정도였는데, 심각한 허리 통증에 시달리면서도 시온주의 운동에서 가장 정력적이고 열심히 일하는 지도자였다.

그가 팔레스타인인들의 운명을 결정하는 데서 핵심적인 역할을 한 것은 팔레스타인 유대인 공동체에서 안보나 방위에 관한 모든 문제를 완전히 좌우했기 때문이다. 그는 노동조합 지도자로 권력의 자리에 올랐지만, 이내 형성중인 유대 국가를 설계하는 데 몰두했다. 영국인들이 1937년에 팔레스타인에 유대인 공동체가 국가를 세울 수 있게 하겠다고 제안했지만 유대인들이 염두에 둔 것보다 훨씬 작은 규모였을 때, 벤구리온은 이 제안을 좋은 출발점으로 받아들이면서도 팔레스타인의 최대한 많은 영토에서 유대인이 주권을 확보하기를 열망했다. 그는 계속해서 시온주의 지도부를 움직여서 최고의 권한을 확보하는 동시에 장래

---

* 중동 같은 건조 지역에서 햇빛과 모래바람을 막기 위해 머리에 두르는 일종의 스카프. 주로 아랍인들이나 쿠르드족이 착용하지만 유대인들도 사용한다.

의 국가는 유대인이 절대적으로 지배하는 나라가 되어야 한다는 기본적인 통념을 받아들이게 했다. 이렇게 순수한 유대 국가를 달성하는 방법에 관해서도 1937년 무렵에 그의 지도 아래 논의가 이루어졌다. 이제 '힘'과 '기회'라는 두 가지 마법적 단어가 등장했다. 유대 국가는 힘으로만 얻을 수 있지만, 비유대계 토착민이 다수 인구를 차지한다는 현장의 인구학적 현실을 '군사적으로' 다룰 수 있으려면 적절한 역사적 기회가 오기를 기다려야 했다.

벤구리온은 시온주의 지도부를 구성하는 대다수 동료들과 달리 장기적인 과정과 종합적인 해법에 초점을 맞추었다. 다른 동료들은 여전히 여기에 땅 한 뙈기를 매입하고 저기에 집 몇 채를 사들이는 식으로 마음속에 그리는 새로운 현실을 확립할 수 있을 것이라고 기대했다. 그렇지만 벤구리온은 일찍부터 이런 정도로는 충분하지 않을 것임을 알고 있었다. 그리고 물론 그가 옳았다. 앞서 살펴본 것처럼, 위임 통치가 끝날 무렵 시온주의 운동은 전체 토지의 6퍼센트 정도만을 매입할 수 있었을 뿐이다.[41]

하지만 벤구리온의 부사령관이자 팔레스타인 위임 통치령 유대인 공동체의 '외무 장관'인 모셰 샤레트 같은 한결 신중한 시온주의 지도자들조차 유대인의 팔레스타인 정착을 팔레스타인 원주민들의 추방과 결부시켰다. 예를 들어, 1938년 12월 13일 샤레트는 예루살렘의 시온주의 단체 직원들을 상대로 강연을 하면서 특히 만족스러운 성과에 대해 보고할 수 있었다. 팔레스타인 동부 베이산계곡Baysan Valley에 2,500두남(1두남은 1,000평방미터, 또는 0.1헥타르에 해당한다)을 매입했다는 것이었다. 그는 다음과 같이 인상적인 내용을 덧붙였다.

흥미롭게도 이 매입과 동시에 인구 이동[청중이 혹시라도 이 단어에 익숙하지 않을 듯싶어서 영어로 몇 번이고 되풀이했다]이 이루어졌습니다. 요르단강 서쪽에 사는 부족이 하나 있는데, 이번 매입에는 이 부족이 강 동쪽으로 이동하기 위한 비용도 포함될 겁니다. 이것으로[이 조치로 팔레스타인에서] 아랍인의 숫자를 줄이게 될 겁니다.[42]

앞에서 살펴본 것처럼, 1942년에 팔레스타인 전역에 대한 시온주의의 소유권을 공개적으로 분명히 표명했을 때 벤구리온은 이미 훨씬 더 큰 목표를 추구하고 있었다. 밸푸어 선언 당시와 마찬가지로, 시온주의 지도자들은 이 약속에 이 나라 전체가 포함된다고 이해했다. 하지만 벤구리온은 국가 창건자일 뿐만 아니라 실용적인 식민주의자이기도 했다. 그는 팔레스타인 위임 통치령 전체를 극성스럽게 요구한 빌트모어 계획 같은 최대주의적 계획은 현실주의적이지 않다고 여겨질 것임을 알고 있었다. 물론 영국이 유럽에서 나치 독일에 대항하는 동안 영국에 압력을 가하는 것도 가능하지 않았다. 그 결과 그는 제2차세계대전중에 야심을 억눌렀다. 하지만 클레먼트 애틀리Clement Atlee가 이끄는 전후 영국 노동당 정부는 팔레스타인에 대해 다른 계획을 갖고 있었다. 이제 유럽의 유대인들이 절멸의 위협에서 벗어났고, 그들 대부분이 중동으로 향하기보다는 대서양 건너편으로 떠나는 쪽을 선호했기 때문에 영국의 새로운 내각과 정력적인 외무 장관 어니스트 베빈Ernest Bevin은 시온주의 지도자들이 팔레스타인으로 이주하기를 바란다고 주장하는 사람들이 아니라 실제로 팔레스타인에 살고 있는 사람들의 소망과 이해에 바탕을 둔 해법, 다른 말로 하면 민주적인 해법을 찾고 있었다.

유대 지하 민병대들이 테러리즘까지는 아닌 무장 공격에 나섰지만 그 정책은 바뀌지 않았다. 교량, 군사 기지, 예루살렘의 영국 본부(킹다비드 호텔King David Hotel) 등을 겨냥한 폭탄 공격에 대해 영국은 온건하게 대응했다―1930년대 팔레스타인 반란자들을 잔인하게 다룬 것과 비교하면 특히 대조적이었다. 보복은 유대 군대를 무장 해제시키는 작전의 형태를 띠었다. 애시당초 1937년 팔레스타인 반란에 맞선 전쟁과 1939년 추축국을 상대로 한 전쟁에서 영국인들이 직접 신병으로 모집하고 무장시킨 병력이었다. 무장 해제는 극히 일부분에 그쳤지만, 연행자 수는 비교적 많았다. 결국 시온주의 지도자들은 영국인들이 여전히 이 땅에서 법질서를 책임지는 한 좀더 순응적인 정책을 추구할 필요가 있음을 깨달았다. 앞에서 살펴본 것처럼, 제2차세계대전 직후 영국은 인구가 200만 명이 채 안 되는 나라에서 압도적으로 많은 병력(10만 명)을 보유했다. 이런 군대는 억지력으로 작용했고, 유대인들이 킹다비드호텔에 테러 공격을 가한 뒤에도 이 병력은 약간 감축되었을 뿐이다. 이런 점을 고려한 끝에 벤구리온은 조금 '축소된' 국가, 즉 팔레스타인의 80퍼센트 정도면 시온주의 운동이 꿈과 야망을 실현하는 데 충분할 것이라고 결론을 내렸다.[43]

1946년 8월 말, 벤구리온은 시온주의 운동 지도부를 파리의 루아얄 몽쉬Royal Monsue호텔에 소집해서 팔레스타인 전역을 차지하고자 한 빌트모어 계획의 대안을 찾는 데 도움을 구했다. 시온주의 운동의 '오래된 새로운' 구상이 다시 표면 위로 떠올랐다. 팔레스타인을 분할하자는 안이었다. 나훔 골드만Nachum Goldman이 런던의 영국 정부에 "그 땅의 작은 한 부분에서만이라도 우리에게 독립을 달라"고 간청하는 동안 파리에 있는 그의 동료들은 차후의 행동을 심사숙고하고 있었다. 골드만은 당시 시온주의 지도부 중 으뜸가는 '온건파'였고, 팔레스타인의 '작은' 한 부분이라도 달라는 그의 요구는 벤구리온의 야망을 반영한 게 아니었다. 벤구리온은 원칙은 수용했지만 범위는 받아들이지 않았다. 그는 프랑스 수도에 소집한 이들에게 이렇게 말했다. "우리는 팔레스타인의 큰 덩어리를 요구할 겁니다." 2005년 아리엘 샤론Ariel Sharon에 이르기까지 그 뒤를 이은 여러 세대의 이스라엘 지도자들과 마찬가지로, 벤구리온 역시 더욱 극단적인 시온주의 성원들을 억제해야 한다는 점을 깨달았고, 팔레스타인 위임 통치령의 80~90퍼센트로도 생명력 있는 국가를 만드는 데 충분하다고 그들을 설득했다. 유대인이 확실하게 우위를 차지할 수만 있으면 된다는 것이었다. 그후 60년 동안 이런 사고나 퍼센트는 전혀 변하지 않았다. 몇 달 뒤 유대 기구는 벤구리온이 말한 '팔레스타인의 큰 덩어리'를 지도로 만들어서 팔레스타인의 미래와 관련된 모든 사람들에게 배포했다. 1947년의 이 지도는 1967년 이전 이스라엘의 모습, 요르단강 서안과 가자지구가 빠진 팔레스타인과 거의 판박이인 유대 국가를 예견하는 그림이었다.[44]

이 모든 협의 과정에서 시온주의 지도자들은 현지 주민들의 저항 가능성을 전혀 논의하지 않았다. 그들의 주된 관심사는 영국, 그리고 혹 있을지 모를 국제 사회의 반응이었다. 이런 태도는 우연한 게 아니다. 시온주의 지도부는 제2차세계대전 이후 팔레스타인 지도부가 완전히 붕괴하고 아랍 국가들 전체가 팔레스타인 문제에 대해 주저하는 입장을 나타낸다는 점을 알고 있었다. 팔레스타인의 해방 운동을 짓밟은 영국 위임 통치 당국이 이제 그들의 고국 대부분을 호시탐탐 노리는 냉정한 결의와 엄청난 열기로 무장한 시온주의 운동과 그들 사이에 선 유일한 세력임을 깨닫는 순간 팔레스타인 원주민들의 절망적인 상황은 통렬할 정도로 분명해진다. 하지만 유럽이 자기 땅에서 자행한 홀로코스트에 대해 팔레스타인에 국가를 세워주는 것으로 보상할 준비를 함에 따라 더 안 좋은 상황이 찾아왔다. 유럽은 이런 구상이 팔레스타인 원주민들을 희생시켜야만 가능한 일임을 간단히 무시해버렸다.

팔레스타인 쪽에서 권력 공백이 존재하는 상황에서 시온주의 정책 결정자들이 마치 팔레스타인인들은 고려해야 할 요인이 아닌 것처럼 행동한 것도 놀랄 일은 아니다. 하지만 물론 팔레스타인인들은 여전히 이 땅에서 절대다수를 차지했고, 따라서 그들은 분명히 '문제'였다. 게다가 아랍 세계는 적어도 잠재적으로 팔레스타인인들에게 구원의 손길을 보내면서 군대를 보내고 무기를 제공할 수 있었다. 다비드 벤구리온은 이런 가능한 시나리오를 충분히 알고 있었고, 따라서 그 자신과 가까운 동료들은 히브리어로 비타혼*bitachon*, 즉 안보 문제에 몰두했다. 벤구리온은 워낙 세심하고 꼼꼼하게 안보 강박 관념을 키웠고, 결국 팔레스타인의 유대인 공동체와 이후에 나타난 이스라엘의 다른 모든 사회·정치 문제는 안보 문제에 밀려나고 말았다.[45]

비타혼은 그때나 지금이나 시온주의 지도자들, 후에는 이스라엘 지도자들이 해외 무기 구매에서 다른 정당과의 내부 투쟁, 미래 국가를 위한 준비, 팔레스타인 현지 주민들에 대해 채택한 정책에 이르기까지 광범위한 쟁점을 감추고 수많은 핵심 정책을 정당화하기 위해 활용하는 메타 용어이다. 팔레스타인 현지 주민들에 대한 정책은 본성상, 그리고 담론상 보복적이었지만 실제 행동에서는 종종 도발적이었다. 1946년부터 줄곧 더욱 종합적인 일련의 전략적 목표들이 등장했다. 미래의 여러 시나리오와 계획을 공고히 하기 위한 목표들이었다. 다비드 벤구리온은 이스라엘의 비타혼 중심 사고방식을 형성하는 데 결정적인 역할을 했다. 전에는 다소 성가시고 비효율적인 피라미드 구조였던 시온주의 의사 결정 방식의 맨 꼭대기를 자신이 차지하는 식으로 구조 변화를 도입했기 때문이다. 1946년 제22차 시온주의자 대회에서 벤구리온에게 국방 장관직을 맡기자 그는 팔레스타인 유대인 공동체의 안보 쟁점 전체를 완전히 장악하게 되었다.[46]

아직 국가는 없었지만, 벤구리온은 이제 이미 국방 장관이자 일종의 총리 역할을 떠맡았다(정부 안에서 결의안을 통과시킬 권한이 그에게 있었다). 여러 면에서 그는 책임을 다른 이들과 공유했고, 유대인 공동체가 의제로 올려놓은 많은 쟁점들은 팔레스타인에 있는 유대인들이 만든 주요 정치 조직들의 구성을 대변하는 기관들 안에서 민주적인 방식으로 논의되었다. 하지만 팔레스타인인들의 운명과 관련된 중대한 결정을 내려야 할 시간이 다가옴에 따라 벤구리온은 공식 구조를 무시하고 비밀스러운 몇몇 조직에 의존하기 시작했다.

1946년과 1947년 시온주의 의제에서 가장 중요한 주제였던 영국에 대항한 투쟁은, 1947년 2월 영국이 팔레스타인을 포기하고 팔레스타인 문제를 유엔에 이전하기로 결정하면서 저절로 해결되었다. 사실 영국으로서는 선택의 여지가 거의 없었다. 홀로코스트 이후 영국은 1930년대에 아랍인 반란을 처리한 것처럼, 임박한 유대인 반란에 대처할 힘이 없었고, 노동당이 인도에서 손을 떼기로 결정하자 팔레스타인도 이제 더는 매력적인 존재가 아니었다. 1947년에 혹독하게 추운 겨울을 겪으면서 런던 당국은 이제 제국이 2류 강대국으로 밀려나고 있음을 절실히 깨달았다. 새롭게 부상한 두 초강대국 때문에 영국의 전 지구적 영향력은 움츠러들었고, 자본주의 체제가 파운드화를 급격하게 추락시키자 경제도 비틀거렸다. 노동당은 팔레스타인 같은 외딴 지역을 고수하는 대신 국내에 복지 국가를 건설하는 것이 우선 과제라고 보았다. 결국 영국은 아무 미련도 없이 서둘러 철수했다.[47]

벤구리온은 1946년 말에 이르러 이미 영국인들이 발을 빼고 있음을 깨달았고, 참모들과 함께 영국인들이 떠나는 순간 팔레스타인 주민들을 상대로 어떤 전반적인 전략을 실행할지 연구하기 시작했다. 이 전략은 히브리어로 플랜 기멜Gimel, 즉 플랜 C가 되었다.

플랜 C는 앞선 A와 B 두 계획의 수정본이었다. 플랜 A에는 텔아비브의 하가나 사령관으로 1937년에 이미 벤구리온의 요청에 따라 영국이 철수하는 경우에 팔레스타인을 차지하기 위한 가능한 지침을 작성한 바 있는 엘리멜렉 아브니르Elimelech Avnir의 이름을 따서 '엘리멜렉 계획'이라는 이름이 붙었다. 플랜 B는 1946년에 고안된 것이었는데, 두 계획 모두 이제 플랜 C로 통합되었다.

플랜 A 및 플랜 B와 마찬가지로, 플랜 C 역시 영국인들이 떠나는 즉시 팔레스타인 농촌과 도시에서 벌일 공세 작전을 위해 팔레스타인 유대인 공동체의 군사력을 대비시키려는 것이었다. 이런 행동의 목적은 팔레스타인 주민들이 유대인 정착촌을 공격하는 것을 '억제'하고 유대인 주택, 도로, 교통에 대한 공격에 보복을 하는 것이었다. 플랜 C는 이런 식의 응징 행동에 포함되는 내용을 분명하게 설명했다.

팔레스타인 정치 지도부를 죽일 것.

팔레스타인 선동자들과 재정 지원자들을 죽일 것.

유대인에 대항하는 팔레스타인인들을 죽일 것.

팔레스타인 고위 관리와 공무원들〔위임 통치 체제에 참여한 이들〕을 죽일 것.

팔레스타인의 교통을 손상시킬 것.

우물, 방앗간 등 팔레스타인의 생계 자원을 손상시킬 것.

향후 공격에 조력할 공산이 큰 인근의 팔레스타인 마을을 공격할 것.

팔레스타인 클럽, 커피하우스, 만남의 장소 등을 공격할 것.


플랜 C는 또한 이런 행동을 수행하는 데 필요한 모든 자료, 즉 지도자 명단, 활동가, '잠재적인 공격 목표 인물', 마을의 정밀한 지도 등이 마을 파일에 들어 있다고 덧붙였다.[48]

하지만 몇 달 만에 또다른 계획이 작성되었다. 플랜 D(플랜 달렛)가 그것이다.[49] 바로 이 계획에 따라 시온주의 지도자들이 미래 유대 국가를 위해 눈독을 들이는 영역에 사는 팔레스타인인들의 운명이 결정되었다. 플랜 달렛은 팔레스타인인들이 유대 국가에 협조할지 저항할지 여부에 무관심한 채 그들을 그들의 고국에서 체계적이고 전면적으로 추방할 것을 요구했다.

# 3. 분할과 파괴:
## 유엔 결의안 제181호와 그 여파

옛 유고슬라비아의 충돌에서 가장 잔인한 요소는 다수 집단이 자신이 점령한 지역에서 소수 집단을 몰아내기 위해 고안한 '종족 청소'였다.

예전에는 서로 다른 사람들이 같은 마을에서 함께 살았고 종족 집단 구분이나 종족 청소는 전혀 없었다. 따라서 이 상황을 낳은 원인은 분명 정치적인 것이다.

—1995년 3월 6일 옛 유고슬라비아에 관한 유엔 인종 차별 철폐 위원회의 요약 기록

### 팔레스타인의 인구

1947년 12월 초 시온주의 운동이 팔레스타인에서 종족 청소 작전을 개시했을 때, 이 나라에는 팔레스타인인 주민과 유대인 주민이 '섞여' 살고 있었다. 팔레스타인 원주민이 3분의 2로 다수를 차지하고 있었는데, 이는 위임 통치 초기의 90퍼센트에서 줄어든 것이었다. 3분의 1은 새로 이주한 유대인, 즉 전쟁으로 황폐해진 유럽에서 온 시온주의 정착민과 난민이었는데, 대부분 1920년대 이후 팔레스타인에 온 이들이었다.[1]

19세기 말 무렵 팔레스타인 원주민들은 자결권을 얻으려고 애쓰고 있었다. 처음에는 범아랍 정체성 안에서였지만 제1차세계대전 직후부터는 위임 통치 체제를 통해 노력을 기울였다. 위임 통치 체제가 중동에 신생 민족 국가들을 만들어 이 국가들을 민주주의 원리에 바탕을 둔 독립과 미래로 인도할 것처럼 보였기 때문이다. 하지만 영국의 팔레스타인 위임 통치 헌장에는 1917년 밸푸어 선언도 일괄로 포함되어 있었고, 팔레스타인 유대인들에게 '고국'을 확보해주겠다는 시온주의 운동에 대한 영국의 약속도 들어 있었다.

영국의 친시온주의 정책과 유대인 소수자들이 점점 늘어나는 현실에도 불구하고 위임 통치가 끝날 무렵 팔레스타인은 여전히 아랍 국가의 성격이 강했다. 원주민 인구가 팔레스타인 경작지의 거의 전부를 보유하고 있었다(1947년 당시 유대인 소유지는 5.8퍼센트에 불과했다). 따라서 여기서 '섞여' 살고 있었다는 표현은 줄잡아 말해도 다소 오해의 소지가 있다. 시온주의 운동이 팔레스타인에 발을 들여놓은 이래 지도자들은 유대인 이민자들에게 농촌에 정착하도록 설득했지만, 많은 이들이 농촌 정착에 실패했다. 새로운 유대인 이주자들은 압도적으로 도시와 소읍을 선호했다. 그 결과 농촌 지역에 있는 시온주의 정착 식민지 대부분은 서로 멀리 떨어져 있었다. 북부의 갈릴리나 남부의 나깝Naqab(네게브Negev) 같은 일부 지역은 사실상 팔레스타인 농촌에 둘러싸인 고립된 섬이나 마찬가지였다.

이런 고립 상태는 이 식민지들이 마을보다는 군사 요새같이 지어졌음을 의미했다. 정착 식민지의 배치와 설계에서 기본 바탕이 된 것은 인간의 거주보다는 안보에 대한 고려였다. 내부만을 향해 고립된 이 식민지들은 팔레스타인 전통 마을의 열린 공간과 기묘한 대조를 이루었다. 자연석 주택으로 이루어진 팔레스타인 마을은 주변을 둘러싼 들판, 과수원, 올리브 농원 등과 사통팔달로 뚫려 있었다.

　팔레스타인 농촌에 극히 적은 유대인만이 정착한 사실은 두 공동체의 점증하는 충돌을 분할 원칙에 따라 해결하고자 하는 이들에게는 심각한 문제임이 드러났다. 한편으로, 논리와 상식에서 볼 때, 농촌 전체, 그러니까 전체 영토의 4분의 3 이상이 계속 팔레스타인의 몫이어야 했다. 다른 한편 도시에서는 거주하는 인구 비율이 거의 비슷했다. 문제는 이런 현실에서 어떻게 균일한 인구로 구성된 팔레스타인과 유대인의 국가를 따로 만들 수 있는가 하는 점이었다. 팔레스타인 분할은 원래 영국이 내놓은 해법이었지만, 1937년 이래 시온주의 정책의 중추가 되었다. 그전에 영국은 몇 가지 다른 선택지를 내놓았는데, '두 민족 국가bi-national state'를 창설하는 안은 유대인들이 거부했고, 팔레스타인 연방제cantonised Palestine(스위스 모델을 따른 것이다) 안은 양쪽 모두 검토를 거부했다. 결국 런던 당국은 임박한 충돌을 막을 해법을 찾는 시도를 포기했고, 1947년 2월 팔레스타인 문제를 유엔에 이관했다. 이제 분할은 시온주의 지도부가 찬성하고 영국이 지원하는 가운데 가장 중요한 과제가 되었다. 팔레스타인인들의 이해는 이내 이 과정에서 거의 완전히 삭제되었다.

## 유엔의 분할안

　1947년 당시 이제 막 창설되고 2년이 지나서 경험이 없던 유엔은 팔레스타인의 장래 운명 문제를 팔레스타인 특별 위원회Special Committee for Palestine(UNSCOP 이하 운스콥)의 손에 맡겼다. 나중에 드러난 것처럼, 위원회 성원들 가운데 전에 분쟁 해결 경험이 있거나 팔레스타인의 역사에 관해 많이 아는 이는 하나도 없었다.

운스콥 또한 장래 해법의 지도적 원칙으로 분할을 지원하기로 결정했다. 사실 성원들은 한동안 팔레스타인 전체를 하나의 민주 국가─이 국가의 미래는 나중에 전체 인구의 다수결 투표로 결정한다─로 만드는 가능성을 고려했지만, 결국 이 구상을 포기했다. 그 대신 운스콥은 팔레스타인을 두 국가로 분할하고 경제 통합 연방으로 묶는 안을 유엔 총회에 권고했다. 또한 예루살렘시를 유엔이 국제 체제를 만들어 관리하는 분할체corpus separatum로 만들 것을 권고했다. 결국 운스콥이 내놓은 보고서는 미래의 두 국가가 내부의 인구학적 균형 말고는 동일할 것이라고 예상했고, 따라서 두 국가체가 자유 민주주의 규범을 고수할 필요가 있음을 강조했다. 이 권고안은 1947년 11월 29일 유엔 총회 결의안 제181호가 되었다.[2]

유엔은 분할 결의안을 받아들임으로써 이 나라 인구의 종족 구성을 완전히 무시했음이 분명하다. 만약 유엔이 유대인들이 팔레스타인에 정착한 영역과 그들의 미래 국가의 크기를 일치시키기로 결정했다면, 전체 면적의 10퍼센트만을 유대인의 영토로 주었을 것이다. 하지만 유엔은 시온주의 운동이 팔레스타인에 대해 제기하는 민족주의적 소유권 주장을 받아들였고, 더 나아가 유럽의 나치 홀로코스트에 대해 유대인들에게 보상해주려고 했다.

그 결과, 시온주의 운동은 이 나라의 절반 이상을 차지하는 영토를

'받았다'. 운스콥 성원들이 시온주의 관점으로 방향을 바꾼 것은 팔레스타인 지도부가 1918년 이래 자신들의 땅을 분할하는 데 반대했기 때문이기도 하다. 주로 도시 명사들로 이루어진 팔레스타인 지도부는 처음부터 끝까지 팔레스타인 원주민들을 진정으로 대변하는 데 종종 실패했다. 하지만 이번만큼은 자신들의 고국을 식민화하려고 온 유럽인 정착민들과 고국을 '공유'한다는 구상에 대해 팔레스타인 사회 전반에 퍼진 대중의 분노를 제대로 이해하고 전면적으로 지지했다.

중동 지역 차원의 범아랍 기구인 아랍 연맹Arab League과 아랍 고등 위원회(맹아 형태의 팔레스타인 정부)는 유엔 결의안에 앞서 운스콥과의 교섭을 보이콧하기로 결정했으며, 1947년 11월 이후 결의안을 실행하는 최선의 방법에 관한 협의에 참여하지 않았다. 시온주의 지도부는 자신 있고 손쉽게 이런 공백 상태에 발을 들여놓으면서 팔레스타인의 미래를 위한 계획을 수립하는 방법에 관해 신속하게 유엔과 양자 간 대화 틀을 구성했다. 앞으로 우리는 특히 1967년 이후 미국이 관여한 뒤 팔레스타인의 평화 중재 역사에서 툭하면 이런 양상이 되풀이되는 모습을 보게 된다. 오늘날에 이르기까지 '팔레스타인의 평화 정착'은 언제나 미국과 이스라엘이 배타적으로 작성한 구상을 따르는 것을 의미했다. 팔레스타인인들을 배려하는 것은 고사하고 그들과 진지하게 협의하는 일도 없었다.

시온주의 운동이 1947년에 워낙 신속하게 외교 게임을 지배했기 때문에 유대인 공동체 지도부는 운스콥에게 팔레스타인 땅의 80퍼센트 이상을 차지하는 국가를 자신들에게 배분할 것을 자신만만하게 요구했다. 유엔과 교섭에 나선 시온주의 사절들은 실제로 자신들이 원하는 국가를 보여주는 지도를 만들었는데, 이 지도에는 이스라엘이 1년 뒤에 실제로 차지하는 모든 땅, 즉 요르단강 서안을 제외한 팔레스타인 위임통치령이 포함되어 있었다. 하지만 운스콥 성원 대부분은 이 요구가 좀 지나치다고 생각했고, 팔레스타인 땅의 56퍼센트에 만족하도록 유대인들을 납득시켰다. 게다가 가톨릭 국가들은 예루살렘의 종교적 중요성을 감안해서 이 도시를 국제도시로 만들도록 유엔을 설득했고, 따라서 운스콥도 이 성도Holy City를 미래 유대 국가의 일부로 포함시켜야 한다는 시온주의의 주장을 거부했다.[3]

팔레스타인인이 압도적 다수를 차지하고 있는 나라를 동등한 두 부분으로 분할하는 것은 커다란 재앙임이 드러났다. 다수 원주민 인구의 의지에 거슬러서 실행되었기 때문이다. 유엔은 팔레스타인에 유대 정치체와 아랍 정치체를 동등하게 창설하겠다는 의도를 드러냄으로써 팔레스타인인들의 기본권을 침해했고, 또한 중동에서 반식민주의 투쟁이 한창 고조되던 순간에 아랍 세계 일반에서 팔레스타인에 쏠리는 관심을 완전히 무시했다.

이 결정이 이 나라 자체와 여기에 사는 사람들에게 미친 영향은 훨씬 더 나빴다. 유엔 결의안은 애초의 의도대로 분위기를 진정시키기는커녕 긴장을 고조시키고 역사상 최악의 폭력 사태로 이 나라를 몰아넣었다. 영국인들이 팔레스타인을 떠나겠다는 의도를 처음 발표한 1947년 2월에 이미 두 공동체는 어느 때보다도 더욱 전면적인 충돌에 이를 가능성이 보였다. 1947년 11월 29일 유엔이 분할 결의안을 채택하기 전에는 중대한 폭력 사태가 보고된 적이 없지만, 유대인과 팔레스타인인이 섞여 사는 도시에서는 불안감이 특히 높았다. 유엔이 어느 길을 택할지 불투명한 상황에서는 어느 정도 정상적인 생활이 이어졌지만, 주사위가 던져지고 사람들이 유엔이 압도적인 표차로 팔레스타인 분할에 찬성했다는 사실을 알게 된 순간 법질서가 무너지고 분할이 초래할 최종 대결에 관한 불길한 예감이 엄습했다. 이후 뒤따른 혼란은 1차 아랍-이스라엘 전쟁을 낳았다. 팔레스타인인들에 대한 종족 청소는 이미 시작된 상태였다.

## 아랍과 팔레스타인의 입장

앞서 설명한 것처럼, 팔레스타인 지도부는 처음부터 유엔의 절차를 보이콧하기로 결정했다. 이 결정은 종종 현대 이스라엘의 선전에서 팔레스타인인들 스스로가 1948년에 그들에게 닥친 운명에 책임져야 하는 증거로 제시된다. 팔레스타인의 역사 서술은 유엔이 따르기로 선택한 절차가 얼마나 부당하고 불법적인지를 폭로하고 운스콥 창설 이면의 존재 이유를 탐구함으로써 이런 비난을 성공적으로 받아넘긴다. 논의를 계속하기에 앞서 이런 주장들을 요약하고 좀더 자세하게 검토해볼 필요가 있다.

유엔은 분할을 주요 목표로 선택함으로써 팔레스타인인들이 이 계획에 대해 소리 높여 외친 기본적이고 원칙적인 반대를 무시했다. 영국이 30년 전에 밸푸어 선언을 한 이래로 중재자들은 이런 반대를 익히 알고 있었다. 왈리드 칼리디는 팔레스타인의 입장을 다음과 같이 간결하게 설명했다. "팔레스타인 원주민들은 아랍 세계, 아시아, 아프리카, 아메리카, 유럽 등지의 다른 모든 원주민들과 마찬가지로 정착민 공동체와 땅을 나눠 갖는 것을 거부했다."[4]

운스콥이 업무를 개시하고 몇 주 만에 팔레스타인인들은 자신들이
아주 불리한 입장에 놓였음을 깨달았다. 이 과정의 최종 결과는 원주민
인 팔레스타인인과 대부분 얼마 전에 도착한 새로운 이주자들의 정착
식민지 사이에 나라를 분할하는 문제에 관한 유엔 결의안이 될 터였다.
결의안 제181호가 1947년 11월에 채택되자 최악의 악몽이 팔레스타인
인들의 눈앞에서 펼쳐지기 시작했다. 영국인들이 팔레스타인을 떠나기
로 결정했다는 발표를 하고 9개월 뒤, 이제 팔레스타인인들은 국제적 중
재의 규칙을 모조리 무시하는 것처럼 보이는 국제기구에 좌우되는 처
지가 되었다. 스스로 헌장에서 승인한 규칙을 무시한 유엔은 팔레스타
인들의 시각에서는 불법적인 동시에 부도덕해 보이는 해법을 기꺼이 선
언했다. 당시 몇몇 지도적인 팔레스타인인들은 이 해법의 적법성 여부를
국제 사법 재판소International Court of Justice(1946년 창설)에서 판단해야 한
다고 요구했지만, 그런 일은 일어나지 않았다.[5] 해당 지역 주민 대다수가
격렬하게 반대하는 해법을 강요하는 것에 대해 국제 법정이 어떤 판정
을 내릴지 예측하는 데는 굳이 대단한 법리적, 법적 지식이 필요한 것이
아니다.

지금 그렇게 보이듯이 당시에도 이러한 조치의 부당성은 빤히 보였지
만, 당시 팔레스타인 문제를 보도한 서구의 주요 신문들 가운데 이 점을
지적한 곳은 거의 없었다. 팔레스타인 전체 토지의 6퍼센트 이하를 소
유하고 전체 인구의 3분의 1에 불과한 유대인들이 전체 영토의 절반 이
상을 넘겨받았다. 유엔이 제안한 국가의 경계선 안에서 유대인들은 전
체 토지의 11퍼센트만을 소유했고 모든 행정 구역에서 소수였다. 네게

브—흔히 건조한 땅으로 여겨지지만 그래도 상당한 농민 인구와 유대 국가의 커다란 일부를 구성하는 베두인족이 존재했던 곳—에서는 전체 인구의 1퍼센트를 차지했다.

유엔 결의안의 법적·도덕적 신뢰성을 손상시킨 다른 측면들도 속속 드러났다. 분할 결의안은 팔레스타인 유대인들이 주로 거주하는 도시, 농촌 지역뿐만 아니라 가장 비옥한 땅도 유대 국가로 제안된 영역에 포함시켰다. 또한 팔레스타인인들이 사는 마을 400개(총 1,000여 개 중)도 유대 국가로 지정된 영역에 포함시켰다. 지금 와서 보면, 어떤 이는 결의안 제181호가 두 신생 정치체가 평화롭게 공존할 것이며 따라서 인구와 지리의 균형에 큰 관심을 기울일 필요가 없다는 가정에 바탕을 두었다고 운스콥을 변호하는 주장을 할지 모른다. 만약 사실이 그러하다면, 몇몇 운스콥 성원들이 훗날 주장하는 것처럼, 그들은 시온주의를 잘못 해석하고 시온주의의 야망을 철저하게 과소평가한 잘못이 있다. 다시 왈리드 칼리디의 말을 빌리자면, 결의안 제181호는 "1930년대에 이미 팔레스타인을 탈아랍화하고 싶다는 소망을 공공연하게 선언한 이데올로기 운동에 팔레스타인의 절반을 양도한 성급한 조치"였다.[6] 따라서 결의안 제181호에서 가장 부도덕한 측면은 팔레스타인의 종족 청소를 방지할 장치가 전혀 포함되지 않았다는 점이다.

1947년 11월에 유엔이 제안한 최종 지도를 좀더 자세히 들여다보자 (〈지도 5〉를 보라). 팔레스타인은 사실 세 부분으로 분할될 예정이었다. 전체 면적의 42퍼센트에서는 팔레스타인인 81만 8,000명이 유대인 1만 명을 포함하는 국가를 갖는 반면, 유대인들을 위한 국가는 전체 면적의 56퍼센트에 육박하는 규모였다. 이 국가는 49만 9,000명의 유대인과

43만 8,000명의 팔레스타인인이 공유하기로 되어 있었다. 세번째 부분은 예루살렘시 주변의 작은 고립지인데, 국제 사회가 관리하고 20만 명의 인구는 팔레스타인인과 유대인이 동수로 구성할 예정이었다.[7]

유대 쪽에 할당된 국가에서 인구 균형이 거의 동등했기 때문에 이 지도가 실제로 실현되면 시온주의 지도부에게는 정치적 악몽이 될 터였다. 시온주의는 주요한 목표를 전혀 달성하지 못할 것이었기 때문이다. 1948년의 사건들에 대한 시온주의의 전통적인 해석에 처음으로 이의를 제기한 이스라엘 유대인으로 손꼽히는 심하 플라판이 말한 것처럼, 만약 아랍인들이나 팔레스타인인들이 분할 결의안에 찬성하기로 결정했다면, 유대 지도부는 분명 운스콥이 제시한 지도를 거부했을 것이다.[8]

실제로 이 유엔 지도는 결의안 제181호가 채택된 다음날 펼쳐지기 시작한 비극에 확실한 빌미 역할을 했다. 훗날 종족 청소 이론가들이 인정한 것처럼, 종족 간 갈등이 일촉즉발인 현실에서 배타성의 이데올로기가 채택되면, 종족 청소라는 하나의 결과만이 가능하다. 분할 결의안에 찬성표를 던진 유엔 회원국들은 이 지도를 그림으로써 이제 막 벌어지려 하는 범죄에 직접 힘을 보탰다.

### 유대인들의 반응

1947년 무렵 다비드 벤구리온은 이 책에서 설명하는 역사에서 유일하게 복잡한 측면을 이루는 정치적인 의사 결정 구조를 관장했지만, 이 문제는 다른 곳에서 깊이 있게 다루며[9] 이 책에서 검토하는 범위를 벗어난다. 짧게 말하자면, 이 구조 덕분에 벤구리온은 세계와 이웃 아랍 국가, 팔레스타인인들에 대한 유대인 공동체의 주요 정책을 거의 단독으로 결정할 수 있었다. 동료들을 이끌고 1947년 11월 29일 유엔 분할 결의안을 수용하는 동시에 무시한 것은 바로 벤구리온이었다.

아랍 각국 정부와 팔레스타인 지도부가 이 계획을 단호하게 거부하자 벤구리온은 계획을 수용하는 동시에 반대할 수 있다고 손쉽게 믿을 수 있었다. 결의안이 채택되기 전인 1947년 10월에 이미 벤구리온은 지도부를 이루는 친구들에게 분할안 지도가 만족스럽지 않으면 유대 국가는 그 안을 받아들일 의무가 없을 것이라고 분명하게 밝혔다.[10]

그러므로 팔레스타인인들이 분할안을 거부하든 수용하든 벤구리온이 관심을 기울이는 분할안의 결함에 대한 그의 평가는 바뀌지 않았을 게 분명하다. 시온주의 위계 구조의 상층을 이루는 그와 그의 친구들이 보기에, 타당한 유대 국가는 팔레스타인 대부분을 아우르는 한편 기껏해야 아주 적은 팔레스타인인만을 포함하는 국가를 뜻했다.[11] 마찬가지로, 벤구리온은 예루살렘을 국제도시로 전환하자는 결의안의 요구에 당황하지 않았다. 그는 이 도시 전체를 유대인의 수도로 만들기로 결심했다. 결국 그가 예루살렘을 유대 국가의 수도로 만들지 못한 것은 단지 팔레스타인과 예루살렘의 미래를 놓고 요르단과 유대 쪽이 벌인 교섭에서 여러 복잡한 문제와 견해차가 나타났기 때문이다. 이 점에 관해서는 나중에 이야기할 것이다.

유엔 지도에 불만이 있긴 했지만, 벤구리온은 당시 상황—아랍 세계와 팔레스타인인들이 지도를 전면 거부하는 상황—에서는 최종 경계선의 윤곽이 여전히 미해결 문제로 남을 것임을 깨달았다. 중요한 것은 유대인들이 팔레스타인에서 자신들만의 국가를 가질 권리를 국제 사회가 인정한다는 점이었다. 관찰력이 예리한 예루살렘의 한 영국 관리는 시온주의는 분할 결의안을 선별적으로 수용한다는 서한을 정부에 보냈다. 시온주의자들은 유대 국가에 대한 국제적 인정은 환영하면서도 유엔이 '이 국가를 유지하기 위한 비시온주의적 조건'을 제시했다고 주장한다는 것이었다.[12]

아랍과 팔레스타인이 분할 계획을 거부할 것으로 예상되었기 때문에[13] 벤구리온과 시온주의 지도부는 유엔 계획이 수용되는 바로 그날 이 계획은 효력을 잃게 된다고 주장할 수 있었다—물론 팔레스타인 유대 국가의 적법성을 인정한 조항은 예외였다. 벤구리온은 팔레스타인과 아랍이 거부한다고 가정하면 경계선은 "분할 결의안이 아니라 힘에 의해 결정될 것"이라고 말했다.[14] 팔레스타인에 사는 아랍인들의 운명도 마찬가지였다.

## 협의체가 업무를 개시하다

이제 하나의 공식이 드러난다. 벤구리온이 전면에 등장하는 기구의 중요성이 작을수록, 이 지도자는 분할 결의안을 더 지지했다. 그리고 중요한 토론의 장일수록 그는 분할 결의안에 대한 경멸적인 거부를 더욱 완강하게 증명했다. 안보 문제에 관해 그에게 조언하는 특별 기구인 방위위원회Defence Committee에서 그는 분할 결의안을 즉각 기각했고, 1947년 10월 7일에 이미—유엔 결의안 제181호가 채택되기도 전에—그는 협의체 동료들로 이루어진 측근 그룹에게 아랍이 유엔과의 협력을 거부하는 것을 감안할 때, "미래 유대 국가의 영토 경계선은 존재하지 않는다"

고 자신의 속내를 털어놓았다.[15]

1947년 10월과 11월 협의체는 벤구리온이 가장 중요하게 여기는 참고 집단이 되었다. 그는 분할 지도를 무시하고 팔레스타인에서 유대인이 배타적으로 다수를 차지하도록 하기 위해 무력을 사용하겠다는 자신의 결정이 어떤 함의를 갖게 될지에 관해 협의체 성원들과만 공공연하게 논의했다. 그는 고르고 고른 정치인들과 군인들로 이루어진 측근 집단에게만 이런 '민감한' 문제들을 털어놓을 수 있었다.

벤구리온이 애초에 '협의체'를 창설한 것은 이런 문제들을 공개적으로 떠벌릴 수 없음을 알고 있었기 때문이다. 앞서 설명했듯이, 협의체는 공식적인 조직이 아니었고, 따라서 협의체 회의는 대부분 제대로 된 속기록이 전혀 남아 있지 않다.[16] 애초에 기록을 했는지도 의심스럽다. 한두 차례 아주 중요한 회의에서는 기록을 남겼는데, 여기에 관해서는 나중에 다시 이야기할 것이다. 하지만 벤구리온은 회의 대부분의 요약 내용을 일기에 기록했고, 이것은 이 시기에 관한 중요한 역사적 자료이다. 게다가 협의체의 일부 성원은 나중에 인터뷰를 남겼고, 다른 이들은 자서전과 회고록을 썼다. 아래에서는 벤구리온의 일기와 서한 기록, 모든 회의에 참석한 이스라엘 갈릴리Israel Galili의 개인 자료(모든 자료는 스데보케르Sdeh Boker*에 있는 벤구리온 문서 보관소에 들어 있다)를 단서로 삼아 서술을 할 것이다. 또한 이 회의들 전후로 많은 서한이 오갔는데, 이 서한들은 이스라엘의 다양한 문서 보관소에서 찾을 수 있다. 회의는 텔아비브에 있는 벤구리온의 집과 레드하우스에서 번갈아 열렸다. 1948년

---

* 네게브사막에 있는 키부츠로 이곳에 벤구리온이 은퇴 후에 산 집이 있다. 벤구리온 저택은 현재 박물관으로 사용된다.

3월 10일의 경우처럼, 일부 회의는 레드하우스에서 수요일마다 소집되었는데, 최고 사령부 공식 주례 회의의 한 부분이었다[이 회의의 공식적인 부분은 이스라엘 방위군Israeli Defence Forces(IDF) 문서 보관소에 기록되어 있다]. 좀더 은밀한 다른 협의는 공식적인 성격이 강한 수요일 회의 다음날 벤구리온의 저택에서 진행되었다. 벤구리온은 일기에서 아주 조심스럽게 비공식 회의에 관해 이야기했지만, 요세프 바이츠의 일기나 이스라엘 갈릴리의 문서 자료, 벤구리온의 부사령관인 모셰 샤레트(그는 이 시기 대부분 동안 해외에 있었다) 등 여러 동료들에게 보낸 편지 같은 자료를 바탕으로 비공식 회의의 내용을 재구성할 수 있다.[17] 1948년 5월 15일, 텔아비브 동부의 새로운 곳으로 회의 장소가 바뀌었고, 이곳은 이스라엘군의 본부가 되었다.

앞서 살펴본 것처럼, 협의체는 안보 인사들과 '아랍 문제' 전문가들의 결합체였다. 이런 결합 공식은 향후 시기 내내 아랍 세계 일반과 특히 팔레스타인인들에 대한 정책 입안, 국가 안보, 전략 등의 쟁점에 관해 정부에 조언을 하는 일을 맡은 대다수 조직의 핵심으로 기능하게 된다.[18] 벤구리온 주변의 이 측근들은 영국이 팔레스타인을 떠나기로 결정한 순간인 1947년 2월에 정기적으로 회의를 열기 시작했고, 팔레스타인인들이 유엔의 분할안을 거부할 것임이 밝혀진 1947년 10월에는 더 자주 회의를 열었다. 팔레스타인과 아랍 일반의 입장이 분명해지자 협의체 성원들은 자신들이 유엔이 지정한 유대 국가에 속하게 되는 팔레스타인인들의 운명을 결정할 뿐만 아니라 유엔이 팔레스타인 아랍 국가에 수여한 지역에 사는 팔레스타인인들에게도 영향을 미치게 된다는 점을 알게 되었다. 다음 장에서는 협의체 성원들의 사고가 어떤 식으로 진화해서 팔레스타인의 어느 지역에 사는지와 무관하게 100만 팔레스타인인을 추방하는 최종 계획을 고안하게 되었는지를 살펴보고자 한다.

처음 기록된 협의체 회의는 최고 사령부 정기 수요 오후 회의중에 진행된 1947년 6월 18일의 회의이다. 벤구리온은 일기와 출간된 회고록 두 군데에서 이 회의에 관해 이야기했다. 그는 회의 참석자들에게 유대인 공동체는 "우리의 정착촌뿐만 아니라 나라 전체와 '우리 민족의 미래'까지도 지켜야"할 것이라고 말했다. 나중에 1947년 12월 3일에 한 연설에서 그는 "우리 민족의 미래"라는 표현을 되풀이하면서 팔레스타인의 인구 균형을 가리키는 암호로 이 말을 사용하게 된다.[19]

# 4. 마스터플랜을 완성하다

북대서양 조약 기구NATO 대변인 제이미 셰이Jamie Shea는 나토에 들어온 모든 보고를 볼 때 코소보에서 벌어진 일은 베오그라드 쪽에서 체계적으로 준비한 마스터플랜이라고 말했습니다. 대변인의 말에 따르면, 보고된 폭력 양상은 세르비아 탱크들이 마을을 둘러싼 뒤 민병대가 총부리를 들이대고 민간인들을 모아서 젊은 남자들을 여자나 어린이들과 떼어놓는 식이었습니다. 여자와 어린이들은 집에서 쫓겨나 국경 쪽으로 보내졌습니다. 여자와 어린이들이 마을을 떠난 뒤, 집을 뒤져서 물건을 약탈하고 조직적인 방화를 했습니다.
—〈CNN〉, 1999년 3월 30일

이 작전은 다음과 같은 방식으로 실행할 수 있다. 마을, 그리고 특히 지속적으로 통제하기 어려운 인구 중심지를 파괴하거나(마을에 불을 지르고, 폭파하고 잔해에 지뢰를 심어두는 식으로), 마을을 포위하고 마을 내부 수색을 실시한다는 지침에 따라 수색, 통제 작전을 개시하는 것이다. 저항에 부딪히는 경우에 무장 세력은 쓸어버리고 주민들은 국경선 밖으로 쫓아낸다.
—플랜 달렛, 1948년 3월 10일

## 청소 방법론

이 시점에서 1947년 2월에서 1948년 5월 사이에 벌어진 핵심 사건들의 연표를 다시 개괄할 필요가 있다. 지금부터 이 장에서 자세하게 초점을 맞추고자 하는 시기에 대한 개관을 처음 제시할 것이다. 첫째, 1947년 2월 영국 내각이 팔레스타인 위임 통치령에서 철수하고 팔레스타인의 미래에 관한 문제 해결을 유엔에 맡기기로 결정했다. 유엔은 9개월 동안 이 문제를 검토하고는 팔레스타인을 분할한다는 구상을 채택했다. 어쨌든 분할을 옹호한 시온주의 지도부는 이 구상을 받아들였지만, 아랍 세계와 팔레스타인 지도부는 거부하면서 그 대신 팔레스타인을 단일 국가로 유지하자고 제안했다. 그들은 훨씬 더 오랜 교섭 과정을 통해 상황을 해결하기를 원했다. 1947년 11월 29일 분할 결의안이 채택되었고, 1947년 12월 초 팔레스타인의 종족 청소가 개시되었다. 유엔 결의안이 채택된 직후 며칠 동안 팔레스타인인들이 벌인 항의 시위중에 버스와 쇼핑센터가 파괴된 데 대한 보복으로 유대인들이 팔레스타인 마을과 동네를 잇달아 공격한 게 발단이었다.[1] 유대인들이 초기에 벌인 이런 공격은 워낙 심각해서 상당수의 사람들(거의 7만 5,000명)이 대탈출을 감행했다.

1월 9일, 최초의 범아랍 지원군 부대가 팔레스타인에 진입해서 도로와 고립된 유대인 정착촌을 차지하기 위해 유대 군대와 소규모 교전을 벌였다. 이 작은 충돌에서 쉽게 우위를 점한 유대인 지도부는 보복 행위에서 청소 작전으로 공식적으로 전술을 전환했다. 1948년 2월 중순 유대 군대가 하루 만에 팔레스타인 마을 다섯 곳을 비우는 데 성공하자 강제 추방이 뒤를 이었다. 1948년 3월 10일, 플랜 달렛이 채택되었다. 첫 번째 공격 목표는 팔레스타인의 도시 중심지였는데, 4월 말까지 유대 세력이 이 중심지들을 모두 점령했다. 이 단계에서 약 25만 명의 팔레스타인인이 살던 곳에서 밀려났고, 몇 차례 대량 학살이 동반되었다. 그중 가장 유명한 것은 데이르야신Deir Yassin 학살 사건이다. 이런 상황 전개를 파악한 아랍 연맹은 4월 마지막날 군사 개입을 결정했지만, 영국 위임 통치가 끝날 때까지 개입을 미뤘다.

1948년 5월 15일 영국인들이 떠났고, 유대 기구는 곧바로 팔레스타인 유대 국가의 창설을 선언했다. 바로 그날 두 초강대국인 미국과 소련은 이 국가를 공식적으로 승인했다. 같은 날, 아랍 정규 군대가 팔레스타인에 진입했다.

1948년 2월, 미국 행정부는 이미 유엔 분할 결의안이 평화 계획이기는커녕 계속된 유혈 사태와 적대 행위를 위한 빌미를 제공하고 있다고 결론을 내린 상태였다. 따라서 미국 정부는 충돌 확대를 중단시키기 위한 대안적인 계획을 두 차례 제안했다. 1948년 2월에는 5년 신탁 통치안을 내놓았고, 5월 12일에는 3개월 정전을 제안했다. 시온주의 지도부는 두 가지 평화안을 모두 곧바로 거부했다.[2]

시온주의의 공식적인 전략은 이 시기 내내 두 가지 추진력에 의해 움직였다. 첫번째 추진력은 현장의 놀라운 두 가지 상황 전개에 대한 임시적인 대응으로 구성되었다. 한편으로 팔레스타인의 정치권력 체제와 군사력 체제가 완전히 해체된 것은 아닐지라도 파편화되었고, 다른 한편으로 유대 쪽이 선제공격에 나서는 동시에 국제 사회가 시온주의 기획과 미래의 유대 국가를 지지하는 상황에서 아랍 세계내에서 무질서와 혼란이 커졌다.

시온주의의 전략적 사고를 자극한 두번째 추진력은 배타적인 유대 국가라는 자신들의 꿈을 실현할 수 있는 독특한 역사적 기회가 이제 막 열리고 있으며 이 기회를 최대한 활용해야 한다는 본능적인 욕구였다. 앞의 몇 장에서 살펴본 것처럼, 순수한 유대 민족 국가라는 이런 전망은 19세기 말 시온주의 운동이 등장하는 순간부터 시온주의 이데올로기의 고갱이에 자리잡고 있었다. 1930대 중반에 이르러 소수의 시온주의 지도자들은 영국 지배의 종말과 팔레스타인의 탈아랍화 가능성, 즉 팔레스타인에서 아랍인들을 몰아낼 가능성 사이에 뚜렷한 연결 고리를 인식했다. 1947년 11월 말에 이르면, 지도부 핵심층에 속한 대부분의 사람들도 이런 연결 고리를 파악한 것처럼 보였고, 벤구리온이 이끄는 가운데 이제 그들은 이런 연계 덕분에 얻게 된 것처럼 보이는 기회를 어떻게 하면 최대한 활용할 수 있느냐는 문제에 관심을 집중했다.

1947년 이전에는 다른 더 시급한 의제들이 있었다. 주된 과제는 팔레스타인 안에 정치·경제·문화적인 시온주의 고립지를 세우고 이 지역에 유대인의 이민을 확보하는 것이었다. 앞서 언급한 것처럼, 팔레스타인 현지 주민들을 어떻게 처리하는 게 최선인지에 관한 견해는 아직 모호했다. 하지만 영국 위임 통치의 종료가 임박하고, 아랍이 분할 결의안을 거부하는 상황에서 벤구리온은 유대 국가가 생명력을 가지려면 팔레스타인의 몇 퍼센트를 차지해야 하는지를 날카롭게 이해함으로써 이제 과거의 이데올로기들과 모호한 시나리오들을 구체적인 마스터플랜으로 바꿀 수 있었다.

1948년 3월 이전에 시온주의 지도부가 자신들의 전망을 실행하기 위해 벌인 활동은 여전히 팔레스타인이나 아랍의 적대적인 행동에 대한 보복이라고 설명할 수 있었다. 하지만 3월 이후에는 전혀 달라졌다. 시온주의 지도부는—위임 통치가 종료되기 두 달 '전에'—무력으로 팔레스타인 땅을 차지하고 원주민들을 쫓아내겠다고 공개적으로 선언했다. 플랜 달렛이 채택된 것이다.

## 공간을 정의하다

최대한 많은 팔레스타인 땅을 획득하는 한편 그 땅에 사는 팔레스타인인의 수는 가급적 줄인다는 시온주의의 목표를 향한 첫번째 단계는 무엇이 지리적인 면에서 생존 가능한 국가인지를 정하는 것이었다. 결의안 제181호로 정식화된 유엔 분할안은 네게브사막, 해안 지대, 동부 계곡(마르즈이븐아미르와 베이산 계곡), 갈릴리 남부 등을 유대인들의 땅으로 지정했지만, 이것으로는 충분하지 않았다. 벤구리온은 그가 말하는 '전시 내각'과 정기적으로 회동하는 습관이 있었는데, 전시 내각이란 영국군에서 복무한 유대인 장교들로 이루어진 임시 그룹이었다(다른 하가나 성원들의 압력 때문에 나중에 전시 내각을 해산해야 했다). 벤구리온은 이제 이 장교들에게 팔레스타인 전체를 점령할 준비에 착수해야 한다는 생각을 각인시켰다. 1947년 10월, 그는 전시 내각의 최고위 장교인 에프라임 벤아르치Ephraim Ben-Artzi에게 편지를 써서 이웃 아랍 국가들이 벌일지 모르는 공격을 물리치는 동시에 최대한 많은 땅, 가능하면 팔레스타인 전체를 점령할 수 있는 군대를 창설하고 싶다는 뜻을 설명했다.[3]

당장 시온주의 지도부는 가장 멀리 떨어져 있고 고립된 유대인 정착촌의 위치를 기준으로 장래 국가의 영토를 정하기로 결정했다. 팔레스타인 위임 통치령의 양쪽 끝에 고립되어 있는 이 이주 식민지들 사이에 있는 모든 땅은 유대인의 몫이 되어야 했고, 가능하면 정착촌과 팔레스타인인 거주지 사이에 완충 지대로 '안전지대'를 추가로 설정하기를 원했다.[4]

트랜스요르단의 하심 왕가와 진행중인 교섭을 비밀에 부쳤기 때문에 지도부의 몇몇 성원들은 미래 지도의 모양에 영향을 미치는 하나의 제약만을 허용했는데, 그것은 팔레스타인 동부, 즉 오늘날의 요르단강 서안에 있는 일부 지역은 대人이스라엘이 아니라 미래의 대人요르단의 일부가 될 수 있다는 점이었다. 1946년 말, 유대 기구는 요르단의 압둘라 국왕과 집중적인 교섭을 개시했다. 압둘라는 제1차세계대전 당시 영국인들과 함께 싸운 히자즈Hejaz―이슬람의 성스러운 도시인 메카와 메디나가 있는 곳―출신 하심 왕가의 자손이었다. 영국 정부를 위해 복무한 보상으로 하심가는 위임 통치 체제로 만들어진 이라크와 요르단의 왕국을 양도받았다. 처음에 (1915/1916년의 후사인-맥마흔 서한에서) 하심가는 적어도 자신들이 이해하기로는 시리아도 받기로 약속을 받았다. 영국이 중동의 일부인 이곳을 프랑스가 차지하는 것을 막으려고 했기 때문이다. 하지만 프랑스가 압둘라의 동생인 파이살을 시리아에서 몰아내자 영국은 압둘라 대신 파이살에게 이라크를 보상으로 주었다.[5]

왕가의 장자인 압둘라는 자기가 분배받은 몫에 불만을 품었다. 1924년에 하심가의 근거지인 히자즈를 사우드가에게 뺏긴 과거가 있기 때문에 더욱 불만을 품을 수밖에 없었다. 트랜스요르단은 요르단강 동쪽에 있는, 베두인 부족과 체르케스인 마을 몇 개밖에 없는 건조한 사막 공국에 지나지 않았다. 당연히 압둘라는 비옥하고 문명이 있고 사람이 거주하는 팔레스타인으로 영토를 확장하기를 원했고, 갖은 수단으로 이목표를 정당화했다. 그가 금세 간파한 것처럼, 이 목표를 달성하는 최선의 길은 시온주의 지도부와 좋은 관계를 조성하는 것이었다. 제2차세계대전이 끝난 뒤 압둘라는 위임 통치 이후의 팔레스타인을 어떻게 자기들끼리 분할할지에 관해 유대 기구와 원칙적으로 합의에 도달했다. 팔레스타인 땅을 나눠 가진다는 막연한 구상은 1947년 11월 29일 유엔 결의안 제181호가 채택된 뒤 개시된 진지한 교섭의 토대가 되었다. 국왕이 손에 넣고자 하는 지역(오늘날의 요르단강 서안)에는 유대인 이주 식민지가 거의 없었기 때문에, 비록 헤브론Hebron시(알칼릴al-Khalil) 같은 유대인들의 성서 속 무대가 있긴 했지만, 유대인 공동체 지도자 대부분은 '기꺼이' 이 지역을 포기했다. 훗날 많은 이들은 이 결정을 후회하고 1967년 6월 전쟁에서 요르단강 서안을 차지하려는 시도를 지지하지만, 당시에는 요르단이 보상으로 제시한 내용이 워낙 매력적이었다. 압둘라는 유대 국가에 대항하는 아랍 전체의 군사 작전에 참여하지 않겠다고 약속했다. 위임 통치가 막바지로 치달음에 따라 이 교섭 과정에는 기복이 있었지만, 교섭 자체는 대단원을 향해 갔다. 요르단강 서안에는 유대인이 워낙 적기도 했고, 요르단이 이라크 파견대의 도움을 받아 1948년 후반 내내 요르단강 서안의 일부 지역을 차지하려는 유대 쪽의 거듭되는 시도를 물리치는 데 성공했기 때문이다(1948년 아랍 군대의 역사에서 거둔 몇 안 되는 승리의 기록 중 하나이다).[6]

이것으로 시온주의 운동이 탐내는 지리적 영토가 1942년 빌트모어 계획에서 요구한 것과 동일한 팔레스타인 전체라는 점이 결정되었지만,—오늘날 대다수 역사학자들이 인정하는 것처럼—시온주의 지도부가 요르단과의 공모에 몰두한다는 하나의 조건이 붙었다. 즉, 유대 지도부는 자신들의 미래 국가가 팔레스타인 위임 통치령의 80퍼센트까지 펼쳐질 것을 기대했다. 유엔이 유대인들에게 약속한 56퍼센트에 유엔이 팔레스타인인들에게 할당한 아랍 국가에서 추가로 24퍼센트를 뺏어 오면 되는 것이었다. 나머지 20퍼센트는 요르단의 손에 들어갈 터였다.[7]

요르단과의 이런 암묵적인 합의는 여러 면에서 아무 방해도 받지 않고 종족 청소 작전을 진행할 수 있는 쪽으로 나아가는 두번째 단계를 이루었다. 결정적으로 이 합의 덕분에 아랍 세계에서 가장 강한 군대가 중립을 취하면서 다만 팔레스타인의 극히 작은 일부 지역에서만 유대 군대와 전투를 벌였다. 요르단군인 아랍 군단Arab Legion이 가세하지 않는 상황의 아랍 세계는 팔레스타인인들을 방어하거나, 원주민을 몰아내고 팔레스타인에 유대 국가를 세우려는 시온주의 계획을 저지할 만한 탄탄한 역량이 부족했다.

### 수단을 창조하다

성공적인 종족 청소를 보장하기 위한 세번째이자 아마 가장 결정적인 단계는 적절한 군사 역량을 축조하는 것이었다. 협의체는 유대 공동체가 보유한 군사력이 팔레스타인의 대부분 지역을 차지하고 그곳에 사는 팔레스타인인들을 추방한다는 두 갈래 계획을 성공적으로 실행할 만큼 충분히 강하다는 사실에 한 점 의문도 없기를 원했다. 유대 공동체는 영국의 마지막 병력이 철수하는 즉시 위임 통치 국가를 차지하는 것 말고도, 형성중인 유대 국가를 침략하려는 아랍 군대의 모든 시도를 저지하는 동시에 자신이 점령하는 팔레스타인 지역 전체에서 종족 청소를 실행할 필요가 있었다. 따라서 옛 팔레스타인 위임 통치령에 견고한 유대 국가를 건설하는 데에는 아주 유능한 전문적 군대가 결정적으로 중요한 도구가 되었다.

1948년 전쟁 직전에 유대 군대는 전부 합쳐 약 5만 명의 병력이었는데, 그중 3만 명이 전투 병력이고 나머지는 여러 정착촌에 사는 지원군이었다. 1948년 5월 이 병력은 소규모 공군과 해군의 지원, 그리고 육군과 동행하는 탱크, 장갑차, 중포 부대에 의지할 수 있었다. 교전 상대는 7,000명에 불과한 비정규 준군사 팔레스타인 부대였다. 이 부대는 체계나 계급 질서가 전혀 없고 유대 군대와 비교해서 장비도 형편없었다.[8] 그 밖에 1948년 2월에 약 1,000명의 지원병이 아랍 세계로부터 들어왔는데 이후 몇 달 동안 3,000명으로 늘었다.[9]

1946년 5월까지 양쪽은 장비가 형편없는 수준이었다. 그뒤 새로 창설된 이스라엘군은 공산당의 도움을 받아 체코슬로바키아와 소련으로부터 대규모의 중무기를 배로 받은 한편,[10] 아랍 정규 군대는 자국이 보유한 중무기를 일부 들여왔다. 전쟁이 발발하고 몇 주 뒤 이스라엘은 효율적으로 신병을 모집해서 여름이 끝나갈 무렵에는 병력이 8만 명에 달했다. 아랍 정규군은 한 번도 5만 명의 문턱을 넘지 못했고, 설상가상으로 주요 무기 공급자였던 영국으로부터 무기 공급이 끊긴 상태였다.[11]

다시 말해, 종족 청소 초기의 몇 단계 동안(1948년 5월까지) 몇천 명에 불과한 팔레스타인과 아랍의 비정규 군대가 잘 훈련된 유대 병력 수만 명에 대항했다. 다음 단계가 착착 전개됨에 따라, 아랍 전체 군대 병력의 두 배에 육박하는 유대 군대는 임무를 완수하는 데 아무 곤란도

겪지 않았다.

유대 군사력 본진의 가장자리에서는 더 극단적인 두 그룹이 활동했다. 이르군Irgun(흔히 히브리어로 에첼Etzel이라고 부른다)과 스턴갱Stern Gang(레히Lehi)이 그 주인공이다. 이르군은 1931년 하가나에서 떨어져나왔는데, 1940년대에는 메나헴 베긴Menachem Begin이 이끌었다. 이 그룹은 영국 주둔군과 현지 주민들을 상대로 독자적인 공세 정책을 전개했다. 스턴갱은 이르군의 분파로 1940년에 떨어져나왔다. 하가나와 함께 이세 조직은 나크바 시기 동안 하나의 군대로 통일되었다(앞으로 살펴보겠지만 세 조직이 항상 화합하고 협력하면서 행동한 것은 아니다).

시온주의의 군사적 노력의 중요한 한 부분은 1941년에 창설된 특공대인 팔마흐를 훈련시키는 일이었다. 원래 팔마흐는 나치가 팔레스타인까지 진출하는 경우에 영국군을 도와 항전하기 위해 창설된 조직이었다. 그런데 얼마 지나지 않아 팔마흐는 팔레스타인 농촌 지역으로 열정과 활동을 돌리기 시작했다. 또한 팔마흐는 1944년부터 줄곧 새로운 유대인 정착촌을 건설하는 데서 주요한 선구적 세력이었다. 1948년 가을에 해체되기 전까지 팔마흐 대원들은 매우 적극적으로 활동하면서 팔레스타인 북부와 중부에서 일부 주요 청소 작전을 수행했다.

이어진 종족 청소 작전에서 하가나와 팔마흐, 이르군은 실제로 마을을 점령하는 군대였다. 점령 직후에는 호전성이 다소 적은 야전 수비대(히브리어로 히쉬Hish)에게 마을을 넘겼다. 이 부대는 1939년에 창설된 유대 군대의 병참 부문이었다. 청소 작전에 수반된 잔학 행위 중 일부는 이 지원 부대가 자행한 것이었다.

하가나에는 또한 1933년에 창설된 정보 부대도 있었는데, 이 부대의 주요 기능은 영국 당국을 도청하고 팔레스타인 내외부 아랍 정치 기관 사이의 통신을 가로채는 일이었다. 앞에서 마을 파일 준비를 감독하고 농촌 오지에서 첩자와 부역자들의 네트워크를 구성하는 일을 맡은 주체로 언급한 부대가 바로 이것이다. 이 네트워크가 지목한 팔레스타인인 수천 명은 나중에 종족 청소가 개시되자 현장에서 처형되거나 장기간 투옥되었다.[12]

이 부대들이 모두 합쳐서 형성한 군사력이 워낙 강했기 때문에 벤구리온은 유대인 공동체가 위임 통치령 국가의 상속자가 되는 동시에 팔레스타인 영토의 대부분과 거기에 포함된 각종 자산을 차지할 능력이 충분하다는 확신을 강화할 수 있었다.[13]

유엔 결의안 제181호가 채택된 직후 아랍 지도자들은 팔레스타인을 방어하기 위해 군대를 파견하겠다고 공식적으로 선언했다. 그렇지만 한 가지 덧붙이자면, 1947년 11월 말과 1948년 5월 사이에 벤구리온과 그 주변의 소수 시온주의 지도자 집단은 단 한 번도 자신들의 미래 국가가 위험에 처하거나, 군사 작전의 목록이 워낙 압도적이어서 팔레스타인인들을 제대로 추방하는 데 방해가 된다고 인식하지 않았다. 공개적인 자리에서 유대인 공동체 지도자들은 최후의 심판 시나리오를 설파하면서 '제2의 홀로코스트'가 임박했다고 사람들에게 경고했다. 하지만 사적인 자리에서는 이런 담론을 전혀 구사하지 않았다. 그들은 아랍 세계가 입으로는 전쟁을 들먹이면서도 막상 현장에서는 진지한 전쟁 준비를 하지는 않는다는 점을 잘 알고 있었다. 앞서 살펴본 것처럼, 그들은 아랍 군대의 장비가 형편없고 실전 경험과 야전 훈련이 부족하다는 사실을 익히 알고 있었고, 따라서 아랍 군대는 어떤 식의 전쟁이든 제한된 역량만을 갖고 있음을 간파했다. 시온주의 지도자들은 자신들이 군사적으로 우위에 있음을 확신했기 때문에 야심적인 계획을 대부분 밀어붙일 수 있었다. 그리고 그들의 판단이 옳았다.

유대 국가의 외무 장관 '지명자'인 모셰 샤레트는 국가 창건 선언으로 이어지는 몇 달 동안 팔레스타인 밖에 있었다. 그는 가끔 벤구리온에게서 편지를 받았다. 절멸의 위험에 처한 미래 국가에 대해 전 세계와 유대인의 지지를 확보할 필요성과 동시에 현장의 진정한 현실을 따라잡는 것 사이를 헤쳐나갈 최선의 방로를 지시하는 내용이었다. 1948년 2월 18일 샤레트가 벤구리온에게 편지를 보내 "우리는 나라 전체를 차지하는 게 아니라 겨우 우리 자신을 방어하는 데 필요한 병력밖에 없을 겁니다"라고 말하자 벤구리온은 다음과 같이 답장을 보냈다.

우리가 이미 구매한 무기를 제때 받고 유엔이 우리에게 약속한 것의 일부까지 받으면, [우리 자신을] 방어할 뿐만 아니라 시리아인들에게 그들 나라에서 치명적인 일격을 가할 수 있을 겁니다—그리고 팔레스타인 전체를 차지할 수 있을 겁니다. 나는 이 점을 전혀 의심하지 않아요. 우리는 아랍 군대 전체에 대항할 수 있습니다. 이건 불가사의한 믿음이 아니라 현실적인 검토에 입각한 냉정하고 합리적인 계산입니다.[14]

이 편지는 샤레트가 해외에 파견된 이래 두 사람 사이에 오간 다른 편지들과 완전히 일치하는 내용이다. 1947년 12월 벤구리온은 처음 편지를 보내 팔레스타인에서 유대가 군사적 우위에 있음을 정치 특파원에게 설득하려고 했다. "우리는 [마음만 먹으면] 하이파와 야파의 아랍인들을 굶겨 죽일 수 있어요."[15] 하가나가 팔레스타인 전체, 아니 더 많은 땅을 차지할 능력이 있다는 이런 자신만만한 태도는 전투가 지속되는 동안 계속 유지되었고, 다만 요르단에게 한 약속 때문에 제약을 받았다.

물론 나중에 설명할 것처럼, 이런 정책을 실행하는 데는 위기의 순간들도 있었다. 외딴 유대인 정착촌을 모두 방어하고 예루살렘의 유대인 지구에 안전하게 물자를 공급하는 게 불가능하다는 사실이 드러났을 때 위기가 찾아왔다. 하지만 대개는 시온주의 지도자들이 동원할 수 있는 병력이 충분해서 유대인 공동체는 아랍 세계와 벌어질지 모르는 대결을 대비하는 동시에 현지 주민들에 대한 청소를 준비할 수 있었다. 게다가 아랍의 개입은 1948년 5월 15일에야 실현되었는데, 그때는 이미 유엔 분할 결의안이 채택되고 5개월 반이 지난 뒤였다. 그 긴 시기 동안 대다수 팔레스타인인은—준군사 조직들이 모종의 저항을 조직하려고 애쓴 몇몇 고립지를 제외하고는—이미 진행중인 유대 쪽의 작전에 무방비 상태로 노출되었다.

무형의 이데올로기가 유형의 현실이 되는 역사적 과정의 한 부분을 재구성하는 문제에 관한 한, 역사학자인 우리는 두 가지 선택지 중 하나를 고를 수 있다. 1948년 팔레스타인의 경우에 첫번째 선택지는—헤르츨에서 벤구리온에 이르기까지—시온주의 지도자들이 얼마나 일관되게 미래의 유대 국가에서 팔레스타인인들을 최대한 많이 쫓아내려는 욕망을 품었는지에 관해 독자들의 관심을 환기시키고 계속해서 이 욕망이 1948년에 실제로 실행된 추방과 어떻게 연결되는지를 설명하는 것이다. 이 접근법은 역사학자 누르 마살하의 연구가 탁월하게 대변하는데, 마살하는 시온주의 '건국의 아버지들'의 추방주의적 꿈과 계획의 계보를 꼼꼼하게 도표로 그려준다.[16] 그는 시온주의 운동이 테오도어 헤르츨이 제시한 형태로 정치 무대에 등장한 처음 순간부터 팔레스타인을 탈아랍화하려는 소망이 어떻게 시온주의적 사고에서 결정적으로 중요한 축을 이루었는지를 보여준다. 앞서 살펴본 것처럼, 벤구리온은 1937년에 이 문제에 관한 생각을 분명하게 설명했다. 벤구리온의 전기를 쓴 미하엘 바르조하르Michael Bar-Zohar는 이렇게 설명한다. "내부 논의와 부하들에게 내린 지침에서 '노인Old Man'*은 분명한 입장을 보여주었다. 가급적 적은 수의 아랍인들이 국가 영역에 남을수록 더 좋다는 것이었다."[17] 다른 선택지는 정책 입안이 누적되어 가는 과정에 집중하면서, 회의가 진행됨에 따라 전략과 방법에 관한 결정이 어떻게 점차 체계적이고 포괄적인 종족 청소 계획으로 결합되었는지를 보여주려고 노력하는 것이다. 나는 두 가지 방식을 모두 활용할 것이다.

위임 통치가 막바지로 향해 가는 몇 달 동안 미래 유대 국가에서 팔레스타인 주민들을 어떻게 할 것인지를 두고 집중적인 논의가 진행되었고, 시온주의의 권력의 회랑에서는 '균형'이라는 새로운 개념이 계속 튀어나왔다. 이 용어는 팔레스타인에서 아랍인과 유대인 사이의 '인구 균형'을 가리킨다. 균형이 팔레스타인 땅에서 유대인이 다수나 배타적인 지위를 차지하는 데 불리하게 기울면, 재앙과도 같은 상황이라고 설명된다. 그리고 유엔이 유대인들에게 제시한 경계선 내부와 시온주의 지도부

---

* 벤구리온의 별명.

104 팔레스타인 종족 청소

가 자체적으로 정의한 경계선 내부 모두에서 인구 균형은 유대 지도부의 눈에 비친 그대로였다. 재앙이 임박한 상황이었다.

시온주의 지도부는 이런 곤경에 대해 두 종류의 대응을 내놓았다. 하나는 대중적인 소비용이었고, 다른 하나는 벤구리온이 자기 주변에 모아놓은 소수의 친구 집단을 위한 것이었다. 벤구리온과 그의 동료들이 현지 인민 의회People's Assembly(팔레스타인 유대인들의 '의회') 같은 공개 토론장에서 공개적으로 소리 높여 말하기 시작한 공공연한 정책은 이 나라에 대대적인 유대인 이민을 장려해야 한다는 것이었다. 반면 소규모 모임에서 지도자들은 이민 증가로는 도저히 다수의 팔레스타인 인구와 균형을 맞추는 게 불가능하다는 점을 인정했다. 이민 말고 다른 수단을 결합할 필요가 있었다. 벤구리온은 이미 1937년에 친구들과 미래 국가에서 유대인이 견고한 다수를 점하지 못하는 점에 관해 이야기하면서 이런 수단들을 설명한 적이 있었다. 그는 이런 '현실'─팔레스타인인들이 다수를 점하는 현실─때문에 유대인 정착민들은 무력을 사용해서 '꿈'─순전히 유대인으로 이루어진 팔레스타인─을 실현할 수밖에 없다고 말했다.[18] 그로부터 10년 뒤인 1947년 12월 3일, 마파이당(에레츠 이스라엘 노동당Eretz Israel Workers Party) 고위 당원들 앞에서 한 연설에서 그는 유엔 분할 결의안에서 예상하는 것과 같은 수용 불가능한 현실을 어떻게 다룰지에 관해 좀더 분명하게 설명했다.

유대 국가에 할당된 지역에 비유대인이 40퍼센트 있습니다. 이런 구성은 유대 국가를 건설하기 위한 견고한 토대가 아닙니다. 그리고 우리는 한껏 가혹하고 독특한 이런 새로운 현실에 맞서야 합니다.

이런 인구 균형은 우리가 유대인의 주권을 유지할 능력이 있는지 의문을 제기합니다. (……) 유대인이 최소한 80퍼센트는 되어야 생명력 있고 안정된 국가가 될 겁니다.[19]

11월 2일, 그러니까 유엔 총회 결의안이 채택되기 거의 한 달 전에 다른 장소인 유대 기구 집행 위원회에서 벤구리온은 처음으로 종족 청소가 새로운 국가가 유대인의 배타적인 국가가 되도록 보장하는 대안적인 수단이나 보완적인 수단이 된다고 최대한 분명하게 설명했다. 그는 청중에게 유대 국가 안에 있는 팔레스타인인들은 제5열이 될 수 있으며, 만약 그렇다면 "그들을 대량 체포하거나 추방할 수 있는데, 추방하는 게 더 낫다"고 말했다.[20]

하지만 이런 전략적 목표를 어떻게 실행해야 할까? 심하 플라판은 당시 시온주의 지도자 대다수가 대량 추방까지 하는 일은 꺼렸을 것이라고 주장한다. 다시 말해, 분할 결의안이 채택된 뒤 팔레스타인인들이 유대인을 과녁으로 삼아 공격하는 것을 삼가고 팔레스타인 엘리트들이 도시를 떠나지 않았다면, 시온주의 운동이 팔레스타인 종족 청소라는 전망을 실행하기가 어려웠을 것이라는 말이다.[21] 그렇지만 플라판은 또한 플랜 달렛이 팔레스타인 종족 청소를 위한 마스터플랜이라는 사실을 인정했다. 가령 베니 모리스가 난민 문제의 형성에 관한 책 초판에서 제시한 분석과 달리, 반면 그가 2판에서 그 분석을 바꾼 내용과 아주 흡사하게, 팔레스타인 종족 청소를 위한 뚜렷한 청사진인 플랜 달렛은 공백 상태에서 만들어진 게 아니다.[22] 플랜 달렛은 현장에서 사태가 점차 전개되는 방식에 대응하여, 그리고 시간이 흐르면서 구체화되는 일종의 임시 정책을 통해 최종 계획으로 등장했다. 하지만 그런 대응은 언제나 엄연히 시온주의 이데올로기와 그것이 목표로 삼는 순수한 유대 국가에 토대를 두었다. 따라서 주된 목표—팔레스타인의 탈아랍화—는 처음부터 분명했던 반면, 이 목표를 효과적으로 달성하기 위한 수단은 이스라엘이라는 새로운 유대 국가가 되는 팔레스타인 영토에 대한 실제 군사 점령과 나란히 발전했다.

이제 영토가 규정되고 군사적 우위가 보장되자 팔레스타인 강탈을 마무리하기 위한 시온주의 지도부의 네번째 단계는 그렇게 많은 인구를 제거할 수 있게 해주는 현실의 구체적인 수단을 실행하는 것이었다. 1947년 12월 초 미래의 더 큰 유대 국가의 영토에는 팔레스타인 전체 인구 130만 명 중 100만 명이 살고 있었던 반면, 유대인 공동체 자체는 60만 명으로 소수였다.

### 수단을 선택하다: 성가신 정상 상태(1947년 12월)

아랍 고등 위원회는 분할 결의안을 채택한 유엔의 결정에 항의하는 뜻으로 3일 파업을 선언하고 대중 시위를 조직했다. 별로 새로울 게 없는 대응이었다. 유해하고 위험하다고 여기는 정책에 대해 팔레스타인인들이 흔히 보이는, 짧고 별로 효과도 없는 대응이었다. 일부 시위가 통제를 벗어나 유대인 상점 지역으로까지 번졌다. 예루살렘에서도 시위대가 유대인 상점과 시장을 공격하는 일이 벌어졌다. 하지만 유대 쪽 첩보에 따르면 다른 사건들은 유엔의 결정과 무관한 공격이었다. 예를 들어, 유대인 버스를 매복 습격하는 사건이 있었는데, 이스라엘의 역사책에서는 하나같이 이 사건을 1948년 전쟁의 발단으로 꼽는다. 아부 끼시끄Abu

Qishq 패거리가 벌인 이 행동은 어떤 민족적 의제가 아니라 범죄적인 파벌 충동에 따른 것이었다.[23] 어쨌든 3일 뒤에 시위와 파업을 관찰한 외국 기자들은 팔레스타인의 보통 사람들 사이에 항의 시위를 지속하기를 꺼리는 분위기가 커지고 있음을 감지했고, 정상 상태로 복귀하려는 열망이 뚜렷하다는 사실을 알아차렸다. 결국 대다수 팔레스타인인들이 보기에 결의안 제181호는 자신들의 역사에서 우울하면서도 새롭지 않은 한 장을 뜻했다. 여러 세기에 걸쳐 이 나라는 여러 지배자의 손을 거치면서 때로는 유럽이나 아시아의 침략자에게 속했고 때로는 이슬람 제국의 일부였다. 하지만 팔레스타인 사람들의 삶은 거의 변함없이 지속되었다. 사람들은 어디에 속하든 간에 땀 흘려 땅을 갈고 생업에 힘썼으며, 새로운 상황이 벌어질 때마다 금세 상황에 적응하고 그러다 보면 다시 변화가 생기곤 했다. 따라서 마을 사람들과 도시 주민들은 하나같이 유대 국가나 영국의 지배를 대체하는 다른 어떤 새로운 정부의 일원이 된다는 게 무슨 의미인지를 파악하려고 참을성 있게 기다렸다. 그들 대부분은 자신들 앞에 어떤 상황이 기다리고 있는지를, 이제 막 벌어지려하는 일이 팔레스타인 역사에서 유례가 없는 한 장을 이루게 되리라는 점을 전혀 알지 못했다. 단지 한 지배자에서 다른 지배자로 바뀌는 게 아니라 이 땅에 사는 사람들이 실제로 추방될 터였다.

팔레스타인 공동체의 눈은 이제 아랍 연맹 의장국인 이집트 카이로로 쏠렸다. 팔레스타인 지도자 알하즈 아민 알후세이니는 1937년에 영국인들에게 추방된 뒤 카이로에서 망명 생활을 하고 있었다. 결의안이 통과되고 며칠 동안 아랍 지도자들은 완전히 혼란에 빠졌지만, 1947년 12월 동안 점차 모종의 정책이 모양을 갖추기 시작했다. 아랍 지도자들,

특히 팔레스타인에 이웃한 나라의 지도자들은 이 문제에 관해 개별적이거나 과감한 결정을 내리지 않는 쪽을 선호했다. 지도자들은 자국의 여론이 유엔 결정에 대해 긴급한 행동을 원한다는 점을 익히 알고 있었다. 그 결과, 아랍 각국 외무 장관으로 구성된 아랍 연맹 이사회는 팔레스타인인들에게 무기를 보내고 범아랍 지원군을 창설할 것을 권고했다. 이 지원군에는 아랍 해방군Arab Liberation Army(Jaish al-Inqath. 말 그대로 '구원군'을 가리킨다. '임박한 위험에서 구출하다'라는 뜻의 동사 'anaqatha'에서 온 말이다)이라는 이름이 붙었다. 아랍 연맹은 시리아의 장군을 사령관으로 임명했다. 같은 달에 이 군대의 일부가 소규모 집단을 이루어 팔레스타인으로 드문드문 진입했고, 협의체는 이 점을 구실로 삼아 하가나가 이미 진행중인 작전을 한층 더 확대하는 계획을 논의했다.

양상은 이미 정해졌고, 이런 관점에서 보면 1947년 12월은 아마 팔레스타인 종족 청소의 역사에서 가장 흥미로운 장일 것이다. 벤구리온의 협의체는 팔레스타인을 둘러싼 아랍 각국 수도의 미지근한 반응을 환영했다—한편 무관심하고 거의 무기력한 팔레스타인의 반응은 협의체를 '불안하게 만들었다'. 분할 결의안이 채택되고 처음 3일 동안, 협의체의 소수 정예 그룹은 매일 회동을 했지만,[24] 이내 다소 긴장을 풀었고 다시 최고 사령부 주례 수요 오후 회의를 하는 방식으로 돌아갔다. 다만 하루 뒤에 소수 그룹이 추가 회동을 가졌다(보통 벤구리온의 저택에서 모였다). 12월 첫번째 회의는 팔레스타인의 분위기와 의도를 판단하는 데 집중했다. '전문가'들은 초기에 팔레스타인 마을과 도시에 지원병들이 조금씩 들어오긴 했지만 사람들은 정상적인 생활을 계속하고 싶어 한다고 보고했다.[25] 이후에도 팔레스타인 안에 사는 팔레스타인인들은 정상 상태에 대한 이런 열망을 전형적으로 보여주었다. 최악의 위기가 닥치고 투쟁이 정점에 달할 때에도 사정은 마찬가지였다. 그런데 1948년 이후 팔레스타인인들은 바로 이런 정상 상태를 부정당했다.

하지만 팔레스타인인들이 내전에 휘말리기를 원치 않고 빠르게 정상 상태로 복귀하는 상황은 미래 유대 국가에서 아랍인의 수를 완전히 없애지는 못할지라도 대폭 줄이기로 결심한 시온주의 지도부에게 문제가 되었다. 그들은 구실이 필요했고, 팔레스타인이 계속 미지근한 반응을 보인다면 구실을 만들어내는 게 더 어려울 게 분명했다. 그들로서는 '다행스럽게도' 어느 순간 아랍 지원군이 유대 호위대와 정착촌을 겨냥한 적대 행위를 확대했고, 따라서 협의체가 점령·추방 정책을 일종의 정당한 '보복'(히브리어로 '타그물tagmul')으로 규정하는 게 용이해졌다. 하지만 협의체는 이미 1947년 12월에 그들이 탐내는 유대 국가의 영토 안에 있는 팔레스타인인들과 관련해서 추구하기로 한 전략을 설명하는데 히브리어 단어 '요츠마jotzma'(주도적 계획)를 사용하고 있었다. '주도적 계획'이란 '보복'의 구실이 생기기를 기다리지 않은 채 팔레스타인 주민들에 대한 행동을 취하는 것을 의미했다. 점차 보복에 대한 구실이 눈에 띄게 사라질 터였다.

팔티 셀라Palti Sela는 종족 청소 작전을 실행하는 데 결정적인 역할을 하게 되는 정보 부대의 일원이었다. 이 부대의 임무 중 하나는 이 나라 농촌 주민들 사이의 분위기와 그 내부의 추세에 관해 매일 보고하는 일이었다. 팔레스타인 동북부 계곡에 주둔해 있던 셀라는 양쪽 공동체가 주변에서 펼쳐지는 새로운 정치 현실에 분명히 다른 방식으로 대응하는 것을 보고 깜짝 놀랐다. 키부츠와 집단 정착촌이나 개인 정착지에 있는 유대인 농민들은 방어와 공격 준비를 위해 군사 전초 기지로 거주를 옮겼다―요새를 보강하고, 울타리를 고치고, 지뢰를 매설하는 등의 일을 하기 위해서였다. 성원들마다 총 한 자루가 지급되고 유대 군대에 편입되었다. 반면 팔레스타인 마을들은 '여느 때처럼 생활을 계속해서' 셀라를 놀라게 했다. 실제로 그가 방문한 세 마을―인두르Indur, 답부리야Dabburiyya, 에인마헬Ayn Mahel―에서 사람들은 그를 예전처럼 환영했다. 물물 교환이나 거래를 하거나 의례적인 인사나 소식을 나누는 손님 대접을 한 것이다. 이 마을들은 아풀라Afula의 영국 병원 근처에 있었는데, 이 도시에는 요르단의 아랍 군단 부대가 영국 경찰대의 일부로 주둔해 있었다. 요르단 군인들 또한 이 상황을 정상적인 상태로 여기는 것 같았고 어떤 특별한 준비 태세도 갖추지 않았다. 1947년 12월 내내 셀라는 월례 보고서에 이런 식으로 요약했다. 정상 상태가 일반이고 선동이 예외라고.[26] 이 사람들을 쫓아내야 한다면, 어떤 공세를 벌이는 데 대한 '보복'으로는 할 수 없었다.

## 변화하는 협의체의 분위기: 보복에서 위협으로

1947년 12월 10일 수요일 오후, 레드하우스 꼭대기 층에서 실망한 협의체 성원들이 현상황을 판단하기 위해 자리에 모였다. 에즈라 다닌과 여호수아 팔몬이 발언자로 나서서 대화를 이끌었다.[27]

앞에서 언급한 것처럼, 에즈라 다닌은 원래 감귤 사업가로 아랍어를 안다는 이유로 정보 부대에 참여를 요청받은 사람이었다(그는 시리아

태생이었다). 다닌은 1940년에 40대 중반의 나이로 하가나에 합류했다. 1947년, 그는 '아랍 분과' 책임자가 되었다. 이웃 아랍 나라들 내에서뿐만 아니라 팔레스타인 공동체 안에서도 최고 사령부를 위해 첩보 활동을 하는 아랍계 유대인과 아랍 협력자들을 감독하는 분과였다. 1948년 5월에는 새로운 역할을 맡았다. 본격적으로 종족 청소 작전을 시작하면서 점령 이후 유대 군대가 벌이는 활동을 감독하는 일이었다. 그의 부하들은 팔레스타인 마을이나 동네를 점령한 뒤 이어지는 절차를 책임졌다. 그러니까 정보원들의 도움을 받아서 과거에 유대인을 공격하거나 팔레스타인 민족 운동에 속하거나 해묵은 원한을 풀 기회를 활용하는 현지 정보원들의 미움을 산 이들을 적발하는 활동을 했다. 이렇게 선별된 사람들은 보통 현장에서 처형되었다. 다닌은 이런 작전을 직접 시찰하러 현장에 종종 들렀다. 그의 부대는 또한 마을이나 도시를 점령한 뒤 '군인 연령', 즉 10세에서 50세 사이의 모든 남성을 나머지 마을 사람들과 분리하는 일도 책임졌다. 이 남자들은 '그냥' 추방하거나 포로수용소에 장기간 가둬 두었다.[28]

여호수아('요시Josh') 팔몬은 여러 면에서 다닌의 부사령관이었는데 그 역시 선별, 심문, 간헐적인 처형을 실행하는 데 개인적으로 큰 관심을 기울였다. 다닌보다 젊고 팔레스타인에서 태어난 팔몬은 이미 인상적인 군인 경력을 갖고 있었다. 그는 1941년 프랑스 비시 정부의 지배를 종식시킨 시리아와 레바논 점령에 영국 특공대 신병으로 참여했다. 다닌과 팔몬이 지휘하는 장교들은 많은 팔레스타인인들에게 유명한 공포의 대상이었다. 그들이 아무리 칙칙한 카키색 군복으로 정체를 감추려고 해도 팔레스타인인들은 귀신같이 금세 알아챘다. 그들은 수백 곳의 마을에서 벌어진 현장 배후에서 활동했고, 나크바에 관한 구술사를 보면 이 사람들과 그들이 저지른 잔학 행위에 관한 언급이 무수히 많다.[29]

하지만 1947년 12월 10일, 다닌과 팔몬은 여전히 대중의 눈을 피해 숨어 있었다. 그들은 팔레스타인 도시 엘리트층이 자택을 떠나 시리아와 레바논, 이집트의 겨울 저택으로 옮겨 가고 있다는 보고로 회의를 시작했다. 도시인들이 압박을 받을 때 흔히 보이는 반응이었다. 상황이 진정될 때까지 안전한 곳으로 옮겨 가는 것이다. 그렇지만 베니 모리스 같은 수정주의 학자들을 비롯한 이스라엘 역사학자들은 이런 전통적인 일시적 여행을 '자발적인 도주'로 해석했다. 이스라엘이 그런 결과에 책임이 없다고 말하기 위해서이다. 하지만 팔레스타인 도시인들은 나중에 다시 집으로 돌아올 생각으로 떠난 것이었고, 단지 이스라엘 때문에 돌아오지 못했을 뿐이다. 잠깐 해외에 머무른 뒤에 자기 집에 돌아오지 못하게 한 것은 인구 감소를 목적으로 현지인들을 겨냥해 벌인 다른 행위와 마찬가지로 추방과 다름없는 일이다.

다닌은 유대인들의 공격을 염려해서 아랍 마을 쪽으로 가깝게 이동한 몇몇 베두인 부족을 제외하면, 이런 도시인들의 이동이 팔레스타인인들이 유엔이 지정한 유대 국가 경계선 바깥의 지역으로 이동하는 것을 탐지할 수 있었던 유일한 경우라고 보고했다. 다닌은 이런 사실에 실망한 것으로 보인다. 거의 숨도 쉬지 않고 바로─팔레스타인 쪽에서 공세적인 기획이나 경향이 전혀 없었음에도 불구하고─더 공세적인 정책이 필요하다고 요구했고 계속해서 협의체가 어떤 이득을 얻게 될지를 설명했기 때문이다. 팔레스타인인들에게 폭력 행동을 하면 그들이 겁을 먹을 것이라고 정보원들이 말했다고 했다. "그렇게 하면 아랍 세계의 도

움도 쓸모가 없게 될 겁니다." 유대 군대가 마음먹은 대로 팔레스타인인
들에게 어떤 일이든 할 수 있다는 말이었다.

벤구리온이 물었다. "폭력 행동이란 무슨 말입니까?"

"교통수단(버스, 농산물을 수송하는 트럭, 승용차)을 파괴하고 (……)
야파에 있는 어선들을 침몰시키고, 상점을 폐쇄하고, 공장에 원료가 들
어가는 걸 막는 것입니다."

벤구리온이 다시 질문했다. "그들은 어떤 반응을 보일 것 같습니까?"

"처음에는 폭동을 일으킬지 모르지만, 결국 어떤 메시지인지 이해할
겁니다." 따라서 주된 목표는 시온주의자들이 주민들을 마음대로 하고
주민들의 운명을 결정할 수 있도록 하는 것이었다. 벤구리온은 이 제안
을 마음에 들어하는 듯했고 3일 뒤 샤레트에게 편지를 보내 전반적인
구상을 설명했다. 유대 지역 안에 있는 팔레스타인인 공동체는 "우리 손
에 좌우될" 테고 "굶겨 죽이는" 것까지 포함해서 유대인들이 원하는 어
떤 일이든 그들에게 할 수 있을 것이라는 내용이었다.[30]

또다른 시리아의 유대인인 엘리야후 사손Eliyahu Sasson은 협의체 내에서
어느 정도 트집쟁이 역할을 하려고 했다. 그는 다닌과 팔몬이 개략적으
로 설명하는 새로운 공세적 접근 방식에 의심을 품었던 것 같다. 1927년
팔레스타인으로 이주한 그는 협의체 안에서 가장 흥미롭고 또한 모호
한 인물이었다. 시온주의자가 되기 전인 1919년, 그는 시리아에서 아랍
민족 운동에 가담했다. 1940년대에 그가 맡은 주된 역할은 팔레스타인
공동체뿐만 아니라 이웃 아랍 나라들에서도 '분할 지배' 정책을 부추기
는 것이었다. 그리하여 그는 팔레스타인의 미래에 관해 요르단 하심가
국왕과 동맹을 강화하는 데 중요한 구실을 했지만, 팔레스타인 집단끼

리 싸움을 붙이려 한 그의 시도는 진부한 방책이 될 터였다. 이제 시온주의 지도부는 팔레스타인 전체의 광범위한 종족 청소를 향해 움직이고 있었기 때문이다. 하지만 우리가 볼 수 있는 것처럼, 그가 남긴 '분할 지배'의 유산은 이후에 이스라엘의 정책에 불가피한 영향을 미쳤다. 가령 1981년 국방 장관이던 아리엘 샤론은 아랍학자 메나헴 밀손Menachem Milson의 조언을 받아 요르단강 서안 점령지에 친이스라엘 단체의 일환으로 이른바 '마을 연맹Village Leagues'을 설립해서 팔레스타인 저항 운동을 잠식하려고 시도했다. 이 단기적인 시도는 실패로 돌아갔다. 더 성공적인 시도는 일찍이 1948년에 소수 종족인 드루즈인Druze들을 이스라엘 군에 편입시킨 일이었다. 이 드루즈인 부대는 훗날 점령지 팔레스타인인들을 탄압하는 주된 도구가 되었다.

12월 10일 회의는 사손이 설령, 그의 표현처럼, '종합적인 계획'이 필요하다 하더라도 아랍 주민 전체를 적으로 간주하지 않고 '분할 지배' 전술을 계속 활용하는 게 신중한 처사라고 동료들을 설득하려고 한 마지막 회의였다. 그는 1930년대에 팔레스타인인 집단들을 무장시키는 데서 역할을 한 사실을 아주 자랑스러워했다. 이른바 '평화 갱'인 이 집단들은 팔레스타인 지도자 알하즈 아민 알후세이니의 경쟁자들로 이루어졌다. 이 부대들은 아랍 반란 시기에 팔레스타인 민족 조직들에 대항해 싸웠다. 사손은 이제 이런 분할 지배 전술을 이용해서 일부 충성스러운 베두인 부족들을 공략하고자 했다.

## 1947년 12월: 초기의 행동

협의체는 좀더 협력적인 '아랍인'들을 통합하자는 구상을 거부했을 뿐만 아니라 더 나아가 그런 아랍인들 역시 당시 오드 윈게이트의 조언에 따라 채택한 '보복' 개념에 포함시키자고 제안했다. 회의 참가자 대부분은 체계적인 위협 공세 '개시'에 찬성했다. 벤구리온은 그 안을 승인했고, 회의 다음날 새로운 정책이 실행되었다.

첫번째 단계는 질서 정연한 위협 공세였다. 하가나의 특수 부대가 '침투 세력'('아랍 지원병')을 찾기 위해 마을에 진입했고, 아랍 해방군에 협력하지 말라고 지역 주민들에게 경고하는 전단을 뿌렸다. 이런 습격에 조금이라도 저항하면 결국 유대 군대가 닥치는 대로 총을 쏴서 마을 사람 몇 명을 죽였다. 하가나는 이런 급습을 '무력 정찰'이라고 불렀다. 이런 습격 역시 1930년대에 팔레스타인 마을 사람들을 상대로 이런 테러 방식을 사용하도록 가르친 오드 윈게이트가 남긴 유산의 일부였다. 본래 이 구상은 자정 가까운 시간에 무방비 상태의 마을에 들어가 몇 시간 머물면서 감히 자기 집을 벗어나는 사람을 겨냥해 총을 쏘고 떠나는 것이었다. 윈게이트 시절에도 이미 이런 방식은 단순한 힘의 과시보다는 응징 행동이나 보복 공격을 위한 것이었다.

1947년 12월, 이처럼 무방비 상태의 마을 두 곳이 윈게이트 전술을 부활시키는 대상으로 선택되었다. 데이르아읍Deir Ayyub과 베이트아파Beit Affa가 그 대상이었다. 오늘날 라믈라시 동남쪽으로 15킬로미터 정도 차를 타고 가다보면, 특히 팔레스타인 내륙 평원을 뒤덮은 노랗고 가시 많은 가시금작화 덤불이 초록으로 변하는 겨울날이면 기괴한 풍경을 마주하게 된다. 가상 속 공간 같은 꽤 넓은 정사각형 지역을 둘러싼 들판에 잡석과 돌멩이들이 기다란 줄을 이루어 뻗어 있는 것이다. 데이르아읍의 돌 울타리였던 곳이다. 1947년 당시 이 깨진 돌조각들은 500명 정도가 살던 마을을 보호하는 목적보다는 미학적인 이유에서 지어진 낮은 돌담장이었다. 아읍—'읍'의 아랍어—의 이름을 딴 마을의 주민은 대부분 무슬림이었고, 돌과 진흙으로 만든 이 지역의 전통적인 가옥에 살고 있었다. 유대인들이 공격하기 직전에 마을은 새로운 학교의 개교식을 진행하던 중이었다. 이미 등록 학생이 51명이라는 흡족한 성과를 내고 있던 이 학교는 마을 사람들이 스스로 모은 돈으로 열 수 있었고, 교사 봉급 또한 이 돈으로 지불했다. 하지만 밤 10시에 20명으로 구성된 유대 중대가 마을에 진입해서 몇 집에 무차별 총격을 가하자 마을 사람들의 기쁨은 순식간에 사라져버렸다—12월에 여느 마을들이 그랬던 것처럼, 이 마을에도 아무런 방어 기제가 없었다. 마을은 나중에 세 차례 더 공격을 당하고 결국 1948년 4월에 강제로 비워졌다. 이미 완전히 파괴된 뒤의 일이었다. 유대 군대는 12월에 가자지구에 있는 베이트 아파에 대해서도 비슷한 공격을 했지만, 이 마을 사람들은 침략자들을 성공적으로 물리쳤다.[31]

팔레스타인 국경에 접한 시리아와 레바논의 마을들에도 위협 전단이 뿌려졌다. 주민들에게 다음과 같이 경고하는 내용이었다.

당신네 마을로 전쟁이 번지면, 마을 사람들과 부녀자들이 대규모로 추방될 것이다. 이런 운명에 처하기를 바라지 않는 사람에게 나는 다음과 같이 말하고자 한다. 이 전쟁에서는 어떤 동정도 없이 무자비한 살상이 벌어질 것이다. 이 전쟁에 끼어들지 않는다면, 당신네 집과 마을을 떠나지 않아도 될 것이다.[32]

시골과 도시를 막론하고 팔레스타인 전역의 제한된 지역에서 수많은 파괴 작전이 잇따랐다. 시골에서의 파괴 작전은 처음에 주춤거리는 모습이 있었다. 갈릴리 동북부에 있는 세 마을이(키사스Khisas, 나이마Na'ima, 자홀라) 파괴 대상지로 선택되었다. 그런데 작전이 취소되었다. 아마 최고 사령부가 아직 그렇게 대규모 작전을 벌일 때가 아니라고 판단했기 때문이었을 것이다. 하지만 북부에 있는 팔마흐 사령관 이갈 알론은 작전 취소를 일부 무시했다. 알론은 최소한 한 마을을 상대로 경험을 해보기로 하고 키사스를 공격하기로 결정했다.

키사스는 무슬림 200~300명과 기독교인 100명이 사는 작은 마을로, 두 집단은 100미터 정도 너비의 자연 계단형 언덕인 훌라Hula 평원의 북쪽 지역에 있는 독특한 지형에서 평화롭게 어울려 살았다. 이 계단형 언덕은 훌라 호수가 점차 줄어들기 전에 수천 년 동안 형성된 지형이다. 외국인 여행자들은 호숫가에 자리한 위치와 하스바니강에 가까운 자연미를 이유로 이 마을을 손에 꼽곤 했다.[33] 유대 군대는 1947년 12월 18일 주민들이 깊은 잠에 빠져 있던 심야에 마을을 공격해서 집들을 닥치는 대로 폭파하기 시작했다. 당시 전개되는 상황을 긴밀히 주시하던 〈뉴욕타임스〉 기자는 이 사건에 충격을 받았다. 기자는 하가나로 달려가서 해명을 요구했는데, 하가나는 처음에 작전 자체를 부인했다. 기자가 끈질기게 달라붙어 질문을 해대자 하가나도 결국 사실을 인정했다. 벤구리온은 인상적인 공개 사과문을 발표하면서 이 행동은 승인되지 않은 것이라고 주장했지만, 몇 달 뒤인 4월에 그는 이 사건을 성공적인 작전 목록에 포함시켰다.[34]

12월 17일 수요일에 다시 모인 협의체에는 요하난 라트너Yohanan Ratner와 프리츠 아이젠슈타터(에셰트)Fritz Eisenshtater(Eshet)도 합류했다. 두 장교는 벤구리온이 협의체를 구성하기 전에 '민족 전략'을 정식화하기 위해 임명한 이들이었다. 회의는 성공을 거둔 키사스 작전의 함의에 관해 자세히 이야기하는 자리였다. 일부 성원들은 추가 '보복' 작전을 실행하자고 호소했다. 마을을 파괴하고, 주민을 추방하고, 그 장소에 유대인 정착민을 재정착시키자는 것이었다. 다음날, 유대인 공동체에서 방위 문제를 책임지는 더 큰 공식 기구인 '방위 위원회'에서 벤구리온은 앞서 열린 회의 내용을 요약했다. 초정통파 유대인 단체인 이스라엘 연맹Agudat Israel 대표를 포함해서 그 자리에 있던 모든 사람이 이 작전에 전율을 느낀 것 같았다. 대표는 이렇게 말했다. '우리는 우리 군대가 마을 전체를 파괴하고 주민들을 모두 몰아낼 능력이 있다는 말을 들었습니다. 그래요, 그렇게 합시다!' 방위 위원회는 또한 이런 각각의 작전을 맡을 정보 장교들의 임명을 승인했다. 정보 장교들은 종족 청소의 다음 단계들을 실행하는 데서 결정적인 역할을 하게 된다.[35]

새로운 정책은 팔레스타인의 도시 장소들도 겨냥했는데, 하이파가 첫번째 공격 목표로 선정되었다. 흥미롭게도 이스라엘 주류 역사학자들과 수정주의 역사학자 베니 모리스는 이 도시를 시온주의가 현지 주민들에게 진정한 선의를 보여준 사례로 지목한다. 하지만 1947년 말 무렵 현실은 아주 달랐다. 유엔 분할 결의안이 채택된 다음날 아침부터 도시에 사는 팔레스타인인 7만 5,000명은 이르군과 하가나가 합동으로 일으킨 테러 공격의 대상이 되었다. 유대인 정착민들은 불과 몇십 년 전에 온 이들이었기 때문에 산 위에 집을 짓고 살았다. 따라서 그들은 아랍 동네보다 지형적으로 높은 곳에서 살았기 때문에 아랍 동네에 손쉽게 포격과 저격을 할 수 있었다. 유대인들은 12월 초부터 이런 공격을 빈번하게 가하기 시작했다. 다른 위협 방식도 사용했다. 유대 군대는 폭발물이 가득찬 드럼통과 거대한 철제 구슬을 아랍 주거 지역으로 굴리고 연료를 섞은 기름을 도로를 따라 쏟아붓고는 불을 붙였다. 겁에 질린 팔레스타인 주민들이 집에서 뛰쳐나와 강물처럼 흐르는 불길을 끄려고 하는 순간 유대 군대가 기관총 세례를 퍼부었다. 두 공동체가 여전히 교류를 하는 지역에서는 하가나가 폭발물과 신관을 잔뜩 실은 자동차들을 팔레스타인 쪽 자동차 수리소에 맡긴 뒤 폭파시켜서 사상과 혼란을 야기했다. 이런 공격의 배후에는 하가나의 특공대인 하샤하르Hashahar('여명')가 있었다. 하샤하르는 미스타르빔mistarvim —히브리어로 '아랍인이 된'이라는 뜻인데, 팔레스타인인으로 변장한 유대인을 가리킨다—으로 구성되었다. 이런 작전의 주모자는 '여명' 부대를 지휘하는 다니 아그몬Dani Agmon이라는 인물이었다. 팔마흐의 웹 사이트를 보면, 공식 역사가는 다음과 같이 정리해 두었다. '[하이파의] 팔레스타인인들은 12월부터 계속 포위와 위협을 받았다.'[36] 그렇지만 아직 최악의 상황은 오지도 않은 상태였다.

일찍부터 폭력 사태가 발발하면서 아랍인과 유대인이 섞여 살던 하이파시 노동자들이 비교적 오래전부터 이어온 협력과 연대의 역사는 슬픈 종말을 맞게 되었다. 이런 계급 의식은 1920년대와 1930년대에 양쪽 민족 지도부, 특히 유대 노동조합Jewish Trade Union 운동에 의해 억제되었지만, 그래도 계급 의식을 바탕으로 계속해서 온갖 부류의 고용주들에 대항하는 공동 산업 쟁의가 벌어지고 불황과 물자 부족의 시기에는 상호 부조가 활발히 이루어졌다.

유대 쪽의 하이파 공격으로 유대인과 아랍인이 어깨를 맞대고 일하던 주요 분야 중 한 곳에서 긴장이 고조되었다. 만灣 지역에 있는 이라크 석유Iraqi Petroleum Company의 정유 공장이 그 무대였다. 이르군 패거리들이 공장에 들어가려고 기다리던 큰 무리의 팔레스타인인들에게 폭탄을 던지면서 시작된 일이었다. 이르군은 그에 앞서 아랍 노동자들이 유대인 동료 노동자들을 공격한 데 대한 보복이라고 주장했다. 이 공격은 보통 아랍 노동자와 유대 노동자가 영국인 고용주에게 노동 조건 개선을 얻어 내기 위해 힘을 합쳐 노력하는 산업 지대에서 새롭게 나타난 현상이었다. 유엔 분할 결의안은 그런 계급 연대를 심각하게 손상했고, 긴장이 높아졌다. 아랍 군중에게 폭탄을 던지는 일은 이르군의 전문 분야였다. 이르군은 이미 1947년 이전에도 그런 행동을 한 적이 있었다. 하지만 정유 공장에서 벌어진 이 특별한 공격은 팔레스타인인들에게 겁을 주어 하이파에서 나가게 하려는 새로운 계획의 일부로 하가나 군대와 협동으로 수행한 것이었다. 팔레스타인 노동자들은 몇 시간 만에 폭동을 일으켰고, 팔레스타인인들이 벌인 최악이자 최후의 반격 중 하나인 이 과정에서 유대인 노동자 다수―39명―가 사망했다. 통상적인 보복 충돌의 연쇄는 그것으로 끝이 났다.

다음 단계는 팔레스타인 역사에서 새로운 장을 열었다. 하가나 최고 사령부는 협의체의 일원으로서 무엇보다도 자신들의 행동에 영국이 얼마나 경계를 하는지 시험해 보고 싶어서 한 마을 전체를 약탈하고 주민

대다수를 학살하기로 결정했다. 당시만 해도 영국 당국이 여전히 법질서 유지를 책임지고 팔레스타인에 대규모로 주재하고 있었다. 최고 사령부가 선정한 마을인 발라드알셰이크Balad al-Shaykh는 셰이크 이즈 알딘 알까삼Shaykh Izz al-Din al-Qassam이 묻힌 곳이었다. 1930년대에 팔레스타인에서 존경받는 카리스마적 지도자로 손꼽혔던 알까삼은 1935년에 영국인들에 의해 살해되었다. 그의 무덤은 하이파 동쪽 10킬로미터 지점인 이 마을에 오늘날까지 남아 있는 몇 안 되는 유적 중 하나이다.[37]

지역 사령관인 하임 아비노암Haim Avinoam은 "마을을 포위하고, 최대한 많은 남자를 죽이고, 재산을 파괴하되 여자와 아이들을 공격하는 것은 삼가라"는 지시를 받았다.[38] 12월 31일에 이루어진 공격은 세 시간 동안 계속되었다. 팔레스타인인 60여 명이 사망했는데, 남자만 사망한 것은 아니었다. 그래도 이때까지는 남녀를 구분했다는 점을 주목하라. 다음 회의에서 협의체는 향후 작전에서는 이런 구분이 불필요하게 성가신 일이라고 결정했다. 하이파의 하가나 부대는 발라드알셰이크에 대한 공격과 동시에 더 과감한 행동으로 현장을 시험했다. 그들은 아랍인 동네 중 한 곳인 와디루쉬미야Wadi Rushmiyya로 가서 주민들을 쫓아내고 집들을 폭파했다. 이 행동은 팔레스타인 도시 지역에서 종족 청소 작전을 공식적으로 시작한 사건으로 간주될 수 있었다. 영국인들은 이런 잔학 행위가 자행되는 동안 아무것도 모르는 체 행동했다.

2주 뒤인 1948년 1월 팔마흐는 이렇게 만들어진 '여세'를 활용해서 하이파에서 상대적으로 고립된 동네인 하와사Hawassa를 공격해서 사람들을 쫓아냈다. 이곳은 도시에서 가장 가난한 지구였는데, 원래 오두막집으로 이루어진 이곳에서는 1920년대에 일자리를 구하러 온 가난한 마을 사람들이 거주했다. 다들 을씨년스러운 상태에서 살고 있었다. 당시에 하이파시 동부인 이 동네에는 팔레스타인인 5,000명 정도가 있었다. 오두막집들과 더불어 지역 학교까지 폭파되는 한편, 잇따른 공황 상태 속에 많은 사람들이 도망을 쳤다. 학교는 오늘날 텔아말Tel-Amal 동네의 일부가 된 하와사의 폐허 위에 재건되었지만, 이 건물 역시 최근에 유대인 학교를 신축할 자리를 마련하려고 파괴되었다.[39]

## 1948년 1월: 보복이여 안녕

이 작전들과 나란히 이르군과 스턴갱의 테러 행위가 벌어졌다. 하이파의 아랍인 동네와 다른 도시들에까지 공포를 퍼뜨리는 그들의 능력은 영국이 점진적이면서도 명백하게 법질서 유지 책임에서 손을 떼는 과정에 의해 직접 영향을 받았다. 1월 첫 주에만 이르군은 이전 어느 시기보다 더 많은 테러 공격을 감행했다. 야파의 사라야하우스Sarraya House에 폭탄을 터뜨린 것도 그중 하나였다. 지역 민족 위원회[40] 소재지인 이 건물이 붕괴하면서 26명이 사망했다. 이르군은 계속해서 예루살렘 서부 까타몬Qatamon에 있는 사미라미스호텔Samiramis Hotel을 폭파했다. 이 공격으로 스페인 영사를 포함한 많은 사람들이 사망했다. 스페인 영사가 사망하자 영국의 마지막 고등 판무관인 앨런 커닝햄Alan Cunningham 경은 벤구리온에게 무기력한 불만을 표시한 것으로 보인다. 그렇지만 벤구리온은 사적으로나 공적으로나 이 행동에 대해 비난하기를 거부했다. 하이파에서는 이제 이런 행동이 매일같이 벌어지고 있었다.[41]

이후 몇 주 동안 하가나의 정책이 보복에서 선제공격으로 바뀌는 것을 눈치챈 커닝햄은 다시 벤구리온에게 호소했지만, 벤구리온은 그의 항의를 무시했다. 1948년 3월 벤구리온과 만난 마지막 회동에서 커닝햄은 이 시온주의 지도자에게 자기가 보기에 팔레스타인인들은 이 나라에서 평온을 유지하려고 애쓰고 있는 반면 하가나는 상황을 확대하기 위해 최선을 다하고 있는 것 같다고 말했다.[42] 벤구리온의 평가도 크게 다르지 않았다. 그는 커닝햄을 만난 직후에 유대 기구 집행 위원회에 이렇게 말했다. "나는 팔레스타인 대중 대다수가 분할을 기정사실로 안다고 생각하고 분할을 극복하거나 거부하는 건 불가능하다고 봅니다. (……) 팔레스타인인들의 압도적 다수는 우리와 싸우기를 원치 않습니다."[43] 파리 유대 기구 대표인 에밀 나자르Emile Najjar는 당면한 현실을 감안할 때 어떻게 하면 효과적인 선전 정책을 수행할 수 있는지 궁금해했다.[44]

　하이파 팔레스타인인들의 민족 위원회는 영국인들에게 거듭해서 호소했다. 하이파가 영국인들이 철수하는 과정에서 마지막 근거지가 될 것이기 때문에 적어도 그때까지는 영국의 보호에 의존할 수 있을 것이라는 잘못된 기대 때문이었다. 이런 기대가 현실화되지 않자 팔레스타인인들은 팔레스타인 안팎에 있는 아랍 고등 위원회 성원들에게 지도와 도움을 구하는 필사적인 편지를 여러 통 보내기 시작했다. 소규모 지원병 집단이 1월에 도시에 들어왔지만, 그때쯤이면 이미 일부 명사와 공동체 지도자들은 유엔이 분할 결의안을 채택한 바로 그 순간 유대인 이웃들에 의해 자신들은 추방될 운명이었음을 깨달은 상태였다. 이 이웃들은 일찍이 오스만 제국 후기에 자신들이 먼저 와서 같이 살자고 권유한 사람들이었다. 그때부터 땡전 한 푼 없는 비참한 신세로 유럽에서 온 그들과 번성하는 코스모폴리탄 도시를 공유했다―유엔이 운명적인 결정을 내리기 전까지는.

이런 배경을 고려하면서 이 시기에 하이파의 팔레스타인 엘리트 1만 5,000명 정도가 대탈출을 한 사실을 상기해야 한다—그들 대부분은 부유한 상인들이었기 때문에 그들이 떠나자 지역 무역과 상업이 황폐화되었고, 따라서 도시의 가난한 지역은 더 많은 부담을 떠안았다.

여기서 1948년 1월 초에 이르기까지 아랍인들이 벌인 활동의 전반적인 성격을 언급하지 않는다면, 전체적인 그림이 완성되지 않을 것이다. 1947년 12월 동안 아랍 비정규 병사들이 유대인 호위대를 공격했지만 유대인 정착촌을 공격하는 일은 삼갔다.[45] 11월에 협의체는 이미 이런 공격에 대해 각각 보복하는 것을 정책으로 정한 상태였다. 하지만 시온주의 지도자들 사이에서는 좀더 과감한 행동으로 나아갈 필요가 있다는 정서가 퍼져 있었다.

## 긴 세미나: 12월 31일~1월 2일 [46]

1947년 12월 31일 수요일에 협의체 회의가 열렸을 때 요세프 바이츠는 이렇게 외쳤다. "이걸로는 충분하지 않습니다." 발라드알셰이크 사람들이 학살되기 불과 몇 시간 전의 일이었다. 그리고 이제 그는 일찍이 1940년대 초에 일기에 사적으로 쓰던 내용을 공공연하게 제안하고 있었다. "바로 지금이 그자들을 없애버릴 때가 아닙니까? 그자들이 우리에게 위협을 제기하는 시기에 왜 그런 골칫거리를 우리 한가운데에 계속 놔두는 겁니까?"[47] 그에게 보복은 낡은 일처리 방식인 것처럼 보였다. 마을에 대한 공격과 계속된 점령의 주된 목적을 간과하는 것이었기 때문이다. 바이츠는 유대 민족 기금 정착부장으로서 친구들을 위해 이 동이라는 모호한 개념을 구체적인 정책으로 전환하는 과정에서 이미 결정적인 역할을 했기 때문에 협의체에 충원된 인물이었다. 그는 앞으로 상황이 어떻게 전개될 것인지에 관한 당면한 토론에 목적의식이 결여돼 있다고 느꼈다. 자신이 1930년대와 1940년대에 이미 개요를 정리한 방침이 부족하다는 것이었다.

그는 1940년에 다음과 같이 썼다. "이동은—아랍 인구를 줄인다는—하나의 목적에만 공헌하지 않는다. 그것은 결코 중요성이 떨어지지 않는 두번째 목적에도 공헌한다. 현재 아랍인들이 경작하는 땅을 비우고 유대인 정착을 위해 개방한다는 목적 말이다." 따라서 그는 이렇게 결론지었다. "유일한 해법은 아랍인들을 여기서 이웃 나라들로 이동시키는 것이다. 단 한 마을, 한 부족도 봐주어선 안 된다."[48]

바이츠는 전에 마을 파일 기획에 참여한 인물이었기 때문에 협의체로서는 그의 가세를 특히 반겼다. 이제 바이츠는 협의체의 여느 멤버들보다 훨씬 더 깊숙이 종족 청소의 실무 문제에 관여하면서 향후에 참고할 모든 장소와 마을에 관한 세부 내용을 적어두고 마을 파일의 내용에 자신이 직접 조사한 항목을 추가했다. 그 시절에 그가 가장 신뢰한 동료이자 마음이 잘 맞는 사람이었던 요세프 나흐마니는 이 문제에 관해 유대 지도부가 흐리멍덩하게 일을 처리한다고 보고 그와 똑같이 당혹감을 느꼈다. 바이츠는 나흐마니에게 보낸 편지에서 아랍 땅 전체를 차지하는 것은 '신성한 의무'라고 말했다. 나흐마니도 여기에 동의하면서 일종의 성전jihad(그는 점령 전쟁을 뜻하는 '밀헤멘트 키부시milhement kibush'라는 용어를 썼다)이 필요한데 유대 지도부는 이런 필요성을 인식하지 못한다고 덧붙였다. 바이츠의 분신과도 같은 존재는 이렇게 말했다. "현 지도부의 으뜸가는 특징은 무능하고 유약한 사람들이라는 거지요." 바이츠도 지도부가 역사적인 기회에 제대로 능력을 발휘하지 못하는 모습에 똑같이 실망했다. 나흐마니를 협의체, 특히 1월 첫번째 회의에 참여시킴에 따라 바이츠는 처음에 지도부 차원에서 고안하는 종족 청소 계획에 관여하지 않았다.[49]

바이츠가 자신의 구상을 좀더 폭넓게 펼쳐 보일 기회가 생기는 데는 오랜 시간이 걸리지 않았다. 1월 첫번째 수요일 회의 참석자들이 근처에 있는 벤구리온의 집으로 옮겨 오면서 이 회의가 긴 세미나로 바뀌었기 때문이다. 대이스라엘이라는 꿈을 실현할 수 있는 기회가 열리고 있음을 감지한 벤구리온이 회의를 길게 해보자고 제안했다. 이렇게 좀더 편안한 환경에서 바이츠와 다른 이들은 여유롭게 긴 발언을 하고 각자의 견해를 자세히 설명할 수 있었다. 이 회의는 또한 협의체 회의록이 남아 있는 유일한 사례이다. 회의록은 하가나 문서 자료에서 찾을 수 있다. 바이츠는 이 '긴 세미나'를 위해 벤구리온에게 직접 보내는 메모를 준비했는데, 여기서 그는 유대인들이 점령하고자 하는 지역에서 팔레스타인 주민들을 다른 곳으로 이동시키자는 계획을 승인해줄 것과 이런 행동을 '시온주의 정책의 초석'으로 삼아 줄 것을 촉구했다. 그는 분명 이동 계획의 '이론적' 단계가 끝났다고 느꼈다. 구상 실행을 개시할 때가 된 것이었다. 실제로 바이츠는 '이동 위원회'라는 이름의 소규모 비밀 결사를 구성해도 된다는 허가를 받고 긴 세미나 자리에서 나왔고, 다음 회의에서 구체적인 계획을 제출했다. 이 계획에 관해서는 아래에서 자세히 이야기할 것이다.

긴 세미나에 초청받은 가장 자유주의적인 참석자인 야코프 타혼 Yaacov Tahon 박사조차도 여기에 동의하면서 앞서와 달리 주저하는 입장을 포기한 것 같았다. 타혼은 독일계 유대인으로 아르투르 루핀Arthur Rupin과 함께 20세기 초 몇십 년 동안 팔레스타인의 유대인 식민화를 위한 최초의 계획을 발전시킨 바 있었다. 진정한 식민주의자였던 그는 처음에는 '토착민'들을 쫓아낼 필요가 없다고 보았다. 그가 원하는 것이라곤 토착민들을 착취하는 일뿐이었다. 하지만 긴 세미나에서 그 역시 '이동 없이는 유대 국가가 있을 수 없다'는 바이츠의 견해에 동의하는 것처럼 보였다.

실제로 반대의 목소리는 거의 없었다. 긴 세미나가 이 이야기에서 그토록 결정적인 회의가 된 것은 바로 이 때문이다. 모두가 받아들인 회의의 출발점은 종족 청소가 필요하다는 사실이었다. 나머지 질문, 아니 문제는 심리적이거나 병참적인 성격의 것들이었다. 바이츠 같은 이데올로그들, 마흐네스 같은 동양 전문가들, 알론 같은 군 장성들은 아직 군대가 통상적인 선별적 행동을 넘어서 작전을 확대하기 위해 그전에 받은 지시를 충분히 흡수하지 못했다고 불만을 토로했다. 그들이 생각하는 주된 문제는 예전의 보복 방식을 포기하기 힘들다는 점이었다. 다닌과 팔몬의 동료이자 아이러니하게도 1949년에 이스라엘 소수 민족부 국장이 되는 가드 마흐네스Gad Machnes는 불만을 털어놓았다. "그자들은 여전히 이곳저곳에서 집을 폭파시키고 있습니다."(그를 위해 한마디 덧붙이자면, 적어도 그는 1948년에 자기가 한 행동에 대해 어느 정도 후회를 나타낸 것 같다. 1960년대에 그는 솔직하게 다음과 같이 인정했다. '도발적인 성격을 띤 [시온주의의 군사적] 준비 태세가 없었더라면, [1948년에]

전쟁으로 치닫는 물결을 피할 수 있었을 것이다.) 하지만 1948년 1월 당시에 그는 유대 군대가 적극적으로 타격을 가하는 대신 여전히 각 장소에서 '범죄자 개인'을 수색하는 데 몰두하는 모습을 참지 못하는 것처럼 보였다.

이제 알론과 팔몬이 나서서 동료들에게 새로운 방침을 설명했다. "너무 오랫동안 조용"했던 지역에서 좀더 공세적인 정책이 필요하다는 것이었다.[50] 벤구리온을 설득할 필요는 없었다. 긴 세미나가 끝날 무렵, 벤구리온은 이미 아랍 마을에 대한 도발적이고 치명적인 일련의 공격 전반을 승인한 상태였다. 일부는 보복 행동이고 일부는 그렇지 않았지만, 행동의 의도는 가장 큰 피해를 야기하고 마을 사람을 최대한 많이 살해하는 것이었다. 그리고 벤구리온은 새로운 정책을 위해 제안된 첫번째 공격 목표가 모두 북부에 있다는 말을 듣자 남부에서도 시험적인 행동을 해보라고 요구했다. 다만 전면적인 방식이 아니라 대상을 특정하라고 주문했다. 여기서 그는 갑자기 앙심을 품은 장부 기록원의 모습을 보였다. 그는 베르셰바Beersheba(오늘날의 베르셰바Beer Sheva)시를 공격하고 특히 부시장인 알하즈 살라메흐 이븐 사이드al-Hajj Salameh Ibn Said와 그의 형의 목을 치라고 재촉했다. 과거에 두 사람이 이 지역에 정착하려는 시온주의의 계획에 협조를 거부했기 때문이었다. 벤구리온은 이제 더이상 '무고한 사람'과 '범죄인'을 구분할 필요는 없다고 힘주어 말했다―민간인에게 부수적 피해collateral damage를 가할 때가 온 것이었다. 몇 년 뒤 다닌은 벤구리온이 부수적 피해가 무슨 뜻인지 분명하게 말했다고 술회했다. "모든 공격은 점령과 파괴와 추방으로 마무리되어야 한다."[51] 다닌은 심지어 몇몇 특정한 마을을 논의하기도 했다고 주장했다.[52]

하가나 부대 내부의 '보수적인' 분위기와 윈게이트가 이 부대를 보복용 병력으로 훈련시킨 데 대해서 하가나—1948년 5월 15일에는 이스라엘군—참모총장 대리 이가엘 야딘은 앞으로 해야 할 일은 새로운, 그러니까 좀더 솔직한 용어를 채택하고 더 확고한 교의를 확립하는 것이라고 말했다. 그는 '보복'이라는 용어를 버리자고 제안했다. "보복은 우리가 하는 일이 아닙니다. 우리가 하는 행동은 공세고, 마을이 우리를 [먼저] 공격하는 걸 군이 기다리지 말고 선제 타격을 개시할 필요가 있습니다. 지금까지 우리는 팔레스타인인들의 경제를 목 조를 수 있는 우리의 능력을 제대로 사용하지 않았습니다." 많은 이스라엘인에게 팔마흐의 전설적인 지도자로 여겨지는 이츠하크 사데도 야딘의 의견에 동의하면서 한마디 덧붙였다. "보복만 시작한 건 잘못된 일이었습니다." 필요한 것은 각급 부대에게 이제 공격이 '지배적인 분위기이자 방식'이라는 사실을 주입하는 일이었다.

야딘의 부사령관인 이갈 알론은 훨씬 더 비판적이었다. 그는 12월 초에 광범위한 공격을 명시적으로 지시하지 않은 데 대해 협의체를 간접적으로 비판했다. "지금쯤이면 손쉽게 야파를 차지할 수 있었을 테고, 텔아비브 인근 마을들을 공격했어야 해요. [공격당한] 집에 어린아이들이 살고 있다고 해도 일련의 '연좌제'를 선택해야 합니다." 세미나가 진행되는 내내 엘리야후 사손이 부관인 루벤 실로아Reuven Shiloah의 도움을 받으면서 도발 때문에 우호적이거나 평화로운 팔레스타인인들이 멀어졌다는 사실에 관심을 환기하려 하자 알론은 참지 못하고 다음과 같이 단언하면서 그를 가로막았다. "평화 호소는 약점이 될 거요!" 모셰 다얀도 비슷한 견해를 표명했고, 벤구리온은 야파나 다른 어디에서도 협정에 도달하려는 시도를 해서는 안 된다고 못 박았다.

군대 내부에 여전히 심리적인 문제가 존재했다는 사실은 실제로 야파의 경우에 분명했다. 1월 7일 주례 회의에서 텔아비브시의 관리들은 자신들이 이웃한 두 도시의 평화 분위기를 확보하는 데 성공한 때에 왜 이르군만이 아니라 하가나까지 야파의 아랍인들을 도발하고 있는지 의아해했다.[53] 1948년 1월 25일, 이 고위 관리들의 대표단이 벤구리온을 만나러 자택으로 찾아와서 하가나가 야파에 대해 보이는 행동에서 뚜렷한 변화를 감지했다고 불만을 표시했다. 야파와 텔아비브 사이에는 해안을 따라 길게 무인 지대를 두어 두 도시를 구분한다는 무언의 합의가 있었다. 그 덕분에 불편한 동거가 가능했다. 그런데 하가나가 그들의 의견을 구하지 않고 감귤 과수원에 숨어들어 이 지역에 진입해서 이런 미묘한 균형을 깨뜨린 일이 있었다. 대표단 중 한 명이 항의한 것처럼, 두 시 당국이 새로운 협정에 도달하려고 노력하던 시기에 이런 일이 벌어졌던 것이다. 그는 하가나가 이런 시도를 망치려고 최선을 다하는 것 같다고 불만을 토로하면서 하가나가 닥치는 대로 공격을 한다고 이야기했다. 무인 지대 안의 우물 근처에서 아무 도발도 없었는데 사람들을 죽이고, 아랍인의 물건을 강탈하고, 아랍인을 욕보이고, 우물을 훼손하고, 재산을 몰수하고, 위협 사격을 한다는 것이었다.[54]

벤구리온이 일기에 적은 바에 따르면, 아랍 도시나 마을과 가까운 곳에 있는 다른 유대인 시 당국에서도 비슷한 불만들이 터져 나오고 있었다. 레호보트Rehovot, 네스치오나Nes Ziona, 리숀레치온Rishon Le-Zion, 페타티크바Petah Tikva 등에서 항의의 목소리가 나왔다. 텔아비브 광역지구에 있는 가장 오래된 유대인 정착촌인 이곳들의 주민들은 팔레스타인 이웃들과 마찬가지로 하가나가 팔레스타인 주민들에 대해 '새로운 접근법'을 채택한 사실을 파악하지 못했다.

하지만 그로부터 한 달 뒤, 우리가 앞서 살펴본 것처럼, 바로 이 관리들 역시 전반적인 비타협의 분위기에 휩쓸리게 되었다. 그들은 벤구리온에게 이렇게 말했다. "가능한 모든 수단으로 야파를 타격해야 합니다." 유혹이 정말 대단했다. 2월이 되자 야파가 자랑하는 오렌지 수확 철이 한창이었고, 탐욕스러운 텔아비브시 당국은 이웃한 팔레스타인 도시와 협정을 유지하려는 생각을 금세 내팽개쳤다.[55] 사실 그들이 간청할 필요도 없었다. 며칠 전에 최고 사령부가 이미 야파에 있는 팔레스타인인들의 감귤 과수원과 수확물 저장고를 공격하기로 결정했기 때문이다.[56]

긴 세미나가 열린 직후의 주말에 협의체 성원 11명 중 6명[57]과 모인 자리에서 벤구리온은 그들에게 최고 사령부의 정책이 왜 처음에 시 당국의 민간인 수장들의 마음을 움직이지 못했다고 생각하는지 암시를 주었다. 그리고 이 소수의 비밀 결사에게 새로운 용어를 사용하자고 제안했다. '공세적 방어'가 그것이다. 야딘은 벤구리온의 생각을 마음에 들어하면서 이렇게 말했다. "우리는 사령관들에게 우리가 우위에 있다고 설명해야 합니다. (……) 우리는 아랍의 교통과 경제를 마비시키고, 아랍의 마을과 도시에서 그들을 괴롭히고, 그들의 사기를 꺾어야 합니다." 갈릴리도 동의하면서 다만 조심하자고 이야기했다. "우리는 아직 장비가 없어서 몇 군데는 파괴하지 못합니다." 그러면서 또한 영국이 어떤 반응을 보일지 걱정했다.[58]

하지만 승리를 거둔 것은 텔아비브시의 고위 관리들이 아니라 이갈 알론이었다. 알론은 상부에서 각급 부대에 분명한 지시를 내리기를 원했다. 그가 보고한 것처럼, 군대는 열정으로 충만했고 언제라도 출동해서 아랍 마을과 동네를 습격하겠다는 의지가 넘쳤다. 그런데 명확한 조정자가 부재한 탓에 협의체 내의 나머지 군인들도 골치를 썩였다. 보고된 것처럼, 간혹 열성적인 부대들이 최고 사령부가 현재 도발을 피하기를 바라는 지역에서 마을을 공격한 것이다. 긴 세미나에서 논의된 특별한 사례 하나는 예루살렘 서부의 로메마Romema 동네에서 벌어진 사건이었다. 이 지역은 원래 특히 조용한 곳이었는데, 현지 하가나 사령관이 주유소 주인이 그곳을 지나는 유대인의 차량을 공격하자고 마을 사람들을 부추긴 일을 구실로 팔레스타인인들을 위협하기로 결정했다. 군인들이 주유소 주인을 살해하자 그가 사는 리프타Lifta 마을이 유대인 버스를 공격하는 행동으로 보복했다. 사손은 애초의 혐의가 사실이 아닌 것으로 드러났다고 덧붙였다. 하지만 하가나의 공격은 예루살렘 산지의 서쪽 사면에 있는 팔레스타인 마을들에 대한 일련의 공세의 출발을 알리는 신호탄이 되었다. 특히 하가나의 첩보에서도 수송 차량을 공격한 적이 전혀 없음이 드러난 리프타 마을이 집중 공격을 당했다.

5년 전만 해도 예루살렘-텔아비브 간 고속 도로와 예루살렘 동부의 유대인 동네를 연결하는 새로운 도로가—1967년 이후 점령된 지역에 불법적으로—깔렸을 때, 도시에 들어서자마자 왼쪽에 눈길을 끄는 오래된 집들이 많이 보였다. 산자락에 다닥다닥 붙어 있는 집들은 거의 본래대로의 모습이었다. 지금은 이 집들이 사라졌지만, 이 집들은 오랜 세월 동안 그림 같은 리프타 마을이 남긴 자취였다. 리프타는 팔레스타인에서 종족 청소가 처음으로 자행된 마을 중 한 곳이다. 이브라힘 파샤Ibrahim Pasha의 이집트 지배에 대항하는 1834년 반란의 지도자였던 까심

아흐마드Qasim Ahmad가 살던 마을이었다. 일부 역사학자들은 이 반란을 팔레스타인 최초의 민족 봉기로 간주한다. 산비탈과 나란히 좁은 길이 이어지는 이 마을은 농촌 건축의 훌륭한 본보기였다. 특히 제2차세계대전 중과 이후에 이 마을이 상대적 번영을 누린 사실은, 다른 많은 마을과 마찬가지로, 전반적으로 높은 생활 수준뿐만 아니라 주택 신축과 도로와 포장 보도 개선 등으로 드러났다. 리프타는 큰 마을로 2,500명이 살았는데, 대부분 무슬림이고 기독교도가 소수 있었다. 최근에 번영을 구가한 또다른 표시는 1945년에 여러 마을이 힘을 합치고 합자 투자를 해서 세운 여학교였다.

리프타의 사회생활은 클럽 하나와 커피하우스 둘이 있는 작은 쇼핑센터를 중심으로 전개되었다. 예루살렘 사람들도 여기까지 왔는데, 지금까지 그 자리에 있다면 여전히 예루살렘 사람들이 모였을 것이다. 커피하우스 중 한 곳은 1947년 12월 28일 하가나가 공격을 할 때 표적이 되었다. 기관총으로 무장한 유대인들이 커피하우스에 총을 난사하는 동안 스턴갱 성원들은 근처를 지나던 버스를 세우고 닥치는 대로 총을 쏘았다. 스턴갱이 팔레스타인 농촌에서 처음 벌인 작전이었다. 공격에 앞서 스턴갱은 활동가들에게 팸플릿을 배포했다. "아랍인 동네를 파괴하고 아랍 마을을 응징하라."59

협의체에 따르면, 스턴갱이 리프타 공격에 참여한 것은 하가나가 예루살렘에서 세운 전반적인 계획과 무관한 것이었을지 모르지만, 일단 일이 이렇게 되자 스턴갱도 계획에 포함되었다. 자체적으로 되풀이되는 양상 속에 기정사실을 만들어내는 것은 전반적인 전략의 일부가 되었다. 하가나 최고 사령부는 처음에 12월 말에 일어난 스턴갱의 공격을 비난했지만, 이 습격으로 마을 사람들이 도망쳤다는 사실을 알고는 추방을 마무리하기 위해 1월 11일에 같은 마을에 추가로 작전을 하라고 지시했다. 하가나는 마을에 있는 주택 대부분을 폭파하고 아직 남아 있던 사람들을 전부 몰아냈다.

바로 이것이 긴 세미나의 최종적인 결과였다. 시온주의 지도부는 처음에 군사 행동을 일사불란하게 지휘할 필요가 있다는 점을 인정했지만, 승인받지 않은 선도 공격이 진행될 때마다 하나하나 사후에 승인하면서 계획의 일부로 포함시키기로 결정했다. 간헐적인 보복 행동이 공세적인 점령과 추방 계획으로 체계적으로 통합된 예루살렘의 경우도 마찬가지였다. 1월 31일, 벤구리온은 예루살렘시 군사령관 다비드 샬티엘David Shaltiel에게 직접 지시를 내렸다. 세이크자라Shaykh Jarrah를 파괴하는 동안 유대인의 접근과 확대를 확보하고, 다른 동네도 점령하고, 사람들을 몰아낸 곳에는 즉시 유대인을 정착시키라는 내용이었다. 그에게 주어진 임무는 '로메마같이 사람들을 몰아낸 반半아랍 동네의 모든 주택에 유대인을 정착시키는' 일이었다.[60]

임무는 성공리에 완수되었다. 공교롭게도 유대교의 안식일인 토요일에 해당하는 1948년 2월 7일, 벤구리온은 텔아비브에서 비워지고 파괴된 리프타 마을을 직접 보러 왔다. 그날 저녁 그는 예루살렘의 마파이Mapai당 협의회에 환호하는 목소리로 보고했다.

지금 예루살렘에 오니까 유대 도시에 온 기분입니다. 텔아비브나 농장에서만 느껴본 기분입니다. 예루살렘 전부가 유대 땅이 아닌 건 맞지만, 이미 거대한 유대 지구가 있습니다. 리프타나 로메마를 통해, 마하네예후다Mahaneh Yehuda나 킹조지 스트리트King George Street나 메아셰아림Mea Shearim을 통해 도시에 들어오면 아랍인이라곤 하나도 없습니다. 100퍼센트 유대인입니다. 예루살렘이 로마인들의 손에 파괴된 이래 이 도시는 지금과 달리 유대인의 것이 아니었습니다. 서부의 많은 아랍인 동네에서는 아랍인 하나 보기 힘듭니다. 나는 상황이 달라질 거라고 보지 않습니다. 그리고 예루살렘과 하이파에서 벌어진 일은 이 나라 많은 지역에서 벌어질 수 있습니다. 우리가 계속 노력하면, 앞으로 6개월, 8개월 안에 이 나라에서 상당한 변화가 일어날 공산이 큽니다. 우리 쪽에 유리한 아주 중대한 변화가 일어날 겁니다. 확실히 이 나라의 인구 구성에서 상당한 변화가 있을 겁니다.[61]

벤구리온의 일기를 보아도 1월에 그가 더 효과적인 공격 부대를 세우는 방향으로 나아가기 위해 얼마나 열정을 쏟았는지를 알 수 있다. 그는 특히 이르군과 스턴갱이 하가나 사령부와 공조를 하지 않은 채 팔레스타인 주민들에 대한 테러 공격을 계속하는 것을 걱정했다. 예루살렘 하가나 사령관인 다비드 샬티엘은 자기 도시, 그리고 사실 팔레스타인 전역에서 이르군이 종종 다른 부대가 아직 충분히 준비되지 않은 지역에서 행동을 벌인다고 벤구리온에게 보고했다. 가령 이르군에 소속된 부대가 티베리아스Tiberias에서 아랍인 운전사들을 살해한 일이 있었고, 또 전국 각지에서 마을 사람들을 잡아 고문하고 있었다. 샬티엘은 주로 예루살렘 구시가의 고립된 유대인 지구에 불똥이 튈까 봐 초조해했다. 유대 쪽에서 그때나 이후에나 이 지역을 점령하려고 계속 시도했지만,

요르단의 아랍 군단이 이 지역을 요르단의 일부로 계속 확보하기 위해 저항하는 바람에 실패로 돌아갔다. 결국 유대인 지구 사람들은 항복하기로 결정했다.

알론, 야딘, 사데, 다얀 등 협의체의 군 전문가들은 다정스럽게 '노인'이라 부르는 벤구리온의 심중을 어느 누구보다도 제대로 이해했다. 승인 여부와 무관하게 어떤 군사 행동이든 '이방인'들을 추방하는 데 도움이 되었다. 벤구리온은 그들만 만난 자리에서 속내를 털어놓으면서 공식적으로는 정책 공조를 장려하면서 동시에 지역 차원의 '승인받지 않은' 선도적 기획을 부추기는 또다른 이유를 덧붙였다. 새로운 위협 정책을 유대인 정착 문제와 연결해야 한다는 것이었다. 유엔이 아랍 국가로 지정한 영역에 정착촌이 30곳 있었다. 이 정착촌들을 유대 국가로 편입시키는 가장 효율적인 방법 중 하나는 그 정착촌들과 유대 국가 지정 영역 사이에 새로운 정착촌 벨트를 건설하는 것이었다. 이 방법은 훗날 이스라엘이 오슬로 협정 시기와 21세기 초에 요르단강 서안 점령지에서 거듭해서 구사하는 것과 똑같은 전술이었다.

벤구리온의 심중을 가장 이해하지 못한 사람은 엘리야후 사손이었다. 그는 긴 세미나에서 유대 쪽이 아무 도발도 받지 않는 상황에서 평화로운 마을 사람들을 상대로 저지른 '야만적인' 공격이라고 본 또다른 사례를 보고했다. 앞에서 언급한 키사스가 그 사례였다. 그는 세미나에서 불만을 토로했다. '키사스에서 한 것 같은 행동은 조용한 아랍인들을 자극해서 우리한테 대항하게 만들 겁니다. 우리가 아무런 도발 행동도 하지 않은 모든 지역—해안 평야와 네게브사막—에서는 분위기가 평온한데 갈릴리는 사정이 달라요.' 여느 때처럼 아무도 그의 말에 귀

기울이지 않았다. 모든 참석자들은 모셰 다얀이 사손에게 한 말에 동의했다. "우리가 키사스를 상대로 한 행동으로 갈릴리에 불이 붙었고, 이건 좋은 일입니다." 앞서 벤구리온이 키사스 작전에 대해 공개 사과까지 한 사실은 흔적도 없이 사라진 것처럼 보인다. 긴 세미나에서 벤구리온은 이 행동을 환영하는 이들 편에 섰지만, 이와 같은 행동을 하가나의 이름으로 공식적으로 해서는 안 된다고 제안했다. "우리는 이런 행동을 모사드Mossad[이스라엘 비밀 정보부의 전신]에게 맡길 필요가 있어요." 일기에서 그는 알론이 한 말을 되풀이하면서 회의를 간략하게 요약했다.

> 이제 확고하고 잔인한 행동을 할 필요가 있다. 시기와 장소, 타격 대상을 정확히 해야 한다. 어떤 가족을 문책한다면, 여자와 어린이를 포함해서 가차 없이 피해를 줄 필요가 있다. 그렇지 않으면 효율적인 대응이 되지 못한다. 작전 중에는 유죄냐 무죄냐를 구분할 필요가 없다.[62]

엘리야후 사손은 '적대적인' 아랍인들을 겨냥한 선별적인 정책을 지속하고 사실상 이 나라의 대부분인 '우호적인' 지역에서는 평화와 고요를 유지할 수 있도록 벤구리온을 설득했다고 믿으면서 긴 세미나 자리를 나왔다. 하지만 뒤이어 열린 몇 차례 회의에서 우리는 이내 그 역시 일반적인 노선에 동조하는 모습을 보게 된다. 그리고 그는 이제 더이상 전에 주창했던 분할 지배 전술을 언급하지 않는다. 동료들 중 어느 누구도 이제 더는 정치 세력들 사이의 구분을 활용하는 데 관심을 보이지 않고, 팔레스타인인을 최대한 많이 추방하는 데만 관심을 기울이고 있음을 깨달았기 때문이다.

　다른 한편, 이갈 알론과 이스라엘 갈릴리는 유대 국가로 탐내는 영역 안에 있는 팔레스타인 도시와 마을에 대해 대규모 공격을 개시할 수 있는 자유가 생겼다는 인상을 받은 채 회의장을 나섰다. 이 군인들은 벤구리온의 바람을 제대로 파악한 것 같았다. 아니면 적어도 자신들이 더욱 공세적인 기획을 해도 반대는 하지 않을 것이라고 생각했다. 그들의 판단이 옳았다.

　이 시점에서 벤구리온이 체계적인 탈취, 점령, 추방 작전으로 전환한 것은 세계적인 분위기가 변동하는 상황을 날카롭게 인식한 사실과 밀접한 관계가 있다. 우리는 긴 세미나에서 그가 팔레스타인 위기와 관련해서 국제 사회의 정치적 의지에서 일어날 법한 변화를 감지함에 따라 신속한 작전을 확대할 필요성을 강조한 점을 보았다. 유엔 관리들은 유엔이 채택한 평화 결의안이 해법이 되기는커녕 사실상 전쟁을 부추기고 있다는 점을 깨달은 상태였다. 미국 외교관들과 영국 관리들도 마찬가지 생각이었다. 그렇다. 아랍 해방군의 존재는 전반적으로 팔레스타인의 행동을 억제하고 아랍 전반의 대규모 침공을 연기하는 방향으로 작용했지만, 유엔과 미국이 정책을 바꿀 위험성은 여전했고, 벤구리온은 자신들이 추구하는 목표를 한시바삐 기정사실화하는 것이 그런 있음 직한 정책 변화를 가로막는 최선의 수단이라고 보았다.

　게다가 시온주의 지도부가 팔레스타인과 아랍의 군사적 저항이 실제로 얼마나 허약한지를 안다는 사실 또한 팔레스타인을 청소하는 행동에 나설 적절한 순간이 펼쳐지고 있다는 인식을 강화했다. 하가나 정보부대는 가로챈 전신을 해석한 결과로, 아랍 해방군이 예루살렘의 압드

알까디르 알후세이니Abd al-Qadir al-Husayni와 야파의 하산 살라메흐Hassan
Salameh가 이끄는 준군사 조직들과 협력에 실패한 사실을 잘 알고 있었
다. 이처럼 협력이 부재한 탓에 아랍 해방군은 결국 1948년 1월 도시에
서 작전을 펼치는 대신 고립된 유대인 정착촌을 괴롭히고 공격했다.[63]
아랍 해방군 사령관 대리인 시리아군의 파우지 알까우끄지Fawzi Al-Qawqji
는 주로 이라크 출신인 지원병 집단을 이끌고 1936년 팔레스타인 반란
에 가담했던 인물이었다. 그뒤로 줄곧 그는 후세이니가와 충돌했고, 그
대신 시리아와 이라크 정부에 충성을 했다. 두 나라 정부는 1936년과
1948년에 그가 팔레스타인으로 이동하는 것을 승인했다. 이라크 정부
는 알하즈 아민 알후세이니를 하심가 자매 나라인 요르단의 경쟁자로
보았고, 당시 시리아 정부는 그의 범아랍주의 야망을 걱정했다. 따라서
팔레스타인을 세 사령관 사이에, 즉 북부의 알까우끄지, 예루살렘의 압
드 알까디르, 야파의 살라메흐 사이에 분할하기로 한 아랍 연맹의 결정
은 일종의 희극이었고, 팔레스타인인들이 자체적으로 보유한 보잘것없
는 군사력을 그나마 이런 식으로 활용한 결과는 비효율의 극치였다.

　어떻게 보면, 세계 공동체가 사태 진행에 관해 주저하고 범아랍의 군
사 활동이 아주 제한된 성격을 띠었기 때문에 팔레스타인에 평온한 상
태가 회복되고 문제를 해결하려는 새로운 시도에 길이 열릴 수도 있었
다. 하지만 협의체가 서둘러 채택한 시온주의의 새로운 공격 정책 때문
에 화해로 나아갈 수 있는 현실적 움직임은 모두 봉쇄되었다.

　1948년 1월 9일, 아랍 해방군 지원군의 대규모 부대가 처음으로 팔
레스타인으로 진입했다. 주로 유엔이 미래 아랍 국가로 할당한 지역이었
다. 부대들은 대부분 이 상상적 국가의 경계선을 따라 막사를 설치했다.

대체로 아랍 부대는 방어 정책을 채택하고 민족 위원회—1937년에 설립된 지역 명사들의 기구로 도시에서 비상 지도부 구실을 했다—및 마을 촌장과 협조해서 주민들의 요새 방어선을 조직하는 데 집중했다. 하지만 일부 제한된 경우에는 특히 국경을 넘은 직후에는 유대 호위대와 정착촌을 습격하기도 했다. 처음으로 공격을 받은 정착촌은 케파르솔드 Kefar Sold(1948년 1월 9일)와 케파르에치온 Kefar Etzion(1948년 1월 14일)이었다. 케파르에치온(예루살렘 서남쪽)을 돕기 위해 파견된 호위대의 일부인 35명의 유대인 부대가 매복 공격을 당해 살해되었다. 이 하가나 부대가 살해된 뒤 오랫동안 "35(숫자 대신 문자를 쓰는 히브리어로는 '라메드헤 Lamed-Heh')"라는 숫자는 이 공격에 대한 보복으로 실행한다고 여겨지는 여러 작전의 암호명으로 쓰였다. 벤구리온의 전기 작가인 미하엘 바르조하르는 이 작전들은 이미 긴 세미나에서 계획된 것이고, 모두 벤구리온이 바람직하다고 여긴 부수적 피해를 가하기 위한 공격이었다고 제대로 지적했다. 35인 호위대에 대한 공격은 새로운 공격 계획, 즉 1948년 3월에 실행할 최종 계획을 위한 또하나의 구실에 불과했음이 드러났다.[64]

긴 세미나 이후, 유대의 군사 작전은 더욱 체계적으로 보복과 응징 행동을 넘어서 유엔이 유대 국가로 지정한 영역에 대한 청소 계획으로 나아가기 시작했다. 협의체 회의에서는 청소라는 단어인 '티후르 tihur'를 잘 쓰지 않았지만, 최고 사령부가 현장의 각급 부대에 전달한 명령에는 하나같이 이 단어가 등장한다. 이 단어는 히브리어로 다른 언어와 뜻이 같다. 마을과 도시에서 주민 전체를 추방한다는 것이다. 이런 결단이 다른 모든 정치적 고려를 압도했다. 미국과 아랍 세력이 시온주의 지도부에 다른 행동 방침을 취할 기회를 제안한 갈림길도 있었다. 하지만 벤구리온과 그의 협의체는 나아갈 길을 개척하겠다고 결정했고, 이런 제안을 하나하나 거부했다.

## 1948년 2월: 충격과 공포

협의체의 초기 회의를 지배한 분위기는 벤구리온이 일반 대중을 상대로 한 열렬한 연설에 전혀 반영되지 않았다. 멜로드라마와 파토스로 가득한 연설에서 그는 청중에게 이렇게 말했다. "지금 벌어지는 사태는 유대인 공동체를 파괴하고 없애버리려는 전쟁입니다." 팔레스타인인들이 수동적이라는 사실이나 시온주의의 행동이 도발적인 성격이라는 점은 전혀 언급하지 않았다.

그가 한 연설들은 단순한 미사여구가 아니었다. 유대 군대는 실제로 시온주의자들이 팔레스타인 중심부에 세운 고립된 정착촌을 모두 연결하려고 노력하면서 인명 손실을 겪었다. 1월 말에 이르기까지 유대인 정착민 400명이 이런 공격에서 목숨을 잃었다. 유대인 공동체가 총 66만 명이었던 것을 감안하면 많은 숫자였다(하지만 마을과 동네에 대한 무차별 포격과 폭탄 공격으로 사망한 팔레스타인인이 1,500명이었던 사실과 비교하면 훨씬 적은 수였다). 벤구리온은 이제 이런 사상자들을 '제2의 홀로코스트의 희생자들'이라고 묘사했다.

팔레스타인인과 아랍인 전체를 나치스로 묘사하려는 시도는 의도적인 홍보 책략이었다. 그래야만 홀로코스트를 경험하고 3년 뒤에 유대 군인들이 다른 인간을 청소하고, 죽이고, 파괴하라는 명령을 받을 때 자신감을 잃지 않을 것이었기 때문이다. 이미 1945년에 유대인 공동체의 민족 시인인 나탄 알터만Natan Alterman은 팔레스타인인을 상대로 한 임박한 대결을 유럽의 대나치 항전과 동일시한 바 있었다.

당신네 용감한 잉글랜드 민족이
유럽과 프랑스가
암흑으로 뒤덮였을 때
벽을 등지고 버티고 서서
바닷가에서, 집과 거리에서 싸운 것처럼
우리도 바닷가에서, 집과 거리에서 싸우리라
승리한 영국인들이 우리의 마지막 전투에서 우리를 맞이하리니.

벤구리온은 언젠가는 대중 앞에 선 자리에서 유대 쪽의 전쟁 동원 체제를 유엔과 유엔 헌장의 명예를 지키기 위한 노력이라고 설명하기도 했다. 한편으로는 파괴적이고 폭력적인 시온주의 정책을 추구하고 다른 한편으로는 공공연하게 평화를 입에 올리는 이런 불일치는 충돌의 역사에서 여러 국면에 걸쳐 되풀이되지만, 1948년의 기만적인 태도는 특히 놀라워 보인다.

1948년 2월, 다비드 벤구리온은 협의체를 확대해서 신병 모집과 무기 구매를 책임지는 시온주의 단체 성원들도 포함시키기로 결정했다. 이런 사실 역시 종족 청소 문제와 군사 역량 문제가 얼마나 밀접하게 상호 연관된 것인지를 두드러지게 보여준다. 겉으로는 여전히 제2의 홀로코스트라는 최후의 심판 시나리오와 함께 모습을 드러냈지만, 확대된 협의체는 시온주의 지도부가 유대인 공동체에 부과한 의무 징집과 이제까지 무기 구매에서 보인 놀라운 성과를 설명하는 벤구리온의 이야기를 들었다. 특히 중무기와 항공기 구매에서 성과가 좋았다.

이런 새로운 무기 조달 덕분에 1948년 2월에 현장에 배치된 부대는 팔레스타인 오지에서 작전을 확대하고 한층 효율적인 행동을 할 수 있었다. 무기 개선이 가져온 주된 결과는 특히 새로운 박격포를 활용한 대대적인 포격이었다. 이제 인구가 밀집한 마을과 동네까지 박격포를 이동시킬 수 있었기 때문이다.

유대 군대가 이제 자체적인 살상 무기를 개발할 수 있게 된 사실을 보면 군이 얼마나 자신감을 가졌는지 알 수 있다. 벤구리온은 특히 치명적인 무기를 구입하는 데 직접 관심을 기울였다. 조만간 팔레스타인인들의 들판과 집에 불을 놓는 데 사용될 이 무기는 화염 방사기였다. 영국계 유대인 화학 교수인 사샤 골드버그Sasha Goldberg가 이 무기를 구입하고 나중에는 직접 제조하는 프로젝트를 이끌었다. 처음에는 런던의 연구소에서 만들다가 나중에는 텔아비브 남쪽 레호보트에서 만들었다. 레호보트는 1950년대에 바이츠만연구소Weizmann Institute로 변신했다.[65] 나크바의 구술사는 이 무기가 사람들과 재산에 얼마나 끔찍한 피해를 입혔는지에 관한 증언으로 가득하다.

화염 방사기 프로젝트는 에프라임 카치르Ephraim Katzir라는 물리 화학자의 지휘 아래 생물전 개발에 몰두한 더 큰 부대의 일부였다(나중에 이스라엘 대통령이 되는 카치르는 1980년대에 유대 국가가 핵무기를 보유하고 있다는 사실을 전 세계에 폭로하는 말실수를 한다). 카치르가 형 아하론Aharon과 함께 이끈 생물전 부대는 2월에 본격적인 활동을 개시했다. 이 부대의 주요 목표는 사람의 눈을 멀게 할 수 있는 무기를 만드는 것이었다. 카치르는 벤구리온에게 다음과 같이 보고했다. "현재 동물 실험중입니다. 우리 연구원들은 방독면과 적절한 보호 장구를 착용했습니다. 동물들은 죽지 않았습니다(눈만 멀었습니다). 이 물질을 하루에 20킬로그램 생산할 수 있습니다." 6월에 카치르는 이 물질을 인간을 대상으로 사용하자고 제안했다.[66]

이제 아랍 해방군 부대가 일부 마을에 주둔하고 있었기 때문에 더 많은 군사력이 필요했다. 그 마을들을 점령하려면 더 큰 노력을 기울여야 했다. 어떤 곳에서는 아랍 해방군이 도착한 사실이 물리적으로보다는 심리적으로 더 중요한 작용을 했다. 마을 사람들을 투사로 만들기에는 시간이 없었고, 또한 마을을 방어하기 위한 장비도 턱없이 부족했다. 아랍 해방군은 2월까지 모두 합쳐 몇 개 마을에만 도착한 상태였다. 결국 대다수 팔레스타인인들은 자신들의 삶이 얼마나 극적이고 결정적으로 바뀌게 될지 전혀 알지 못했다. 팔레스타인 지도자들이나 언론이나 야파 북부 교외에서 가까운 레드하우스의 닫힌 문 뒤에서 무슨 계획이 진행되고 있는지 낌새도 채지 못했다. 1948년 2월에 대대적인 청소 작전이 벌어졌는데, 그때서야 일부 지역에서 사람들이 임박한 재앙의 의미를 분명하게 깨닫기 시작했다.

1948년 2월 중순, 협의체는 팔레스타인 내에서 아랍 지원군이 점점 늘어나는 사실의 함의를 논의하기 위해 모였다. 엘리야후 사손은 이제까지 총 3,000명에 불과한 지원병이 아랍 해방군의 일부로 들어왔다고 보고했다(벤구리온은 일기에서 더 적은 수를 인용한다). 사손은 그들 모두가 "훈련도 제대로 안 되어 있다"고 설명하면서 "우리가 도발하지 않는다면, 그들은 아무 짓도 하지 않을 테고 아랍 국가들은 더이상 지원병을 보내지 않을 것"이라고 덧붙였다. 이 말에 자극을 받은 이갈 알론은 다시 한번 대규모 청소 작전을 찬성하는 발언을 큰소리로 늘어놓았지만, 참모총장 지명자 야코프 드로리Yaacov Drori는 좀더 신중한 접근법을 택해야 한다면서 반대했다. 하지만 드로리는 회의 직후에 몸에 탈이나서 아무런 역할도 하지 못했다. 그 대신 더 호전적인 이가엘 야딘이 참모총장 직무를 수행했다.[67]

2월 9일, 야딘은 이미 팔레스타인 지역에 '깊숙이 침입'할 것을 호소하면서 진짜 속내를 보여준 상태였다. 그는 파수타Fassuta, 타르비카Tarbikha, 아일루트Aylut 등 갈릴리 북부에 있는 인구 밀집 마을들을 침략 대상으로 정했다. 마을을 완전히 파괴한다는 목표를 염두에 두고 있었다. 하지만 협의체는 이 계획이 너무 원대하다고 반대했고, 벤구리온은 당분간 뒤로 미뤘다. 야딘이 세운 계획의 암호명은 '라메드헤'였다. 구시에치온Gush Etzion(케파르에치온) 호위대가 습격당한 사건에 대한 보복을 의미하는 것이었다.[68] 며칠 뒤 협의체는 팔레스타인 농촌 지역 안에서—동일한 암호명이 붙은—다른 비슷한 계획을 승인했지만, 여전히 적어도 느슨하게나마 아랍의 적대 행위와 관련된 것이어야 한다고 고집했다. 이 작전들 역시 이가엘 야딘이 구상한 것이었다. 작전은 1948년 2월 13일에 개시되어 몇 군데 지역에 집중되었다. 야파에서는 무작위로 집을 골라서 다이너마이트로 폭파했다. 사람들이 있는 채였다. 끼사리야Qisarya(오늘날의 카이사레아Caesarea) 주변의 마을 세 곳과 더불어 사사Sa'sa 마을이 공격을 당했다.

협의체가 신중하게 계획한 2월 작전은 12월에 벌어진 행동과 달랐다.

그전의 공격이 산발적이었다면, 이제 유대 쪽이 팔레스타인 주요 도로를 거침없이 통행한다는 구상과 마을에 대한 종족 청소를 연결하려는 최초의 시도의 일환이었다. 하지만 작전에 암호명이 붙고 영역과 공격 목표가 분명하게 규정되는 3월과 달리, 아직은 모호한 지시가 내려졌다.

첫번째 공격 목표는 페니키아인들 시절까지 거슬러올라가는 인상적인 역사를 가진 고대 로마 도시 카이사레아 주변의 마을 세 곳이었다. 처음에 교역 식민지로 건설된 이 도시는 나중에 헤롯 대왕이 로마의 후원자인 아우구스투스 카이사르를 기리기 위해 카이사레아로 이름을 바꿨다. 세 마을 중 가장 큰 끼사리야에는 구시가의 고대 담장 안에 1,500명이 살고 있었다. 해안에 있는 팔레스타인 마을이 흔히 그렇듯이, 주민 중에는 그곳에 땅을 사서 사실상 마을 안에 사는 유대인 가족도 몇 있었다. 마을 사람 대부분은 베두인족 주거지와 바로 붙어 있는 돌집에서 살았다. 베두인족 가족들도 마을의 일부였지만 그들은 여전히 천막을 치고 살았다. 마을 우물에는 반半정주 공동체와 농민 공동체 모두가 쓸 충분한 물이 있었고, 그 덕분에 넓은 땅에 농사를 지어 감귤과 바나나를 비롯한 다양한 농산물을 재배할 수 있었다. 끼사리야는 팔레스타인 해안 농촌 생활에 널리 퍼진 '자유롭게 어울려 사는' 태도의 전형적인 본보기였다.

세 마을이 선택된 것은 손쉬운 먹잇감이었기 때문이다. 이 마을들은 아무런 방어 수단이 없었고, 현지나 외부에서 온 지원병도 없었다. 2월 5일 세 마을을 점령하고, 추방하고, 파괴하라는 명령이 내려졌다.[69]

끼사리야가 사람들이 완전히 쫓겨나는 첫번째 마을이 되었다. 1948년 2월 15일에 벌어진 일이었다. 불과 몇 시간밖에 걸리지 않은 추방은 위낙 체계적으로 실행되었기 때문에 유대 군대는 같은 날 다른 네 마을을 비우고 파괴할 수 있었다. 모두 인근 경찰서에 주둔해 있는 영국 군대가 주의깊게 지켜보는 가운데 이루어졌다.[70]

두번째 마을인 바라트끼사리야Barrat Qisarya('끼사리야 바깥')에는 1,000명 정도가 살았다. 1930년대에 이 마을을 찍은 사진이 여러 장 있는데, 로마 도시의 폐허 가까이에 위치한 모래 해변에 자리한 그림 같은 위치가 눈에 들어온다. 2월에 갑작스럽고 격렬한 공격을 받으면서 마을이 완전히 사라져버렸다. 이스라엘과 팔레스타인의 역사학자들 모두 이 마을이 감쪽같이 사라진 일을 수수께끼처럼 여긴다. 지금은 유대인 개발 도시development town* 오르아키바Or Akiva가 이 파괴된 마을을 고스란히 깔고서 뻗어 있다. 1970년대까지만 해도 시내에 옛날 집들이 있었지만, 팔레스타인 조사단이 이 지역의 팔레스타인 유산을 재건하려는 전반적인 시도의 일환으로 기록을 남기려고 하자 곧바로 허물어버렸다.

마찬가지로, 근처의 키르바트알부르즈Khirbat al-Burj 마을에 관해서는 막연한 정보만이 남아 있다. 이 마을은 다른 두 마을보다 작았는데, 오래된 유대인 정착촌인 비냐미나Binyamina(1922년으로 거슬러올라가기 때문에 상대적으로 '오래된' 곳이다) 동쪽 지역을 통과하다가 유심히 보면 마을의 흔적이 여전히 눈에 띈다. 마을의 중심 건물은 오스만 시절의 여관인 칸khan이었는데, 이 여관이 지금까지 남아 있는 유일한 건물이다. 부르즈Burj**라고 불리는 근처의 명판을 보면 한때 이곳이 역사적으로 유명한 성이었음을 알 수 있다—마을에 관해서는 한 마디도 적혀 있지

---

* 1950년대에 아랍 각국에서 몰려든 유대인을 수용하기 위해 새로 건설한 정착촌.
** 아랍어로 '탑'을 뜻한다.

않다. 오늘날 이 건물은 전시회, 박람회, 가족 축하 행사 등이 열리는 이스라엘의 인기 장소다.[71]

이 세 마을의 북쪽으로 그리 멀지 않은 곳에 또다른 유서 깊은 기념물인 십자군의 아틀리트Atlit성이 있다. 이 성은 중세 시대 이래 이 지역을 쳐들어온 다양한 침략군과 시간의 흐름을 모두 견딘 인상적인 곳이다. 성 바로 옆에 세워진 아틀리트 마을은 팔레스타인 위임 통치령 시절에 해안을 따라 펼쳐진 소금 제조업에서 아랍인과 유대인이 협력한 사실을 보여주는 보기 드문 사례였다. 오랫동안 마을은 주변 지형 덕분에 바다에서 소금을 추출하는 근원지가 되었고, 유대인과 팔레스타인인은 마을 서남쪽의 염전에서 공동으로 일하면서 양질의 천일염을 생산했다. 팔레스타인인 고용주, 즉 아틀리트 소금 회사Atlit Salt가 유대인 500명을 초청해서 마을의 아랍 주민 1,000명과 함께 살면서 일하게 했다. 하지만 1940년대에 하가나가 마을의 유대인 구역을 하가나 훈련장으로 바꾸었고, 하가나가 들어오자 위협을 느낀 팔레스타인인은 수가 200명으로 줄어들었다. 인근 끼사리야에서 작전이 벌어지자 훈련소의 유대인 부대가 주저하지 않고 팔레스타인 동료 노동자들을 공동 마을에서 쫓아낸 것도 놀랄 일은 아니었다. 오늘날 성은 일반에게 개방되지 않는다. 이스라엘 해군 특공대의 주요 훈련소로 사용되기 때문이다.

2월 유대 군대는 달리야트알라우하Daliyat al-Rawha 마을에 진입했다. 이 마을은 팔레스타인 동북부의 마르즈이븐아미르와 해안을 연결하는 밀끄Milq계곡이 내려다보이는 평원에 있었다. 아랍어로 마을 이름은 '향기로운 포도 덩굴'이라는 뜻인데, 지금도 이 이름은 경치 좋은 이 지역의 향기와 풍광을 특징짓는다. 이 마을 역시 유대인이 아랍인 사이에 섞여 살면서 토지를 소유한 곳이었다. 공격 계획을 내놓은 요세프 바이츠는 새로운 작전 국면을 활용해서 이 마을을 없애버리려고 했다. 전부터 비옥한 땅에 눈독을 들였기 때문이다. 물이 차고 넘치는 마을의 들판과 포도밭은 기름진 땅이었다.[72]

뒤이어 2월 14일과 15일 사이의 밤에 사사가 습격을 당했다. 오늘날에는 사사를 그냥 지나칠 수 없다. 아랍어 발음은 후두음 'A' 두 개를 사용하지만, 팔레스타인 마을의 옛터 위에 지어진 키부츠 입구 표시는 '사사Sasa'다. 목구멍으로 내는 아랍어 발음(유럽인들은 제대로 내기 어렵다)을 없애고 유럽 말처럼 부드러운 'A' 소리를 내도록 히브리어화한 것이다. 원래 있던 팔레스타인 주택 몇 채가 살아남아서 키부츠 안에 있다. 해발 1,208미터로 팔레스타인에서 제일 높은 산인 제르마크산Jabel Jermak(히브리어로는 메론산Har Meron)으로 가는 길목이다. 팔레스타인에서 유일하게 사철 푸른 아름다운 땅에 다듬은 돌로 지은 집들로 이루어진 사사는 이스라엘 공식 관광 안내서에 자주 등장하는 팔레스타인 마을 중 하나다.

사사를 공격하라는 명령은 북부 팔마흐 사령관 이갈 알론이 키사스에서 잔학 행위를 벌인 3대대 부사령관 모셰 칼만Moshe Kalman에게 내린 것이었다. 알론은 이 마을의 위치 때문에 공격을 해야 한다고 설명했다. 칼만에게 보낸 서한에서 이렇게 말했다. "우리가 주도권을 잡을 수 있음을 우리 자신에게 입증해야 해요." 명령은 아주 간단했다. "주택 20채를 폭파하고 최대한 많은 '전사'['마을 사람'으로 읽어야 한다]를 살해할 것." 사사는 자정에 공격을 당했다. 모셰 칼만의 회고에 따르면, '라메드 헤' 명령 아래 공격 당한 마을은 모두 자정 전후로 습격을 받았다. 〈뉴욕타임스〉(1948년 4월 16일 자)는 유대의 대규모 부대가 마을에 진입해서 집집마다 TNT를 붙이는 과정에서 주민들에게서 아무런 저항도 받지 않았다고 보도했다. 나중에 칼만은 다음과 같이 회고했다. "우리는 아랍인 보초 한 명과 마주쳤다. 보초는 깜짝 놀라서 '민 하다*min hada*(누구냐)?'라고 묻는 대신 '에이쉬 하다*eish hada*(무엇이냐)?'라고 물었다. 아랍어를 할 줄 아는 우리 부대원 하나가 익살스럽게[원문 그대로] '하다 에쉬*hada esh*!'['하다'는 아랍어로 '이것'을, '에쉬'는 히브리어로 '불'을 뜻한다]라고 대꾸하고 그에게 일제 사격을 가했다." 칼만의 부대는 마을의 주요 도로를 장악하고 사람들이 아직 잠들어 있는 집을 차례로 폭파했다. 칼만이 시적인 어조로 회상한 것처럼, 세번째 집이 산산조각 폭파될 때 "결국 하늘이 가까스로 열렸다. 우리는 파괴된 주택 35채와 60~80구의 시체를 남겨놓고 떠났다"(시체의 상당수가 어린이였다).[73] 그는 영국군에게 부상병 두 명—날아오른 파편에 맞아 다친 이들이었다—을 사파드 병원으로 이송하는 것을 도와 달라고 요청했다.[74]

긴 세미나 참석자들은 사사 공격 4일 뒤인 1948년 2월 19일에 다시 회의에 소집되었다. 목요일 아침 사람들은 다시 벤구리온의 자택에 모였는데, 이 시온주의 지도자는 일기에 그날 한 논의를 거의 글자 하나 빼먹지 않고 기록해 두었다. 회의 목적은 라메드헤 작전이 팔레스타인인들에게 어떤 영향을 미쳤는지를 검토하는 것이었다.

요시 팔몬이 '동양 전문가'의 관점을 내놓았다. 팔레스타인인들은 여전히 싸울 의향을 보이지 않는다는 것이었다. 에즈라 다닌도 다음과 같이 보고하면서 팔몬의 견해를 지지했다. "마을 사람들은 싸우려는 생각이 없습니다." 게다가 아랍 해방군은 분명히 유엔 결의안에서 미래 팔레스타인 국가로 할당된 지역에서만 활동을 하고 있었다. 벤구리온은 크게 개의치 않았다. 그의 생각은 이미 다른 곳에 있었다. 그는 작전의 제한된 범위가 마음에 들지 않았다. "[아랍의 적대 행위에 대해] 소규모로 대응해 봐야 아무한테도 깊은 인상을 주지 못한다. 집 한 채 파괴하는 것은 아무것도 아니다. 동네 하나를 파괴하라. 그러면 인상을 줄 수 있을 것이다!" 그는 사사 작전이 '아랍인들을 도망치게 만들었기' 때문에 흡족해했다.

다닌은 이 작전이 인근 여러 마을에 충격파를 던졌다고 생각했다. 다른 마을 사람들이 전투에 참여하는 것을 저지하는 효과를 냈다고 본 것이다. 그러므로 결론은 아랍이 어떤 행동을 할 때마다 무력으로 보복하는 것이었고, 특정한 마을이나 아랍인들이 중립적인지 아닌지에는 큰 관심을 기울일 필요가 없었다.[75] 대응과 추가 계획 수립 사이의 이런 피드백 과정은 1948년 3월까지 계속된다. 그뒤 종족 청소는 이제 더이상 보복의 일환이 아니라 팔레스타인인 전체를 그들의 고국에서 쫓아내는 것을 겨냥한 정교한 계획으로 성문화되었다.

알론은 2월 중순 협의체 회의에서 라메드헤 작전에서 배운 교훈을 계속 확대했다. "사사에서 한 것처럼 동네 전체나 마을의 많은 집을 파괴하면 깊은 인상을 줄 겁니다." 이날 회의에는 평소보다 더 많은 사람이 초청받았다. 나라 각지에서 아랍 문제 '전문가'들이 소환되었다. 갈릴리 서부에서 온 기요라 자이드Giyora Zayd와 네게브에서 온 다비드 카론David Qaron 등이었다. 회의는 전면적인 작전을 준비하겠다는 바람을 분명히 설명했다. 참석한 모든 사람은 예외 없이 팔레스타인 농촌이 맞서 싸우거나 공격할 의지를 전혀 보이지 않고 무방비 상태라고 보고했다. 벤구리온은 당분간 좀더 신중하게 움직이면서 사태가 어떻게 전개되는지를 살펴보는 게 좋겠다는 말로 결론을 지었다. 그동안 해야 할 최선의 일은 "일련의 공세를 계속해서 (……) 농촌 지역을 계속 위협하는 겁니다. (……) 그래야만 이제까지 보고된 것과 같은 수동적인 분위기가 (……) 계속 지배할 것이기 때문입니다."[76] 어떤 지역에서는 수동적인 분위기 때문에 행동이 가로막혔지만, 다른 곳에서는 많은 행동이 벌어지기도 했다.

2월은 하이파지구에 있는 또다른 마을인 끼라Qira가 점령되고 마을 사람들이 추방되는 것으로 끝이 났다. 끼라 역시 유대인과 아랍인이 섞여 사는 곳이었는데, 달리야트알라우하와 마찬가지로 여기서도 마을 땅에 유대인 정착민이 존재한다는 사실 때문에 마을의 운명이 실질적으로 결정되었다. 이번에도 역시 군사령관들에게 마을에서 진행하는 작전을 너무 오래 끌지 말라고 촉구한 주인공은 요세프 바이츠였다. "당장 그자들을 해치우라고."[77] 끼라는 또다른 마을인 까문Qamun과 가까웠는데, 유대인 정착민들은 전략적으로 두 마을 사이에 집을 짓고 살았다.

끼라는 지금 내가 사는 곳과 아주 가깝다. 지금은 요크네암Yoqneam이라고 불리는 이곳에서 1935년에 네덜란드계 유대인들이 땅을 조금 사서 살았다. 그러다가 1948년에 비워진 팔레스타인 마을 두 곳을 정착촌으로 '통합'했다. 근처에 있는 하조레아Hazorea 키부츠도 땅을 일부 차지했다. 요크네암은 마르즈이븐아미르 지역에서 깨끗한 물이 흐르는 마지막 강 중 한 곳이 있어서 매력적인 곳이다. 봄철이면 콸콸 흐르는 물이 아름다운 협곡을 거쳐 계곡으로 흘러간다. 마을의 돌집들까지 물이 흐르던 옛날 그 시절처럼 말이다. 끼라 주민들은 이 강을 무까타Muqata강이라고 불렀다. 오늘날 이스라엘 사람들은 '평화의 강'이라고 부른다. 휴양과 관광 용도로 변한 이 지역의 여느 경치 좋은 장소들처럼, 이곳에도 역시 1948년 마을의 폐허가 숨어 있다. 부끄러운 이야기지만, 나도 오랜 시간이 지난 뒤에야 이곳을 발견했다.

바이츠가 추방 충동을 분출한 대상은 끼라와 까문만이 아니다. 그는 어느 곳에서건 행동을 벌이기를 갈망했다. 협의체에 참여를 권유받은 직후인 1월에 쓴 일기를 보면, 그가 이미 유대인들이 사들인 땅에서 팔레스타인 소작농들을 몰아내기 위해 '보복' 정책을 활용하려고 계획했음을 알 수 있다. '지금이야말로 그들을 없애버릴 적기가 아닌가? 왜 우리 목에 걸린 가시를 그냥 내버려둬야 하는가?'[78] 1월 20일 자 일기에서는 이 소작농들을 '원래 계획'대로, 즉 1930년대에 그가 팔레스타인인들을 이동시키자고 제안한 구상대로 다루어야 한다고 충고했다.[79]

베니 모리스는 2월과 3월에 바이츠가 지휘한 수많은 작전의 목록을 작성한다. 그러면서 자신이 '정치 지도부'라고 완곡하게 부르는 집단이 승인한 것은 하나도 없다고 덧붙인다. 이것은 불가능한 일이다. 중앙 집권적인 하가나 사령부는 모든 추방 행위를 승인했다. 1948년 3월 10일 이전에 사령부가 항상 작전을 사전에 알리고 한 것은 아니지만, 언제나 사후적으로 승인을 해주었다. 바이츠는 까문과 끼라, 나만 계곡의 아랍알가와리나Arab al-Ghawarina, 꾸미야Qumya, 만수라트알카이트Mansurat al-Khayt, 후세이니야Husayniyya, 울마니야Ulmaniyya, 키라드알간나마Kirad al-Ghannama, 우바이디야Ubaydiyya 등에서 자기 책임 아래 벌어진 추방에 대해 한 번도 비난한 적이 없다. 그가 이 마을들을 선택한 것은 양질의 토지 때문이거나 유대인 정착민들이 마을 안이나 근처에 거주했기 때문이다.[80]

## 3월: 청사진 마무리

협의체는 1948년 2월 후반에 처음 플랜 달렛 초안을 논의했다. 벤구리온의 일기에 따르면 2월 29일 일요일이라고 하는데, 이스라엘군 역사학자는 그 날짜를 2월 14일로 잡는다.[81] 플랜 달렛은 3월 초에 최종 완성되었다. 이스라엘의 역사 서술은 그 시절 군 장성들의 회고를 바탕으로 대체로 1948년 3월이 전쟁 역사에서 가장 어려운 달이었다고 주장한다. 하지만 이런 평가는 전개되는 충돌의 한 측면에만 바탕을 두는 것이다. 고립된 유대인 정착촌으로 향하는 유대 호위대를 겨냥한 아랍 해방군의 공격은 3월 초에 잠깐 비교적 효과를 발휘했다. 게다가 당시 일부 아랍 해방군 장교들은 일련의 소규모 급습으로 유대인 지역을 위협함으로써 유대인과 아랍인이 섞여 사는 도시에서 유대 쪽이 진행하는 공세를 피하거나 그것에 보복하려고 했다. 이런 두 가지 공격 때문에 아랍 해방군이 어쨌든 유대 쪽의 탈취에 어느 정도 대항할 능력이 있다는 (그릇된) 인상이 대중 사이에 퍼졌다.

실제로 1948년 3월은 자신들의 공동체를 보호하려는 팔레스타인 쪽의 이와 같은 마지막이자 단명한 군사적 시도로 시작되었다. 유대 군대는 아직 모든 반격에 즉각 성공적으로 대응할 수 있을 만큼 충분한 조직력을 갖추지 못한 상태였다. 이런 이유 때문에 유대인 공동체의 일부 집단에서는 걱정스러운 인식을 갖고 있었다. 하지만 협의체는 잠시라도 현실을 놓치지 않았다. 3월 초에 다시 모인 자리에서 협의체는 아랍 해방군의 반격을 논의하지도 않았고 전반적인 상황이 특히 신경이 쓰인다고 보지도 않았다. 오히려 그들은 벤구리온이 이끄는 가운데 최종적인 마스터플랜을 준비하느라 분주했다.

협의체의 일부 성원들은 고립된 정착촌을 잇는 통로를 보호하는 가장 효율적인 수단이라고 본 종족 청소 작전을 계속하자고 제안했다. 그들의 주된 관심사는 예루살렘으로 이어지는 텔아비브 도로였지만, 벤구리온은 이미 더욱 포괄적인 계획을 염두에 두고 있었다. 1947년 11월 말과 1948년 3월 초 사이에 그가 이끌어낸 결론은 위에서는 갖은 노력을 하고 있지만 현장에 유능한 지도자가 여전히 부족하다는 것이었다. 그는 또한 앞서 하가나가 위임 통치령 국가를 강탈하기 위해 마련한 세 가지 계획—1937년에 작성한 하나와 1946년에 추가로 작성한 두 계획—을 이제 갱신할 필요가 있다고 보았다. 따라서 그는 이 계획들을 수정할 것을 주문했다. 최근의 두 계획에는 플랜 B와 플랜 C라는 암호명이 붙었다.

1948년 3월 10일 수요일 오후 정기 회의에서 협의체를 구성한 팀에 벤구리온이 종족 청소에 관해 무슨 말을 했는지 아무 기록도 남아 있지 않지만, 그들이 작성한 계획은 남아 있다. 최종 손질을 가한 계획은 하가나 최고 사령부의 승인을 받은 뒤 현장의 각급 부대에 군사 명령으로 하달되었다.

플랜 달렛의 공식 명칭은 여호수아Yehoshua 계획이었다. 1905년 벨라루스에서 태어난 여호수아 글로버만Yehoshua Globerman은 1920년대에 반공산당 활동을 한 이유로 감옥에 갇혔지만, 부모님 친구인 막심 고리키가 개입해서 소련 감옥에 3년 수감된 뒤 석방되었다. 글로버만은 팔레스타인 여러 지역에서 하가나 사령관을 지냈는데, 1947년 12월 정체불명의 괴한들에게 습격을 당해 사망했다. 자동차를 몰고 가다가 총에 맞은 사건이었다. 그는 이스라엘군의 장래 참모총장 후보자로 낙점되었는데, 때 이른 죽음을 맞이하면서 그의 이름은 용감한 군인이 아니라 팔레스타 인 종족 청소를 위한 시온주의 마스터플랜과 결부되게 된다. 동료들은 그를 매우 존경했기 때문에 그는 유대 국가가 창건된 뒤 사후에 장성 계급을 수여받았다.

글로버만이 살해되고 며칠 뒤, 하가나 정보 부대는 향후 몇 달을 위 한 청사진의 초안을 작성했다. 플랜 D라는 암호명이 붙은 초안에는 미 래 유대 국가의 지리적 범위(벤구리온이 탐낸 78퍼센트)와 그 공간에 살고 있는 100만 팔레스타인인들의 운명에 관해 직접 언급하는 내용이 담겨 있었다.

> 이 작전은 다음과 같은 방식으로 실행할 수 있다. 마을과 특히 항구 적으로 통제하기 어려운 인구 중심지를 (불을 지르고, 폭파하고, 잔 해에 지뢰를 심는 식으로) 파괴하거나 다음과 같은 지침에 따라 수 색·통제 작전을 개시하는 것이다. 마을을 에워싸고 내부를 샅샅이 수색한다. 저항을 하는 경우에 무장 세력을 쓸어버리고 주민들은 국가 경계선 밖으로 쫓아내야 한다.[82]

마을을 완전히 비워야 하는 것은 전략적인 지점에 위치하기 때문이 거나 모종의 저항을 할 가능성이 있었기 때문이다. 이 명령이 하달된 때 는 점령을 하면 어쨌든 저항이 벌어질 테고 따라서 모든 마을이 추방 대상이 될 게 빤한 상황이었다. 지리적 위치 때문에도 그렇고 점령을 묵 묵히 받아들이지 않을 것이었기 때문이다. 이것은 팔레스타인 농촌의 모든 마을에서 주민들을 추방하기 위한 마스터플랜이었다. 팔레스타인 도시 중심지를 겨냥한 행동에 대해서도 거의 똑같은 내용의 지침이 하달되었다.

현장 부대를 통해 내려간 명령은 더욱 구체적인 내용이었다. 계획 실행을 용이하게 하기 위해서 원래 4개 여단이던 하가나는 12개 여단으로 재편되었고, 여단 수에 따라 나라가 지역별로 나뉘었다. 각 여단 사령관은 점령하고 파괴하고 주민들을 쫓아내야 하는 마을이나 동네의 명단을 받았고 정확한 날짜도 지시받았다. 일부 사령관들은 지나칠 정도로 의욕적으로 명령을 실행했고, 스스로의 열정에 취해서 다른 장소들도 대상지로 추가했다. 다른 한편, 일부 명령은 너무 무리한 것으로 드러나서 예정된 시일 안에 실행할 수 없었다. 그러니까 5월 안에 점령하기로 예정되었던 해안의 몇몇 마을은 7월까지도 파괴되지 않았다. 그리고 와디아라Wadi Ara 지역—하데라Hadera 근처 해안을 마르즈이븐아미르(에메크 이스라엘) 및 아풀라와 연결하는 계곡(지금의 65번 도로)—에 있는 마을들은 전쟁 내내 유대 쪽의 거듭된 공격에도 가까스로 살아남았다. 하지만 이 마을들은 예외에 불과했다. 마을 531곳과 도시 동네와 소도시 11곳이 파괴되고 주민들이 쫓겨났다. 1948년 3월 협의체가 직접 내린 명령의 결과였다. 그전까지 이미 30개 마을이 사라진 상태였다.

플랜 D가 작성되고 며칠 뒤, 하가나로 통합된 12개 여단 사령관들에게 문서가 배포되었다. 각 사령관은 공격 대상 명단과 함께 자기 작전 영역 안에 있는 마을들과 이 마을들에 닥친 운명에 관한 자세한 설명을 받았다. 점령과 파괴와 추방의 운명이었다. 1990년대 말에 이스라엘 방위군 문서 보관소에서 공개된 이스라엘 문서들을 보면, 베니 모리스 같은 역사학자들이 이제까지 편 주장과 정반대로 플랜 달렛은 모호한 지침이 아니라 행동을 위한 분명한 작전 명령으로 여단 사령관들에게 하달되었음을 뚜렷하게 알 수 있다.[83]

정치 지도자들에게 전달된 전반적인 초안과 달리, 군사령관들이 받은 마을 명단에는 파괴나 추방 행동을 어떻게 실행해야 하는지 구체적인 설명이 없었다. 마을이 어떻게 살아남을 수 있는지에 관한 설명도 전혀 없었다. 가령 전반적인 문서에서 약속한 것처럼 무조건 항복을 하면 살아남을 수 있는지 알 수 없었다. 정치인들에게 전달된 초안과 군사령관들이 받은 초안 사이에는 또다른 차이점이 있었다. 공식 초안에는 이 계획이 위임 통치가 종료된 뒤에야 실행될 것이라는 언급이 있었다. 반면 현장 장교들은 초안이 채택되고 며칠 안에 실행을 개시하라는 명령을 받았다. 이런 이분법은 오늘날까지도 이스라엘에서 군과 정치인 사이에 존재하는 관계의 전형적인 모습이다. 군은 종종 실제 의도에 관해 정치인들에게 그릇된 정보를 제공한다. 1956년 모셰 다얀, 1982년 아리엘 샤론, 2000년 샤울 모파즈Shaul Mofaz가 실제로 그렇게 했다.

플랜 달렛의 정치적 판본과 군에서 내린 지시에서 공통된 점은 계획의 전반적인 목표였다. 다시 말해, 직접적인 명령이 현장에 도달하기 전에도 각급 부대는 이미 자신들이 어떤 일을 해야 하는지 정확히 알고 있었다. 이스라엘의 용감하고 존경받는 시민권 운동가인 슐라미트 알로니Shulamit Aloni는 당시 여군 장교였는데, 특별히 정치적인 장교들이 현장까지 찾아와서 적극적으로 부대를 선동하곤 했다고 회고했다. 사상 교육 행사를 한 다음날에 종종 팔레스타인인들을 악마처럼 묘사하고 홀로코스트를 앞으로 펼칠 작전의 참조점으로 거론했다는 것이다.[84]

협의체가 플랜 달렛을 승인한 뒤, 참모총장 대리 이가엘 야딘은 텔아비브 자멘호프Zamenhof 거리에 있는 유대인 공중 보건소인 쿠파트홀림 Kupat Holim 본부가 있는 건물에 하가나 정보 장교들을 소집했다(이 건물은 지금도 인기 있는 인도 식당 맞은편에서 같은 용도로 사용되고 있다). 수백 명의 장교가 환자 대기실을 가득 채웠다.

야딘은 그들에게 플랜 달렛에 관해 이야기하지 않았다. 그 주에 이미 여단 사령관들에게 명령이 하달되었지만, 그는 다만 계획을 실행하는 부대의 역량에 관해 장교들에게 한 점 의심이 남지 않도록 전반적인 구상을 알려주었다. 정보 장교들은 또한 일종의 정치 위원이기도 했는데, 야딘은 지도부가 '제2의 홀로코스트'가 임박했다고 대중적으로 선언하는 것과 달리 유대 군대가 유대 국가로 전환하기를 바라는 영역에서 시행하려는 인구 추방과 관련해서 아무런 도전도 받지 않고 있는 상황에 관해 설명할 필요성을 실감했다. 야딘은 어느 때보다도 더 극적으로 장교들에게 깊은 인상을 심어주었다. 조만간 점령하고 정복하고 인구를 추방하라는 명령이 내려질 테니 그들은 어떻게 작전을 수행할 수 있는지 설명을 들을 자격이 있다는 것이었다. 신문에서 읽고 정치인들에게서 들은 것처럼 그들 자신이 '절멸 당할 위험'에 처해 있었기 때문이다. 조만간 모든 이스라엘 사람에게 익숙한 모습이 되는 큰 키에 야윈 모습의 이 장교는 부하 장교들에게 자랑스럽게 이야기했다. "오늘 우리는 필요한 모든 무기를 갖게 될 것이다. 무기는 이미 배에 실려 있고, 영국인들이 떠나면 무기를 들여오면 된다. 전체 전선의 상황이 바뀔 것이다."[85]

다시 말해, 1948년 3월의 몇 주를 전쟁 전체에서 가장 힘든 시기로 묘사하는 이가엘 야딘의 설명을 듣다보면, 우리는 오히려 팔레스타인의 유대인 공동체가 전혀 절멸 당할 위험에 처해 있지 않았다는 결론을 내리게 된다. 종족 청소 계획을 완수하는 과정에서 몇 가지 장애물에 부딪혔을 뿐이다. 상대적인 무기 부족과 아랍 국가로 지정된 지역에 고립된 유대인 이주 식민지 등이 이런 난관이었다. 요르단강 서안과 네게브 서북부 지역에 있는 몇몇 정착촌(네그바Negba, 야드모르데하이Yad Mordechai, 니자님Nizanim, 가트Gat 등)이 특히 취약해 보였다. 이 네 곳은 나중에 이집트 군대가 팔레스타인에 진입해서 잠시 압도하는 동안에도 여전히 고립되었다. 마찬가지로, 갈릴리 북부의 몇몇 정착촌 역시 쉽게 접근하거나 방어하지 못했다. 아랍 해방군 지원병 수백 명이 그 정착촌 주변을 에워싼 팔레스타인 마을 수십 곳을 보호해주었기 때문이다. 마지막으로, 예루살렘으로 통하는 도로는 팔레스타인 저격수들의 공격에 노출되었다. 3월에 이 도시에 살던 유대인들로서는 이 공격 때문에 포위되었다는 느낌이 들기에 충분했다.

이스라엘의 공식 역사 서술에서는 다음달인 1948년 4월을 전환점으로 묘사한다. 이 역사에 따르면, 고립 상태에서 위협 받던 팔레스타인의 유대인 공동체가 거의 패배 직전의 상황에서 방어에서 공세로 전환하고 있었다. 하지만 실제 상황은 전혀 딴판이었다. 두 공동체 사이의 전반적인 군사·정치·경제적 균형을 보면, 대다수 유대인이 전혀 위험하지 않았을 뿐만 아니라 1947년 12월 초부터 1948년 3월 말까지 유대 군대는 팔레스타인 청소의 1단계를 마무리할 수 있는 정도였다. 마스터플랜을 실행하기도 전에 말이다. 4월에 전환점이 있었다면, 그것은 간헐적인 공격과 팔레스타인 민간인들의 반격에서 이제 체계적이고 거대한 종족 청소 작전으로 넘어가는 것이었다.

# 5. 종족 청소를 위한 청사진: 플랜 달렛

세르비아계는 자신들을 위해 종족적으로 순수한 스르프스카 공화국을 창건하는 데 관심이 있었지만, 특히 도시에 많이 있던 무슬림 소수 종족 때문에 세르비아계는 균일한 종족 집단을 창출하기가 어려웠다. 그 결과, 스르프스카 공화국 군대는 라트코 플라디치 장군이 지도하는 가운데 자신들이 세르비아 땅으로 간주하는 곳에서 무슬림에 대한 '종족 청소' 정책을 개시했다.

—GlobalSecurity.org, 2000~2005

벤구리온 일기의 편집자들은 1948년 4월 1일부터 5월 15일 사이에 팔레스타인 유대인 공동체의 이 지도자가 사태의 군사적 측면을 다소 도외시하는 것처럼 보인다는 사실을 발견하고 놀랐다.[1]

그 대신 벤구리온은 국내의 시온주의 정치에 훨씬 더 몰두하는 것 같았고, 디아스포라 조직을 이스라엘이라는 신생 국가의 기관으로 전환하는 일 같은 조직 문제를 집중적으로 다루고 있었다. 그가 대중 앞에서 정념을 분출하며 선언한 것과 달리 그의 일기에는 분명 임박한 파국이나 '제2의 홀로코스트'에 관한 인식이 드러나지 않는다.

그는 측근 그룹에게는 다른 언어를 구사했다. 4월 초, 그는 마파이당

당원들에게 유대 군대가 최근 점령한 아랍 마을들의 이름을 자랑스럽게 늘어놓았다. 또 4월 6일에는 지주와 대결하는 대신 농민을 공격하는 것이 과연 타당한지 의문을 제기하는 히스타드루트$_{Histadrut}$* 집행부의 사회주의 성향 성원들을 비난하면서 핵심 인물에 이렇게 말했다. "나는 우리가 농민이 아니라 지주와 대결한다는 당신 말에 동의하지 않아요. 우리의 적은 아랍 농민입니다!"[2]

실제로 벤구리온의 일기를 보면, 그가 대중 집회에서 청중들에게 심어 준 공포와 그 결과로 이스라엘이 갖게 된 집단적 기억과는 극명하게 대조되는 사실이 드러난다. 일기를 보면 그 무렵 이미 그는 팔레스타인이 자기 손안에 있다고 실감했음을 알 수 있다. 하지만 그는 자신만만해하지 않았고 1948년 5월 15일 건국 기념식에 참석하지도 않았다. 자기 앞에 놓인 과제가 엄청나게 많음을 알고 있었기 때문이다. 팔레스타인을 청소하고, 아랍의 시도 때문에 유대의 팔레스타인 인수가 저지되는 일이 없도록 해야 했다. 협의체와 마찬가지로, 그 역시 고립된 유대인 정착촌과 잠재적인 아랍 군대 사이의 명백한 불균형이 존재하는 곳에서—예루살렘의 일부 지역뿐만 아니라 갈릴리와 네게브의 외딴 지역에서도 그랬던 것처럼—상황이 어떻게 전개될지 우려했다. 그럼에도 불구하고 벤구리온과 그의 가까운 동료들은 국지적으로는 이렇게 불리할지 몰라도 전반적인 형세는 바뀌지 않을 것임을 아주 잘 알고 있었다. 유대 군대는 영국인들이 떠나기 전에도 유엔 분할 결의안에서 유대 국가에 할당된 많은 지역을 장악할 능력이 있었다. '장악'이란 한 가지만을 의미

---

* 1920년 설립된 유대 노동자 총동맹.

했다. 모든 도시와 농촌 지역에 사는 팔레스타인인들을 집과 상점과 땅에서 대규모로 쫓아내는 것이었다.

벤구리온은 영국의 위임 통치가 공식적으로 종료되는 날 거리에서 춤을 춘 유대인 대중과 함께 공개적으로 환호하지는 않았을 테지만, 유대 군사력이 이미 현장에 모습을 드러내기 시작했음을 익히 알고 있었다. 플랜 달렛이 실행될 당시 하가나는 5만여 병력을 동원할 수 있었는데, 그중 절반은 제2차세계대전중에 영국군에게 훈련을 받은 병력이었다. 이제 계획을 실행할 때가 무르익었다.

## 나흐손 작전: 플랜 달렛의 첫번째 작전

인구가 밀집된 아랍 지역 한가운데에 고립된 정착촌을 건설하는 시온주의 전략은, 영국 위임 통치 당국에 소급적으로 승인받긴 했지만, 때로 긴장을 유발한 책임이 있음이 드러났다. 이 외딴 주둔지에 물자와 병력을 보내려는 시도가 항상 성공이 보장된 것은 아니었고, 일단 나라가 불길에 휩싸이자 팔레스타인 마을을 여럿 통과하는 예루살렘으로 통하는 서쪽 접근로를 특히 보호하기가 힘들었다. 도시 안에 있는 소수 유대인 사이에서는 포위 상태라는 인식이 퍼졌다. 시온주의 지도자들은 또한 여러 다른 이유 때문에 예루살렘에 있는 유대인들에 관해 걱정했다. 이 유대인들은 주로 정통파 공동체와 미즈라히 공동체*로 이루어졌

---

* 유대인은 디아스포라 지역에 따라 크게 세 집단으로 구분된다. 이베리아반도의 스페인과 포르투갈에 사는 세파르디, 중동 지역에 사는 미즈라히, 이베리아반도를 제외한 유럽에 사는 아슈케나지로 나뉜다.

느데, 두 집단은 시온주의에 대한 헌신과 열망이 희박하거나 심지어 의문스러웠다. 따라서 플랜 달렛을 실행하기 위해 선택된 첫번째 지역은 텔아비브로 이어지는 도로 중간쯤에 있는 예루살렘 산지 서쪽 사면에 있는 농촌 언덕이었다. 이 나흐손 작전Operation Nachshon*은 향후의 군사 행동을 위한 모델 역할을 하게 된다. 이 작전에서 채택한 대규모 기습 추방 전술은 고립된 유대인 정착촌을 유지하거나 예루살렘으로 통하는 도로 같이 적의 위협을 받는 통로를 뚫는 가장 효과적인 수단임이 입증되었다.

작전을 맡은 모든 연대는 마자브 달렛Mazav Dalet, 즉 D태세에 돌입할 준비를 하라는 주문을 받았다. 플랜 D 명령을 실행할 준비를 갖추라는 것이었다. 각급 부대에 전달된 지시의 첫 문장은 다음과 같았다. "플랜 달렛 작전 실행을 위해 D태세로 전환할 것." 지시는 계속해서 이어졌다. "각 부대가 공략, 청소, 또는 파괴할 마을은 부대별 아랍 문제 담당 고문 및 정보 장교들과 협의하에 결정할 것."[3] 이 단계, 즉 1948년 4월~5월의 최종 결과에 따라 판단할 때, 이 권고는 한 마을도 남겨두지 말라는 것이었다. 이 지시를 계기로 기존의 청사진은 마을 파괴를 개시하라는 군사 명령으로 전환되었다. 지역에 따라 날짜는 달랐다. 알렉산드로니 여단Alexandroni Brigade은 해안 지역의 수십 개 마을을 덮쳐서 두 곳만을 남기고 모조리 파괴하게 되는데, 4월 말에 명령을 받았다. 1948년 5월 6일 골라니 여단Golani Brigade은 갈릴리 동부를 청소하라는 지시를 받았고, 다음날 해당 '지역'의 첫번째 마을인 샤자라Shajara가 청소되었다.[4]

---

\* 성경에서 암미나답의 아들 나흐손(나손)은 홍해가 갈라질 때 히브리 사람들을 이끌고 처음 홍해를 건넌 인물이다.

팔마흐 부대는 1948년 4월 첫날에 나흐손 명령을 받았다. 전날 밤, 협의체는 벤구리온의 저택에서 회동해서 팔마흐 부대에 내릴 작전 명령을 최종 승인했다. 팔마흐 부대가 받은 명령은 분명했다. "이번 작전의 주요 목표는 아랍 마을을 파괴하고 (……) 마을 사람들을 추방하는 것임. 그래야 아랍 군대 전체에 경제적 부담을 안길 수 있음."[5]

나흐손 작전은 또한 다른 면에서도 새로운 시도였다. 이것은 다양한 유대 군사 조직이 단일 군대로서 협동을 시도한 첫번째 작전이었다─이 경험은 향후 이스라엘 방위군을 건설하는 토대가 되었다. 또한 당연히 군대를 장악한 동유럽 유대인 참전 군인들이 아랍 세계와 홀로코스트 이후 유럽에서 새로 이주해 온 이들 등 다른 종족 집단과 나란히 군사 행동에 통합되는 첫번째 작전이었다.

이 작전에 참여한 한 대대 지휘관인 우리 벤아리Uri Ben-Ari는 회고록에서 "디아스포라 집단을 하나로 녹여 내는 것"이 나흐손의 중요한 목표 중 하나였다고 언급했다. 당시 벤아리는 몇 년 전에 팔레스타인에 온 젊은 독일계 유대인이었다. 그의 부대는 하데라 근처 지중해 해안에서 나흐손 작전을 위한 최종 준비를 갖췄다. 그는 제2차세계대전 당시 나치스와 싸운 소련 장성들에 자신을 견주었다고 기억했다. 이 경우에 '나치스'는 야파-예루살렘 간 도로 인근에 있는 무방비 상태의 수많은 팔레스타인 마을들과 이 마을들을 구하러 온 압드 알까디르 알후세이니의 준군사 조직들이었다. 알후세이니가 이끄는 부대는 유대 쪽의 공격에 대해 도로를 지나는 유대인 차량에 무차별 사격을 가해 승객들을 살상하는 식으로 보복을 하고 있었다. 하지만 정작 마을 사람들은 팔레스타인의 여느 곳과 마찬가지로 평범한 삶을 지속하려고 애를 쓸 뿐, 벤아리와 그의 동지들이 자기들에게 악마 같은 이미지를 덧씌웠다는 사실은 알지도 못했다. 마을 사람들은 며칠 안에 여러 세기 동안 조상 대대로 살면서 일해온 집과 들에서 영원히 쫓겨나게 된다. 압드 알까디르 알후세이니가 지휘하는 팔레스타인 준군사 조직들은 벤아리 대대가 예상한 것보다 치열하게 저항을 했다. 결국 나흐손 작전은 처음에 계획대로 진행되지 않았다. 하지만 4월 9일에 이르러 군사 행동이 마무리되었다.

이날은 예루살렘 주변의 많은 마을들 중 첫번째 마을이 유대인의 수중에 떨어진 날이었다. 아이러니하게도 마을 이름은 까스탈Qastal, 즉 성城이었다. 마을에는 오래된 요새가 있었지만, 우월한 유대 군대를 막아주지는 못했다. 까스탈은 예루살렘으로 이어지는 마지막 오르막 직전의 서쪽 봉우리에 자리한 곳이었다. 이스라엘이 현장에 세운 하가나 기념비에는 바로 이 자리에 팔레스타인 마을이 있었다는 사실이 빠져 있다. 전투를 기념하는 명판은 플랜 달렛의 언어가 현대 이스라엘의 대중적인 역사 서술에 얼마나 깊이 각인되어 있는지를 보여주는 전형적인 사례이다. 플랜 달렛에서나 현재의 명판에서나 까스탈은 마을이 아니라 '적 기지'로 등장한다. 파괴와 추방의 '정당한 목표물'로 만들기 위해 팔레스타인 마을 사람들은 인간이 아닌 존재로 그려진다. 이스라엘 전역에서 많은 새로운 정착촌과 국립 공원이 한때 그 자리에 있던 팔레스타인 마을들에 대해 아무 언급도 없이 이 나라의 집단적 기억의 일부가 되었다. 고립된 집이나 사원 같은 흔적이 남아 있어서 1948년까지만 해도 사람들이 그 자리에 살았다는 사실을 시각적으로 증명하는 경우에도 사정은 마찬가지이다.

4월 9일, 압드 알까디르 알후세이니는 까스탈을 방어하기 위해 전투를 하던 중 사망했다. 그의 죽음으로 부대의 사기가 바닥까지 떨어진 결과 예루살렘 광역지구에 있는 다른 모든 마을도 속속 유대 군대의 수중에 떨어졌다. 마을들이 차례로 포위, 공격, 점령을 당하고, 주민들은 쫓겨나고, 집과 건물은 파괴되었다. 일부 마을에서는 추방과 동시에 대량 학살이 벌어졌다. 그중 가장 악명 높은 사건이 까스탈이 함락된 바로 그날 유대 군대가 데이르야신에서 자행한 학살이다.

### 데이르야신

데이르야신 학살을 보면 플랜 달렛의 체계적인 성격이 고스란히 드러난다. 목축을 주로 하는 인정 많은 마을인 데이르야신은 그전에 예루살렘의 하가나 부대와 불가침 협정을 맺었지만, 플랜 달렛에서 청소 지역으로 지정한 곳에 속한다는 이유로 파괴될 운명을 맞았다. 하가나는 앞서 마을과 체결한 협정 때문에 이르군과 스턴갱 부대를 보내기로 결정했다. 공식적인 책임을 면하기 위해서였다. 이후 계속된 '우호적인' 마을에 대한 청소에서는 이런 책략조차 불필요한 요식 행위로 간주되었다.

1948년 4월 9일, 유대 군대가 데이르야신 마을을 점령했다. 예루살렘 서쪽 언덕 위 해발 800미터에 자리한 마을은 유대인 동네인 기바트 샤울Givat Shaul과 가까웠다. 현재 오래된 마을 학교는 파괴된 마을까지 확장된 서쪽 유대인 동네의 정신 병원 역할을 한다.

유대 군인들은 마을에 쳐들어가면서 집마다 기관총을 난사해서 다수의 주민을 죽였다. 나머지 마을 사람들은 한 장소에 모아놓고 냉혹하게 살해했다. 한쪽에서 죽은 시체를 훼손하는 동안 많은 여성을 강간하고 이내 살해했다.[6]

당시 열두 살이던 파힘 자이단Fahim Zaydan은 자기 눈앞에서 가족이 죽는 모습을 지켜본 일을 다음과 같이 회고했다.

그자들은 우리를 한 명씩 끌어냈다. 할아버지 한 명이 총을 맞았고, 그 딸이 울부짖자 딸도 총을 맞았다. 그러고는 내 형 무함마드를 불러내서 우리 앞에서 총을 쐈다. 어머니가 소리를 지르면서—아직 젖먹이였던 여동생 후드라를 안은 채로—쓰러진 형을 끌어안자 그자들은 어머니한테도 총을 쏘았다.[7]

자이단도 총에 맞았다. 유대 군인들은 아이들을 한 줄로 벽에 세워놓고 '단지 재미 삼아' 총을 난사하고는 마을을 떠났다. 자이단은 운 좋게도 상처만 입고 목숨을 건졌다.

최근 연구에서는 데이르야신에서 학살당한 희생자로 인정된 수를 170명에서 93명으로 줄였다. 물론 학살 자체의 희생자말고도 수십 명이 전투중에 사망했고, 따라서 이 사람들은 공식 희생자 명단에 포함되지 않았다. 하지만 유대 군대는 팔레스타인 마을을 모두 적의 군사 기지로 간주했기 때문에 사람들을 학살하는 것과 '전투중에' 그들을 죽이는 것을 거의 구분하지 않았다. 데이르야신에서 도살된 희생자 중에 갓난 아이 30명도 있었다는 사실을 알면—이스라엘 사람들이 최근 2002년 4월 제닌Jenin 학살에서도 되풀이하는—'수량' 조사 자체가 왜 별로 중요하지 않은지 이해할 수 있다. 당시에 유대 지도부는 데이르야신이 재앙의 진원지가 될 만큼 희생자 수가 많다고 자랑스럽게 발표했다—집을 포기하고 도망치지 않으면 비슷한 운명을 맞이하게 될 것이라고 모

든 팔레스타인인에게 경고한 것이었다.[8]

인근에 있는 마을 네 곳, 즉 깔루냐Qalunya, 사리스Saris, 베이트수리크
Beit Surik, 비두Biddu가 다음 차례였다. 하가나 부대는 한 마을당 고작 한
시간 정도에 걸쳐 집을 폭파하고 사람들을 쫓아냈다. 흥미롭게도(또는
아이러니하게도) 하가나 장교들은 점령이 끝날 때마다 부하들이 광적으
로 약탈하는 것을 막기 위해 싸우다시피 했다고 주장했다. 주택 폭파를
맡은 공병 부대를 감독한 벤아리는 회고록에서 이 마을들이 약탈되는
것을 혼자서 막아 냈다고 술회하지만, 줄잡아 말하더라도 이런 주장은
과장된 것으로 보인다. 농민들이 빈손으로 도망친 터라 결국 병사들과
장교들이 그들의 물건을 전쟁 기념품으로 챙겨서 자기 집 거실이나 농
장에 걸어 두었기 때문이다.[9]

같은 지역의 마을 두 곳, 아부가우시Abu Ghawsh와 나비사무일Nabi Samuil
은 화를 면했다. 촌장들이 현지 스턴갱 지휘관들과 비교적 다정한 관계
를 쌓아 두었기 때문이다. 아이러니하게도 이 덕분에 두 마을은 파괴와
추방을 면했다. 하가나가 두 마을을 때려 부수려고 하자 더 극단적인 집
단인 스턴갱이 마을을 구하러 온 것이다. 하지만 이 경우는 보기 드문
예외였고, 마을 수백 곳이 깔루냐나 까스탈과 같은 운명을 겪었다.[10]

### 팔레스타인 도시 파괴

4월 초 유대 지휘부가 유엔이 유대 국가로 인정한 지역을 장악하고
더 나아가 청소하는 데 얼마나 자신감이 있었는지는 나흐손 작전 직후
에 팔레스타인 주요 도심지로 관심을 돌린 사실을 보면 알 수 있다. 4월

내내 유엔 직원들과 영국 관리들이 수수방관하는 가운데 주요 도심지들이 체계적인 공격을 받았다.

도심지에 대한 공세는 티베리아스에서 시작되었다. 데이르야신과 3일 뒤(4월 12일) 근처에 있는 키르바트나스르알딘Khirbat Nasr al-Din 마을에서 벌어진 학살 소식이 티베리아스의 많은 팔레스타인 사람들에게 전해지자마자 많은 이들이 도망쳤다.[11] 또한 갈릴리호에 면한 이 역사적인 고대 수도를 내려다보는 언덕 위에 자리한 유대 군대가 매일 포격을 가하자 사람들은 망연자실한 상태가 되었다. 유대인 6,000명과 아랍인 5,000명이 선조부터 여러 세기 동안 대대로 평화롭게 공존하던 도시였다. 영국이 도시를 차단하자 아랍 해방군은 30명 정도의 지원병만을 도시에 보낼 수밖에 없었다. 이 병력으로는 하가나 부대에 맞서기가 어려웠다. 하가나 부대는 언덕에서 드럼통 폭탄을 굴리고 확성기로 소름끼치는 소음을 틀어 대서 주민들에게 겁을 주었다. 1983년 베이루트와 2005년 가자지구에서 초음속 비행 소음으로 주민들을 괴롭힌 공격의 초기 방식이었다. 두 경우에 인권 단체들은 이런 소음 공격을 범죄 행위라고 비난했다. 티베리아스는 4월 18일에 함락되었다.[12]

영국인들은 티베리아스 공격에서 수상한 역할을 했다. 처음에 그들은 팔레스타인 주민들을 보호해주겠다고 말했지만, 이내 유대 군대와 도시 전체를 비우겠다는 교섭을 하라고 재촉했다. 요르단의 압둘라 국왕은 좀더 '실용적인' 태도를 취했다. 여자와 아이들을 옮기는 것을 도우려고 트럭 30대를 보낸 것이다. 압둘라 국왕은 회고록에서 금방이라도 제2의 데이르야신 사태가 벌어질 것으로 확신했다고 주장했다.[13] 나중에 영국 장교들은 자신들도 비슷한 걱정을 했다고 털어놓았지만, 영국인들이 팔레스타인 주민 공동체 지도자들에게 빨리 떠나라고 재촉한 사실을 보여주는 문서 자료를 보면 그들이 임박한 학살에 관해 크게 걱정한 것 같지는 않다. 어떤 이는 영국인들이 재촉한 덕분에 티베리아스의 아랍 주민들이 학살에서 빠져나왔다고 말할 것이다. 반면 다른 이는 영국인들이 추방자들과 협력했다고 주장할 것이다. 팔레스타인 도시 파괴의 다음 시기에서 하이파와 야파가 점령되었을 때 영국인들이 한 역할은 한층 더 뚜렷하며 훨씬 더 부정적이다.

### 하이파의 탈아랍화

앞서 언급한 것처럼, 협의체는 하이파 작전을 직접 개시하지는 않았지만 소급 승인하고 환영했다. 이미 지난해 12월에 하이파시 아랍 주민들을 위협하면서 팔레스타인 엘리트 집단의 많은 이들이 레바논과 이집트로 주거지를 옮길 수밖에 없게 했다. 도시가 다시 진정될 때까지 몸을 피한 것이다. 이 범주에 속하는 이들이 얼마나 많았는지는 추정하기 쉽지 않다. 대다수 역사학자들은 그 수치를 1만 5,000명에서 2만 명 정도로 잡는다.[14]

1948년 1월 12일, 하이파 아랍 은행의 경영자이자 지역 민족 위원회의 성원인 파리드 사드Farid Sa'ad라는 이름의 지역 지도자가 아랍 고등 위원회 서기인 후세인 칼리디Husayn Khalidi 박사에게 절망적인 심정으로 전보를 보냈다. "유대인들이 진실을 알지 못해서 다행입니다."[15] '진실'이란 유대 쪽이 대대적인 포격과 공격을 진행한 지 한 달 만에 팔레스타인 도시 엘리트 집단이 붕괴해버린 사실이었다. 하지만 유대인들은 상황이 어떻게 진행되고 있는지 정확히 알고 있었다. 실제로 협의체는 부유층이 이미 12월에 도시를 떠났고, 아랍의 무기는 아직 도착하지 않았으며, 아랍 각국 정부는 팔레스타인인들을 위해 개입하려는 의지와 행동이 없다는 점을 감추려고 천지 사방에 전쟁을 선동하는 목소리만 높이고 있을 뿐, 아무 일도 하지 않는다는 사실을 익히 알고 있었다.

부유층이 하이파를 떠났다는 사실은 여기에 거주하는 5만 5,000~6만 명 정도인 팔레스타인인들의 지도자가 사라졌다는 뜻이었다. 무장한 아랍 지원병의 수가 상대적으로 적은 상황에서 1948년 4월 당시 주민들은 유대 군대의 손아귀에 놓인 신세였다. 도시에 영국군이 있어서 이론상 지역민들의 안전과 안녕을 책임지고 있었지만 현실은 달랐다.

유대 군대가 도시를 에워싸고 작전을 펴는 이 국면에는 '가위 *Misparayim*'라는 불길한 이름이 붙었다. 양면 공격이라는 의미와 배후의 팔레스타인 지역과 도시를 차단한다는 의미가 담긴 중의적 이름이었다. 티베리아스와 마찬가지로 하이파도 유엔 계획에서 유대 국가로 할당된 곳이었다. 나라에 하나뿐인 주요 항구를 유대의 손에 쥐어 준다는 것은 유엔의 평화안에서 팔레스타인인들이 얼마나 부당한 대우를 받는지를 여실히 보여주는 또다른 사례였다. 유대인들은 이 항구 도시를 갖고 싶었지만 거기 사는 팔레스타인인 7만 5,000명은 원하지 않았고, 1948년 4월 그들은 목적을 달성했다.

팔레스타인의 주요 항구인 하이파는 영국이 철수하는 경로의 최종 정착지이기도 했다. 영국인들은 원래 8월까지 머무를 예정이었지만, 1948년 2월에 철수 일시를 5월로 앞당기기로 결정했다. 따라서 영국 군대는 다수 병력이 존재했고, 도시에 법질서를 부과하는 법적 책임, 아니 관점에 따라서는 도덕적 책임까지 있었다. 영국의 많은 정치인들이 나중에 인정한 것처럼, 영국인들이 보인 행동은 영국 제국의 중동 진출 역사에서 가장 수치스러운 장을 이룬다.[16] 12월에 시작된 유대 쪽의 위협 공세는 대규모 포격, 저격, 산비탈을 따라 불붙인 기름과 연료 흘려보내기, 드럼통 폭탄 폭파 등의 방식을 총동원한 것이었고, 1948년 처음 몇 달 동안 계속되다가 4월 초에 더욱 강화되었다. 티베리아스의 팔레스타인인들이 달아난 날인 4월 18일, 하이파에 주둔한 영국군 북부 지구 사령관 휴 스톡웰Hugh Stockwell 소장은 도시의 유대 권력자들을 집무실로 소집해서 영국 군대가 기존에 두 공동체 사이에서 완충 지대 구실을 하던 지역에서 이틀 안에 철수할 것이라고 통고했다. 이 '완충 지대'야말로 유대 군대가 5만 명 이상의 사람들이 여전히 살고 있는 팔레스타인 지역을 직접 습격하고 그곳에 정착하는 것을 막아주는 유일한 장애물이었다. 이제 하이파의 탈아랍화를 향한 길이 활짝 열렸다.

이 임무는 유대 군대에서 최고의 부대로 손꼽히는 카르멜리 여단 Carmeli Brigade의 몫이 되었다(아랍계 유대인들로 구성되어 약탈이나 재미없는 '임무'에만 파견되는 키르야티Qiryati같이 '질이 떨어지는' 여단도 있었다. 이스라엘 문서 자료를 보면 키르야티를 '열등한 인적 자질'을 갖고 있다고 정의하는 내용을 찾아볼 수 있다).[17] 2,000명으로 구성된 카르멜리 여단은 현지인과 주로 레바논 지원병 500명으로 이루어지고 장비도 형편없는 군대와 마주쳤다. 팔레스타인 부대는 무기가 열악하고 탄약도 부족했으며, 유대 쪽의 장갑차와 박격포에 대항할 화력이 전혀 없었다.

영국이 세운 장벽이 사라지자 가위 작전은 '누룩 청소bi'ur hametz' 작전으로 대체될 수 있었다. 이 히브리어는 대청소를 나타내는데, 유월절 전날 집에서 빵이나 밀가루의 흔적을 모조리 없애는 유대교의 관행을 가리킨다. 유월절 축제 기간에는 이런 것들이 금지되기 때문이다. 잔인할 정도로 적절하게도, 팔레스타인인들이 빵과 밀가루 신세가 된 하이파 청소는 유월절 전날인 4월 21일에 개시되었다.

영국군 사령관 스톡웰은 유대 쪽의 공격이 임박했다는 사실을 미리 알았고, 바로 그날 아침 협의를 위해 도시의 '팔레스타인 지도부'를 초청했다. 그는 녹초가 된 상태의 네 사람과 회동했는데, 잠시 동안 아랍 공동체 지도자가 된 이들이었다. 공식적으로 변변한 지위가 없었던 그들은 그날 아침 스톡웰의 집무실에서 펼쳐지는 결정적인 역사적 순간에 대비할 각오가 되어 있지 않았다. 그들과 스톡웰이 미리 나눈 서신을 보면 그들이 스톡웰을 도시 법질서의 수호자로 믿었음을 알 수 있다. 이제 스톡웰은 그들에게 팔레스타인 사람들이 도시를 떠나는 게 좋겠다고 조언했다. 하이파가 근대 도시로 두각을 나타내게 된 18세기 중반부터 그들과 대부분의 가족이 살면서 일해온 곳을 포기하라는 것이었다. 스톡웰의 말을 들으면서 그에 대한 신뢰가 수그러들자 그들은 점차 팔레스타인 공동체를 보호하지 못할 것임을 깨달았고, 따라서 최악의 사태를 대비했다. 영국인들이 자신들을 보호해주지 않는다면 그들은 속절없이 쫓겨날 운명이었다. 그들은 질서 정연하게 도시에서 나가고 싶다고 스톡웰에게 말했다. 그렇지만 카르멜리 여단은 살육과 대혼란의 와중에 그들을 떠나게 만들었다.[18]

네 사람은 영국군 사령관을 만나러 가는 길에 이미 유대 쪽 확성기에서 팔레스타인 여자와 아이들은 너무 늦기 전에 떠나라고 촉구하는 소리를 들었다. 도시의 다른 지역에서는 정반대의 이야기를 전하는 유대인 시장 샤브타이 레비Shabtai Levi의 목소리가 확성기에서 울려 퍼졌다. 누구나 점잖은 사람이라고 평하는 레비는 사람들에게 그대로 머무르라고 간청하면서 아무런 피해도 입지 않을 것이라고 약속했다. 하지만 명령을 내리는 주체는 레비가 아니라 카르멜리 여단의 작전 장교인 모르데하이 마클레프Mordechai Maklef였다. 마클레프는 청소 작전을 진두지휘했는데, 그가 부대에 내린 명령은 단순하고 분명했다. "마주치는 아랍인은 전부 죽일 것. 불이 붙는 물체는 모조리 태우고 폭약으로 문을 딸 것"(훗날 그는 이스라엘 육군 참모총장이 된다).[19]

하이파의 팔레스타인인 수천 명이 여전히 무방비 상태로 거주하고 있는 1.5제곱킬로미터 지역에서 이 명령이 곧바로 실행되자, 충격과 공포에 사로잡힌 사람들은 짐도 꾸리지 못하고 무슨 일을 하는지도 모르는 채 무리를 지어 떠나기 시작했다. 사람들은 허겁지겁 항구로 향했다. 배나 보트를 구하면 도시에서 탈출할 수 있다는 기대가 있었기 때문이다. 사람들이 도망치자마자 유대 군대가 쳐들어와서 집을 약탈했다.

며칠 뒤 하이파를 방문한 시온주의 고참 지도자 중 한 명인 골다 메이어Golda Meir는 처음에 몇 집을 들어가보다가 무서운 감정을 억누를 길이 없었다. 음식이 고스란히 식탁에 차려져 있고, 아이들의 장난감과 책이 마루에 그대로 나뒹구는 광경이 삶이 갑자기 얼어붙은 것 같은 모습이었기 때문이다. 메이어는 미국에서 팔레스타인으로 온 사람이었는데, 그녀의 가족은 러시아에서 유대인 학살이 벌어진 직후에 미국으로 도망친 전력이 있었다. 따라서 그녀는 그날 그 광경을 목격하면서 수십 년 전 러시아가 유대인에게 얼마나 야만적인 짓을 저질렀는지에 관해 부모님한테 들은 최악의 이야기가 떠올랐다.[20] 하지만 이런 경험조차 그녀나 그녀의 동료들이 팔레스타인 종족 청소를 계속하기로 한 결정에 아무런 영향을 미치지 못했다.

4월 22일 새벽 몇 시간 만에 사람들이 항구로 몰려가기 시작했다. 도시의 항구 지역 거리가 이미 탈출로를 찾는 사람들로 북적이는 가운데 아랍 공동체에서 자체 임명한 지도부는 혼란의 도가니에 일정한 질서를 부여하려고 애를 썼다. 항구 바로 옆에 있는 옛 시장에 모여서 바닷길로 질서정연하게 철수할 방법을 찾을 때까지 몸을 피하라는 확성기 소리가 들렸다. "유대인들이 스탠턴Stanton 가를 점령하고 계속 전진하는 중입니다."

카르멜리 여단이 전쟁에서 한 활동을 연대순으로 기록한 전쟁사 책을 보면, 그뒤에 벌어진 사태에 관해 조금의 양심의 가책도 보이지 않는다. 여단 장교들은 주민들이 항구 출입구 근처에 모이라는 이야기를 들은 사실을 알고는 병사들에게 시장과 항구가 내려다보이는 산비탈에—현재 로스차일드 병원이 있는 곳에—3인치 박격포를 배치하라고 명령했다. 사람들에게 재고의 여지가 없게끔, 그리고 오직 한 방향으로만 도망치게끔 한다는 계획이었다. 일단 팔레스타인인들이 장터—오스만 제국 시기까지 거슬러올라가는 건축학상의 보물과도 같은 곳으로 흰색 아치 모양의 덮개로 덮여 있지만 이스라엘이 창건된 뒤 알아보기 힘들 정도로 파괴되었다—에 모이자 그들은 유대인 저격병들의 손쉬운 과녁이 되었다.[21]

하이파의 시장은 당시 항구 주요 출입구에서 겨우 90미터 정도 거리였다. 포격이 시작되자 공포에 사로잡힌 팔레스타인 사람들은 당연히 항구 출입구로 몰려갔다. 군중은 항구로 밀려들면서 출입구를 지키던 경찰관을 밀쳐 냈다. 수십 명이 그곳에 정박해 있던 보트에 올라타서 도시에서 도망치기 시작했다. 우리는 최근 출간된 몇몇 생존자들의 끔찍한 회고담을 통해 그다음에 무슨 일이 벌어졌는지를 알 수 있다. 여기 그중 하나가 있다.

> 남자들은 친구들을 밟고, 여자들은 자기 아이를 밟고 도망쳤어요. 항구에 있던 보트들은 금세 살아 있는 화물로 가득찼지요. 보트마다 사람이 너무 많이 타서 끔찍했습니다. 여러 대가 뒤집어져서 승객들과 함께 가라앉았어요.[22]

이 광경이 워낙 무시무시했던 까닭에 보고를 받은 영국 정부는 서둘러 행동에 나섰다. 아마 처음으로 일부 관리들이 자신들이 팔레스타인에서 두 손을 놓으면서 일어난 재앙이 얼마나 끔찍한지를 깨닫기 시작했기 때문이다. 영국 외무 장관 어니스트 베빈은 스톡웰의 행동에 화가치밀었지만, 영국 제국 참모총장으로 스톡웰의 상관이던 육군 원수 몽고메리는 그를 옹호했다.[23] 하이파의 팔레스타인 지도자들과 스톡웰 사이에 마지막으로 오간 연락은 편지 한 통이었는데, 이 편지에는 많은 내용이 담겨 있다.

> 우리는 영국 당국에 부상자 지원을 요청했음에도 영국 쪽이 아무런 동정도 보이지 않은 데 대해 비통한 감정을 느끼며 분한 마음을 금할 길이 없습니다.[24]

## 사파드가 다음이다[25]

하이파가 함락될 당시 팔레스타인 도시 가운데 여전히 자유로운 곳은 아크레, 나사렛, 사파드 등 몇 곳 남지 않았다. 사파드를 둘러싼 전투는 4월 중순에 시작되어 5월 1일까지 계속되었다. 팔레스타인인들이나 아랍 해방군 지원병들이 다른 곳보다는 좀더 진지한 노력을 기울이긴 했지만, 그들이 완강하게 저항한 까닭에 전투가 길어진 게 아니었다. 그보다는 유대가 전술적인 고려 때문에 사파드 주변의 농촌 배후지를 먼저 공격하고 그다음에야 도시로 이동했기 때문이었다.

사파드에는 아랍인 9,500명과 유대인 2,400명이 살고 있었다. 유대인 대부분은 초정통파로서 이웃 아랍 사람들과 싸우는 것은 고사하고 시온주의에도 전혀 관심이 없었다. 이런 사정 때문에, 그리고 유대 쪽이 비교적 점진적으로 장악해 들어왔기 때문에, 지역 민족 위원회 11명 성원들은 다른 도심지보다 사파드가 형편이 유리하다는 환상을 품었을지 모른다. 위원회는 도시 명사들과 울라마*ulama*(이슬람 종교 지도자), 상인, 지주, 그리고 사파드가 주요 중심지 중 하나였던 1936년 반란 시절의 활동가 등을 아우르는 대표성 있는 기구였다.[26] 아랍 지원군이 상대적으로 많다는 점도 이렇게 잘못된 인식과 방심을 부추기는 데 한몫했다. 지원군 수는 400명이 넘었지만 그중 절반만이 소총으로 무장한 상태였다. 도시 안에서 충돌이 시작된 것은 1월 초였는데, 하가나 대원들이 팔레스타인 동네와 시장에 여봐란듯이 정찰을 나온 게 충돌의 방아쇠를 당기는 역할을 했다. 시리아의 카리스마적인 장교인 이하슨 깜 울마즈 Ihasn Qam Ulmaz가 하가나 특공대인 팔마흐의 거듭된 공격에 맞서 방어선을 유지했다.

팔마흐의 공격은 처음에 간헐적이고 별 효과도 없었다. 팔마흐 부대가 도시 주변의 농촌 지역에 활동의 초점을 맞추었기 때문이다. 하지만 일단 사파드 인근의 마을들을 관통하자(이 장 뒷부분에서 설명할 것이다) 1948년 4월 29일에 도시 자체에 완전히 집중할 수 있었다. 사파드 사람들로서는 유감스러운 일이지만, 유능한 울마즈가 가장 필요한 시점에서 그들은 그를 잃었다. 갈릴리 지역 지원군의 신임 사령관인 아딥 시샤클리Adib Shishakly(1950년대에 시리아의 통치자 중 하나가 된다)가 울마즈 대신 아랍 해방군에서 무능한 장교로 손꼽히는 이를 임명했기 때문이다. 하지만 힘의 불균형을 감안할 때 설사 울마즈가 그대로 있었다고 해도 상황이 나아졌을지는 의심스럽다. 잘 훈련된 팔마흐 부대 1,000명이 400명의 아랍 지원병과 격돌한 대결은 1948년에 유대의 다윗이 아랍의 골리앗에 맞섰다는 신화가 얼마나 허구인지를 보여주는 수많은 국지적 불균형의 한 사례이다.[27]

팔마흐 부대는 대부분의 주민을 쫓아냈고 노인 100명 정도만 남아 있게 허용했지만 그나마도 오래 놔두지 않았다. 6월 5일, 벤구리온은 아무 감정도 없이 일기에 기록했다. "아엘레트하샤하르Ayelet Hasahar[키부츠]에서 온 아브라함 하누키Abraham Hanuki는 이제 사파드에는 노인 100명밖에 남아 있지 않기 때문에 이 노인들도 레바논으로 쫓아냈다고 내게 말했다."[28]

## 유령 도시 예루살렘

예루살렘도 도시 파괴 물결의 예외는 아니었다. 살림 타마리Salim Tamari가 최근 저서에서 말한 것처럼, 예루살렘은 순식간에 '영원한 도시'

에서 '유령 도시'로 바뀌었다.[29] 유대 군대는 1948년 4월 도시의 서부 아랍 동네를 포격하고 공격하고 점령했다. 이 부유한 지구에 사는 돈 많은 팔레스타인 주민 일부는 몇 주 전에 도시를 떠난 상태였다. 나머지는 집에서 쫓겨났다. 이 집들은 지금도 남아서 19세기 말 무렵 팔레스타인 엘리트 집단이 구시가의 성벽 바깥에 건설하기 시작한 동네의 아름다운 건축미를 여실히 보여준다. 최근 몇 년 동안 이 걸작들이 일부 사라지기 시작했다. 부동산 열풍과 기이한 건축 선호, 건축업자들의 탐욕이 결합해서 이 우아한 주거 지역이 괴물 같은 별장과 사치스러운 대저택이 즐비한 거리로 변했다. 예루살렘에서 노년을 보내려고 몰려온 미국계 유대인 부자들의 거리로 변신한 것이다.

이 지역들이 청소와 점령에 휩쓸릴 때 영국 군대는 여전히 팔레스타인에 있었지만, 무관심한 태도를 유지하며 개입하지 않았다. 셰이크자라 한 지역—구시가의 성벽 바깥에 처음으로 지어진 팔레스타인 동네로 후세이니가, 나샤시비가, 칼리디가 등 내로라하는 명사 가문이 살던 지역이다—에서만 현지 영국 사령관이 개입하기로 결정했다.

1948년 4월에 유대 군대에 내려진 지시는 아주 분명했다. "동네를 점령하고 주택을 모두 파괴할 것."[30] 청소 공격은 1948년 4월 24일에 개시되었지만, 영국인들이 제지해서 완전히 실행되지는 못했다. 우리에게는 아랍 고등 위원회 서기로 당시 그곳에 살던 후세인 칼리디 박사가 셰이크자라에서 무슨 일이 벌어졌는지를 생생하게 증언한 내용이 있다. 그는 절망적인 상태에서 무프티에게 전보를 보냈는데, 이스라엘 정보기관은 이 전보를 거듭 가로챘고, 그 내용이 이스라엘 문서 보관소에 남아 있다.[31] 칼리디는 영국 사령관의 부대가 어떻게 동네를 구했는지를 보고하는데, 하가나는 이미 주택 20채를 폭파하는 데 성공했다고 한다. 여기서 영국이 드러내는 대결적 자세를 보면, 다른 곳에서 영국 군대가 개입했다면 많은 팔레스타인인들의 운명이 얼마나 많이 달라졌을지를 알 수 있다. 위임 통치 헌장에 따른 책임으로 보나 유엔 분할 결의안의 조건으로 보나 영국이 개입했어야 했다.

하지만 예루살렘의 나머지 동네들, 특히 도시 서부에 관한 칼리디의 필사적인 호소가 여실히 보여주는 것처럼, 영국은 수수방관하는 태도로 일관했다. 이 지역들은 1월 첫날부터 반복되는 포격에 노출되었고, 셰이크자라와 달리 여기서 영국인들은 정말 악마 같은 역할을 했다. 무기를 지닌 몇 안 되는 팔레스타인 주민들을 무장 해제하면서 유대 쪽의 공격에 맞서 그들을 보호해주겠다고 약속한 것이다. 그렇지만 이 약속은 곧바로 종잇장이 되어버렸다.

1월 초에 보낸 전보에서 칼리디 박사는 카이로에 있는 알하즈 아민에게 거의 매일같이 성난 시민 군중이 자기 집 앞에서 지도력을 발휘해서 도움을 요청하라고 호소하는 시위를 벌인다고 보고했다. 군중 가운데 의사들은 병원이 부상자들로 넘쳐나며 시체를 덮을 덮개도 다 떨어졌다고 칼리디에게 하소연했다. 완전한 무정부 상태였고, 사람들은 공포에서 헤어나지 못했다.

하지만 설상가상의 상황이 기다리고 있었다.[32] 셰이크자라에 대한 공격 시도가 저지되고 며칠 뒤, 유대 군대는 하이파에서 사용한 것과 동일한 3인치 박격포를 동원해서 예루살렘 북부와 서부의 팔레스타인 지역에 끝없는 포격을 가했다. 슈파트Shu'fat 동네만이 버티면서 항복을 거부했다. 까타몬은 4월 말에 함락되었다. 예루살렘의 하가나 정보 부장이츠하크 레비는 다음과 같이 회고한다. "까타몬 청소가 진행되는 동안 약탈과 강도 행위가 시작되었다. 군인들과 시민들이 가담했다. 그들은 집을 부수고 들어가서 가구, 옷가지, 전기 제품, 식품 등을 가지고 나왔다."[33]

요르단 아랍 군단이 전투에 가담하자 형세가 바뀌었고, 청소 작전은 1948년 5월 중순에 중단되었다. 일부 요르단인들은 그전에도 지원병으로 전투에 가세했고, 특히 까타몬을 장악하는 과정에서는 그들이 힘을 보탠 덕분에 유대 군대의 진격이 늦춰졌다. 산시몬San Simon 수도원에서 유대 군대와 치열한 접전을 벌이기도 했다. 하지만 예루살렘 서부 팔레스타인 동네를 방어하려는 영웅적인 시도─레비와 그의 친구들이 구사한 표현이다─에도 불구하고 그들은 실패했다. 예루살렘 광역지구에서 모두 합쳐 8개 동네와 39개 마을에서 종족 청소가 벌어졌고, 여기 살던 주민들은 도시 동부로 옮겨갔다. 오늘날 이 마을들은 모두 사라졌지만, 예루살렘에서 가장 아름다운 주택 몇 곳이 여전히 남아 있다. 지금은 팔레스타인인들이 추방된 직후에 집을 차지한 유대인 가족들이 살고 있다─다만 고스란히 남은 집의 모습만이 예전 주인들이 겪은 비극적인 운명을 여전히 상기시킬 뿐이다.

### 아크레와 베이산

도시 파괴는 5월까지 계속되어 1948년 5월 6일에는 해안의 아크레와 동부의 베이산이 점령되었다. 5월 초, 아크레는 이 도시를 정복하는 게 어렵다는 사실을 깨달은 것은 비단 나폴레옹만이 아니었음을 다시 한 번 확인해주었다. 이웃 도시 하이파에서 엄청난 수의 난민이 유입된 탓에 무척 과밀한 상태였음에도 불구하고 유대 군대는 매일같이 대대적인 포격을 가하고도 이 십자군 도시를 정복하지 못했다. 하지만 북쪽으로 10킬로미터 떨어진 카브리Kabri 샘에서 거의 200년 된 수로를 통해 노천으로 물을 끌어다가 쓴다는 사실이 아킬레스건이었다. 포위 공격이 진행되는 와중에 누군가 물에 장티푸스균을 투입한 게 분명했다. 국제 적십자사 현지 특사들은 본부에 이 사실을 보고하면서 누구를 의심하는지를 거의 확실히 밝혔다. 하가나가 유력한 용의자였다. 적십자 보고서를 보면, 갑자기 장티푸스가 유행하고 있음을 설명하고, 신중한 언어를 구사하면서도 외부에서 균을 퍼뜨린 게 유일한 전염병 발발 원인이라고 지적한다.[34]

1948년 5월 6일, 적십자가 소유한 아크레의 레바논 병원에서 비상 회의가 소집되었다. 영국 의무 부대 책임자인 베버리지Beveridge 준장과 영국군의 보닛Bonnet 대령, 의무 부대의 매클린Maclean 박사, 팔레스타인 적십자 대표 드뫼롱de Meuron 등이 시 관리들과 만나서 이미 전염병 때문에 70명이 사망한 사실에 관해 논의했다. 그들은 하가나가 주장하는 것처럼 인구 과밀이나 비위생적인 상태 때문에 전염병이 발생한 게 아니라 수인성이 분명하다고 결론지었다. 의미심장하게도, 이집트의 포트사이드Port Said 병원에 이송된 영국 군인 55명도 전염병에 걸린 상태였다. 베버리지 준장은 드뫼롱에게 이렇게 말했다. "일찍이 팔레스타인에서 이런 일이 생긴 적이 없습니다." 수로를 발원지로 확인한 즉시 그들은 아크레 북쪽의 농업 시험장에서 끌어온 물과 우물로 상수원을 바꾸었다. 아크레에서 도망쳐 이미 북부 난민촌으로 와 있던 사람들도 전염병 확산을 막기 위해 검사를 받았다.

장티푸스 전염병과 집중 포격으로 사기가 약해진 주민들은 확성기 소리에 귀를 기울였다. "항복하든지 자살하라. 최후의 한 사람까지 죽일 테니까."[35] 프랑스의 유엔 옵서버인 프티트Petite 중위는 도시가 유대인의 손에 넘어간 뒤 군대가 광범위하고 체계적인 약탈을 자행했다고 보고했다. 가구, 옷가지, 기타 유대인 신규 이민자들이 쓸 만한 물건이나 없애버리면 난민들이 돌아올 생각을 포기할 만한 물건을 모조리 약탈했다.

5월 27일 가자에서도 상수도를 오염시키려는 비슷한 시도가 있었지만 실패로 돌아갔다. 이집트인들이 가자의 우물에 장티푸스균과 이질균을 투입하려던 다비드 호린David Horin과 다비드 미즈라히David Mizrachi라는 유대인 두 명을 사로잡았다. 야딘 장군은 당시 이스라엘 총리인 벤구리온에게 이 사건을 보고했고, 벤구리온은 곧바로 아무 논평도 없이 일기에 적어 두었다. 나중에 두 유대인은 이스라엘이 공식적인 항의를 제기하지 않는 가운데 이집트에 의해 처형되었다.[36]

에르네스트 다비드 베르그만Ernest David Bergman은 앞서 언급한 카치르 형제와 더불어 1940년대에 벤구리온이 설립한 이스라엘의 생물전 역량 연구팀의 일원이었다. 하가나 과학 부대라는 완곡한 이름을 가진 팀이었다. 에프라임 카치르는 1948년 5월에 부대장으로 임명되었고, 그와 동시에 부대는 헤메드HEMED(히브리어 '과학 부대Hayl Mada'의 머리글자를 딴 것으로 '단맛'이라는 뜻의 단어이다)라는 이름으로 바뀌었다. 이 부대는 1948년 공세에서 결정적인 기여를 하지는 않았지만, 이스라엘이 장래에 얼마나 인습에서 벗어난 행동을 하게 될지를 보여주는 한 예였다.[37]

아크레가 점령된 것과 거의 비슷한 시기에 골라니 여단이 기드온 작전Operation Gideon으로 베이산시를 장악했다. 사파드의 경우처럼 유대 군대는 인근 마을 몇 곳을 점령한 뒤에 도시로 진입했다. 이미 하이파, 티베리아스, 사파드 등을 성공적으로 장악한 유대 군대는 자신만만하고 무척 유능했다. 이제 대규모 추방을 익히 경험한 터라 주민들에게 10시간 안에 집을 버리고 떠나라고 최후통첩을 발포하는 식으로 신속하게 철수하게 만들려고 했다. 최후통첩은 '도시 명사들', 즉 지역 민족 위원회의 한 집단에게 전달되었다. 이 명사들은 최후통첩을 거부하고 장기 포위에 대비해서 서둘러 식량을 모으려고 했다. 임박한 공격을 물리치기 위해 지원군이 가져온 대포 두 문을 비롯해서 무기도 준비했다. 골라니 여단 사령관 나훔 스피겔Nahum Spigel은 신속하게 공격해서 많은 포로를 잡으려고 했다. 앞서 요르단 군대가 구시가의 유대인 지구와 구시에치온의 시온주의 정착촌을 공략하는 데 성공하면서 잡아간 유대인 포로들과 교환하기 위해서였다. 사실 아랍 군단은 고립된 유대인 이주 식민지와 이곳을 구하러 온 호위대를 공격한 팔레스타인의 성난 준군사 집단들의 손에서 구시에치온 정착민들을 구해준 것이었다.[38] (현재 구시에치온은 요르단강 서안에서 가장 큰 유대인 정착촌이다.) 이 정착민들은 옛 유대인 지구 주민들과 더불어 전쟁중에 포로로 잡힌 몇 안 되는 유대인이었다. 그들은 정당한 대우를 받고 곧 풀려났다. 국제법에 따라 이제 이스라엘 시민이지만 포로가 되자마자 우리에 갇히는 신세가 된 팔레스타인인 수천 명과는 달랐다.

매일 같이 공중 폭격을 비롯해서 대대적인 포격을 당한 끝에 베이산의 지역 위원회는 결국 항복하기로 결정했다. 이 결정을 내린 기구는 까디qadi,* 지역 성직자, 시 서기, 도시에서 가장 부유한 상인 등으로 이루어져 있었다. 그들은 유대 정보 부대의 팔티 셸라와 그의 동료들을 만나서 항복 조건을 논의했다(회동 전에 성원들은 항복을 논의하기 위해 나블루스까지 이동하게 허용해달라고 청했지만 거부당했다). 5월 11일, 도시는 유대인의 손에 넘어갔다. 팔티 셀라는 특히 베이산을 지키려고 배치된 형편없이 낡아빠진 대포 두 문을 기억했다. 제1차세계대전 때 쓰던 프랑스 대공포 두 문은 아랍 정규군이 팔레스타인에 진입하기 직전에 팔레스타인인들과 지원병들이 보유한 전반적인 무기 수준을 적나라하게 보여주는 사례였다.

도시를 장악한 직후 팔티 셀라와 동료들은 도시 주민들의 '질서 정연한 추방'을 감독할 수 있었다. 일부는 나사렛—5월에 이곳은 여전히 자유로운 팔레스타인 도시였지만 오래 지속되지는 않았다—으로, 일부는 제닌으로 옮겨졌지만, 대다수는 근처에 있는 요르단강 건너편으로 쫓겨났다.[39] 당시 현장에 있던 목격자들은 베이산에서 무리를 지어 온 사람들이 특히 겁을 먹고 떨었다고 기억한다. 이 사람들은 요르단강 방향으로 계속 길을 재촉했고 거기서 내륙에 있는 임시 천막촌으로 갔다. 하지만 유대 군대가 인근에서 다른 작전을 분주히 수행하는 동안 상당수가 다시 돌아오는 데 성공했다. 베이산은 요르단강 서안이나 요르단강과 아주 가까운 곳이기 때문에 들키지 않고 되돌아오는 게 비교적 쉬웠다. 사람들은 6월 중순까지 계속 머물렀는데, 이스라엘 군대가 총부리로 위협해서 트럭에 싣고는 다시 강 건너편으로 쫓아냈다.

---

* 이슬람법에 따라 판결을 내리는 재판관.

## 야파의 몰락

야파는 위임 통치가 종료되기 이틀 전인 5월 13일에 도시 중에서 마지막으로 장악되었다. 여느 팔레스타인 도시들처럼, 야파 역시 청동기 시대까지 거슬러올라가는 오랜 역사를 자랑하며, 로마와 비잔티움이 남긴 유산도 인상적이다. 632년에 이 도시를 차지해서 아랍의 성격을 불어넣은 것은 바로 이슬람 사령관 우마르 이븐 알-아스Umar Ibn al-'Aas였다. 원래 야파 광역지구에는 24개 마을과 17개 사원이 있었다. 그런데 오늘날에는 사원 하나만이 남아 있고 마을은 한 군데도 남아 있지 않다.

5월 13일, 현지 기독교도인 미카엘 알이사Michael al-Issa가 이끄는 아랍 지원병들이 도시를 지키는 가운데 이르군과 하가나 군대 5,000명이 공격을 개시했다. 아랍 지원병들 중에는 성전 협회* 2세대 성원들, 19세기 중반 선교사로 와서 이제 자신들의 이주 식민지를 만들려고 시도하면서 지키려고 결심한 독일 이주민들뿐만 아니라 보스니아 출신 무슬림 50명으로 이루어진 이례적인 부대도 있었다(갈릴리 지역의 다른 성전 협회 성원들은 싸우지 않고 항복했고, 나사렛 서쪽에 있는 소규모 이주 식민지인 발트하임Waldheim과 베이트레헴Beit Lehem 두 곳에서 곧바로 쫓겨났다).

전체적으로 볼 때, 야파의 팔레스타인인들에게는 어떤 지역보다도 더 많은 방어 전력이 있었다. 총 1,500명의 지원병이 5,000명의 유대 군대와 맞서 싸웠다. 그들은 4월 중순부터 5월 중순까지 3주 동안 계속된

---

* 1861년 독일에서 설립된 독일 개신교파의 하나. 루터 교회의 경건주의 운동에 뿌리를 둔 교파로 1858년에 천년 왕국 신앙 때문에 기성 교회에서 추방된 이들이다. 성지 팔레스타인에서 이스라엘 예언자들의 묵시적 미래상을 실현하는 것을 목표로 삼았기 때문에 실제로 팔레스타인으로 집단 이주했다.

포위 공격에서 살아남았다. 야파가 함락되었을 때, 영국이 중재해서 '도와주는' 가운데 5만 명의 전체 인구가 추방되었다. 영국 덕분에 하이파의 경우보다는 그래도 탈출 과정에서 혼란이 적었다. 그렇지만 하이파 북부 항구에서 벌어진 것과 같은 참사를 떠올리게 만드는 광경이 왕왕 있었다. 유대 군대가 사람들을 빨리 쫓아내려고 머리 위로 총을 쏘는 가운데 사람들이 가자까지 타고 가기에는 너무 작은 어선에 올라타려고 몰리는 바람에 말 그대로 밀려서 바다에 빠졌다.

　야파가 함락되면서 유대 점령군은 팔레스타인의 주요 도시와 소읍을 전부 비우고 주민을 추방했다. 절대다수의 주민들—온갖 계급, 교파, 직업의 사람들—은 다시는 자기가 살던 도시를 보지 못했다. 한편 그들 가운데 정치의식을 갖게 된 이들은 팔레스타인 해방 기구(PLO)라는 형태로 팔레스타인 민족 운동이 재등장하는 데 핵심적인 역할을 하게 된다. 무엇보다도 귀환권, 즉 자기 고향에 돌아갈 권리를 요구하는 운동이었다.

## 계속되는 청소

　이미 3월 말 무렵 유대 군대의 작전으로 야파와 텔아비브의 배후 농촌 지역은 대부분 파괴된 상태였다. 하가나 부대와 이르군 사이에는 분명한 분업이 이루어졌다. 하가나가 계획에 따라 질서 정연하게 한 지역에서 다른 지역으로 이동한 반면, 이르군은 원래 명단의 범위를 넘어서이 마을 저 마을에서 산발적인 행동을 하는 것이 허용되었다. 이런 과정에서 이르군은 3월 30일 셰이크무와니스Shaykh Muwannis(오늘날의 무니스Munis) 마을에 도착해서 무력으로 주민들을 쫓아냈다. 오늘날 이곳에서는 이 마을의 폐허 위로 텔아비브대학의 우아한 캠퍼스가 펼쳐진 모습을 볼 수 있다. 그나마 남아 있는 마을의 주택 가운데 한 곳은 대학의 교수 회관으로 바뀌었다.[40]

하가나와 이르군 사이에 암묵적인 이해가 없었더라면, 셰이크무와니스가 파괴를 모면했을지도 모른다. 전부터 마을 지도자들은 추방을 막기 위해 하가나와 다정한 관계를 맺으려고 진지하게 노력을 기울였지만, 이 약속을 체결한 '아랍 전문가'들은 이르군이 등장해서 마을 전체를 쫓아낸 날 어디서도 찾아볼 수 없었다.[41]

4월에는 농촌 지역의 작전이 도시 파괴와 한층 더 긴밀하게 연결되었다. 유대 군대는 도심지 인근의 마을을 장악해서 주민을 쫓아냈고, 때로는 대량 학살을 자행했다. 도시를 더욱 성공적으로 장악하기 위한 기반을 마련하기 위해 벌인 테러 공세의 일환이었다.

협의체는 1948년 4월 7일 수요일에 다시 회동했다. 그리고 텔아비브-하이파 간 도로, 제닌-하이파 간 도로, 예루살렘-야파 간 도로 상에 있는 모든 마을을 파괴하고 주민을 쫓아내기로 결정했다. 결국 아주 작은 몇몇 마을을 제외하고는 아무도 화를 면하지 못했다.[42]

그리하여 이르군이 셰이크무와니스를 쓸어버린 바로 그날, 하가나는 1주일 안에 같은 지역에서 마을 여섯 곳을 점령했다. 4월 2일 키르바트아준Khirbat Azzun을 시작으로 키르바트리드Khirbat Lid, 아랍알푸까라Arab al-Fuqara, 아랍알누페이아트Arab al-Nufay'at, 다미라Damira 등이 4월 10일에 모두 청소되었고 체르키스Cherqis는 15일에 청소되었다. 이달 말에는, 야파와 텔아비브 인근의 마을 세 곳—키르바트알만시야Khirbat al-Manshiyya, 비

야르아다스Biyar 'Adas, 그리고 큰 마을인 미스카Miska —이 추가로 장악, 파괴되었다.[43]

이 모든 일은 아랍 정규군 병사가 단 한 명도 팔레스타인에 진입하지 않은 상태에서 벌어졌고, 이제 후대의 역사학자들은 물론이거니와 당대 사람들도 따라잡기 힘들 정도로 속도가 빨라진다. 3월 30일에서 5월 15일 사이에 마을 200곳이 점령되고 주민들이 쫓겨났다. 이것은 거듭 이야기해야 하는 사실이다. '아랍의 침략'이 시작되자 '아랍인'들이 도망쳤다는 이스라엘이 꾸며낸 이야기를 허물어뜨리는 내용이기 때문이다. 아랍 각국 정부가 결국, 우리가 아는 것처럼 마지못해, 군대를 보내기로 결정했을 때에는 이미 아랍 마을 절반 가까이가 공격을 당한 상태였다. 1948년 5월 15일에서 두 차례의 정전 중 첫번째가 발효된 시점인 6월 11일 사이에 또 90개 마을이 일소되었다.[44]

유대 쪽의 목격자들은 군대가 4월 내내 더 많은 공격을 시도할 수 있다고 생각했다고 회고한다. 팔티 셀라는 최근 공식 역사학자들과 한 인터뷰에서 다채로운 언어를 구사하면서 열성이 넘치던 당시의 분위기를 재구성했다. 그의 증언은 텔아비브에 있는 하가나 문서 보관소에서 찾아볼 수 있다. 팔티 셀라는 베이산시를 점령하고 청소한 유대 부대의 일원이었다. 이 부대는 수백 년에 걸쳐 이 지역에서 계절에 따라 살아온 대규모 베두인족을 몰아내라는 지시도 받았다. 그는 나중에 이렇게 언급했다.

베두인족들이 사는 이 지역을 청소한 뒤에도 베이산의 고름[그는 곪은 상처를 뜻하는 이디시어 'farunkel'을 사용했다]은 여전히 두 마을 파루나Faruna와 사마리야Samariyya에 전염되어 있다. 그들은 겁을 먹지 않은 것 같았고, 여전히 들에서 농사를 짓고 계속 도로를 사용하고 있었다.[45]

동부 지역에서 이런 공격이 벌어지는 동안 점령된 많은 마을 중 한 곳이 시린Sirin이다. 시린의 이야기는 마르즈이븐아미르와 베이산 계곡에서 유대 군대에 의해 주민들이 쫓겨난 수십 곳의 마을에 어떤 운명이 닥쳤는지를 극명하게 보여준다. 오늘날 이 지역에서 한때 번성했던 팔레스타인인들의 삶의 흔적을 찾기란 거의 불가능하다.

## 시린 마을

시린은 1948년 5월 12일에 점령되었다. 이 마을은 베이산 인근 지프틸리끄Jiftiliq의 땅 중 한 곳에 있었다. 때로 '무다와르mudawar' 땅이라고 불린 이 땅은 역사적으로 원래 오스만 제국 황제의 소유지였지만 팔레스타인 농민들이 농사를 지었다. 시린은 셰이크 이븐 시린Shaykh Ibn Sirin이라는 이슬람 성자의 무덤을 중심으로 번성하는 공동체로 성장했다. 팔레스타인의 이 지역은 지형이 험하고 여름은 견딜 수 없을 정도로 덥다. 그렇지만 3킬로미터 떨어진 샘과 무덤을 중심으로 발전한 주거지는 기후가 한결 좋고 깨끗한 물이 끊임없이 흐르는 마을과 모습이 비슷하다. 가축을 이용해서 우물에서 물을 끌어왔고, 부지런한 농부들은 이 물을 이용해서 돌투성이 땅을 작은 에덴동산으로 바꾸었다. 시린은 차로 접근하기 힘든 만큼 고립된 공동체였지만, 마을을 자주 찾은 외부인들은 그곳 건물들의 독특한 양식을 손에 꼽는다. 시린의 집들은 검은 화산석에 진흙을 섞어서 지었고, 지붕은 나무와 대나무를 층층이 얽어 짜서 올렸다.

시린은 마을 사람들이 오스만 제국 시절부터 이어져 온 집단적인 토지 공유제를 고수하는 좋은 본보기로 유명했다. 토지 공유제는 지역 농업이 자본화되고 시온주의가 토지 매입에 열을 올리는 가운데서도 살아남았다. 화려한 과실수 정원(부스탄bustan) 세 곳과 9,000두남이 넘는 농경지(전체 1만 7,000두남)에 뻗어 있는 올리브 과수원은 마을의 자랑거리였다. 땅은 마을 전체의 소유였고, 가족의 크기에 따라 농작물과 농지의 몫이 결정되었다.

시린은 또한 좋은 연줄을 전부 가진 마을이었다. 주요 가문인 주비Zu'bi가는 유대 기구에게서 아무 피해도 입지 않을 것이라고 약속받았다. 이 가문은 협력적인 씨족에 속했기 때문이다. 촌장인 무바라크 알하즈 알주비Mubarak al-Haj al-Zu'bi는 교양 있는 젊은 사람으로 반대 당파들과 밀접한 관계를 갖고 있었을뿐더러 하이파의 유대인 시장인 샤브타이 레비와 친구 사이였다. 로스차일드 남작Baron Rothschild 회사에서 같이 일할 때부터 관계가 돈독했던 것이다. 촌장은 자기 마을 사람 700명은 인근 마을들에게 닥친 운명을 모면할 것이라고 확신했다. 하지만 마을에는 다른 씨족인 아부 알히자Abu al-Hija의 혈통이 있었다. 그는 전 무프티인 알하즈 아민 알후세이니와 그가 이끄는 민족당에 더 충성했다. 1943년 하가나가 작성한 마을 파일에서 시린 부분을 보면, 마을이 파멸의 운명을 맞은 것은 바로 이 씨족의 존재 때문이었다. 파일의 서술에 따르면, 시린에서는 아부 알히자 집안의 성원 10명이 1936년 반란에 참여했으며, "그중 누구도 체포되거나 살해되지 않았고 소총 10정도 그대로 갖고 있었다".

마을은 이따금 두 주요 혈통 사이의 원한 때문에 고통을 겪었지만, 팔레스타인 여느 지역처럼 대반란* 이후에 상황이 나아졌고, 위임 통치가 종료될 무렵이면 1930년대 반란의 시절에 마을을 갈기갈기 찢어놓았던 불화는 이미 과거사가 된 상태였다.

시린의 촌장은 기독교도 씨족 몇 명이 마을에 살고 또 마을 사람들과 관계도 아주 좋기 때문에 그 덕분에라도 마을이 아무 해도 입지 않기를 바랐다. 그중 한 명은 마을 교사였는데, 학생 40명을 데리고 수업을 하면서 정치나 씨족 소속 여부에 아무런 편견도 갖지 않고 다음 세대를 가르치고 있었다. 그의 가장 친한 친구인 셰이크 무함마드 알무스타파Shaykh Muhammad al-Mustafa는 지역 사원의 이맘이자 역시 마을 안에 자리한 기독교 교회와 수도원의 보호자였다.

허나 종교적 공존과 조화의 이런 소우주는 불과 몇 시간 만에 황무지로 바뀌었다. 마을 사람들은 제대로 싸우지도 못했다. 유대 군대는 무슬림—두 씨족 모두—과 기독교도를 한데 모아놓고 요르단강을 건너 반대편으로 길을 떠날 것을 명령했다. 군대는 사원과 교회와 수도원, 그리고 집도 모두 허물어뜨렸다. 얼마 지나지 않아 과실수 정원에 가득하던 나무가 전부 시들어 죽었다.

오늘날에는 선인장 울타리가 옛 시린의 잔해를 에워싸고 있다. 유대인들은 팔레스타인인들과 달리 계곡의 험한 땅에서 버티고 살지 못했지만, 인근의 샘물에서는 여전히 물이 나온다—아무도 쓰지 않는 샘물은

---

* 1936년 반란.

섬뜩한 풍경이다.[46]

## 마르즈이븐아미르의 아랍 해방군

시린 서쪽 마르즈이븐아미르(에메크 이스라엘)에서 파우지 알까우끄지는 유대 군대가 장악하는 영역을 제한하기 위해 최선의 노력을 기울였고, 이 지역의 주요 유대인 키부츠인 미슈마르하에메크Mishmar Ha-Emek를 상대로 몇 차례 헛된 공격을 가하기도 했다. 그가 동원할 수 있는 유일한 대포로 키부츠에 포격을 가하는 과정에서 아이 셋이 직격탄을 맞아 사망했다. 이 끔찍한 비극이 이스라엘의 공식 역사서에서 이 지역에서 발생한 것으로 언급되는 유일한 적군의 행동이다.

인근 마을들은 아랍 해방군이 전선에서 자신을 파견한 아랍 연맹에 좋은 소식을 전해주려 한 시도에 큰 기여를 하지 않았다. 사실 많은 마을은 이미 인근에 있는 키부츠와 불가침 조약을 맺은 상태였다. 하지만 아랍 해방군이 미슈마르하에메크를 상대로 공격을 하면서 키부츠 성원들의 복수심과 분노가 불타올랐고, 이제 이 마을들 역시 계곡 지역에서 점점 빈번해지는 공격을 피하지 못했다. 키부츠 성원들은 군대가 지역 동쪽에서 시작한 종족 청소를 계속해달라고 촉구했다. 갈릴리의 이 지역에 있는 많은 키부츠 성원들은 시온주의 사회당인 하쇼메르하차이르Hashomer Ha-Tza'ir(청년 수비대) 소속이었는데, 일부 당원들은 좀더 인도적인 입장을 취하려고 했다. 7월, 통일노동당의 몇몇 저명인사들은 벤구리온에게 청소 작전이 '불필요하게' 확대되고 있다고 불만을 토로했다. 그러자 벤구리온은 이 양심적인 키부츠 성원들에게 그들 스스로가 앞서 4월에 이 지역에서 첫번째 작전 국면을 기쁜 마음으로 지켜보지 않았느

냐고 상기시켰다.[47] 실제로 1948년 당시에 시온주의 유대인이라면 오로지 한 가지 선택만이 유의미했다. 팔레스타인의 탈아랍화에 철저히 전념해야만 했다.

4월 4일 알까우끄지가 미슈마르하에메크 키부츠를 공격한 것은 유대 쪽이 3월 15일 무렵 대대적인 추방을 개시한 데 대한 직접적 대응이었다. 그날 처음 과녁이 된 마을은 구바야알타흐타Ghubayya al-Tahta와 구바야알파우까Ghubayya al-Fawqa였는데, 각각 주민이 1,000명이 넘는 곳이었다. 같은 날 키르바트알라스Khirbat al-Ras라는 작은 마을이 다음 표적이 되었다. 이 마을의 점령도 이제는 익숙한 종족 청소의 여러 특징을 수반했다. 사람들을 쫓아내고 집을 파괴한 것이다.

미슈마르하에메크 사건 이후에는 훨씬 더 큰 마을들의 차례가 돌아왔다. 아부슈샤Abu Shusha, 카프레인Kafrayn, 아부주레이끄Abu Zurayq, 만시Mansi, 나그나기야Naghnaghiyya 등이 잇따라 표적이 되었다. 동쪽에 있는 제닌으로 이어지는 도로는 순식간에 수천 명의 팔레스타인인들로 가득 찼다. 시온주의 사회주의의 요새가 키부츠를 거느리고 있는 땅에서 멀지 않은 곳에서 유대 군대에 의해 쫓겨나서 두 발로 길에 나선 이들이었다. 주민이 250명으로 규모가 작은 와디아라 마을이 4월에 마지막으로 청소되었다.[48]

여기서도 역시 이르군은 팔레스타인 농촌을 지속적으로 파괴하는 데 단단히 한몫했다. 이르군이 마르즈이븐아미르에 남아 있는 마을들에 복수심에 불타는 공격을 마무리하는 동안 영국 위임 통치 군대는 여전히 그곳에 있었다. 사바린, 신디야나, 바리에카Barieka, 쿠베이자Khubbeiza, 움알샤우프Umm al-Shauf 등이 그렇게 사라진 마을들이다. 이 마을들에 있던 주민 일부는 공격군이 대대적인 박격포 공격을 퍼붓는 와중에 도망을 친 반면, 항복의 표시로 백기를 흔든 다른 이들은 곧바로 추방당했다. 무력 저항에 직면한 사실에 분노한 이르군 악당들은 사바린에서 징벌의 일환으로 며칠 동안 여자와 노인, 어린이 들을 철조망 울타리에 가둬 두었다―오늘날 팔레스타인인들이 요르단강 서안 검문소를 통과할 때 제대로 된 허가증을 제시하지 못하면 몇 시간 동안 구금되는 우리와 아주 흡사한 모양이었다. 무기를 소지하고 있다가 발각된 팔레스타인 젊은 남자 7명은 현장에서 유대 군대에 의해 처형당했다. 유대 군대는 뒤이어 나머지 마을 사람들을 움알파흠Umm al-Fahm으로 쫓아냈다. 이곳은 아직 유대인들의 손에 넘어가지 않은 상태였다.[49]

다양한 지리적 장소에서 각 단계나 작전이 실행될 때마다 새로운 행동 양상이 등장했고, 다른 부대들도 속속 이런 행동 양상을 채택했다. 카프레인 마을이 점령되고 주민들이 쫓겨난 며칠 뒤, 군대는 이미 텅 빈 마을을 상대로 기술을 연습했다. 지표면에서 마을을 완전히 없애버린 것이다.[50] 이런 식의 전술적 행동은 1948년 전쟁이 끝나고 한참 뒤인 1950년대까지도 거듭해서 활용되었다.

사파드의 배후지에서 벌인 작전은 이미 분노보다는 효율적인 계획에 따라 진행되었는데, '빗자루'라는 불길한 암호명이 붙었다. 작전은 티베리아스–사파드 간 고속 도로를 따라 자리한 마을들에 대한 청소로 시작되었다. 첫번째 표적이 된 마을은 구웨이르Ghuwayr였다. 티베리아스가 함락된 뒤, 촌장은 이 도시에서 가장 가까운 자기 마을에 무슨 일이 닥칠지 곧바로 깨달았다. 촌장은 아랍 해방군 지원병 지휘관인 아딥 시샤클리에게 도움을 청하면서 마을 사람들에게 무기를 나눠 달라고 요청했지만, 시샤클리는 거부했다. 이 소식을 들은 마을 사람들은 사기가 떨어졌고, 여자와 어린이들은 갈릴리 산맥 반대편에 있는 아크레로 이어지는 도로상에 있는 라마Rama로 도망치기 시작했다. 촌장은 계속해서 농민 50명을 선발했고, 이 농민들은 각자 갖고 있던 하르투시hartoosh(제1차세계대전 시절에 쓰던 오래된 사냥총)를 들고 유대 군대의 습격을 기다렸다. 4월 22일, 유대인들은 나중에 관행이 되는 방식대로 먼저 대표단을 보내 싸우지 말고 남자들이 집단으로 철수하라고 제안했다. 그렇지만 이 경우에 대표단은 이례적인 구성이었다. 전에 마을 사람들과 친한 관계를 유지했던 사람들로 구성된 것이다. 회동에 참석한 팔레스타인인들은 대표단이 티베리아스와 사파드 사이의 도로변에 있는 마을은 전부 추방 예정이라고 설명하면서 미안해하는 듯한 어조였다고 후에 회고했다. 촌장은 마을 사람들이 이미 거의 도망친 상태라는 사실을 밝히지 않으면서 사람들이 '자기 집을 지킬 것'이라고 공언했다.⁵¹

마을을 신속하게 점령한 뒤 또다른 양상이 등장했다. 유대인 병사 한 명이 어느 집 지붕 위에 올라가서 사로잡힌 남자들 중에 드루즈인이 있는지 물어본 것이다. 그러면서 소리를 질렀다. "만약 드루즈인이라면 그냥 남아도 된다. 나머지는 레바논으로 가야 한다." 하지만 그 선택지조차도 모든 사람에게 주어진 것은 아니었다. 점령군이 마을 사람들이 레바논으로 떠나도록 '허용'하기에 앞서 선별 과정을 수행하기로 결정했기 때문이다. 이런 선별 작업은 이후 이어지는 추방에서 본보기가 되며, 나크바 시절에 대한 팔레스타인인들의 집단적 기억 속에 오래도록 깊이 새겨져 지금까지도 쉽게 떨쳐지지 않는다. 10~30세의 젊은 남자들은 따로 분류되어 포로수용소로 옮겨졌다. 구웨이르의 남자 40명은 이렇게 해서 18개월 동안 가족과 떨어져서 우리 속에서 고달픈 생활을 했다.

구웨이르 마을은 유엔 옵서버들이 분할 결의안이 어떻게 실행되고 있는지를 직접 조사하기 위해 자주 찾은 곳이었다. 그들은 추방을 목격했다. 이 무렵이면 팔레스타인 마을들의 운명에 대한 대중적 관심이 줄어들고는 있었지만, 〈뉴욕타임스〉 기자를 비롯한 서구 언론의 대표자들은 개별 마을에 관한 기사를 꾸준히 보냈다. 어쨌든 서구 독자들은 팔레스타인 사태의 전모를 접하지 못했다.[52] 게다가 외국 통신원 가운데 어느 누구도 홀로코스트가 일어난 지 불과 3년이 지난 시점에서 감히 유대민족의 행동을 공공연하게 비판하지 못한 것 같다.

종족 청소 작전이 추진력을 얻은 것은 하이파와 그 주변에서였는데, 치명적인 속도를 볼 때 앞으로 어떤 파괴가 닥칠지 충분히 예상이 되었다. 15개 마을―그중 몇 군데는 주민이 300명도 안 되는 작은 마을이었고, 일부는 5,000명 내외인 큰 마을이었다―이 순식간에 잇따라 추방되었다. 영국군, 유엔 특사, 외국 기자들이 가득한 지역에서 아부슈샤, 아부주레이끄, 아랍알푸까라, 아랍알누페이아트, 아랍자흐라트알두메이리Arab Zahrat al-Dumayri, 발라드알셰이크, 다문, 키르바트알카세이르Khirbat al-Kasayir, 키르바트알만시야, 리하니야Rihaniyya, 키르바트알사르카스Khirbat al-Sarkas, 키르바트사사Khirbat Sa'sa, 와라트알사리스Wa'rat al-Sarris, 야주르Yajur 등이 팔레스타인 지도에서 사라졌다.

추방과 도주로는 마을 사람들을 구하는 데 충분하지 않았다. 청년 수비대의 마르크스주의자 키부츠 성원들이 많은 마을 사람들을 끝까지 추적했다. 그들은 신속하면서도 효율적으로 집을 약탈한 뒤 곧바로 폭파했다. 이 시기의 의식 있는 시온주의 정치인들이 청년 수비대의 행동을 비난한 발언이 기록으로 남아 있다—이 기록은 이스라엘의 '새로운 역사학자'들에게 다른 문서 자료에서는 발견하지 못한 잔학 행위에 관한 자료를 제공했다.[53] 불만의 목소리를 담은 이 문서 기록은 오늘날 오히려 '예민한' 유대 정치인들과 군인들에게 양심의 죄를 덜어주려는 시도로 읽힌다. 이 문서 기록은 '총을 쏘면서 우는shoot and cry' 행동이라고 설명하는 게 가장 적절한 이스라엘 정신의 일부를 이룬다. '총을 쏘면서 운다'는 표현은 1967년 6월 전쟁에서 소규모 종족 청소 작전에 참여한 이스라엘 군인들이 이른바 도덕적 가책을 표현한 내용을 모은 선집의 제목이다. 후에 이스라엘의 인기 작가 아모스 오즈Amos Oz와 그의 친구들은 이런 의식 있는 병사와 장교들을 초청해서 레드하우스가 철거되기 전에 여기서 '면죄 의식'을 치렀다. 홀로코스트가 벌어지고 3년 뒤인 1948년에도 비슷한 이의 제기가 이루어져서 대개 무방비 상태의 민간인들을 상대로 자행된 잔학 행위와 전쟁 범죄에 관여한 유대 병사들의 고통받는 양심을 달래 주었다.

무고한 사람들을 죽이고 추방하는 동안 크게 울부짖는 행동은 플랜 D의 도덕적 함의를 다루기 위한 전술의 하나였다. 또다른 전술은 유대 기구가 이스라엘의 완전한 시민으로 인정하겠다고 유엔과 약속한 팔레스타인인들을 비인간화하는 것이었다. 그들은 추방되거나 투옥되거나 살해되었다. 요세프 바이츠는 이렇게 말했다. "우리 군대는 전진해서 아랍 마을들을 정복하며 아랍 주민들은 쥐떼처럼 도망친다."[54]

4월까지만 해도 군사 활동의 스펙트럼이 여전히 무척 넓었다. 나중에 광대한 지역에서 청소가 예정되었던 것과 달리, 4월에는 아직 일부 마을이 그대로 남아 있었다. 다른 마을 사람들은 추방보다도 더 심한 운명을 겪고 대량 학살을 당했다. 군대의 명령상에서 행동을 청소le-taher와 괴롭힘le-hatrid 두 종류로 구분한 것은 이런 스펙트럼을 반영한 결과였다. 괴롭힘은 구체적으로 명시된 내용이 없었다. 도시, 소읍, 마을에 대한 무계획적인 포격과 민간인 차량에 대한 복불복 사격이 주된 방식이었다.[55] 4월 14일, 벤구리온은 샤레트에게 편지를 보냈다. "우리는 그날그날 점령을 확대합니다. 우리는 새로운 마을들을 점령했습니다. 우리는 이제 막 시작한 것입니다."[56]

도심지와 가까운 일부 마을에서는 유대 군대가 도시와 인근 소도시의 사람들을 빨리 도망치게 하려고 대량 학살 정책을 수행했다. 티베리아스 인근의 나스르알딘Nasr al-Din, 사파드 인근의 에인알제이툰Ayn al-Zaytun, 하이파 인근의 티라트하이파Tirat Haifa 등이 이런 경우였다. 세 마을 모두에서 하가나의 표현대로 '10세에서 50세 사이의 남자'인 사람들이 집단 처형되었다. 마을 주민들과 인근 소읍에 사는 사람들을 위협하고 겁을 주기 위한 행동이었다.[57] 역사학자들은 이 세 대량 학살 가운데 아직 나스르알딘의 전모를 밝히지는 못했지만, 나머지 두 사건은 기록으로 증명되었다. 에인알제이툰 학살이 가장 유명하다.

### 에인알제이툰

에인알제이툰이 이 세 학살 사건 중 가장 유명한 것은 이 이야기가 이제까지 팔레스타인의 재앙을 다룬 유일한 서사 소설인 엘리아스 코우리Elias Khoury의 『밥알샴스 Bab al-Shams』의 밑바탕을 이루기 때문이다. 이 마을에서 벌어진 사건은 이 시기를 다룬 이스라엘의 세미 픽션 중편 소설인 네티바 벤예후다Netiva Ben-Yehuda의 『매듭 사이 Between the Knots』에서도 연대순으로 서술된다.[58] 『밥알샴스』는 프랑스와 이집트의 공동 제작으로 영화로도 만들어졌다.[59] 스크린에 펼쳐지는 장면들은 『매듭 사이』에서 발견되는 서술과 아주 흡사하다. 소설에서 벤예후다는 군 문서 보관소의 각종 보고서와 구술 회고담에 주로 의존했다. 영화는 또한 마을의 아름다운 풍경을 충실하게 재현한다. 마을은 갈릴리의 높은 산들을 양분하는 낮게 펼쳐진 협곡의 마이룬Mayrun과 사파드 간 도로변에 있는데, 온천 물웅덩이에 둘러싸인 깨끗한 개울 때문에 더욱 아름답다.

마을은 사파드 서쪽 1.6킬로미터 떨어진 전략적인 위치 때문에 이상적인 점령 목표가 되었다. 현지 유대인 정착민들도 탐내는 곳이었다. 정착민들은 마을 주변의 땅을 사기 시작해서 위임 통치가 끝나갈 무렵에는 마을 사람들과 불편한 관계가 되었다. '빗자루' 작전은 하가나 엘리트 부대인 팔마흐에게 절호의 기회였다. 1948년 5월 2일에 플랜 달렛에 따라 마을을 청소할 뿐만 아니라 '묵은 원한', 즉 팔레스타인 마을 사람들이 유대인 정착민들을 바라보고 받아들이면서 품은 적대감을 해소해버릴 기회가 된 것이다.

작전을 맡은 모셰 칼만은 이미 같은 지역에 있는 키사스와 사사, 후세이니야에 대한 야만적인 공격을 성공적으로 감독한 바 있었다. 그의 부대는 거의 저항에 부딪히지 않았다. 새벽녘에 마을 포격이 시작되자 그곳에 주둔해 있던 시리아 지원병들이 서둘러 떠나버렸기 때문이다. 대대적인 박격포 공격에 이어 수류탄을 일사불란하게 투척했다. 칼만의 부대는 정오 무렵에 마을에 진입했다. 시리아 지원병들과 함께 떠나지 않은 여자, 어린이, 노인과 몇몇 젊은 남자들은 숨어 있다가 백기를 흔들면서 나왔다. 유대 군대는 사람들을 곧바로 마을 중심부로 데리고 갔다.[60]

계속해서 영화는 하가나 특수 정보 부대가 수행한 수색 체포 과정—이 경우에는 수색 처형 과정—을 재연한다. 우선 그들은 두건을 쓴 밀고자를 데려와서 마을 광장에 일렬로 늘어선 남자들을 자세히 살펴보게 했다. 정보 장교들이 미리 준비해서 가져온 명단에 이름이 있는 사람들의 신원을 확인하는 것이다. 선별된 남자들은 다른 장소로 보내져 총살당했다. 다른 남자들이 반항하거나 항의를 하면 여지없이 그들도 죽였다. 영화에서 아주 생생하게 포착한 한 사건을 보자. 마을 사람인 유수프 아흐마드 하자르Yusuf Ahmad Hajjar는 자기를 잡은 이들에게 다른 사람들처럼 항복을 했으며 따라서 '인도적인 대우를 받을 것으로 기대했다'. 팔마흐 사령관은 얼굴을 철썩 때리고는 징벌의 의미로 십 대 37명을 무작위로 고르라고 명령했다. 나머지 마을 사람들이 마을 사원의 창고에 갇혀 있는 동안 십 대들은 등뒤로 손이 묶인 채 총살당했다.

한스 레브레히트Hans Lebrecht는 그의 저서에서 다른 식으로 잔학 행위를 언뜻 보여주면서 다음과 같이 설명한다. "1948년 5월 말 나는 복무하던 군부대에서 임시 펌프장을 건설해서 '버려진' 마을인 에인알제이툰의 개울물로 대대에 물을 공급하라는 명령을 받았다. 마을은 완전히 파괴된 상태였고, 파편들 사이로 시체가 널려 있었다. 특히 우리는 지역 사원 근처에서 여자와 아이와 갓난아이들의 주검을 많이 발견했다. 나는 시체를 태우자고 군대를 설득했다."[61]

하가나 군사 보고서에서도 이런 생생한 묘사를 찾을 수 있지만,[62] 에인알제이툰 마을 사람들이 실제로 얼마나 많이 처형되었는지는 알기 힘들다. 군사 문서는 처형을 포함해서 모두 합쳐 70명이 총에 맞아 죽었다고 알려준다. 반면 다른 자료들은 훨씬 더 많은 수치를 제시한다. 네티바 벤예후다는 팔마흐 대원이었고 처형을 할 때 그 마을에 있었지만, 그녀는 각색된 방식으로 이야기를 하는 쪽을 선호했다. 그렇지만 벤예후다의 이야기는 마을 남자들이 수갑을 찬 채로 총살된 사실을 소름 끼치도록 자세히 묘사하며, 처형된 사람의 수가 500~600명이라고 말한다.

하지만 여호나탄Yehonathan은 계속 소리를 질렀고, 갑자기 메이르케 Meirke를 등지고 돌아서는 화를 내며 걸어나왔다. 그러면서 계속 불만을 쏟아 냈다. "그자는 제정신이 아냐! 수백 명이 거기 묶인 채 엎드려 있다고! 가서 그 사람들을 죽여! 가서 수백 명을 해치우라고! 미친놈이 이렇게 사람들을 묶어놓고 죽이지. 미친놈이나 이 사람들한테 총알을 모조리 허비하는 거야! (……) 그 사람들이 무슨 생각을 했는지, 누가 그 사람들을 조사하러 올지 모르겠지만, 일이 급해진 건 알겠어. 갑자기 이 전쟁 포로들의 손하고 발을 묶은 매듭을 풀어야 되는데, 다들 죽어 있더라고. '문제가 해결된 거지.'"63

이 설명에 따르면, 다른 많은 대량 살상의 사례에서 익히 아는 것처럼, 학살이 벌어진 것은 '부적절한 행동'에 대한 '응징'일 뿐만 아니라 사로잡은 수많은 마을 사람들을 잡아 둘 포로수용소가 하가나에게 아직 없었기 때문이기도 했다. 하지만 포로수용소를 세운 뒤에도 마을 사람들을 대규모로 잡았을 때는 대량 학살이 벌어졌다. 1948년 5월 15일 이후 탄투라Tantura와 다웨이메흐Dawaymeh가 그런 경우이다.

엘리아스 코우리가 『밥알샴스』의 밑바탕으로 삼은 구술사 자료 역시 문서 자료가 온전한 이야기를 전해주지 않는다는 인상을 더해준다.

문서 자료는 1948년 5월 그 운명의 날에 사용된 방식에 관해서는 말을 아끼고 살해된 사람의 숫자에 관해서는 거짓말을 한다.

앞서 지적한 것처럼, 각 마을은 하나의 선례가 되어 나중에 좀더 체계적인 추방을 촉진하는 방식과 모델로 작용했다. 에인알제이툰에서 유대 군대는 마을 사람들을 마을 가장자리로 끌고 가서 머리 위로 총을 쏘면서 도망치라고 명령했다. 정해진 절차도 뒤를 이었다. 사람들은 고향에서 내쫓기기 전에 가진 재산을 전부 빼앗겼다.

나중에 팔마흐는 근처 마을인 비리야Biriyya를 장악했고, 에인알제이툰에서 했던 것처럼, 사파드에 있는 아랍인들의 사기를 떨어뜨리기 위해 집을 전부 불태우라고 명령했다.[64] 이 지역에서 그대로 남은 마을은 두 곳뿐이었다. 하가나는 이제 더 복잡한 과제에 맞닥뜨렸다. 마르즈이븐아미르 지역, 그리고 이 계곡과 요르단강 사이에 뻗은 광대한 평원, 즉 동으로는 점령된 베이산까지, 북쪽으로는 그때까지는 아직 자유로웠던 나사렛시까지 뻗은 지역을 어떻게 비슷하게 균일화, 또는 '유대화'할 것인가라는 과제였다.

### 동부에서의 임무 완수

4월에 이 광대한 지역에서 사람들을 쫓아내기 위해 더욱 단호한 노력을 하자고 요구한 것은 바로 이가엘 야딘이었다. 그는 군대가 열정이 충분하지 않다고 의심하는 것 같았는데, 인근에 있는 키부츠 성원 몇 명에게 직접 편지를 보내서 부대가 제거하라고 명령을 받은 마을을 실제로 점령하고 파괴했는지 조사해보라고 했다.[65]

하지만 군인들이 행동을 주저한 것은 동기나 열정이 부족해서가 아니었다. 사실 작전을 제한한 것은 다름 아닌 정보 장교들이었다. 이 지역 일부, 특히 나사렛시 가까운 곳에서 남쪽으로 아풀라까지 오랫동안 그들에게 협력한—'부역한'으로 읽을 것—큰 씨족들이 있었다. 이 씨족들도 쫓아내야 할까?

팔티 셀라 같은 지역 정보 장교들은 특히 한 거대 씨족의 운명을 걱정했다. 주비가 그 주인공이다. 팔티 셀라는 그들은 면제해주기를 바랐다. 2002년에 한 인터뷰에서 그는 서둘러 작전을 진행하는 가운데 어떻게 사람들을 제대로 선별할 수 있을지 확신하지 못했다고 설명했다. 그가 기억하기로는 오로지 주비가와 다른 사람들의 차이를 구별하는 그의 능력에 달려 있었다. "주비가 사람들은 언제나 다른 마을 사람들과 외모가 달랐어요. 여자가 아니라 남자들이. 여자는 차이를 구별할 수 없었고, 나이든 남자도 구별하기 힘들었지요." 어쨌든 주비가가 그렇게 협조적이지 않음이 드러나고 1948년 이후 팔레스타인 정체성을 강화했기 때문에 그는 노력을 기울인 점을 후회했다. "그는 인터뷰어에게 오늘날 그들은 '콜레라(인간쓰레기를 뜻하는 히브리어 구어)'라고 말하면서 그들은 '자기가 먹는 접시에 침을 뱉는다'고 덧붙였다."[66]

결국 주비 씨족이 큰 비중을 차지하는 마을은 그냥 남겨 두기로 결정이 내려졌다. 가장 '어려운' 결정은 시린 마을 문제였다. 이 마을에는 주비 씨족이 몇 명밖에 없었기 때문이다. 앞서 살펴본 것처럼, 결국 이 마을 전체가 쫓겨났다. 팔티 셀라는 그 집안 우두머리들에게 편지를 보냈다. "당신들은 그냥 머물러도 된다고 허락받은 7개 마을에 속하지만, 당신들을 보호해줄 수는 없습니다. 전부 요르단으로 떠나는 게 좋겠습니다."[67] 그들은 팔티 셀라의 말을 따랐다.

그의 동료인 키부츠 성원들은 오랫동안 그가 한 마을을 '구해준' 데
대해 그를 용서하지 않았다. 자레인Zarain 마을이 그곳이다. 그는 오랜 세
월이 흐른 뒤 인터뷰어에게 말했다. "사람들이 등뒤에서 배신자라고 불
렀지만 나는 자랑스러웠습니다."[68]

## 우월한 힘에 굴복하다

유대 세력이 1948년에 우위를 점하고, 시온주의의 공식적 신화가 우
리에게 보여주는 그림과 달리, 팔레스타인의 유대인 공동체 전체가 절멸
과 파괴의 운명에 직면한 것은 전혀 사실이 아님을 보여주는 주요한 징
후 가운데 하나는 이 나라에 살던 몇몇 소수 종족이 팔레스타인 진영
을 떠나서 유대 세력에 합류하기로 결정했다는 사실이다.

이중 첫번째이자 가장 중요한 종족은 드루즈인들이다. 정통 이슬람에
서는 그들의 주장을 받아들이지 않지만, 이 종파는 스스로 무슬림이라
고 여긴다. 드루즈인들은 시아파 이슬람에서 분리한 집단인 이스마일파
의 분파로 등장했다. 이 맥락에서 특히 중요한 것은 아랍 해방군이 팔
레스타인에 들어오자 여기에 합류한 드루즈인들이다. 1948년 4월 초 드
루즈인 500명이 유대 군대에 합류하기 위해 아랍 해방군에서 탈영했다.
이런 일이 벌어진 방식이야말로 1948년 전쟁에서 손꼽히게 흥미로운 장
을 이룬다. 탈영병들은 우선 갈릴리의 유대 사령관들에게 자신들이 탈
영하기에 앞서 가짜 전투에 참여해서 포로로 잡혀야 한다고 요청했다.
그런 다음에야 시온주의에 대한 충성을 선언하겠다는 것이었다. 가짜
전투는 키르바트알카세이르Khirbat al-Kasayir 마을과 하우샤Hawsha 마을—

두 곳 다 나중에 파괴된다—사이에 있는 샤파아므르Shafa'Amr시 근처에서 적당하게 벌어졌고, 드루즈인들은 과장된 이름의 '피의 조약'에 서명했다.[69]

키르바트알카세이르와 하우샤는 유대 군대가 유엔 분할 결의안에서 팔레스타인 국가에 할당된 지역 중 처음으로 공격해서 점령한 두 마을이었다. 이 공격을 보면 위임 통치가 종료되기 전에도 시온주의 운동이 팔레스타인 땅을 최대한 많이 점령하겠다고 결의한 것이 두드러진다.

이 드루즈인들의 변절이 낳은 더 비극적인 결과는 드루즈 부대가 갈릴리에서 종족 청소를 실행하는 시온주의 운동의 주요 수단이 되었다는 사실이다. 그들이 시온주의 운동과 동맹을 맺자 드루즈인들은 나머지 팔레스타인인들에게서 완전히 소외되었다. 최근에야 젊은 세대가 겉으로 이런 고립에 저항하기 시작하는 모습을 볼 수 있지만, 연장자들과 영적 지도자들이 굳건하게 다스리는 가부장제 사회에서 이런 저항이 얼마나 어려운지도 엿보인다.

이 나라 북부에 마을이 몇 군데 있던 또다른 종파인 체르케스인들 역시 강한 유대 군대에 충성을 나타내기로 결정하고 350명이 4월에 유대 군대에 합류했다. 드루즈인들과 체르케스인들이 섞인 이 집단은 나중에 이스라엘 국경 경찰의 핵심을 이루게 된다. 국경 경찰은 처음에는 1967년 이전 이스라엘의 아랍 지역에서 치안을 담당하는 주요 군대였고, 1967년 이후에는 이스라엘이 요르단강 서안과 가자지구를 점령하는 데 앞장섰다.

## 아랍의 대응

유대 군대가 1947년 12월 처음 마을들을 점령하고 파괴했을 때, 갈릴리만이 파우지 알까우끄지의 도움을 받아 유대의 습격을 저지할 가능성이 있는 유일한 지역으로 여겨졌다. 2,000명으로 이루어진 부대를 지휘한 알까우끄지는 고립된 유대인 정착촌을 잇달아 공격하면서 현지 주민들에게 깊은 인상을 남겼다(다른 부대들이 오늘날의 요르단강 서안으로 진입하는 시기였다). 하지만 이런 공격은 결국 실패한 시도가 되었고, 힘의 균형에 어떤 중대한 변화도 가져오지 못했다. 알까우끄지의 능력에는 한계가 있었다. 부대를 소규모 단위로 분할해서 최대한 많은 도시와 소읍, 마을에 보내고 이 단위들이 적당한 방위군을 형성하는 전략을 추구했기 때문이다.

이런 지원병 부대가 존재한다는 사실은 상황을 한층 더 악화시키면서 팔레스타인을 직접 충돌로 몰아갈 수 있었지만, 이런 일은 일어나지 않았다. 오히려 알까우끄지는 고립된 정착촌뿐만 아니라 정착촌을 지원하러 온 유대 호위대까지 잇달아 공격한 뒤 1월에 정전을 모색하기 시작했다. 이런 시도는 1948년 2월과 3월 내내 계속되었다. 유대 쪽이 군사적인 모든 측면에서 우위를 누리고 있음을 깨달은 그는 협의체와 직접 교섭을 시도했다. 1930년대부터 협의체 성원 몇 명을 알고 있었기 때문이다. 3월 말, 그는 분명 트랜스요르단의 압둘라 국왕의 승인을 받아 여호수아 팔몬을 만났다. 그는 팔몬에게 불가침 조약을 제안했다. 이 조약을 체결하면 유대 세력을 유대 국가로 지정된 지역에 묶어두고, 결국 팔레스타인을 연방화하는 교섭을 하게 될 터였다. 말할 필요도 없이, 그의 제안은 거부되었다. 그렇지만 유대 세력이 유엔이 아랍 국가로 할당한 지역으로 밀고 들어오기 전까지 알까우끄지는 유의미한 공격을 한 번도 수행하지 않았고 또 그럴 능력도 없었다.

알까우끄지는 정전뿐만 아니라 유대 세력이 팔레스타인에 진출하는 문제를 다시 아랍 연맹에서 논의하겠다는 제안도 했다. 그렇지만 팔몬은 교섭 대표보다는 첩자 역할을 맡고 파견된 것이었다. 그는 아랍 해방군이 장비도 형편없고 싸울 동기도 부족하다는 사실을 간파했다. 바로 이것이 협의체가 듣고 싶어한 주요 정보였다.[70]

알까우끄지가 등장하는 것과 동시에 이집트에서 무슬림형제단 지원병들이 남부 해안 평야에 도착했다. 그들은 열정으로 가득했지만, 군인이나 부대로서는 철저하게 무능했다. 그들이 방어하기로 한 마을들이 잇달아 순식간에 점령되고 사람들이 쫓겨난 뒤 파괴되었기 때문이다.

1948년 1월, 아랍 세계에서 전쟁을 외치는 목소리가 새롭게 고조되었지만, 아랍 각국 정부는 대체로 팔레스타인을 구조할 필요성을 언급하는 정도에서 그쳤다. 그와 동시에 〈필라스틴 Filastin〉 같은 현지 언론과 일간지, 그리고 특히 〈뉴욕타임스〉 같은 해외 언론은 팔레스타인 마을과 동네에 대한 유대의 공격을 체계적으로 보도했다.

아랍 연맹 사무총장인 이집트의 정치인 아잠 파샤 Azzam Pasha 는 그 시점에서 유엔이 다시 개입해서 아랍 각국이 팔레스타인에서 직접 대결하는 일을 피할 수 있기를 기대했다.[71] 하지만 이 국제기구는 어찌할 바를 몰랐다. 흥미롭게도, 유엔은 팔레스타인인들이 분할안을 거부하기로 결정하면 어떻게 할 것인가라는 문제를 제기한 적이 없었다. 유엔이 이 문제를 미해결 상태로 놔둔 한편, 영국과 프랑스 같은 나라들이 선의의 봉사를 하는 가운데 유엔 관리들은 이웃 아랍 나라들이 팔레스타인인들에게 할당된 지역을 병합할 것인지에 대해서만 질문을 던졌다. 그리고 요르단 같은 이웃 나라가 이미 유대인들과 '아랍' 팔레스타인을 차지하는 게 가능한지 그 여부를 놓고 교섭을 하고 있음을 알고 기본적으로 만족했다. 요르단은 결국 이 지역을 장악했다. 요르단강 서안이라고 알려지게 된 지역 대부분을 총 한 방 쏘지 않고 병합한 것이다. 다른 아랍 지도자들은 아직 사냥에 끼어들 생각이 없었기 때문에 자신들이 개입하는 것은 팔레스타인인들이 팔레스타인을 해방시키는 것을 돕거나 적어도 그 일부를 지키기 위한 행동이라는 명분을 계속 유지했다.

얼마나 많이 개입하고 지원할 것인지에 관한 아랍의 결정은 전개되는 현장 상황에 직접 영향을 받았다. 그리고 현장에서 그들은—정치인들은 점점 당황하면서, 그리고 지식인과 언론인들은 경악하면서—바로 눈앞에서 주민 감축 과정이 시작되는 것을 지켜보았다. 이 지역에는 아랍 각국의 많은 대표자들이 있었기 때문에 유대가 펼치는 작전의 내용과 범위를 익히 알고 있었다. 아랍 지도자들 가운데 초기 단계인 1948년 초에 팔레스타인 사람들 앞에 재앙이 기다리고 있음을 의심하는 이는 거의 없었다. 하지만 그들은 불가피한 군사 개입을 최대한 질질 끌면서 연기했고, 일찌감치 개입을 마무리하게 되자 무척 흡족해했다. 그들은 팔레스타인인들이 패배했다는 사실뿐만 아니라 자국의 군대가 우월한 유대 군대에 맞서 승산이 없다는 점도 잘 알고 있었다. 실제로 아랍 각국은 거의 또는 전혀 승산이 없다는 걸 알면서 전쟁에 군대를 파견했다.

아랍 지도자들은 대부분 팔레스타인을 엄습하는 재앙에 냉소적인 태도를 보였고, 진정으로 걱정하는 이는 거의 없었다. 하지만 걱정하지 않는 이들조차도 평가할 시간이 필요했다. 당면한 상황을 평가하기보다는 팔레스타인에 관여하는 것이 자국에서 자신들의 불안정한 지위에 어떤 영향이 미칠지를 평가해야 했다. 이집트와 이라크는 자국에서 벌어지는 해방 전쟁의 마지막 단계에 휩쓸린 상태였고, 시리아와 레바논은 이제 막 독립을 획득한 젊은 나라들이었다.[72] 유대 군대가 본격적인 행동에 나서면서 진짜 의도가 완전히 드러나고 나서야 아랍 각국 정부는 모종의 통일된 대응을 꾀했다. 그들은 각국 내에서 이미 위태로운 자신들의 지위를 흔들 수 있는 소용돌이에 휘말리지 않기 위해 지역 차원 조직인 아랍 연맹 이사회에 결정권을 떠넘겼다. 앞서 언급한 것처럼 아랍 연맹 이사회는 아랍 각국 외무 장관들로 이루어진 기구였다. 이 기구에서 내린 결정은 거부당하거나 마음대로 그릇되게 해석되거나, 행여 수용된다고 해도 부분적으로만 실행되었기 때문에 이 기구는 비효율적인 조직이었다. 팔레스타인 농촌과 도시의 현실이 무시하기에는 너무도 고통스럽게 분명해진 뒤에도 아랍 연맹 이사회는 논의를 질질 끌었고, 1948년 4월 말이 되어서야 팔레스타인에 군대를 파견하기로 결정했다. 그때쯤에는 팔레스타인인 100만 명 중 4분의 1이 이미 쫓겨나고, 마을 200곳이 파괴되고, 소읍 수십 곳이 텅 빈 상태였다.

여러모로 볼 때, 아랍 지도자들은 알까우끄지가 마르즈이븐아미르에서 패배한 것을 계기로 정규군을 보내야겠다고 확신했다. 알까우끄지는 4월 4일부터 전투를 시작해서 10일을 싸우고도 미슈마르하에메크 키부츠를 점령하는 데 실패했다. 1948년 5월 이전 아랍이 수행한 유일한 공격 행동이었다.

최종적인 전쟁 개입 결정이 내려지기 전인 4월 30일, 아랍 각국의 반응은 천차만별이었다. 아랍 연맹 이사회는 모든 회원국에 무기와 지원병을 보내라고 요청했지만, 모두가 요청을 따른 것은 아니었다. 사우디아라비아와 이집트는 소규모 재정 지원을 서약했고, 레바논은 제한된 수의 총기를 제공하겠다고 약속했으며, 시리아만이 적절한 군사 준비 태세에 가담할 의사를 밝힌 것으로 보인다. 시리아는 또한 이웃 이라크를 설득해서 지원병을 훈련시켜 팔레스타인에 보내게 했다.[73]

지원병이 부족하지는 않았다. 주변 아랍 국가들의 많은 사람들이 아무 행동도 하지 않는 자국 정부를 규탄하는 시위에 나섰다. 또한 수천 명의 젊은이가 팔레스타인인들을 위해 기꺼이 목숨을 바치려고 했다. 이런 강렬한 감정의 분출에 관해 지금까지 많은 글이 나왔지만, 수수께끼는 여전히 남는다─범아랍주의로 분류하는 것도 정당한 평가는 아니다. 아마 가장 그럴듯한 설명은 팔레스타인과 알제리가 격렬하고 대담한 반식민주의 투쟁의 본보기가 되어 중동 여러 나라의 아랍 젊은이들의 민족적 열정에 불을 붙인 반면, 나머지 아랍 세계에서는 민족 해방이 항상 지루한 외교 교섭을 통해 이루어져서 별반 흥분을 불러일으키지 못했다는 점일 것이다. 하지만 다시 한번 강조하건대, 이것은 바그다드나 다마스쿠스의 젊은이들이 결코 종교적인 사명은 아닐지라도 신성한 사명으로 여긴 바를 위해 모든 것을 버리고 팔레스타인으로 떠난 사실에 대한 부분적인 분석에 불과하다.

이런 배경에 비춰 볼 때 기묘한 사람은 트랜스요르단의 압둘라 국왕이다. 그는 새로운 상황을 활용해서 위임 통치 이후 팔레스타인에서 공동 협정을 맺기 위해 유대 기구와 교섭을 강화했다. 트랜스요르단 군대는 팔레스타인에 진출해 있었고 일부 부대는 곳곳에서 마을 사람들을 도와 집과 땅을 지키려고 한 반면, 사령관들은 대체로 현장의 부대를 억제했다. 아랍 해방군 사령관 파우지 알까우끄지의 일기를 보면, 팔레스타인에 주둔한 요르단의 아랍 군단 부대들이 그의 부대와 협조하려고 하지 않자 점점 좌절감에 빠진 사정이 낱낱이 드러난다.[74]

1948년 1월에서 5월 사이에 유대 세력이 작전을 펼치는 과정에서 팔레스타인인 25만 명 정도가 무력으로 집에서 쫓겨났지만 아랍 군단은 수수방관하기만 했다. 사실 1월에 요르단과 유대 쪽은 이미 구두 협정을 굳힌 상태였다. 1948년 2월 초 요르단 수상은 런던으로 날아가 유대 지도부와 암묵적인 동맹을 맺었다고 보고했다. 위임 통치가 끝난 뒤 팔레스타인을 요르단과 유대 국가가 분할한다는 것이었다. 요르단은 분할안에서 아랍인들에게 할당된 지역 대부분을 병합하고, 그 대가로 유대 국가를 상대로 한 군사 작전에 참여하지 않겠다고 약속했다. 영국은 이 계획을 승인했다.[75] 요르단의 아랍 군단은 아랍 세계 전체에서 가장 훈련이 잘된 군대였다. 이 군대는 유대 군대와 맞먹었고, 일부 지역에서는 더 우월하기도 했다. 하지만 국왕과 아랍 군단 참모총장인 영국인 존 글럽 파샤John Glubb Pasha는 군대의 활동 영역을 자국 땅으로 간주하는 지역으로만 한정했다. 동예루살렘과 오늘날 요르단강 서안이라고 알려진 지역이다.

팔레스타인을 구원하는 데서 요르단 아랍 군단이 제한된 역할만을 하기로 결정한 최종 회담은 1948년 5월 2일에 열렸다. 유대 쪽 최고위 장교 슐로모 샤미르Shlomo Shamir가 요르단 아랍 군단의 고위 장교 두 명과 회동했다. 요르단의 여느 고위 장교들처럼 골디Goldie 대령과 크로커Crocker 소령도 영국인이었다. 요르단 손님들은 유대 국가를 인정한다는 국왕의 메시지를 가져왔지만, 유대인들이 '팔레스타인 전체를 차지하려고 하는 지' 궁금해했다. 샤미르는 솔직하게 대답했다. "우리는 원하기만 하면 그렇게 할 수도 있지요. 하지만 이건 정치적인 문제입니다." 요르단 장교들은 계속해서 요르단이 주로 걱정하는 점을 설명했다. 유대 군대가 야파 같이 유엔이 지정한 아랍 국가 안에 있는 지역을 점령하고 청소하고 있다는 것이었다. 샤미르는 야파 작전은 예루살렘으로 통하는 도로를 보호하기 위해 필요한 조치였다고 정당화했다. 그리고 계속해서 요르단 특사들에게 시온주의자들에 관한 한 유엔이 지정한 아랍 국가는 요르단강 서안만을 포함하는 지역으로 축소되었다는 점을 분명히 했다. 이스라엘 사람들은 요르단을 위해 이 지역을 '기꺼이' 포기하겠다고 했다.[76]

요르단 장교들이 예루살렘의 미래에 관한 합의를 이루기 위해 시도했지만 결렬되면서 회담은 끝이 났다. 유대 기구가 요르단과 기꺼이 팔레스타인을 분할하고자 했다면, 왜 예루살렘에는 같은 원칙을 적용하지 않을까? 벤구리온의 충실한 대리인인 샤미르는 이 제안을 거부했다. 샤미르는 시온주의 지도자 벤구리온이 유대 군대가 도시 전체를 차지할 만큼 충분히 강하다고 확신하고 있음을 알았다. 며칠 뒤인 5월 11일 자 일기를 보면, 벤구리온은 요르단 아랍 군단이 예루살렘을 얻기 위해, 그리고 필요하면 위임 통치 이후의 팔레스타인에서 자신의 몫으로 할당된 요르단강 서안을 얻기 위해 격렬하게 싸울 것임을 알았다. 며칠 뒤 골다 메이어가 암만에서 압둘라 국왕을 만났을 때 이 점은 곧바로 확인되었다. 그 자리에서 국왕은 어느 때보다도 더 긴장한 것처럼 보였다. 아랍 연맹 회원국들에게 아랍 각국이 팔레스타인에서 펼치는 군사적 시도를 이끌겠다고 약속하는 한편, 다른 한편으로는 유대 국가와 협정에 도달

하기 위해 노력해야 하는 등 이중적인 게임에서 승리하려고 애를 썼기 때문이다.[77]

결국 두번째가 압둘라 국왕이 취하게 되는 행동 방침에서 결정적인 축으로 작용했다. 국왕은 유대 국가에 대항하는 아랍의 전반적인 노력에서 자신이 중대한 역할을 맡은 것처럼 보이기 위해 최선을 다했지만, 실제로 그의 주된 목적은 요르단이 요르단강 서안을 병합하는 데 이스라엘의 동의를 확보하는 것이었다.

앨릭 커크브라이드Alec Kirkbride 경은 요르단 암만 주재 영국 대표로 이를테면 대사와 고등 판무관을 겸임하고 있었다. 1948년 5월 13일, 커크브라이드는 영국 외무 장관 어니스트 베빈에게 편지를 보냈다.

> 요르단 아랍 군단과 하가나 사이에 몇 차례 협상이 있었고, 아랍 군단의 영국인 장교들이 협상에 나섰습니다. 이 극비 협상의 목적은 양 세력이 각자 팔레스타인의 어떤 지역을 점령할지를 정하는 것으로 사료됩니다.

베빈은 답장을 보냈다.

> 나는 아랍인과 유대인의 적대 행위를 피하는 것을 목표로 삼는 것처럼 보이는 이 협상의 성공을 저해할 만한 어떤 일도 하고 싶지 않습니다. 이 협정의 실행은 아랍 군단 영국인 장교들에게 달려 있어요. 그러니까 우리는 [팔레스타인에서] 아랍 군단 장교들을 철수시켜서는 안 됩니다.[78]

하지만 벤구리온은 요르단이 자신이 정해놓은 제한된 역할을 고수할 것이라고 당연시하지 않았다. 그가 신생 국가는 종족 청소를 지속하는 동시에 요르단 아랍 군단과도 대결할 군사력이 충분하다고 자신했다는 인상이 강해지는 이유이다.

결국 요르단 아랍 군단은 이스라엘과의 충돌을 감행하면서까지 병합을 위해 싸워야 했다. 처음에 요르단은 총 한 발 쏘지 않고도 원하는 지역을 차지할 수 있었지만, 위임 통치가 종료되고 몇 주 뒤에 이스라엘군이 그 지역의 일부를 다시 빼앗으려고 했다. 다비드 벤구리온은 자신이 원래 탐낸 78퍼센트 이상으로 유대 국가를 확대하기 위해 전쟁을 더욱 전면적으로 활용하지 않기로 한 결정을 후회하는 것 같았다. 아랍이 전반적으로 무기력한 대응을 보인 탓에 놓치기 아까운 기회를 시온주의 운동에 준 것 같았다. 그렇지만 벤구리온은 요르단의 결의를 과소평가했다. 압둘라 국왕이 강경하게 주장하는 이 팔레스타인 지역들은 그의 땅이었고, 전쟁이 끝날 때까지 요르단 아랍 군단은 이 지역을 성공적으로 지켜냈다. 다시 말해, 요르단이 요르단강 서안을 점령한 것은 처음에는 앞서 유대인들과 맺은 협정 덕분이었지만, 이후에는 요르단을 도와 이스라엘의 공격을 물리친 이라크 군대와 요르단의 끈질긴 방어 노력 덕분에 이 지역이 하심가의 수중에 그대로 남았다. 이 사건을 다른 시각에서 볼 수도 있다. 요르단은 요르단강 서안을 병합함으로써 꼼짝없이 추방될 운명이던 팔레스타인인 25만 명을 구했다—적어도 1967년에 이스라엘에 점령될 때까지, 그리고 그뒤로부터 지금까지, 즉 좀더 신중하고 점진적인, 새로운 추방 물결에 종속될 때까지는 말이다. 위임 통치 마지막 며칠 동안 요르단이 실제로 어떤 정책을 추구했는지는 다음 장에서 자세히 이야기할 것이다.

팔레스타인 지도부의 경우에 그나마 남은 이들은 산산이 흩어져서 허둥지둥하기 바빴다. 일부 성원들은 급하게 떠났고, 잠시 헛된 희망을 품기도 했다. 팔레스타인에 남아서 1947년 12월 유대의 공격과 1948년 1월 청소 작전 개시에 맞서려고 한 이는 거의 없었지만, 일부는 자리를 지키면서 민족 위원회의 공식 성원 지위를 유지했다. 원래는 1930년대 이래 팔레스타인인들의 비공식 정부인 아랍 고등 위원회가 그들의 활동을 조정하고 감독해야 했지만, 이쯤이면 고등 위원회 성원의 절반도 떠난 상태였고 남은 이들은 상황에 대처하기가 어려웠다. 하지만 과거에 어떤 실패를 했든 간에, 그리고 쉽게 떠나는 쪽을 택할 수 있었음에도 불구하고 그들은 거의 최후까지 각자가 속한 공동체의 곁에 남았다. 에밀 고리Emil Ghori, 아흐마드 힐미Ahmad Hilmi, 라피끄 타미미Rafiq Tamimi, 무인 알마디Mu'in al-Madi, 후세인 알칼리디Hussein al-Khalidi 등이 그 주인공들이다. 그들은 각자 지역의 몇몇 민족 위원회 및 아랍 고등 위원회 의장 알하즈 아민 알후세이니와 연락을 유지했다. 아민 알후세이니는 당시 거주하던 카이로에서 가까운 동료인 셰이크 하산 아부 수드Shaykh Hasan Abu Su'ud, 이샤끄 다르위시Ishaq Darwish와 사태의 추이를 예의 주시했다. 이미 1937년에 영국에 의해 망명길에 올랐기 때문이다. 영국이 이 땅에 존재한다는 사실을 감안하면, 과연 그가 그 혼란과 소요의 시절에 돌아올 수 있었을까? 그의 친척으로 그가 부재한 시기에 아랍 고등 위원회 의장 대리를 맡은 자말 알후세이니Jamal al-Husayni는 1월에 미국으로 떠났다. 뒤늦게나마 유엔 결의안에 반대하는 외교 캠페인을 시작하기 위해서였다. 여러모로 볼 때, 팔레스타인 공동체는 지도자 없는 민족이었다.

이런 상황에서 압드 알까디르 알후세이니를 한번 더 언급해야 한다. 마을 사람들을 보호하기 위해 그들 스스로 준군사 조직을 만들려고 애썼기 때문이다. 그의 군대인 '성전 군대Holy War Army'는 허약한 조직에 비해서는 거창한 이름이었는데, 4월 9일까지 버티다가 결국 우월한 장비와 군사 경험에다가 수적으로도 우세한 하가나 부대에 의해 괴멸되었고 압드 알까디르는 살해되었다.

야파 광역지구에서도 앞서 언급한 하산 살라메흐와 니므르 하와리 Nimr Hawari(이 사람은 나중에 유대인들에게 항복하고 1950년대 이스라엘에서 최초의 팔레스타인인 판사가 되었다)가 비슷한 시도를 했다. 두 사람은 스카우트 운동을 준군사 조직으로 전환하려고 했지만, 이 조직 역시 몇 주 만에 무너졌다.[79]

그리하여 위임 통치가 종료되기 전에 팔레스타인 외부에서 온 아랍 지원병들이나 내부의 준군사 부대는 유대인 공동체에 심각한 위험이 되지 못했다. 유대인 공동체는 전투에서 패배하거나 항복해야 하는 사태를 걱정할 일이 전혀 없었다. 이 외부 세력과 현지 세력이 하려고 했지만 할 수 없었던 일은 현지 팔레스타인 주민들을 유대의 공격에서 보호하는 것이었다.

사정이 이런데도 이스라엘, 그리고 특히 미국의 여론은 미래 유대 국가 앞에 파괴의 위험이나 '제2의 홀로코스트'가 기다리고 있었다는 신화를 영속화하는 데 성공했다. 나중에 이스라엘은 이런 신화를 한껏 활용하면서 전 세계 유대인 공동체에서 자국에 대한 지지를 대규모로 확보할 수 있었던 한편, 미국 일반 국민들의 눈에 아랍인 전체, 특히 팔레스타인인들을 악마로 그렸다. 물론 팔레스타인의 현실은 거의 정반대였다. 팔레스타인인들은 대량 추방에 직면해 있었다. 이스라엘 역사 서술에서 '가장 험한' 시기로 꼽는 한 달 동안 팔레스타인인들은 유대인 공동체를 파괴하는 데 몰두하기는커녕 추방의 운명을 모면하기 위해 기를 썼을 뿐이다. 5월이 끝났을 때 이스라엘의 청소 부대를 방해하는 세력은 하나도 없었다.

## '진짜 전쟁'을 향하여

팔레스타인의 관점에서 보면, 1948년 4월 중순까지 겉으로 보기에 상황이 나아지는 것 같았다. 압둘라 국왕은 유대 쪽 회담자들에게 아랍 연맹이 팔레스타인에 정규군을 파병하기로 결정했다고 알려주었다. 3월과 4월에 팔레스타인에서 진행된 사태 때문에 이제 아랍 지도자들은 다른 선택의 여지가 없게 되었다. 그들은 이제 본격적으로 군사 개입을 위한 준비를 시작했다. 그때 워싱턴으로부터 예상치 못한 소식이 전해졌다. 미국 국무부가 미국의 새로운 접근법을 밀어붙이고 있다는 것이었다. 팔레스타인 현지에 있는 미국 대표들은 이때쯤이면 추방 작전이 진행되고 있음을 익히 알았고, 이미 본국의 상관들에게 분할안 시행을 중단하고 다른 해법을 추진해보라고 제안한 상태였다.

이미 1948년 3월 12일에 미국 국무부는 유엔에 제출할 새로운 제안을 작성했다. 팔레스타인을 5년 동안 국제 신탁 통치에 맡기면서 그동안 양쪽이 합의된 해법을 교섭하게 하자는 것이었다. 이 제안은 팔레스타인 역사상 미국이 내놓은 제안 가운데 가장 합리적인 것이었고, 유감스러운 일이지만, 이후 다시는 비슷한 제안이 나오지 않았다. 주유엔 미국 대사 워런 오스틴Warren Austin의 말을 빌리면, "미국의 입장은 팔레스타인 분할은 이제 더이상 실행 가능한 선택지가 아니라는 것"이었다.[80]

유엔이 현재 맨해튼의 고층 건물로 옮기기 전에 자리했던 뉴욕 플러싱메도즈Flushing Meadows에 모인 유엔 회원국들은 미국의 구상이 마음에 들었다. 분할이 팔레스타인에 평화를 가져오는 데 실패했고 실제로 더 많은 폭력과 유혈을 조장했다는 결론은 무척 타당한 것이었다. 하지만 논리가 고려해야 할 한 측면이라면, 유력한 국내 로비 집단을 적으로 돌리지 않으려는 소망은 다른 측면이었고, 이 경우에는 소망이 더 우세했다. 시온주의 로비 집단이 해리 트루먼Harry Truman 대통령에게 대단히 효과적인 압력을 가하지 않았더라면, 팔레스타인 역사의 경로가 무척 달라졌을 수 있다. 그 대신 미국 유대인 공동체의 시온주의 분파는 자신들이 미국의 팔레스타인 정책(그리고 나중에는 중동 전체에 대한 정책)에 영향을 미칠 능력이 있다는 중요한 교훈을 얻었다. 1950년대와 1960년대 초 내내 계속된 기나긴 과정에서 시온주의 로비 집단은 국무부의 아랍 세계 전문가들을 밀쳐내고 미국의 중동 정책을 의회와 백악관의 손에 맡기는 데 성공했다. 그리고 시온주의자들은 의회와 백악관에 상당한 영향력을 휘둘렀다.

하지만 의회 정복이 손쉽게 이루어진 것은 아니다. 국무부 '아랍 전문가'들은 대통령 측근들보다 〈뉴욕타임스〉 보도를 꼼꼼하게 읽으면서 트루먼을 설득하려고 필사적으로 노력했다. 꼭 분할 대신 신탁 통치를 시행하지 않더라도 적어도 분할안을 재고할 시간을 좀더 달라는 것이었다. 그들은 대통령을 설득해서 양쪽에 3개월 정전을 제시하게 했다.

5월 12일 수요일 오후, 최고 사령부와 협의체의 정기 회의가 새로운 기구의 중요한 회의체인 '인민 위원회People's Board' 때문에 연기되었다. 인민 위원회는 3일 뒤에 이스라엘 정부로 변신하게 된다. 벤구리온은 참석한 인원 거의 모두가 미국의 제안을 거부한다는 결정을 지지했다고 주장했다. 훗날 역사학자들은 벤구리온이 이 결의안을 통과시키는 데 애를 먹었다고 주장했다. 결의안에는 미국의 안을 거부하는 것뿐만 아니라 3일 뒤에 국가를 선포하는 내용까지 담겨 있었다. 이 자리는 어쨌거나 그렇게 중요한 회의가 아니었다. 협의체가 이미 종족 청소 작전을 밀어붙이고 있었고, 벤구리온은 시온주의 정치 엘리트 집단의 다른 이들이 작전을 중단하게 내버려두지 않았기 때문이다. 이 사람들은 과거에 이 전망과 계획에 은밀하게 관여하지 않은 이들이었다. 그러자 백악관은 신생 국가를 인정했고, 국무부는 미국의 팔레스타인 정책에서 다시 뒷전으로 밀려났다.[81]

4월 마지막날, 아랍 세계는 팔레스타인에 대한 군사 작전 지휘자로 압둘라 국왕을 임명했지만, 그가 유대인들과 비밀 협정을 맺은 사실은 아랍 지도자 대부분이 익히 알고 있었다. 아랍 국가 중 가장 큰 나라인 이집트가 군사적 시도에 가담하기로 결정하기 전에, 미국의 마지막 시도가 실패할 때까지 기다린 것은 놀랄 일도 아니다. 이집트 지도자들은 군사 행동이 대실패로 끝날 것을 알고 있었기 때문이다. 5월 12일 이집트 상원에서 결정이 통과됨에 따라 이집트 군대는 '침공'을 준비할 시간이 채 3일도 되지 않았고, 전장에서 군대가 보인 성과는 준비 기간이 이렇게 짧았던 사실을 여실히 증명했다.[82] 뒤에서 살펴보겠지만, 다른 나라 군대들이라고 나을 게 없었다. 영국은 4월과 5월의 이 시기에 여전히 마지막 희망이었지만, 제국 어디에서도 이토록 신의를 저버리는 행동을 보이지는 않았다.

## 영국의 책임

영국은 플랜 달렛에 관해 알고 있었을까? 어떤 이는 영국이 알았다고 추정하지만 그것을 입증하기는 쉽지 않다. 플랜 달렛이 채택된 뒤 영국이 자국 군대가 여전히 주둔하고 있는 지역에서 더이상 법질서를 책임지지 않겠다고 발표하고 자국 군대를 보호하는 데에만 활동을 제한한 것은 무척 의미심장하다. 그러니까 하이파와 야파, 그리고 두 도시 사이의 해안 지역 전체가 이제 텅 빈 공간이 되어 시온주의 지도부는 영국군의 방해를 받거나 심지어 충돌할 걱정 없이 플랜 달렛을 실행할 수 있게 된 것이다. 설상가상으로 시골과 소도시에서 영국인들이 사라진 것은 팔레스타인 전체에서 법질서가 완전히 무너진 것임을 의미했다. 일간지『필라스틴』같은 당시 신문들은 도심지에서는 절도와 강도, 그리고 마을 주변에서는 약탈 같은 범죄 발생률이 높아지는 상황에 대한 사람들의 불안을 반영했다. 영국 경찰관들이 도시와 소도시에서 철수하는 것은 또한, 예를 들어 많은 팔레스타인인들이 이제 더이상 지자체에서 봉급을 받지 못함을 의미했다. 정부 부서는 대부분 유대인 동네에 있었는데, 팔레스타인인들이 이곳에 가면 습격당하기 일쑤였다.

오늘날 팔레스타인인들이 여전히 다음과 같은 말을 하는 것도 전혀 놀라울 게 없다. "우리가 겪은 재앙의 주된 책임은 영국 위임 통치에 있습니다." 아크레 인근 수흐마타Suhmata 출신 난민인 자말 카두라Jamal Khaddura의 말이다.[83] 그는 평생 동안 이런 배신감을 안고 살았고, 2001년 영국 상하 양원에서 공동으로 구성한 팔레스타인 난민에 관한 중동 조사 위원회에서 다시 배신감을 표현했다. 위원회에 출석해서 증언을 한 다른 난민들도 카두라와 같은 비통함과 비난을 쏟아냈다.

실제로 영국은 일찍이 1947년 10월부터 진지한 개입을 피했고, 유대 군대가 전초 기지를 장악하려고 하는데도 수수방관했다. 또한 아랍 지원병들이 소규모로 잠입하는 것도 막으려 하지 않았다. 12월 당시 팔레스타인에 7만 5,000명의 영국 병력이 여전히 있었지만, 이 병력은 위임 통치령 병사, 장교, 공무원 등의 철수를 보호하는 데만 주력했다.

영국은 간혹 다른 좀더 직접적인 방식으로 종족 청소를 지원했다. 유대 지도부에 소유권 증서를 비롯한 각종 중요 자료를 넘겨준 것이다. 탈식민화 과정에서 흔히 그렇듯이, 자료를 파기하기 전에 미리 복사해 둔 것이었다. 이 자료 목록이 마을 파일에 추가됨으로써 대규모 주민 추방을 위해 시온주의자들에게 필요했던 최종적인 세부 내용이 채워졌다. 군사력, 그것도 잔인한 군사력이 추방과 점령의 첫번째 요건이지만, 관료제 역시 대규모 청소 작전을 효율적으로 실행하는 데 그에 못지않게 중요하다. 사람들을 내쫓는 일뿐만 아니라 전리품을 거둬들이는 일도 필수적이기 때문이다.

### 유엔의 배신

분할 결의안에 따르면, 유엔은 원래 현장에 나와서 평화안 실행을 감독해야 했다. 팔레스타인 전체가 독립된 나라를 이루고 별개의 두 국가가 하나의 경제적 통일체를 형성하도록 말이다. 1947년 11월 29일 결의안에는 아주 뚜렷한 원칙들이 들어 있었다. 그중에서 유엔은 어느 쪽이든 상대 국가나 상대 민족 집단의 시민이 소유한 토지를 몰수하려고 하면 철저하게 막겠다고 약속했다—농경지든 미개간지든, 즉 1년 정도 묵히고 있는 땅이든 간에 말이다.

현지 유엔 특사들의 공로를 말하자면, 그들은 적어도 사태가 점점 악화되고 있음을 감지하고 분할 정책을 재평가할 것을 촉구했지만, 종족 청소의 개시를 지켜보고 보고하는 것 이상의 어떤 행동을 하지는 않았다. 유엔은 팔레스타인에 자유롭게 출입하지 못했다. 영국 당국이 유엔이 조직한 집단이 현지에 오는 것을 금지했기 때문이다. 영국 당국의 이런 태도는 유엔 위원회의 파견을 요구한 분할 결의안의 내용을 무시하는 처사였다. 영국은 1948년 5월 14일 자정에 종료된 위임 통치 기간 중에 자국 병사들과 관리들이 지켜보는 가운데 종족 청소가 벌어지도록 용인했으며, 유엔의 개입 시도를 방해했다. 유엔이 제대로 개입했다면 수많은 팔레스타인인들의 목숨을 구했을지도 모른다. 5월 15일 이후 유엔이 팔레스타인인들을 포기한 과정에는 변명의 여지가 없다. 유엔은 팔레스타인인들의 땅을 분할하고 그들의 안녕과 생명을 유대인들 손에 넘겨주었다. 19세기 말 이래 팔레스타인인들을 몰아내고 그들의 땅을 자기 땅이라고 여기면서 차지하려 한 유대인들에게 말이다.

# 6. 가짜 전쟁과 진짜 전쟁: 1948년 5월

탄투라에서 학살이 벌어진 것은 분명하다. 나는 거리로 나가지 않았는데, 그 사실에 관해 떠들지 않는다. 자랑스러워할 만한 일은 아니다. 하지만 이 사건이 알려진 이상 진실을 말해야 한다. 52년이 흐른 지금, 이스라엘은 과거를 직면할 만큼 충분히 강하고 성숙했다.

─엘리 시모니Eli Shimoni, 알렉산드로니 여단 고위 장교, 〈마리브Maariv〉, 2001년 2월 4일 자

위임 통치가 종료되고 몇 주 만에 유대 군대가 고립된 유대인 정착촌 거의 대부분에 도달했다. 유대인 정착촌 중 두 곳만 요르단 아랍 군단에게 빼앗겼다. 두 곳은 1948년 5월 이전에 이미 요르단이 요르단강 서안을 점령하고 병합하기로 양쪽이 합의한 지역 안에 있었기 때문이다.[1] 요르단은 또한 이슬람 성소들뿐만 아니라 유대인 지구도 포함하는 구시가를 포함해서 적어도 예루살렘의 절반은 자신들이 가져야 한다고 주장했지만, 이 문제에 관해서는 앞선 합의가 없었기 때문에 소유권을 얻기 위해 싸워야 했다. 요르단은 용감하면서도 성공적으로 싸웠다. 이때 유일하게 양쪽이 전투를 벌였는데, 요르단 아랍 군단은 이스라엘군이 이

미 점령과 청소와 파괴를 시작한 팔레스타인 마을과 소도시 근처에 주둔해 있을 때와는 전혀 딴판의 모습을 보였다.

5월 11일 협의체를 소집한 벤구리온은 동료들에게 장차 요르단이 좀 더 공세적인 군사 행동을 벌이면 어떻게 될지 판단해달라고 요청했다. 그날 회의의 최종 결론은 벤구리온이 하가나의 여러 여단 사령관들에게 보낸 편지에서 찾아볼 수 있다. 요르단 아랍 군단이 더욱 공세적인 의도를 보이더라도 한눈팔지 말고 부대가 맡은 주요 임무에 충실하라는 내용이었다. "팔레스타인 청소는 여전히 플랜 달렛의 주요 목적입니다"(그는 'bi'ur'라는 명사를 사용했는데, 이 단어는 유월절의 '누룩 청소'나 '근절', '제거' 등을 뜻한다).²

결국 그들의 계산이 맞아떨어졌다. 요르단 군대는 아랍 군대 중 가장 강력하고 따라서 원래는 유대 국가에 가장 만만찮은 적수가 되었을 테지만, 압둘라 국왕이 시온주의 운동과 암묵적인 연합을 형성한 탓에 팔레스타인 전쟁 첫날부터 중립을 지켰다. 요르단 아랍 군단의 영국인 참모총장 글럽 파샤가 1948년 팔레스타인 전쟁을 '가짜 전쟁 Phony War'이라고 이름 붙인 것도 놀랄 일은 아니다. 글럽은 압둘라가 아랍 군단의 행동에 어떤 제한을 가했는지를 익히 알았을 뿐만 아니라 범아랍 차원의 전반적인 협의와 준비 태세에도 은밀하게 관여했다. 아랍 여러 나라 군대의 영국인 군사 고문들—그 수가 많았다—과 마찬가지로, 그 역시 다른 아랍 군대의 팔레스타인 구조 작전 준비가 아주 부실하고—그의 동료들의 표현대로 '애처롭고'—아랍 해방군도 사정은 마찬가지라는 사실을 알았다.³

위임 통치가 종료된 뒤 아랍의 전반적인 행동에서 찾을 수 있는 유일한 변화가 있다면 구사하는 언어였다. 전쟁의 북소리가 이제는 전보다 더 크고 거칠게 울려퍼졌지만, 아무리 북소리가 커도 전반적인 무기력과 무질서와 혼란을 감추지는 못했다. 이런 상황은 바로 옆에 있는 아랍 나라의 수도와는 달랐을지 모르지만, 전반적인 그림은 아주 획일적이었다. 카이로의 이집트 정부는 위임 통치가 종료되기 이틀 전인 마지막 순간이 되어서야 팔레스타인에 군대를 파견하기로 결정했다. 이집트가 따로 떼어둔 1만 명의 병력 중에는 무슬림형제단 지원병으로 이루어진 대규모 분견대가 거의 절반을 차지했다. 이 정치 운동 성원들은—이슬람 정통파의 방식에 맞게 이집트와 아랍 세계를 복원하겠다고 맹세하면서—팔레스타인을 유럽 제국주의에 맞선 싸움의 결정적인 전장으로 간주했다. 하지만 1940년대에 무슬림형제단은 이집트 정부도 제국주의 부역자로 간주했고, 극단적 성향의 성원들이 폭력에 호소해서 운동을 벌이는 과정에서 수천 명이 투옥되었다. 이집트 정부는 이 사람들을 팔레스타인 원정대에 합류시키기 위해 1948년 5월에 석방했지만, 그들은 군사 훈련이 전혀 되어 있지 않았고, 열정은 높았을지라도 유대 군대의 적수가 되지는 못했다.[4]

시리아의 경우는 군대가 훈련도 되어 있었고 정치인들도 더 열심이었지만, 프랑스 위임 통치에서 나라가 독립한 지 불과 몇 년 뒤인지라 팔레스타인에 파견한 소수의 부대는 실력이 형편없었다. 따라서 1948년 5월 말 이전에도 이미 협의체는 유대 국가 동북쪽 국경선을 시리아 본토로 확장해서 골란 고원을 병합하는 방안을 검토하기 시작했다.[5] 레바논 군대는 규모도 훨씬 작고 열의도 없었다. 전쟁 기간 내내 레바논 군대는 팔레스타인과 접한 자국 국경 안에 머무르는 데 만족했고, 여기서 마지

못해 부근의 몇몇 마을을 방어하려고 했다.

이라크 군대는 범아랍 차원의 노력에서 최종적이면서 가장 흥미로운 요소였다. 몇천 명 규모의 이라크 군대는 자국 정부에게서 요르단의 지침을 수용하라는 지시를 받았다. 즉 유대 국가를 공격하지 말고 압둘라 국왕이 할당받은 지역인 요르단강 서안을 방어하는 데만 주력하라는 것이었다. 이라크 군대는 요르단강 서안 북부에 주둔했다. 하지만 이 군대는 자국 정치인들의 명령을 무시하고 더 효과적인 역할을 하려고 했다. 이 때문에 와디아라 지역에 아풀라와 하데라 사이의 도로변에 있는 15개 마을이 계속 저항하면서 추방을 면할 수 있었다(이 마을들은 1949년 여름 요르단 정부가 양자 휴전 협정의 일환으로 이스라엘에 양도했다).

3주 동안 이 세 나라 아랍 군대는—어떤 군대는 정치인들의 위선 때문에 행동에 나서고, 어떤 군대는 똑같은 위선 때문에 행동을 억제당하는 가운데—유엔 분할 결의안에서 아랍 국가에 할당된 지역에 진입해서 지역을 고수하는 데 성공했다. 몇몇 지역에서는 현지에 고립된 유대인 정착촌을 포위하고 잠시 동안 점령할 수 있었지만 며칠 만에 다시 빼앗겼다.

팔레스타인에 진입한 아랍 군대는 곧바로 자신들이 보급선에서 멀리 벗어난 사실을 깨달았다. 이제 가뜩이나 낡은 데다가 고장 나기 일쑤인 무기의 탄약을 받기도 힘들어진 것이다. 이윽고 장교들은 다양한 국가의 군대 사이에 조정자가 전혀 없고, 보급 통로가 열린 뒤에도 자국에 이미 무기가 바닥 났다는 사실을 간파했다. 아랍 각국 군대의 주요 무기 공급자는 영국과 프랑스였는데, 두 나라가 팔레스타인 무기 수출 금지를 선언했기 때문에 무기가 부족했던 것이다. 결국 아랍 군대는 무력해졌지만, 유대 군대는 거의 영향을 받지 않았다. 소련과 새롭게 생겨난 동구권이 기꺼이 무기 공급자로 나섰기 때문이다.[6] 조정자가 부재한 현상은 아랍 연맹이 압둘라 국왕을 범아랍군 최고 사령관으로, 이라크 장군을 사령관 대리로 임명한 결정이 낳은 불가피한 결과였다. 요르단은 범아랍 차원의 노력을 훼손하기 위해 최선을 다한 1948년 5월~7월의 시절을 한 번도 돌아보지 않은 반면, 1958년 집권한 이라크의 혁명적 통치자들은 팔레스타인의 재앙에서 일익을 담당했다는 이유로 장군들을 재판에 회부했다.

그렇지만 전장에서 유대 군대와 전투를 벌이면서 유대 쪽의 용감한 대응을 야기할 정도의 아랍 병력은 충분했다. 특히 유엔이 아랍 국가로 지정한 지역이나 팔레스타인 바깥쪽 끝에 고립된 유대인 공동체가 격전지였다. 아랍 군대가 5월 15일 팔레스타인에 진입하기 시작했을 때 벤구리온이 이미 유대 쪽의 취약한 전초 기지는 스스로 살아남게 내버려 두기로 전략적인 결정을 내린 상태였기 때문이다. 시리아군 부대들은 그날 다마스쿠스-티베리아스 간 도로를 따라 전진해서 그곳에 있는 고립된 정착촌 네 곳, 즉 미슈마르하야르덴Mishmar HaYarden, 아옐레트하샤하르, 하초르Haztor, 메나헤미야Menahemiya 주변에서 전투를 벌였다. 이 부대들은 미슈마르하야르덴 한 곳만을 점령했는데, 거기서 정전 첫날(6월 11일)까지 머물렀다. 이스라엘 정보부의 말을 빌자면, 나중에 공격을 받고 팔레스타인 밖으로 밀려날 때 그들은 "어떤 공격적인 태도도 보이지 않았다."[7]

훗날 이스라엘 역사학자들은 벤구리온이 이 정착촌들을 일시적으로 포기했다고 비판했다.[8] 순전히 군사적인 관점에서 보면, 벤구리온의 판단이 옳았다. 어쨌든 이 정착촌들 가운데 결국 어느 곳도 아랍의 수중에 남지 않았기 때문이다. 그리고 비록 종족 청소 작전이 그의 의제에서 분명 훨씬 더 중요한 우선순위에 있었다 할지라도, 그는 멀리 떨어진 이 지점들의 운명에 관해서도 관심을 기울였다.

1948년 전쟁에 관한 이스라엘의 신화와 집단적 기억을 채우는 영웅적인 이야기들 대부분이 처음 3주일 동안 벌어진 교전들에 기원을 두는 것도 이런 이유 때문이다. 실제 전쟁에서는 이스라엘 쪽의 회복력과 결의를 시험하는 다른 시련들도 있었지만—가령 텔아비브는 전쟁 초기 며칠 동안 이집트 비행기들에 의해 몇 차례 폭격을 당했다—이후 몇 주 동안 이런 사건들은 진정되고 사라졌다. 하지만 아랍 군대가 존재한다는 사실은 종족 청소를 멈추는 데 충분하지 않았다. 종족 청소의 끔찍한 이야기들은 이스라엘의 공식적이고 대중적인 역사 이야기에 아무런 곤란도 야기하지 않았다. 역사에서 완전히 지워져버렸기 때문이다.

더욱이 1948년 5월 후반에 이루어진 청소 작전은 4월과 5월 초의 작전과 전혀 다를 게 없었다. 다시 말해, 대규모 추방은 위임 통치가 종료된 사실에 아무런 영향도 받지 않고 계속 진행되었다. 1948년 5월 15일 전날 종족 청소가 벌어졌고, 다음날에도 똑같은 종족 청소 작전이 이루어졌다. 이스라엘은 아랍 군대를 상대하는 동시에 청소 작전을 계속할 만큼 충분한 병력을 보유했다.

지금쯤이면 전쟁이 시작되는 순간—침공하는 군대를 위해 길을 내주라는 아랍 각국 지도자들의 호소에 부응하여—팔레스타인인들이 자진해서 탈출했다는 이스라엘의 건국 신화는 어불성설임이 분명해졌을 것이다. 오늘날 이스라엘의 각급 교과서가 여전히 주장하는 것처럼 유대 쪽이 팔레스타인인들에게 그냥 남으라고 설득했다는 이야기는 순전한 거짓말이다. 앞서 살펴본 것처럼, 전쟁이 시작되기 전에 팔레스타인인 수십 만 명이 이미 무력으로 쫓겨났고, 전쟁 첫 주에 수만 명이 또 쫓겨났다. 당시 대대수 팔레스타인인들에게 1948년 5월 15일은 특별한 의미가 있는 날이 아니었다. 이미 5개월도 전에 시작된 종족 청소의 끔찍한 달력에 추가된 하루에 불과했던 것이다.[9]

## 티후르의 나날

'티후르_tihur_'는 청소를 뜻하는 또다른 히브리어로 말 그대로 '정화'를 의미한다. 5월 14일 저녁에 유대 국가가 선포된 뒤, 현장의 각급 부대가 상부로부터 받은 명령에서는 이 단어가 자주 분명하게 사용되었다. 이스라엘 최고 사령부는 병력을 팔레스타인 농촌과 도시 지구를 파괴하러 보내기에 앞서 병사들에게 활기를 불어넣기 위해 바로 이런 언어를 선택했다. 이런 식의 점층법적 언어 구사만이 바로 앞선 달과 분명하게 다른 점이었다—다른 모든 면에서 청소 작전은 전혀 줄지 않고 계속되었다.[10]

협의체는 계속 회의를 가졌지만, 유대 국가가 정부, 각료, 군사령부, 정보기관 등을 제대로 갖춘 기정사실이 된 뒤로, 정기 회의는 줄어들었다. 협의체 성원들은 이제 더이상 추방 마스터플랜에 몰두하지 않았다. 플랜 달렛은 가동을 시작한 이래로 순조롭게 진행되었고, 추가로 협의나 지휘를 할 필요가 없었다. 이제 협의체 성원들의 관심은 두 전선에서 동시에 '전쟁'을 지속할 만큼 충분한 병력이 있는가라는 문제에 집중되었다. 한편에서는 아랍 군대를 상대로, 다른 한편에서는 국제법에 따라 5월 15일 자로 이스라엘 국민이 된 100만 명의 팔레스타인인을 상대로 싸워야 했다. 그렇지만 5월 말에 이르자 이런 불안도 점차 사라져갔다.

협의체 운영 방식에 새로운 변화가 생겼다면, 그것은 새로운 건물로 자리를 옮겼다는 점뿐이다. 주민들이 쫓겨난 셰이크무와니스 마을이 내려다보이는 언덕 꼭대기에 있는 건물이었다. 이곳은 이스라엘군 총참모부 본부인 최고 사령부가 되었다.[11] 협의체는 5월 1일 인근 팔레스타인 마을들을 상대로 개시된 습격을 이런 전망 좋은 지점에서 말 그대로 관찰할 수 있었다. 이 공격은 그날 벌어진 유일한 작전은 아니었고, 동부와 북부에서 똑같은 작전이 동시에 진행되었다. 알렉산드로니 여단은 텔아비브와 야파의 동쪽과 북쪽에 있는 마을들을 청소하는 임무를 부여받았다. 뒤이어 북쪽으로 이동해서 다른 부대들과 함께 하이파까지 팔레스타인 해안선에 있는 주민들을 모조리 몰아내라는 명령이 내려졌다.

명령은 이미 5월 12일에 내려진 상태였다. 14일과 15일 사이에 다음 장소들을 점령, 파괴할 것. 티라Tira, 깔란수와Qalansuwa, 까꾼Qaqun, 이라타Irata, 단바Danba, 이끄타바Iqtaba, 슈웨이카Shuweika. 계속해서 깔낄리야Qalqilya[점령된 요르단강 서안에 있는 도시로 알렉산드로니 여단이 장악하는 데 실패했다. 현재 이스라엘이 세운 8미터 높이의 분리 장벽으로 완전히 둘러싸여 있다]를 점령하되 파괴하지는 말 것.'[12] 이틀 만에 알렉산드로니 여단 본부에 다음 명령이 전달되었다. "티라트하이파, 에인가잘Ayn Ghazal, 이즈짐Ijzim, 크파르람Kfar Lam, 자바Jaba, 에인하우드Ayn Hawd, 마자르Mazar 등을 공격해서 청소할 것."[13]

여단이 따라간 경로를 다시 추적해보면, 이 부대는 남에서 북으로 지역을 체계적으로 휩쓸면서 어떤 마을을 먼저 타격해야 하는지에 관한 정확한 지침을 따르기보다는 자기들이 보기에 올바른 순서대로 마을 파괴를 완수하는 쪽을 선호한 것으로 보인다. 명단을 완성하는 게 전반적인 목표였기 때문에 분명한 우선순위는 언급되지 않았다. 따라서 알렉산드로니 여단은 텔아비브의 북쪽과 동쪽에 있는 마을들부터 시작했다. 크파르사바Kfar Saba와 까꾼의 주민들은 지체 없이 쫓겨났다. 유엔이 주장하고 유대 군대에서 나온 증언들로 확인한 바에 따르면, 까꾼을 점령하는 과정에서 강간 피해자도 한 명 생겼다.

텔아비브와 하이파 사이에 뻗은, 세로 100킬로미터, 너비 15~20킬로미터 크기의 직사각형 지역 안에는 모두 합쳐 64개의 마을이 있었다. 결국 그중 두 곳, 푸레이디스와 지스르알자르까Jisr al-Zarqa만이 화를 면했다. 원래 두 마을도 추방 예정지였지만, 이웃한 유대인 정착촌 사람들이 군사령관들에게 해를 끼치지 말고 놔두라고 설득했다. 자기네 농장과 집에서 미숙련 노동자들로 부리게 마을 사람들이 필요하다는 이유에서였다.[14] 오늘날에는 두 주요 도시를 연결하는 고속도로 두 개, 즉 2번 고속도로와 4번 고속도로가 이 직사각형을 양분한다. 이스라엘 사람 수십만 명이 매일 두 도로로 통근을 하는데, 그들 대부분은 차를 몰고 지나가는 지역의 역사는 고사하고 이 지역이 어떤 곳인지도 전혀 알지 못한다. 한때 이곳에서 번창했던 팔레스타인 공동체들 대신 유대인 정착촌과 소나무 숲, 유료 낚시터 등이 자리하고 있다.

알렉산드로니 여단은 무시무시하게 빠른 속도로 연안의 직사각형 지역을 청소했다—5월 후반부에만 만시야(툴카렘Tul-Karem 지역), 부테이

마트Butaymat, 키르바트알마나라Khirbat al-Manara, 깐니르Qannir, 키르바트꿈바자Khirbat Qumbaza, 키르바트알슈나Khirbat al-Shuna 등의 마을을 청소했다. 몇몇 용감한 마을은 강하게 저항을 해서 알렉산드로니 여단이 장악하지 못했다. 그렇지만 이 마을들도 결국 7월에 청소되었다. 다시 말해, 중부 연안 평야 지대의 종족 청소 작전은 5월과 7월 두 단계로 전개되었다. 5월 후반부의 가장 중요한 '전리품'은 1948년 5월 21일에 알렉산드로니 여단이 장악한 탄투라 마을이다.

## 탄투라 학살 [15]

탄투라는 해안가의 마을 중 가장 큰 축에 속했고, 알렉산드로니 여단의 전사에서 서술하는 것처럼, 쳐들어가는 군대의 입장에서는 '목에 걸린 가시 같았다'. 탄투라의 운명의 날은 5월 22일에 찾아왔다.

탄투라는 지중해 연안에 있는 오래된 팔레스타인 마을이었다. 당시에는 큰 마을이어서 1,500명 정도의 주민이 농업, 어업, 인근 하이파의 천한 직업 등으로 생계를 유지했다. 1948년 5월 15일, 마을 촌장을 비롯한 탄투라의 몇몇 명사들이 유대 정보 장교들을 만났다. 장교들은 항복 조건을 제시했다. 항복하면 결국 마을 사람들이 쫓겨날 것이라고 의심한 명사들은 제안을 거절했다.

1주일 뒤인 1948년 5월 22일, 마을은 밤중에 공격을 받았다. 처음에 유대인 사령관은 확성기를 단 승합차를 마을에 진입시켜서 항복하라는 방송을 하려고 했지만, 이 계획은 실행되지 않았다.

공격은 사방에서 진행되었다. 이례적인 일이었다. 여단은 보통 세 방향에서 마을을 포위해서 나머지 한방향으로 '문을 열어주는' 전술을 구사했다. 그쪽으로 사람들을 몰아내기 위해서였다. 그런데 유대 군대 내에서 협의가 제대로 되지 않아서 군대가 마을을 완전히 에워쌌고 그 결과 아주 많은 마을 사람들이 유대 군대의 수중에 떨어지게 되었다.

사로잡힌 탄투라 마을 사람들은 유대 군인들이 총부리를 겨누는 가운데 해안으로 몰려갔다. 이윽고 유대 군대는 남자들을 여자, 아이들과 갈라놓고는 여자와 아이들을 인근 푸레이디스로 쫓아냈다. 일부 남자들은 1년 6개월 뒤 그 마을에서 여자와 아이들과 합류했다. 한편 바닷가에 모여진 수백 명의 남자들은 앉아서 이스라엘 정보 장교 심숀 마시비츠Shimshon Mashvitz가 올 때까지 기다리라는 명령을 받았다. 마시비츠는 인근에 있는 기바트아다Givat Ada 정착촌에 사는 장교로 탄투라도 그의 '관할 구역'이었다.

마시비츠는 에인알제이툰에서처럼 두건을 쓴 현지 부역자와 함께 가서 남자들—이번에도 역시 이스라엘군의 눈에는 10세부터 50세 사이의 남성은 모두 '남자'였다—을 골라내고는 몇 명씩 무리를 만들어 처형되는 곳에서 멀리 떨어진 한 지점으로 데려갔다. 남자들은 탄투라 마을 파일을 바탕으로 미리 준비된 명단에 따라 선택되었는데, 1936년 반란에 참여한 사람, 유대인 차량을 공격한 사람, 무프티와 접촉한 사람, 그 밖에 자동적으로 유죄 판결이 선고되는 '범죄' 중 하나라도 '저지른' 사람은 모두 포함되었다.

이 남자들만 처형된 것은 아니었다. 바닷가에서 선별 및 살해 과정이 벌어지기 전에, 점령 부대는 이미 집안과 거리에서 무차별 살인을 저질렀다. 대대 소속 공병대원 요엘 스콜닉Joel Skolnik은 이 공격에서 부상을 입었지만, 입원한 뒤 다른 병사들에게서 이번 공격이 "이스라엘군이 벌인 전투 중 가장 수치스러운 경우"라는 이야기를 들었다. 그의 말에 따르면, 군인들이 마을에 진입하는 순간 마을 안에서 저격 총탄이 날아왔고, 그 탓에 유대 군대는 마을을 장악하고 미친듯이 날뛰게 되었다고 한다. 바닷가에서 처형이 벌어지기 전의 일이었다. 애초에 공격은 마을 사람들이 백기를 흔들어 항복 표시를 한 뒤에 벌어졌다.

스콜닉은 특히 군인 두 명이 살인을 저질렀고, 인근에 있는 지크론야코프 유대인 정착촌에서 사람들이 몇 명 와서 그들을 저지하지 않았으면 계속 살인을 했을 것이라는 이야기를 들었다. 탄투라 학살극을 가까스로 중단시킨 것은 지크론야코프 정착촌 촌장인 야코프 엡스타인 Yaacov Epstein이었지만, 한 생존자가 비통하게 지적한 것처럼, '그는 너무 늦게 도착했다'.

대부분의 살인은 바닷가에서 냉정하게 진행되었다. 몇몇 희생자들은 먼저 심문을 받으면서 마을 어딘가에 숨겨져 있다고 소문난 '대규모 무기 은닉처'에 관해 질문을 받았다. 대답을 하지 못하면―그렇게 쌓아놓은 무기가 없었다―그 자리에서 총살되었다. 오늘날 이 끔찍한 참사의 많은 생존자들이 시리아의 야르무크Yarmuk 난민촌에 살고 있다. 처형을 목격한 트라우마를 겪은 뒤의 삶에 힘겹게 맞서면서.

한 유대 장교는 탄투라에서 벌어진 처형을 다음과 같이 묘사했다.

포로들은 무리를 지어 200미터 떨어진 곳으로 끌려가서 거기서 총살당했습니다. 병사들은 사령관에게 와서 이렇게 말하곤 했어요. "제 사촌이 이번 전쟁에서 죽었습니다." 사령관은 그 말을 듣고 부대에 5~7명의 무리를 따로 데려가서 처형하라고 지시했습니다. 계속해서 한 병사가 와서 자기 형제 하나가 전투중에 죽었다고 말했습니다. 형제의 경우에는 보복이 더 컸지요. 사령관은 부대에 더 많은 무리를 데려가서 총살하라고 명령했습니다. 이런 식의 과정이 계속됐지요.

다시 말해, 탄투라에서 유대 군인과 정보 장교들은 신체가 건강한 젊은 남자들을 체계적으로 처형했다. 목격자인 아부 마셰이크Abu Mashaykh는 원래 끼사리야 출신으로 친구 한 명과 탄투라에 머무르고 있었다. 1948년 2월에 유대 군대가 이미 끼사리야를 파괴하고 사람들을 쫓아냈기 때문이다. 그는 탄투라의 젊은 남자 85명이 처형되는 광경을 직접 목격했다. 10명씩 무리를 지어 데려가서는 공동묘지와 인근 사원에서 처형했다. 그는 더 많은 사람이 처형되었다고 생각했는데, 총 인원이 110명 정도 되는 것으로 추산했다. 그는 심숀 마시비츠가 작전 전체를 감독하는 모습을 보았다. "그자는 '스텐Sten'[기관 단총]을 갖고 있었고 사람들을 죽였습니다." 나중에는 이런 말을 덧붙였다. "사람들이 벽 바로 앞에 벽을 보면서 서 있었습니다. 그자가 뒤에서 와서 머리에 총을 쏘았습니다. 전부 다요." 그는 계속해서 유대 군인들이 재미있다는 표정으로 처형을 지켜보았다고 증언했다.

파우지 무함마드 탄즈Fawzi Muhammad Tanj, 일명 아부 칼리드Abu Khalid도 처형을 목격했다. 그의 설명에 따르면, 마을 남자들은 여자들과 따로 분리되었고, 7~10명 단위로 끌려가서 처형당했다. 그는 90명이 죽는 모습을 목격했다.

탄투라의 마흐무드 아부 살리흐Mahmud Abu Salih도 90명이 살해되었다고 이야기했다. 그는 당시 열일곱 살이었는데, 가장 생생한 기억은 어떤 아버지가 자식들 바로 앞에서 살해당한 일이다. 아부 살리흐는 그 아들들 중 한 명과 계속 연락을 했는데, 그 아들은 아버지가 처형당하는 걸 보고 미쳐서 다시는 회복되지 않았다. 아부 살리흐는 자기 집안 남자 7명이 처형당하는 모습을 보았다.

무스타파 아부 마스리Mustafa Abu Masri, 일명 아부 자밀Abu Jamil은 당시 열세 살이었지만, 유대 군인들이 선별하는 과정에서 열 살 정도로 잘못 봐서 여자와 아이들 무리로 보낸 덕분에 목숨을 건졌다. 열 살에서 서른 살 사이인 그의 집안사람 십여 명은 그만큼 행운이 없었고, 그는 친척들이 총살당하는 광경을 목격했다. 그가 이야기하는 사태 진행 과정을 읽다보면 오싹한 느낌을 떨치기 힘들다. 그의 아버지는 가족끼리 알고 믿는 유대인 장교를 우연히 만나서 가족을 그 장교와 함께 마을 밖으로 보냈다. 아버지 본인은 나중에 총살당했다. 아부 자밀은 즉결 처형에서 125명이 살해되었다고 회고했다. 그는 심숀 마시비츠가 바닷가에 모인 사람들 사이를 걸어가는 모습을 보았다. 마시비츠는 '그냥 재미로' 사람들한테 채찍을 휘둘렀다. 아니스 알리 자르반Anis Ali Jarban도 마시비츠에 관해 비슷하게 끔찍한 이야기를 들려주었다. 그는 근처에 있는 지스르알자르까 마을 출신이었는데 가족과 함께 탄투라로 피신해 있었다. 큰 마을이 그래도 안전하겠거니 생각했기 때문이다.

마을에서 광란이 끝나고 처형이 마무리되자 팔레스타인인 두 명에게 집단 무덤을 파라는 지시가 떨어졌다. 지크론야코프 주민인 모르데하이 소콜레르Mordechai Sokoler가 감독을 맡았다. 그가 소유한 트랙터들을 가져와서 끔찍한 작업을 해야 했기 때문이다. 1999년, 소콜레르는 230구의 시체를 묻은 것으로 기억한다고 말했다. 정확한 수치를 분명히 기억하고 있었다. "한 명씩 무덤 안에 뉘어 주었거든요."

집단 무덤을 파는 일에 가담한 팔레스타인인이 몇 명 더 있었는데, 그들은 어느 순간 자기들도 살해될 뻔했다고 이야기했다. 마을에서 벌어지는 폭력의 광란에 개입했던 지크론야코프의 야코프 엡스타인 촌장이 와서 바닷가에서 벌어지는 살상도 막은 덕분에 그들은 겨우 목숨을 건졌다. 마을의 연장자로 가장 존경받는 사람이었던 아부 피흐미Abu Fihmi는 주검의 신원을 확인해서 무덤으로 가져가는 일을 돕는 데 동원된 이들 중 하나였다. 심숀 마시비츠는 그에게 시체 명단을 작성하라고 지시했고, 그는 95구까지 세었다. 자밀라 이흐산 슈라 칼릴Jamila Ihsan Shura Khalil은 마을 사람들이 주검을 수레에 실어 매장지로 끌고 가는 광경을 보았다.

생존자 인터뷰는 대부분 1999년 이스라엘 연구생 테디 카츠Teddy Katz 가 한 것이다. 그는 하이파대학에서 석사 논문을 쓰던 중에 '우연히' 탄투라 학살을 접했다. 인터뷰가 공개되자 대학은 그의 논문을 소급해서 취소했고, 알렉산드로니 여단 퇴역 군인들은 카츠를 명예 훼손으로 고소해서 법원까지 끌고 갔다. 카츠가 인터뷰한 가장 고위급 인사는 슐로모 암바르Shlomo Ambar였는데, 그는 나중에 이스라엘 방위군 장군이 되었다. 암바르는 그에게 자신이 목격한 일을 자세히 밝히기를 거부하면서 이렇게 말했다. "그곳에서 벌어진 일은 잊고 싶습니다." 카츠가 재촉을 했지만 그가 밝힌 내용은 다음과 같은 정도였다.

나는 이 일을 내가 독일인들과 싸우러 간 사실과 연결합니다(그는 제2차세계대전 당시 유대인 여단Jewish Brigade*에서 복무했다). 독일인들은 유대인이 상대한 최악의 적이었지만, 우리는 국제 사회에서 정한 전쟁법에 따라 싸웠어요. 독일인들은 전쟁 포로를 죽인 게 아니라 슬라브족 전쟁 포로를 죽였습니다. 영국군 전쟁 포로, 그리고 유대인 전쟁 포로도 죽이지 않았지요.

암바르는 사건을 숨긴 사실을 인정했다. "그때는 이야기하지 않았는데, 지금은 왜 이야기해야 합니까?" 그의 동료들이 탄투라에서 저지른 일에 관해 카츠가 물었을 때 그의 머릿속에 어떤 이미지가 떠올랐는지를 생각하면 이해할 만한 반응이다.

사실 탄투라 이야기는 이미 1950년에 밝혀진 적이 있었지만, 그때는 데이르야신 학살같이 관심을 끌지 못했다. 하이파의 명사인 무함마드 니므르 알카팁Muhammad Nimr al-Khatib의 회고록을 보면 이 내용이 나온다. 알카팁은 전투 며칠 뒤에 한 팔레스타인인의 증언을 기록해 두었다. 그는 알카팁에게 팔레스타인인 수십 명이 바닷가에서 즉결 처형된 이야기를 들려주었다. 여기 자세한 내용이 있다.

5월 22~23일 밤에 유대인들이 세 방향에서 공격을 하면서 해변에서 보트를 타고 상륙했습니다. 우리는 거리와 집에서 저항을 했고, 아침이 되자 여기저기에 주검이 널브러져 있었지요. 이날을 평생 잊

---

* 1944년 9월 팔레스타인 거주 유대인들을 대상으로 영국 육군이 창설한 부대. 이탈리아로 가서 독일군과 싸웠다.

지 못할 겁니다. 유대인들은 여자와 아이들을 한 장소에 모두 모아놓고 그 자리에 시체를 실어다 쌓았어요. 죽은 남편과 아버지와 형제들을 직접 보고 겁을 먹으라는 거였지만, 사람들은 침묵을 지켰습니다.

남자들은 다른 장소에 모아놓고 무리를 지어 끌고 가서는 총살했습니다. 여자들이 총소리를 듣고는 유대인 보초한테 사정을 물었습니다. 보초가 대꾸하더군요. "우리 사망자들에 대한 복수를 하는 거요." 장교 하나가 남자 40명을 골라내서 마을 광장으로 데리고 갔습니다. 네 명씩 옆으로 데려갔어요. 한 명을 쏘고는 나머지 세 명에게 시체를 커다란 구덩이에 던지라고 명령하더군요. 그리고 또 한 명을 쏘고 나머지 두 명이 시체를 구덩이로 끌고 가고 그런 식이었지요.[16]


알렉산드로니 여단은 청소 작전을 마무리한 뒤 갈릴리 북부로 이동하라는 지시를 받았다.


까다스Qadas, 마이룬, 나비여호수아Nabi Yehoshua, 말키예Malkiyye 등을 점령하라고 요청하는 바임. 까다스는 파괴해야 하고, 나머지 두 마을은 골라니 여단에 인계하는데, 두 마을을 어떻게 처리할 것인지는 골라니 여단 사령관이 결정한다. 마이룬은 점령해서 골라니 여단에 넘겨주어야 한다.[17]


이 여러 장소들은 지리적 거리가 꽤 상당하다. 유대 군대가 얼마나 빠른 속도로 파괴 행군을 유지해야 했는지를 알 수 있는 대목이다.

## 여단들이 남긴 핏자국

앞의 사태는 알렉산드로니 여단이 팔레스타인 연안을 따라 남긴 핏
자국의 일부를 이루었다. 다른 여단들이 잇달아 학살을 저질렀는데, 그
중 최악은 1948년 가을에 벌어졌다. 팔레스타인인들이 마침내 일부 지
역에서 종족 청소에 맞서 어느 정도 저항을 하는 데 성공하자 유대 추
방자들이 어느 때보다도 더 냉정하게 잔학 행위를 벌인 것이다.

한편 골라니 여단은 알렉산드로니 여단의 발자국을 따라갔다. 이 여
단은 다른 여단들이 그냥 지나친 골짜기나 어떤 이유에서든 아직 장악
하지 않은 고립지를 공격했다. 움알지나트도 그런 곳 중 하나였다. 2월
하이파지구에서 진행된 청소 작전을 모면한 마을이었다. 고대 메기도
Meggido의 폐허 근처에 있는 라준Lajjun도 그런 곳이었다. 라준과 움알지
나트 사이 지역을 장악하면서 이제 마르즈이븐아미르와 와디밀크―해
안 도로에서 계곡까지 이어지는 협곡―의 서쪽 측면 전체가 유대의 수
중에 떨어졌다.

1948년 5월 말에 이르면, 아직 유대 국가 안에 남아 있는 팔레스타
인 고립지 몇 곳은 전보다 더 점령하기 힘들다는 사실이 밝혀졌고, 임
무를 완수하려면 몇 달이 더 걸릴 게 분명했다. 가령 5월에 갈릴리 북
부 외딴 지역들까지 장악하려는 시도는 실패로 돌아갔다. 레바논과 현
지 지원병들이 유대 군대가 주요 목표로 삼은 사사 같은 마을을 용감하
게 방어했기 때문이다.

사사를 상대로 2차 공격을 진행하라고 골라니 여단에 떨어진 명령은 다음과 같다. "점령은 계속 주둔하기 위한 게 아니라 마을을 파괴하고 잔해와 인근 교차로에 지뢰를 설치하기 위한 것임." 하지만 사사는 몇 달 더 화를 면했다. 유능하고 열정적인 골라니 부대로서도 이 계획은 굉장히 부담스러운 일임이 드러났다. 5월 말에 이르러 다음과 같은 설명이 나왔다. "병사 수가 부족하면 해당 지구에서 적 마을에 대한 청소 작전, 점령, 파괴를 (임시로) 제한해도 됨."[18]

이제 여단들에게 내려진 명령은 전에 모호한 말로 지시를 내린 것과 달리 더욱 분명한 언어로 되어 있었다. 명령 내용이 'le-taher', 즉 청소하라고 되어 있거나 'le-hashmid', 즉 파괴하라고 되어 있으면 그에 따라 마을의 운명이 결정되었다. 청소는 집은 그대로 내버려 두고 사람들만 쫓아내라는 것이었고, 파괴는 사람들을 쫓아낸 다음 집을 다이너마이트로 폭파하고 다시 돌아오지 못하게 잔해에 지뢰를 심으라는 것이었다. 학살하라는 직접적인 명령은 없었지만, 학살이 벌어졌다고 해서 진짜 제대로 비난을 하는 일도 없었다.

때로는 '청소'나 '파괴' 결정이 현지 사령관들의 재량에 넘겨졌다. "담당 지구에 있는 마을을 청소할지 파괴할지 여부는 아랍 조언자들 및 샤이Shai[군 정보] 장교들과 협의해 스스로 결정할 것."[19]

알렉산드로니와 골라니 두 여단이 플랜 달렛에서 설명한 방법을 해안 지역에 거의 곧이곧대로 적용하는 한편, 카르멜리 여단은 하이파의 북부 지역과 갈릴리 서부로 보내졌다. 다른 여단들과 마찬가지로 이 여단 역시 동시에, 또는 나중에 와디아라 지역을 장악하라는 명령을 받았다. 마을이 15곳 있고 하데라 근처 해안을 아풀라 근처 마르즈이븐아미르의 동쪽 모퉁이와 연결하는 지역이었다. 카르멜리 여단은 인근 두 마을을 장악했다. 4월 23일 잘라마Jalama를, 그리고 그 직후에 카바라Kabara를 장악했지만 계곡에 진입하지는 않았다. 이스라엘 사령부는 이 통로를 결정적인 보급로로 여겼지만 점령하는 데 성공하지는 못했다. 앞에서 언급한 것처럼, 1949년 여름 압둘라 국왕이 이 지역을 이스라엘에 넘겨주었다. 추방에 맞서 성공적으로 저항한 수많은 팔레스타인인들에게는 비극적인 결과였다.

4월과 마찬가지로, 5월 후반부에 이르군—새로 창설된 이스라엘군에 편입된 상태였다—이 해안을 따라 산재한 골짜기에 투입되었다. 그 특정한 시점에서 하가나가 의문시하거나 적어도 바람직하지 않다고 본 작전을 완수하기 위해서였다. 하지만 이르군은 정규군에 공식적으로 편입되기 전에도 하가나와 협동으로 야파 광역지구 작전을 벌였다. 이르군은 1948년 4월 29일 하가나가 누룩 작전Operation Hametz을 개시하는 과정을 지원했다. 알렉산드로니, 키르야티, 기바티 세 여단이 이 작전에 참여했다. 세 여단은 베이트다잔Beit Dajan, 크파르아나Kfar Ana, 아바시야Abbasiyya, 야후디야Yahudiyya, 사푸리야Saffuriyya, 카이리야Khayriyya, 살라마Salama, 야주르Yazur 등과 더불어 야파 교외의 자발리야Jabalya와 아부카비르Abu Kabir도 장악하고 청소했다.

5월 후반부에 이르군은 야파 광역지구에서 하가나 세 여단이 하던 작업을 이어받아 마무리하라는 임무를 받았다. 키르야티 여단처럼 이르군도 급이 떨어지는 부대로 여겨졌다. 이스라엘 군사령관들은 이르군이 '저질 병사들', 즉 미즈라히 유대인들로 구성되어 있다고 평했다. 1948년 6월 어느 관리 장교가 제출한 전체 여단 보고서에서는 키르야티를 '가장 문제가 많은' 여단으로 평했다. "문맹인 사람들로 이루어져 있어서 부사관 후보자도 없고, 물론 장교 후보자도 없다"는 것이었다.[20]

이르군과 키르야티는 야파 남쪽에서 소탕 작전을 계속하라는 명령을 받았다. 5월 중순까지 두 부대는 누룩 작전을 마무리하는 것을 도왔다. 이 작전중에 점령되고 추방된 일부 마을과 교외의 폐허는 텔아비브의 '화이트시티' 아래에 묻혀 있다. 유대인들이 1909년 현지 지주에게 사들인 모래 언덕 위에 세운 이 첫번째 '히브리' 도시는 오늘날 불규칙하게 뻗은 대도시까지 펼쳐져 있다.

이스라엘군 문서 보관소에는 1948년 5월 22일에 키르야티 사령관이 질문한 내용이 있다. 플랜 달렛에서 지시한 대로 폭약을 사용하는 대신 불도저를 이용해서 마을을 파괴해도 되느냐는 질문이다. 그의 요청을 보면 이 '전쟁'이 얼마나 가짜였는지가 드러난다. 여단 사령관은 불과 1주일 만에 명단에 있는 마을 수십 곳을 좀더 느린 방식으로 파괴하고 없애버릴 충분한 시간을 갖게 된 것이다.[21]

이츠하크 라빈의 하렐 여단Harel Brigade은 어떤 방식으로 파괴할 것인지에 대해 조금도 주저하지 않았다. 종족 청소의 다음 단계를 위한 최종 명령이 내려지기 전날인 5월 11일, 이미 하렐 여단은 베이트마시르Beit Masir 마을을 점령했고 '현재 집들을 폭파하는 중'이라고 보고할 수 있었다. "이미 60~70채의 가옥을 폭파했습니다." 이 마을이 있던 산맥 서쪽 사면에는 현재 예루살렘의 국립 공원이 있다.[22]

하렐 여단은 에치오니 여단Brigade Etzioni과 함께 예루살렘 광역지구에 초점을 맞추었다. 거기서 멀리 떨어진 팔레스타인 동북부 계곡에서는 '불가리아' 여단Bulgarian Brigade 병사들이 파괴 임무를 성공적으로 수행해서 당시 최고 사령부는 요르단강 서안 일부 지역과 갈릴리 북부 지구로 곧바로 나아갈 수 있다고 생각했다. 하지만 이 생각은 결국 지나친 욕심임이 드러났고 실패했다. '불가리아인들'이라고 불린 이 여단은 제닌을 장악한 이라크 파견대를 밀어내지 못했고, 10월까지 기다려서야 갈릴리 북부를 차지할 수 있었다. 이 여단이―압둘라와의 합의에도 불구하고―요르단강 서안 북부를 장악하고 더 나아가 레바논 남부로 쳐들어가는 한편 팔레스타인의 광대한 지역을 청소할 수 있으리라는 믿음은 뻔뻔한 것이기는 하지만, 이스라엘이 '생존 전쟁'을 치르고 있었다는 신화의 이면에 있는 냉소적 사고를 다시 한번 드러낸다. 한편 불가리아 여단은 '충분한' 성과를 거두었기 때문에 예상보다 더 많은 마을을 파괴하고 주민을 쫓아냈다고 자랑할 수 있었다.

'진짜' 전쟁과 '가짜' 전쟁의 두 전선은 5월에 하나로 통합되었다. 이제 최고 사령부가 확신을 가지고 아랍 나라들과 인접한 국경 지역에 부대를 파견할 수 있었기 때문이다. 그곳에서 아랍 각국 정부가 1948년 5월 15일에 팔레스타인에 보낸 원정군과 전투를 벌였다. 한편 골라니 여단과 이프타흐 여단Yiftach Brigade은 시리아, 레바논 국경에서 청소 작전에 집중했다. 사실 두 여단은 아무 방해도 받지 않고 임무를 수행할 수 있었다. 파괴하라는 명령을 받은 마을을 돌면서 정해진 방식대로 작전을 하는 동안 레바논이나 시리아 군대는 수수방관하기만 할 뿐, 자국 병사들을 위험에 빠뜨리는 대신 이스라엘 군대의 행동을 외면했다.

## 보복전

하지만 무슨 짓이든 마음먹은 대로 할 수 있는 건 아니었다. 거침없이 빠른 속도로 진행되는 이스라엘의 작전 과정에는 불가피하게 걸림돌이 있었고, 팔레스타인을 체계적으로 청소하는 동시에 이 나라로 진입하기 시작한 아랍 정규군과 대결하기 위해서는 대가도 치러야 했다. 남부의 고립된 정착촌들은 이집트와 시리아 군대에 고스란히 노출되었다. 이집트 군대는—며칠 동안이긴 하지만—몇몇 정착촌을 점령했고, 시리아 군대 역시 며칠 동안 정착촌 세 곳을 장악했다. 아직 장악하지 못한 아랍인 밀집 지역을 통해 정기적으로 호위대를 보내는 관행에도 희생이 요구되었다. 아랍 쪽이 공격에 성공한 몇몇 경우에 유대 병력 200명 이상이 목숨을 잃었다.

팔레스타인 서북부 끝에 있는 예히암Yechiam 유대인 정착촌으로 향하던 호위대가 이런 공격을 당한 뒤, 나중에 인근에서 작전을 수행한 부대는 특히 복수심에 불타 잔인하게 임무를 수행했다. 예히암 정착촌은 레바논과 접하는 팔레스타인의 서부 국경에서 남쪽으로 몇 킬로미터 떨어진 곳에 있었다. 1948년 5월 '벤아미Ben-Ami' 작전으로 몇몇 마을을 공격한 유대 군대는 특히 호위대를 잃은 복수로 마을들을 없애버려야 한다는 이야기를 들었다. 그리하여 수미리야Sumiriyya, 지브Zib, 바사Bassa, 카브리Kabri, 움알파라즈Um al-Faraj, 나흐르Nahr 등이 이스라엘 부대가 한층 더 잔인하게 강화된 형태로 진행한 '파괴와 추방' 훈련의 대상이 되었다. "우리의 임무: 카브리, 움알파라즈, 나흐르 등을 점령을 위해 공격하고 (……) 남자들을 죽이고, 파괴하고 불을 지를 것."[23]

이런 식으로 부대에 더욱 열정을 불어넣음으로써 팔레스타인에서 아랍인이 가장 밀집한 지역에서 어느 곳보다도 신속하게 주민 추방 작전이 벌어졌다. 위임 통치가 종료되고 29시간 만에 갈릴리 서북부 지구에 있는 거의 모든 마을—전부 아랍 국가로 지정된 지역 안에 있었다—이 파괴되었다. 이 결과에 만족한 벤구리온은 새로 소집된 의회에 기쁜 소식을 알렸다. "서부 갈릴리가 해방됐습니다"(하이파 북쪽에 있는 일부 마을은 실제로 나중에야 점령되었다). 다시 말해, 유대 군대는 불과 하루 만에 팔레스타인인이 96퍼센트이고 유대인이 4퍼센트—토지 소유자 비율도 비슷했다—에 불과한 한 지구를 거의 유대인이 독차지한 지역으로 바꾸었다. 벤구리온은 특히 비교적 큰 마을, 즉 주민이 1,500명인 카브리, 2,000명인 지브, 그리고 3,000명으로 가장 규모가 큰 바사 등에서 주민을 쉽게 몰아낸 데 만족했다.

바사를 유린하는 데는 하루가 더 걸렸다. 마을 민병대와 일부 아랍 해방군 지원병들이 저항을 했기 때문이다. 예히암 근처에서 유대 호위대를 공격한 데 대한 보복으로 이 마을을 더 가혹하게 처리하라는 명령이 충분하지 않았다면, 마을의 저항은 '응징'(즉 단순히 주민들을 쫓아내는 것 이상)해야 할 또다른 이유로 보였다. 이런 양상은 계속 되풀이된다. 정복하기 어려운 마을에는 '징벌을 내려야' 했다. 인간의 삶에 트라우마를 남기는 모든 사건들이 그렇듯이, 최악의 잔학 행위는 대개 생존자의 기억 속에 깊이 각인된다. 희생자 가족들은 이런 기억을 간직하고 세대를 거쳐 전수해주었다. 니자르 알한나Nizar al-Hanna는 이런 가족의 일원이었다. 그의 외할머니가 목격한 잊지 못할 사건은 가족 전체의 기억의 토대를 이룬다.

이스라엘 군대가 바사에 들어와서 젊은 남자는 모두 줄을 서라고 명령하고는 교회 앞에서 처형했을 때, 외할머니는 10대였습니다. 외할머니는 스물한 살 오빠와 갓 결혼한 스물두 살 오빠가 하가나에 의해 처형되는 모습을 지켜봤지요.[24]

학살에 이어 전면적인 파괴가 진행되었는데, 그리스 정교회 기독교도들이 기도하는 교회 한 곳과 나머지 주민 절반이 다니던 돔형 이슬람 사원 한 곳만 남았다. 오늘날에도 미개간지에 철조망 울타리를 둘러친 집 몇 채를 찾아볼 수 있다. 이 미개간지는 현재 유대인 시민들이 빼앗은 상태다. 마을 규모가 워낙 컸기 때문에(2만 5,000두남 중에 1만 7,000두남이 농사짓는 땅이었다) 오늘날 마을 영역 안에는 군 비행장, 키부츠, 개발 도시 등이 있다. 눈 밝은 여행자라면 정교한 수로의 잔해를 알아챌 수 있다. 마을 사람들의 자랑거리였던 이 수로는 마을이 흔적도 없이 사라지기 바로 전에 완공된 것이었다.

그렇게 많은 마을 사람들—유엔의 분할 결의안에 따라 이제 막 영국 신탁 통치령 시민에서 유엔이 지정한 아랍 국가나 유대 국가의 시민이 된 이들이었다—이 추방되는데도 유엔은 눈치를 채지 못했다. 결국 영국이 철수하는 극적인 장면과 팔레스타인에 군대를 보낸 아랍 세계가 제지할 가능성에도 불구하고 종족 청소 사업은 아무 방해도 받지 않고 계속되었다. 신생—여전히 형성중인—이스라엘 국가의 지도자들과 군 사령관들은 진군하는 아랍 군대를 저지하는 동시에 무자비한 청소 작전을 계속할 만큼 군사력이 충분하다는 점을 알고 있었다. 다음달에 유대 군대의 역량이 새롭게 정점에 달할 것이라는 점도 분명했다. 6월 초에 각급 부대에 내려진 명령은 지리적 범위의 면에서나 장악해서 파괴하도록 각 여단에 할당한 마을의 숫자 면에서나 훨씬 더 규모가 컸다.

다른 한편, 아랍 총사령부는 순식간에 통제력을 잃었다. 이집트군 장성들은 자국 공군을 유일한 희망으로 삼았지만, 5월 후반부 결정적인 시기에 보낸 항공기는 텔아비브에 몇 차례 공습을 가한 것 말고는 대부분의 임무에 실패했다. 6월 이집트를 비롯한 아랍 공군은 다른 쪽에 전념했다. 그들의 주된 임무는 팔레스타인 지역을 구하는 데 조력하기보다는 아랍 각국 정권을 보호하는 데 국한되었다.

나는 군사軍史 전문가가 아니며, 여기서 전쟁의 순전히 군사적인 측면을 다룰 수도 없다. 이 책이 초점을 두는 문제는 군사 전략이 아니라 그 결과, 즉 전쟁 범죄이기 때문이다. 의미심장한 일이지만, 5월의 추이를 요약한 많은 군 역사학자들은 시리아 군대가 보인 역량에 특히 깊은 인상을 받았다. 시리아군은 1948년 5월에 군사 행동을 시작해서 1948년 12월까지 간헐적으로 전투를 이어나갔다. 사실 시리아군이 보인 모습은 형편없었다. 5월 15일부터 18일까지 고작 4일 동안 시리아의 대포, 탱크, 보병은 간혹 공군의 지원을 받으면서 이스라엘 군대에 어떤 형태로든 간에 위협을 주었다. 며칠이 지나자 시리아군은 이미 간헐적으로 별 효과 없는 행동만 보였다. 1차 정전 이후에는 고국으로 발길을 돌렸다.

1948년 5월 말까지, 팔레스타인의 종족 청소는 계획대로 착착 진행되고 있었다. 벤구리온과 그의 고문들은 아랍 연맹이 결국 팔레스타인에 보내게 된 군대의 잠재력을 평가하면서—아랍 각국 군대가 팔레스타인에 들어오고 1주일 뒤에 이미 예상한 것처럼—아랍 전체의 군사력이라고 해봐야 지원병 부대보다 좀더 효과적으로 고립된 유대인 정착촌을 공격하는 수준이라고 결론지었다. 그렇지만 이 점을 제쳐 두면, 처음에 온 비정규 부대나 준군사 조직만큼이나 무능하고 허약하다고 보았다.

이런 사실을 깨닫자 자아도취의 분위기가 생겨났다. 요르단강 서안과 골란 고원, 레바논 남부 점령을 고려해보라고 이스라엘군 12개 여단에 내려진 지시는 이런 분위기를 반영한 결과였다. 고문단과 회동한 뒤인 5월 24일 벤구리온이 쓴 일기를 보면, 어느 때보다도 의기양양하고 권력에 굶주린 모습이 드러난다.

> 우리는 레바논에 기독교 국가를 세우고 리타니강을 이 나라의 남쪽 국경으로 삼을 것이다. 트랜스요르단을 깨부수고, 암만을 폭파하고, 이 나라 군대를 파괴할 것이며, 그러면 시리아가 무너질 테고, 이집트가 계속 싸우면 포트사이드와 알렉산드리아, 카이로를 폭격할 것이다. 이 공격은 성서 시대에 그들(이집트인, 아람인, 아시리아인)이 우리 선조들에게 한 짓에 대한 복수가 될 것이다.[25]

같은 날 이스라엘군은 공산주의 동구권으로부터 현대식 신형 0.45구경 대포를 대규모로 선적받았다. 이스라엘은 이제 팔레스타인에 들어온 아랍 부대만이 아니라 아랍 군대 전체를 합쳐도 적수가 되지 않는 규모의 대포를 보유하게 되었다. 이스라엘 공산당이 이 거래를 주선하는 데 일익을 담당했음은 언급되어야 한다.

이제 협의체는 처음에 '진짜 전쟁'이 시작될 때 두 전선을 동시에 효과적이고 광범위하게 다룰 전반적인 역량이 있는지에 관해 품었던 걱정을 떨쳐버릴 수 있었다. 협의체 성원들은 이제 여유가 생겨서 내부의 동양 전문가 집단의 능력과 긴밀하게 연결되는 다른 문제들로 관심을 돌렸다. 가령 유대인과 아랍인이 섞여 살던 도시에 남아 있는 팔레스타인인들의 소규모 공동체를 어떻게 처리할 것인지에 관해 지도자에게 조언할 준비를 했다. 그들이 내놓은 해법은 이 사람들을 전부 각 도시의 특정한 동네로 이주시키고, 이동의 자유를 박탈하고, 군사 체제로 통제한다는 것이었다.

마지막으로, 5월 한 달 동안 이스라엘 방위군의 결정적인 하부 구조는 군사 체제(히브리어로 'Ha-Mimshal Ha-Tzvai')의 핵심부와 이스라엘 국내 보안 기관 샤바크에 따라, 그 내부에서 결정되었다는 점을 덧붙이는 게 유용할 것이다. 이제 협의체는 필요가 없었다. 종족 청소 기구는 자체의 추진력에 의해서 스스로 작동하고 있었다.

5월 마지막날, 아랍 지원병들과 일부 정규군 부대는 아랍 국가로 지정된 지역 안의 마을 몇 곳을 탈환하려고 마지막 한 차례 시도를 했지만 실패했다. 그들이 맞부딪힌 군사력은 요르단 아랍 군단의 잘 훈련받은 전문 직업 군인들 말고는 대적할 상대가 없는 군대였다. 아랍 군단은 압둘라 국왕이 시온주의 운동이 유대 국가로 염두에 두는 지역에 진입하지 않는 대가로서 챙겨야 한다고 생각하는 요르단강 서안 지역들을 방어했다. 압둘라는 전쟁이 끝날 때까지 유대 쪽과의 약속을 지켰다. 하지만 양쪽이 예루살렘의 운명에 관해 합의를 이루지 못한 탓에 그의 군대는 커다란 대가를 치렀다. 전쟁에서 사망한 요르단 군인 대부분은 이 성스러운 도시의 동쪽 지역을 차지하는 과정에서 목숨을 잃었다.

# 7. 청소 작전 확대: 1948년 6월~9월

9조: 어느 누구도 자의적으로 체포, 구금, 추방을 당하지 않는다.

13/2조: 모든 사람은 자기 나라를 비롯해 어떤 나라든 떠날 권리가 있고, 다시 돌아올 권리도 있다.

17/2조: 어느 누구도 자기 재산을 정당한 이유 없이 남에게 함부로 빼앗기지 않는다.

—결의안 제194호에서 팔레스타인 난민들이 고향에 돌아갈 무조건적인 권리를 선언하기 전날인 1948년 12월 10일 유엔 총회 결의안 제217A(III)호로 채택된 세계 인권 선언 중

6월 초에 이르러 사라진 마을의 명단을 보면, 그때까지 인근 키부츠가 보호해준 많은 마을도 들어 있었다. 나즈드Najd, 부레이르Burayr, 심심Simsim, 카우파카Kawfakha, 무하라까Muharraqa, 후즈Huj 등 가자지구에 있는 몇몇 마을은 이런 운명을 겪었다. 근처에 있는 키부츠들은 이 마을들이 파괴되었다는 소식을 듣고 정말로 충격을 받았다. 친하게 지내던 이 마을들이 야만적인 습격을 받고 집이 파괴되고 사람들이 전부 쫓겨났다는 소식을 들었기 때문이다.[1] 아리엘 샤론은 후즈 땅에 사저인 하바트

하시크밈Havat Hashikmim을 지었다. 마을 들판 5,000두남에 펼쳐진 목장이었다.

유엔 조정관 폴셰 베르나도테Folke Bernadotte가 정전을 중재하기 위해 계속 협상을 벌였지만, 종족 청소는 아무 방해도 받지 않고 진행되었다. 벤구리온은 아주 흡족한 기분으로 1948년 6월 5일 자 일기를 썼다. "오늘 우리는 이브네흐Ibneh(심각한 저항은 전혀 없었다)와 까꾼을 점령했다. 여기서 청소[tihur] 작전은 계속된다. 다른 전선들 소식은 아직 듣지 못했다." 실제로 5월 말에 이르면 그는 일기에서 종족 청소에 새로운 관심을 나타냈다. 그는 요세프 바이츠의 도움을 받아 장악한 마을의 이름, 마을 토지의 규모, 쫓겨난 사람의 수 등의 목록을 작성했고, 일기에 꼼꼼히 적어 두었다. 이제 조심스러운 언어를 구사하지도 않았다. "다음은 점령되고 추방된[mefunim] 마을의 목록이다." 이틀 뒤, 그는 자택에서 회의를 소집했다. 이제까지 '아랍인'들의 은행에서 약탈한 돈이 얼마나 되고, 몰수한 감귤 과수원과 기타 자산은 어느 정도인지 추산하기 위한 회의였다. 재무 장관 엘리저 카플란Eliezer Kaplan은 이미 차지한 팔레스타인인들의 자산 전부를 국가가 몰수하도록 승인해달라고 그를 설득했다. 전리품을 차지하기 위해 호시탐탐 노리는 약탈자들끼리 광적인 다툼을 벌일 위험이 있었기 때문이다.

전리품을 나누는 일은 총리 벤구리온이 몰두한 하나의 문제였다. 그는 독재자이자 꼼꼼한 잔소리꾼이었고 안보 문제에 굉장히 집착했는데, 그의 일기에는 팔레스타인의 체계적인 파괴와 동시에 일어난 다른 사소한 문제들이 나타난다. 일기 몇 군데에서 그는 TNT가 부족한 문제에 관해 군 장교들과 나눈 대화를 기록한다. 군이 플랜 D에 따라 폭파하도

록 지시받은 개별 가옥의 수가 많아서 생긴 문제였다.[2]

마치 사나운 태풍이 힘을 모으는 것처럼, 이스라엘 군대는 이제 파괴에 열중하면서 누구도 봐주지 않았다. 다이너마이트가 떨어진 곳에서는 가옥을 불태우고, 공격한 팔레스타인 마을의 잔해와 밭에 불을 지르는 등 모든 수단이 정당화되었다.[3] 이스라엘군이 청소 작전을 확대한 것은 새롭게 축소된 협의체 회의의 결과였다. 협의체는 벤구리온이 빠진 가운데 6월 1일에 회의를 열었다. 성원들은 나중에 마을 사람들이 집으로 돌아오려고 하고 있고, 따라서 군에 무슨 수를 써서라도 이런 시도를 막도록 지시했다고 총리에게 보고했다. 정부 인사 가운데 관대한 성향의 사람들이 이 정책에 반대하는 일이 없도록 하기 위해 벤구리온은 사전 승인을 요구했고, 1948년 6월 16일에 정식으로 정책 추진에 관한 백지 위임장을 받았다.[4]

비정한 태도가 강화된 것은 또한 6월 초 아랍 군대가 잠깐 군사 행동에 박차를 가한 데 대해 이스라엘이 보인 대응의 일부였다. 아랍 군대는 사정거리에 있는 대상에 무차별 포격을 가했고, 이집트 공군은 텔아비브를 네다섯 차례 공격했는데, 6월 4일에는 벤구리온의 자택을 직격하기도 했지만 큰 피해는 입히지 못했다. 이스라엘 공군은 아랍 각국 수도를 폭격해서 상당한 사상자를 내는 식으로 보복했지만, 팔레스타인을 구하려는 아랍의 시도는 이미 활력이 떨어진 상태였다. 요르단 아랍 군단이 동예루살렘을 요르단의 일부로 유지해야 한다고 고집을 부린 게 주된 원인이었다. 전쟁은 좀처럼 끝나지 않았다. 벤구리온이 혼자 결정한 대로 이스라엘군의 각 부대가 각기 다른 전선을 분담한 결과, 유대 쪽을 향한 군사적 시도는 요르단에 대해 우위를 점할 만큼 충분한 타격을 입히지 못했다. 전투가 계속된 것은 또한 이집트 지원병들이 완강하게 버텼기 때문이다. 특히 무슬림형제단은 빈약한 장비와 훈련 부족에도 불구하고 네게브 지역에서 전열을 유지하는 데 성공했다. 이집트인들은 또한 한동안 해안의 팔레스타인 도시 이스두드Isdud와 나깝(네게브) 내륙의 몇몇 고립지뿐만 아니라 예루살렘 서남쪽의 마을 몇 곳을 계속 장악할 수 있었다. 이집트가 당시 분에 넘치는 시도를 하고 있음을 깨달은 이스라엘은 이제 유엔 조정관 폴셰 베르나도테 백작의 정전 제안을 받아들였다.

## 1차 정전

정전(공식적으로는 1948년 6월 8일에 선포되었지만, 실제로는 6월 11일에 개시되어 4주 동안 지속되었다)이 발효된 순간부터 이스라엘은 파괴를 핵심 활동의 일부로 삼았다. 정전 기간 동안 군대는 사람들이 추방된 수많은 마을을 대대적으로 파괴하는 작업을 벌였다. 남부의 마자르, 페타티크바 근처의 페이자Fayja, 비야르아다스, 미세아Misea, 하우샤, 수미리야, 아크레 근처의 만시야 등이 파괴되었다. 달리야트알라우하, 부테이마트, 사바린 같은 거대한 마을이 하루 만에 허물어졌다. 1948년 7월 8일에 정전이 끝날 때까지 다른 많은 마을도 지표면에서 지워졌다.

전반적으로 판단할 때, 6월 동안 군 사령부가 다음 단계를 위해 몰두한 준비 태세의 수준을 보면, 이스라엘군이 종족 청소 작전을 계속할 뿐만 아니라 이미 점령한 팔레스타인 위임 통치령의 78퍼센트를 넘어서 유대 국가를 확장하는 작업도 동시에 진행할 수 있다는 자신감이 높아졌음을 알 수 있다. 공군력이 상당히 증강된 사실도 이런 자신감을 뒷받침하는 중요한 한 요인이었다. 5월 말 당시, 이스라엘은 공군력 한 분야에서만 불리한 상황이었다. 하지만 6월에 이스라엘은 새로운 항공기를 상당량 선적받아서 다소 원시적인 비행기를 보완했다.

1948년 6월 1일, 제닌, 툴카렘, 깔낄리야 등을 공격, 점령하고 요르단강의 교량들을 장악하는 것을 목표로 한 '이츠하크Yitzhak' 작전이 개시되었다. 앞서 살펴본 것처럼, 제닌은 전달에 공격을 당했지만, 이 도시와 그 근교를 지키는 이라크 파견대가 지역을 성공적으로 방어했다.[5] 이 시기에 이스라엘 공군의 작전은 주로 국경을 중심으로 한 공격에 국한되긴 했지만, 군사 문서 보관소를 뒤지면 팔레스타인 국경에 있는 다른 마을들뿐만 아니라 제닌과 툴카렘도 공중 폭격하라는 명령을 찾을 수 있다. 이스라엘은 7월부터 계속해서 항공기를 동원, 무자비한 청소 작전을 벌였다. 마을 사람들이 대규모로 탈출할 수밖에 없게 하기 위해서였다. 서둘러 피신하지 못하는 사람은 누구나 무차별 공격의 표적이 되었다.

6월 초, 벤구리온은 기꺼이 갈릴리 북부로 진출하는 대장정에 집중하면서 레바논과 접한 국경까지 병력을 밀어붙였다. 레바논군의 병력은 총 5,000명이었는데, 그중 2,000명이 국경에 주둔해 있었다. 레바논군을 지원하는 아랍 해방군 지원병 2,000명은 대부분 나사렛시 주변에 주둔해 있었고, 나머지는 그 지역 마을 수십 곳에 소규모 집단을 이루어 흩어져 있었다. 파우지 알까우끄지가 카리스마적으로 지휘하는 가운데 지원병들은 심상치 않게 확대되는 이스라엘의 공세에 맞서 마을을 방어하는 한편 회복력을 보여주기 위해 최선을 다했다. 하지만 수적으로 불리하고 군사 기술이 떨어질 뿐만 아니라 형편없는 무기와 부족한 탄약 때문에 고전을 면치 못했다.

아랍 해방군 중에는 히틴Hittin 대대도 있었다. 언젠가 대대 사령관은 알까우끄지에게 다음과 같은 통신문을 보냈다. "우리 대대의 장비는 내부에 먼지가 잔뜩 끼어 있어서 사용할 수 없습니다. 라이플총, 기관총, 차량 등이 이런 상태입니다." 사령관은 또한 시리아와 연결되는 병참 보급선이 하나뿐인데, 이 보급선이 자주 막히고 또 어쩌다 열릴 때에도 다른 문제가 생긴다고 불만을 토로했다. 사령관은 다음과 같은 전보를 받았다. '타르쉬하Tarshiha에서 라마까지 보급품을 옮기기 위해 차량을 요청한 귀 부대의 전보에 대해. 현재 차량용 연료가 없어서 그쪽으로 가지 못함.'(6월 29일 발송. 이스라엘군 정보부에서 가로챔.)

따라서 아랍 정규군이 전무한 가운데 갈릴리는 이스라엘의 공격에 고스란히 노출되었다. 하지만 일찍이 6월 초에, 그리고 점차 이후 몇 달 동안 마을마다 자체적으로 진격하는 부대에 저항하기 시작했다. 마르즈 이븐아미르나 해안 지역, 내륙 평원, 네게브 북부 등과 달리 갈릴리 지역에 지금도 팔레스타인 마을이 있는 데는 이런 사연이 있다.

하지만 팔레스타인 마을들이 필사적으로 용기를 내자 전선에서는 야만적인 행위가 더욱 많아졌다. 이스라엘 군대는 전진을 하면서 즉결 처형 등 어느 때보다도 더 추방을 재촉할 수 있는 어떤 수단이든 서슴지 않고 활용했다. 이 전략의 첫번째 먹이가 된 마을 중 한 곳은 미아르Mi'ar 였다. 오늘날 이 장소에는 1970년대에 지어진 유대인 정착촌인 세게브Segev, 야드Yaad, 마노프Manof가 있다. 아이러니한 점은 1948년에 무력으로 차지한 지역이 수십 년 동안 무인 지대로 남았고, 1970년대에 이스라엘이 이른바 '갈릴리의 유대화'라는 정책의 일환으로 재수용할 때까지 근처에 사는 팔레스타인인들이 이 땅에서 농사를 짓기도 했다는 사실이다. 이 정책은 여전히 유대인과 아랍인 비율이 비슷한 갈릴리의 일부 지역을 탈아랍화하려는 정부의 야만적인 시도로 쓰였다. 이스라엘은 2005년 8월 가자에서 철수한 뒤 미국 정부에서 받기를 기대하는 수십억 달러를 가지고 이 계획을 다시 활성화하려는 것으로 보인다.

1948년 6월 20일 이스라엘 군인들이 미아르 마을에 진입했을 때 작가 무함마드 알리 타하Muhammad Ali Taha는 열일곱 살 소년이었다. 알리는 인근의 사푸리야에서 태어났지만, 이스라엘 시민으로서 그가 쓴 시와 산문의 대부분은 미아르에서 직접 목격한 비극적 사건에서 영감을 받은 것이다. 그해 6월 해질녘에 그는 마을로 접근하는 이스라엘군이 밭에서 팥수수를 수확하느라 분주한 마을 사람들에게 무차별 총격을 가하는 모습을 지켜보며 서 있었다. 군인들은 살인 난동에 진력이 나자 집을 파괴하기 시작했다. 사람들은 나중에 미아르로 돌아와서 그곳에서 계속 살았지만 결국 7월 중순에 이스라엘 군대가 마을을 다시 점령해서 사람들을 영원히 내쫓았다. 6월 20일에 이스라엘의 공격으로 40명이 사망했다. 종족 청소 작전과 동시에 이루어진 학살에서 죽어간 팔레스타인인 수천 명 중 일부였다.[6]

갈릴리 남부와 동부에서는 마을을 점령하고 청소하는 속도가 이전 어느 작전 단계보다도 빨랐다. 6월 29일에 이르면, 쿠웨이카트Kuwaykat, 암까Amqa, 텔끼산Tel-Qisan, 루비야Lubya, 타르비카, 마즈드알크룸Majd al-Krum, 음가르Mghar, 이타룬Itarun, 말키야Malkiyya, 사푸리야, 크파르야시프Kfar Yassif, 아부시난Abu Sinan, 주데이다Judeida, 타바시Tabash 등 아랍 해방군이 분명하게 존재하는 큰 마을들이 이스라엘군의 향후 공격 목표 명단에 올랐다. 채 열흘도 되지 않아 이 마을들은 모두 장악되었다―마을마다 이유가 달랐지만, 어떤 마을은 주민들이 쫓겨나고 어떤 마을은 쫓겨나지 않았다.

마즈드알크룸과 음가르는 지금도 그 자리에 있다. 마즈드알크룸에서 점령군이 대규모 추방 작업을 막 개시했을 때 정보 장교들 사이에 갑자기 말싸움이 벌어졌고, 결국 마을 사람 절반이 강제 추방 행렬에서 돌아와도 좋다는 허락을 받았다.[7] 마을 이름을 그대로 번역하면 '가장 멋진 올리브 숲'이라는 말인데, 지금도 이곳은 널따란 포도밭과 올리브 숲 한가운데에 있다. 아크레에서 멀지 않은, 갈릴리에서 가장 높은 산지의 북쪽 사면에 가까운 곳이다. 고대에 이곳은 마즈드알라Majd Allah, 즉 '신의 영광'이라고 불렸는데, 마을 주변에 만들어지기 시작한 포도밭이 이름을 날리면서 이름이 바뀌었다. 마을 중심부에 있는 우물 덕분에 주변에 농장과 과수원이 풍부하다. 몇몇 가옥들은 실제로 마치 태곳적부터 그 자리에 있었던 것처럼 보인다. 돌로 짓고 진흙으로 틈을 메운 집들 남쪽으로는 올리브 나무가, 동쪽과 서쪽으로는 광활한 농지가 펼쳐져 있다.

오늘날 마즈드알크룸은 이스라엘의 차별 정책에 목이 졸리고 있다. 이스라엘은 팔레스타인 마을이 자연적으로 확대되는 것을 막는 동시에 주변에 새로운 유대인 정착촌을 계속 건설한다. 이 때문에 1948년 이래 마을에는 민족주의, 공산주의 저항의 강력한 정치적 핵심 세력이 존재했다. 그러자 정부는 주택을 파괴하는 것으로 응징했다. 마을 사람들은 과거의 끈질긴 저항과 영웅적 투쟁의 기념물로 주택의 잔해를 그대로 남겨놓았는데, 아크레―사파드 고속도로를 지나다보면 지금도 그 잔해가 보인다.

음가르 역시 지금도 그 자리에 있다. 갈릴리 남부와 티베리아스 호수를 이어 주는 내리막 계곡 안의 경치 좋은 협곡 속에 펼쳐져 있다. 여기서 유대 점령군이 맞닥뜨린 것은 여러 세기에 걸쳐 기독교도, 무슬림, 드루즈인이 공존해온 마을이었다. 군사령관은 플랜 달렛을 무슬림만 추방하라는 요구로 해석했다. 이 일을 신속하게 처리하기 위해 사령관은 마을 사람 전체가 지켜보는 가운데 마을 광장에서 무슬림 몇 명을 처형했다. 이 처형은 톡톡히 효과를 발휘해서 나머지 사람들은 서둘러 도망쳤다.[8]

갈릴리의 다른 많은 마을도 음가르처럼 여러 종족이 섞여 사는 곳이었다. 따라서 이제부터 군사령관들은 누가 마을에 남고 누가 떠나야 하는지를 결정하는 선별 과정을 정보 장교들에게 맡기지 말라는 엄격한 명령을 받았다.[9] 드루즈인들은 이제 유대인에게 전적으로 협조하고 있었고, 드루즈인이 일부 있는 마을에서는 기독교도가 보통 추방을 면했다.

사푸리야에는 그런 행운이 없었다. 군인들이 머리 위로 총을 쏘며 빨리 떠나라고 재촉하는 가운데 마을 주민 전부가 추방되었다. 이스라엘 군이 마을을 장악할 때 알하즈 아부 살림Al-Hajj Abu Salim은 스물일곱 살의 나이로 귀여운 딸을 하나 둔 아버지였다. 부인의 뱃속에는 둘째가 있었다. 아부 살림은 자신의 집이 마을에서 부자 농민으로 손꼽히는 친절하고 너그러운 아버지와 함께 지내는 따뜻한 가정이었다고 회고한다. 그에게 나크바는 다른 마을들이 항복했다는 소식과 함께 시작되었다. '이웃집에 불이 나면 걱정이 시작된다'는 아랍의 유명한 속담은 재앙에 휘말린 마을 사람들의 혼란스러운 감정을 잘 포착한다.

사푸리야는 이스라엘군이 처음으로 공중 폭격을 한 마을 중 하나였다. 7월에는 훨씬 많은 마을이 공중 폭격에 떨었지만, 6월만 해도 공중 폭격은 보기 드문 일이었다. 겁에 질린 여자들은 아이를 데리고 서둘러 근처에 있는 고대 동굴로 몸을 숨겼다. 젊은 남자들은 피할 도리가 없는 공격에 대비해 원시적인 라이플총을 챙겼지만, 아랍 각국에서 온 지원 병들은 겁을 집어먹고 주둔해 있던 여학교에서 도망쳤다. 아부 살림은 남자들과 함께 싸우려고 남았다. 그렇지만 먼 훗날 기억을 떠올렸다. "아랍 해방군 장교는 나하고 다른 사람들에게 도망치라고 충고했습니다." 그도 인정하는 것처럼 도망치는 게 상책이었다. 하지만 그는 움직이지 않았고, 결국 이어진 사태를 지켜본 결정적인 목격자가 되었다.

공중 폭격에 이어 지상 공격이 진행되었다. 마을만이 아니라 동굴도 공격 대상이었다. 그는 53년이 지난 뒤 한 신문에 그때 이야기를 했다. "여자와 아이들은 금세 유대인들에게 발각됐고, 우리 어머니는 군인들 손에 죽었습니다. (……) 어머니는 수태 고지 교회Church of Annunciation에 들어가려던 중이었는데, 유대인들이 폭탄을 떨어뜨려서 배에 정통으로 맞았어요." 아부 살림의 아버지는 며느리를 데리고 이미 항복한 마을인 레이나Reina로 도망쳤다. 거기서 어느 기독교도 집에 피신해서 먹을거리와 옷을 신세지면서 몇 달 동안 살았다. 두 사람은 그 집의 과수원에서 일을 하면서 후한 대우를 받았다. 마을 사람들은 집에 옷가지를 두고 급히 도망칠 수밖에 없었던 터라 야음을 틈타 마을로 돌아가서 옷을 챙겨오려고 했다. 이스라엘군은 몇 명을 잡아서 그 자리에서 총살했다. 2001년, 이제 여든 살이 된 아부 살림은 옛날에 그랬던 것처럼 지금도 돈을 넉넉히 치르고 옛날 집을 되살 생각이 있다는 말로 이야기를 마무리했다. 그렇지만 가족은 다시 만들 수 없다. 남동생과는 연락이 아예 끊겼다. 어딘가에 동생 자식들이 떠돌며 살고 있을 것 같지만, 영 흔적을 찾을 수 없었다.

나사렛 인근의 많은 마을들과 마찬가지로 사푸리야 사람들도 나사렛 시로 몸을 피했다. 오늘날 나사렛 주민의 60퍼센트가 국내 난민이다. 다음 달에 나사렛을 점령한 이스라엘 지역 사령관은 주민들을 몰아내지 않기로 결정했는데, 그 결과 나사렛 주변에서 쫓겨난 마을 사람들 대부분이 두 번 추방되는 운명을 피할 수 있었다. 사푸리야 사람들은 다른 마을의 많은 생존자들과 나란히 옛날 마을에 면한 동네에 새로 집을 세웠다. 오늘날 사파프라Safafra라고 불리는 동네다. 결국 또 한 차례 잊지 못할 삶의 경험을 하게 된다. 사람들은 실제로 자기가 살던 집을 유대인 정착민들이 비우고 차지해서, 소중한 자기 동네를 이스라엘 모샤브moshav* 로 서서히 변신시키는 모습을 지켜보았다. 유대인들은 모샤브에 지포리Zippori라는 이름을 붙였다. 탈무드에 등장하는 도시의 원래 이름이 지포리라고 재빨리 주장한 이스라엘 고고학자들의 말을 따른 것이다.

오늘날 나사렛시에 있는 다른 동네들을 가보면 말룰Malul과 무제이딜Mujaydil의 생존자들을 마주치게 된다. 7월에 점령된 마을의 폐허 위에 지어진 이스라엘의 개발 도시 미그달하에메크Migdal Ha-Emeq에 최대한 가까운 곳인 도시 남부에 정착한 사람들이다. 말룰은 자취도 없이 사라져버렸다. 무제이딜에는 최근까지 교회 두 곳과 사원 하나만이 남아 팔레스타인을 떠올리게 했다. 사원은 2003년에 쇼핑몰을 짓기 위해 철거되

---

* 이스라엘의 자영 농업 공동체. 공동 생산, 공동 분배라는 사회주의 방식의 키부츠와 달리 사유 재산을 인정하고 이윤 창출을 추구하는 협동조합이다.

었고, 교회 둘만 남아 있다.

무제이딜 마을에는 주민이 2,000명 있었는데, 대부분 군인들이 집에 들이닥치기 전에 나사렛으로 도망쳤다. 무슨 이유에선지 군대는 집들을 그대로 내버려두었다. 1950년, 로마 교황이 개입한 뒤 기독교도들에게는 돌아갈 기회가 주어졌지만, 그들은 이웃 무슬림들을 제외한 채 자신들만 돌아가는 것을 거부했다.[10] 그러자 이스라엘은 가옥 절반과 마을 사원 한 곳을 파괴했다. 무제이딜의 알후다al-Huda 사원은 1930년에 지어진 것으로 높이 12미터에 너비 8미터 규모였다. 근처에는 쿠탑kuttab ─쿠란 초등학교─이 있었다. 이곳은 사원 지붕에서 우물로 빗물을 모으는 정교한 시스템 때문에 유명했다. 1940년대에는 건물에 인상적인 높다란 첨탑이 추가로 지어졌다.

기독교 건물도 그림 같은 풍경이었다. 지금도 러시아 정교회 교회 건물이 벽은 허물어졌어도 일부가 남아 있다. 러시아 차르의 동생인 세르게이 알렉산드로프Sergei Alexandrov를 기념해 지어진 건물이다. 그가 1882년 이곳을 방문해서 다른 교파에 속한 현지 기독교도들이 정교회로 개종하기를 바라는 마음으로 교회 건축에 돈을 기부했기 때문이다. 하지만 그가 떠난 뒤 밝혀진 것처럼, 팔레스타인의 정교회 지역 대표인 니코딤 총대주교Patriarch Nikodim는 자신에게 맡겨진 선교 임무에 몰두하기보다는 모든 사람을 위한 교육에 더 관심이 많았다. 그는 교회를 마을의 모든 교파에게 개방하고 거의 지역 학교 기능을 하게 했다.

마을에는 로마 가톨릭 교회도 있었다. 1903년에 지어진 이 교회 1층에는 3개 언어로 어린이를 가르치는 학교가 세 들어 있었다(아랍어, 이탈리아어, 프랑스어로 수업을 했다). 또 마을 사람 전체를 위한 지역 병원도 있었다. 교회는 여전히 그 자리에 있고, 나사렛에서 돌아오기로 결정한 한 노인 가족이 아름다운 과수원과 학교를 관리하고 있다. 아부하니Abu Hani 가족이다.

팔레스타인의 여느 장소가 그러하듯, 이 마을의 역사는 잠시 곰곰이 생각해볼 만하다. 나크바에서 집과 들판만 파괴된 게 아니라 마을을 중심으로 그물망처럼 얽히고설킨 관계와 문화적 업적까지 포함해서 공동체 전체가 사라진 사정을 생생하게 보여주기 때문이다. 이스라엘군은 무제이딜에서 이런 식으로 멋진 건축물 표본과 일련의 의미심장한 사회적 발전을 포함한 역사의 조각 하나를 지워버렸다. 불과 나크바 20년 전에 자존심 높은 마을 사람들은 촌장을 마을 공동체의 우두머리로 삼는 오랜 전통적인 체계를 바꾸기로, 즉 근대화하기로 결정했다. 이미 1925년에 마을 사람들은 지방 의회를 선출했고, 이 의회의 첫번째 사업은 마을 도로를 따라 조명을 설치하는 것이었다.

무제이딜은 다른 여러 면에서도 독특한 곳이었다. 종교 건축물과 현대적인 기반 시설 말고도 비교적 많은 수의 학교가 있었다. 교회와 연결된 학교 두 곳 외에 공립인 바닌 학교Banin School가 있었다. 쉬는 시간에 학생들에게 그늘을 드리워주는 운동장 한가운데 우뚝 솟은 나무들과 운동장 가장자리에 늘어선 과일나무들로 유명했다. 이런 인상적인 건축물들을 거느릴 정도로 마을에 공동 재산이 풍부했던 것은 18세기에 지어진 방앗간 덕분이었다. 나할랄Nahalal이라는 '오래된' 유대인 정착촌을 비롯해서 주변 마을들이 이 방앗간을 이용했다(나할랄 출신인 모세 다얀은 아버지가 이 방앗간 단골이었다고 말한다).

## 야자수 작전

무제이딜은 나사렛과 주변 마을을 장악하기 위한 군사 작전에 의해 점령되었다. 야자수를 뜻하는 히브리어 '데켈_Dekel_'이라는 암호명이 붙은 작전이었다. 오늘날 수많은 파괴된 팔레스타인 마을들을 뒤덮은 것은 사실 야자수가 아니라 소나무이다. 마을의 흔적은 '휴양과 관광'을 위해 유대 민족 기금이 심은 광대한 '녹색 허파' 아래 묻혀 있다. 파괴된 루비야 마을에도 이런 소나무 숲이 조성되었다. 현재 덴마크에 거주하는 역사학자 마흐무드 이사_Mahmoud Issa_가 진두지휘하는 가운데 나중 세대들이 부지런하고 꼼꼼하게 연구를 한 덕분에 오늘날 이곳을 방문하는 사람들은 마을의 흔적을 찾고 이 자리에서 목숨을 잃은 60명을 기념하는 일에 참여할 수 있다. 마을은 주요 교차로(지금은 '골란 교차로'라고 불린다) 근처, 나사렛-티베리아스 도로가 갈릴리해를 향해 가파른 내리막이 시작되기 전에 마지막으로 있는 큰 사거리에 있었다.

이스라엘군이 대체로 비교적 쉽게 팔레스타인 마을들을 점령하고 청소할 수 있었던 1948년 6월 그 시절, 몇몇 고립 지대에서 좀더 오래 끈질긴 저항을 이어갔다. 물론 장기간 지속되지는 못했지만. 대개 아랍 해방군 지원병이나 아랍 정규군, 특히 이라크군이 공격 격퇴 시도를 도와준 곳이었다. 까꾼도 그런 마을 중 하나였다. 이 마을은 5월에 알렉산드로니 여단에 의해 처음 공격을 받고 점령되었지만, 이라크군이 다시 탈환했다. 이스라엘 사령부는 6월 3일 '키파(_Kippa_, '꼭대기'나 '돔', 그리고 '챙 없는 모자'를 뜻하는 히브리어)'라는 암호명의 특수 작전을 지시했다. 이스라엘군 정보부에서 추산하기로 이라크군과 아랍 해방군 지원병

200명이 방비하고 있는 마을을 다시 점령하기 위한 작전이었다. 그런데 이런 추산조차 과장임이 드러났다. 알렉산드로니 여단이 다시 마을을 장악했을 때 그들이 발견한 방어 병력은 훨씬 적었다.

키파 작전 명령에서는 청소를 뜻하는 히브리어가 또하나 등장한다. 앞서 우리는 '티후르tihur'와 '비우르biur'라는 단어를 접했는데, 이번에 알렉산드로니 여단 D소대는 '청소nikkuy' 작전을 실행하라는 명령을 받았다.[11] 세 표현 모두 국제 사회에서 인정하는 종족 청소의 정의에 들어맞는다.

까꾼 공격은 또한 새로 세워진 국가의 헌병대가 점령에서 핵심적인 역할을 맡도록 지시를 받은 첫번째 작전이었다. 공격 훨씬 전에 헌병대는 추방된 마을 사람들을 수용하기 위해 인근에 포로수용소를 세웠다. 탄투라와 그전에 에인알제이툰에서 맞닥뜨린 문제를 피하기 위한 조처였다. 두 마을에서는 점령군이 결국 너무 많은 '군인 연령(10~50세)' 남자들을 떠맡게 되어 많은 이들을 직접 죽였기 때문이다.

7월에 이스라엘군은 앞선 두 달 동안 남겨둔 '고립 지대'를 대부분 장악했다. 용감하게 저항한 해안 도로상의 몇몇 마을, 즉 에인가잘, 에인하우드, 티라트하이파, 크파르람, 이즈짐 등이 함락되었고, 나사렛시와 그 주변의 많은 마을도 이스라엘군 수중에 들어갔다.

## 두 정전 사이

1948년 7월 8일 1차 정전이 만료되었다. 유엔 조정관 폴세 베르나도테 백작이 또 한 차례 정전을 교섭하는 데 열흘이 걸렸고, 결국 7월 18일에

2차 정전이 발효되었다. 앞서 살펴본 것처럼, 1948년 5월 15일은 이스라엘과 아랍 군대의 '진짜 전쟁'에서는 아주 의미심장한 날이었을지 모르지만, 종족 청소 작전에서는 아무 의미가 없었다. 두 차례의 정전 시기에도 사정은 마찬가지이다—정전은 진짜 전쟁에서는 획기적인 사건이었지만, 한 가지 단서를 제외하면 종족 청소 작전과는 무관한 일이었다. 이스라엘이 두 차례 정전 사이에 보여준 것처럼, 실제 전투가 진행되는 중에는 대규모 청소 작전을 수행하는 게 더 용이했다. 이스라엘은 리드와 라믈라 두 소도시에서 모두 합쳐 7만 명의 주민을 쫓아냈고, 2차 정전 이후 팔레스타인에서 대규모 종족 청소를 재개하면서 남부와 북부에서 동시에 추방, 국외 추방, 주민 절멸 등의 대규모 작전을 펼쳤다.

1차 정전이 만료된 7월 9일부터 이스라엘군과 요르단, 이라크, 시리아, 레바논 등에서 온 아랍 군대 사이에 간헐적인 전투가 열흘 동안 계속되었다. 2주일이 채 안 되는 시기 동안 팔레스타인인 수십 만 명이 마을과 소읍과 도시에서 쫓겨났다. 유엔이 '평화'안을 내놓았지만, 결국 사람들은 심리전과 민간인에 대한 대규모 포격, 추방 등을 겪은데다가 친척이 처형당하고, 부인과 딸들이 욕을 보고 물건을 빼앗기고 어떤 경우에는 강간까지 당하는 모습을 보면서 위협당하고 겁에 질렸다. 7월에 이르러 팔레스타인인들이 살던 집은 대부분 이스라엘 공병대의 다이너마이트에 날아가고 없었다. 1948년에 팔레스타인인들이 기대를 걸 수 있는 국제 사회의 개입은 전혀 없었고, 팔레스타인에서 펼쳐지는 잔혹한 현실에 관한 외부의 관심에 의지할 수도 없었다. 또한 유엔 옵서버들에게 도움을 받지도 못했다. 수십 명의 옵서버가 팔레스타인을 돌아다니면서 야만적인 행위와 살인을 직접 '관찰'했지만, 그들은 어떤 일도 할 생각이 없거나, 또는 능력이 없었다.

하지만 유엔 특사 한 명은 달랐다. 폴세 베르나도테 백작은 5월 20일에 팔레스타인에 도착해서 유대인 테러리스트들 손에 살해당하는 9월까지 계속 머물렀다. 팔레스타인 땅을 다시 반으로 분할하자는 제안을 내놓고 모든 난민의 무조건적인 귀환을 요구했다는 게 살해 이유였다. 베르나도테 백작은 이미 1차 정전 기간에 난민들의 본국 송환을 요구했지만 무시당했고, 유엔에 제출한 최종 보고서에서 송환 권고를 되풀이하고 나서 암살당했다. 그렇지만 1948년 12월 유엔 총회가 베르나도테의 사후에 그가 남긴 유산을 채택하고 이스라엘이 추방한 모든 난민의 무조건적인 귀환을 권고한 것은 그 덕분이다. 하지만 이스라엘은 유엔의 다른 결의안과 마찬가지로 이 권고도 철저하게 무시했다. 스웨덴 적십자 회장 시절 베르나도테는 제2차세계대전중에 나치스 수중에서 유대인을 구하는 데 기여했고, 이 때문에 이스라엘 정부는 그가 유엔 조정관으로 임명되는 데 동의한 바 있었다. 이스라엘은 그가 몇 년 전에 유대인을 구해준 것처럼 팔레스타인인도 구해주려 할 것이라고는 미처 예상하지 못했다.

베르나도테는 이스라엘에 모종의 국제적인 압력을 가하는 데 성공했다. 또는 줄잡아 말하더라도 적어도 이런 압력을 가할 수 있는 가능성을 만들어냈다. 이스라엘 종족 청소 프로그램 설계자들은 이 압력에 대항하기 위해서는 자국 외교관들과 외무부를 좀더 직접 관여시킬 필요가 있다고 깨달았다. 7월에 이르렀을 때, 신생 이스라엘의 정치 기구, 외교관 집단, 군사 조직 등은 이미 조화를 이루며 협력하고 있었다. 7월 이전에는 이스라엘 외교관들과 고위 관료들이 종족 청소 계획을 어느 정도나 공유했는지 분명히 알 수 없다. 하지만 결과가 점차 가시화되자 정부는 국제 사회의 반발을 막기 위해 홍보 캠페인이 필요했고, 해외에 정당한 이미지—즉 자유 민주주의가 형성되고 있다는 이미지—를 조성하는 일을 담당하는 관리들을 관여시키고 훈련하기 시작했다. 외무부 관리들은 정보 장교들과 긴밀하게 협력했다. 정보 장교들은 외무부 관리들에게 청소 작전의 다음 단계에 대해 미리 주의를 줌으로써 대중의 눈에 드러나는 일이 없도록 했다.

야코프 시모니는 정부의 두 부처 사이에서 연락관 노릇을 했다. 동양 전문가이자 유럽계 유대인인 시모니는 이스라엘의 주장을 해외에 선전하는 일을 도울 만한 적임자였다. 7월에 그는 현장에서 진행 속도를 한층 더 높이기를 고대했다. 세계가 다시 팔레스타인으로 관심을 돌리기 전에 추방과 점령을 완수할 절호의 기회라고 보았기 때문이다.[12] 시모니는 나중에 팔레스타인과 아랍 세계에 관한 전문적 지식 덕분에 이스라엘 학계에서 동양학 일인자로 손꼽히게 된다. 이 전문 지식은 그를 비롯해 이스라엘의 여러 대학에 있는 많은 동료들이 팔레스타인 종족 청소와 탈아랍화 과정에서 얻은 것이었다.

두 차례 정전 사이의 열흘 동안 이스라엘군이 처음 공격 목표로 삼은 곳은 갈릴리 내부 아크레 주변의 고립 지대와 나사렛이었다. 7월 6일 3개 여단이 받은 명령은 "마을에서 적을 완전히 청소할 것"이었다. 이스라엘 각급 부대—청소 작전을 계속하려고 기를 쓰던 중이었다—에 1차 정전을 위반하라는 명령이 떨어지기 이틀 전이었다. 유대 군인들은 여기서 말하는 '적'이란 무방비 상태의 팔레스타인 마을 사람들과 그 가족들을 의미한다는 것을 곧바로 눈치챘다. 군인들은 카르멜리 여단, 골라니 여단, 제7여단 등 세 여단 소속이었다. 10월에 갈릴리 북부에서 마지막으로 벌어진 청소 작전도 이 세 여단의 소행이었다. 이런 식의 작전에 이름을 붙이는 것을 직업으로 삼은 창의적인 사람들은 이제 '청소'를 뜻하는 동의어('빗자루', '가위')에서 나무 이름으로 바꾼 상태였다. 나사렛 지역의 작전은 '야자수'였고, 요르단 계곡 지역에서는 '삼나무Brosh'가 작전명이었다.[13]

나사렛시와 그 주변에서는 빠른 속도로 작전이 실행되었고, 5월에 장악하지 못한 큰 마을들을 이제 순식간에 차지했다. 암까, 비르와Birwa(팔레스타인의 유명한 현대 시인 마흐무드 다르위쉬Mahmoud Darwish가 태어난 마을), 다문, 키르바트지딘Khirbat Jiddin, 쿠웨이카트 등에는 주민이 각각 1,500명 이상이었는데 손쉽게 모두 쫓겨났다.

카르멜리 여단과 골라니 여단에서 보낸 지원군과 함께 야자수 작전 실행을 감독한 것은 제7여단이었다. 오늘날 표면에 드러난 팔레스타인의 많은 구술사에서는 여단 이름이 거의 나오지 않는다. 하지만 제7여단은 '테러리스트들'이나 '야만적인' 같은 형용어와 함께 거듭해서 되풀이된다.[14]

처음 공격을 당한 마을은 암까였는데, 남부에서 북부에 걸친 해안 평야 지대의 여느 마을과 마찬가지로 이 마을 역시 최소한 6세기까지 거슬러 올라가는 긴 역사를 가진 곳이었다. 암까는 또 무슬림과 드루즈인이 섞여 사는 공동체라는 점에서 전형적인 마을이었다. 이스라엘이 분할 지배 정책을 취하면서 무슬림은 국외로 추방하고 드루즈인은 해당 지역의 다른 드루즈인 마을에 합류하게 허용하는 식으로 양쪽을 이간시키기 전까지, 무슬림과 드루즈인은 오랫동안 어울려 살았다.[15]

거의 60년 전에 대대적으로 파괴되었음에도 불구하고 지금도 암까의 흔적 일부를 볼 수 있다. 지역을 뒤덮은 잡초 한가운데에서 학교와 마을 사원의 잔해가 분명히 보인다. 비록 지금은 황폐해졌지만 사원을 보면 마을 사람들이 건축에 공들인 세련된 석공 기술이 엿보인다. 현 유대인 '소유주'가 창고로 쓰기 때문에 지금은 사원에 들어갈 수 없지만, 밖에서도 그 규모와 독특한 구조가 눈에 띈다.

야자수 작전으로 갈릴리 서부에 대한 장악이 완료되었다. 크파르야시프, 이블린Iblin, 샤파아므르시 등 몇몇 마을은 화를 면했다. 기독교도, 무슬림, 드루즈인이 섞여 사는 마을들이었다. 그렇지만 그릇된 '태생'이나 소속이 드러난 많은 주민들이 국외 추방되었다. 실제로 많은 가족이 이미 점령 전에 마을을 떠난 상태였다. 무슨 일이 닥칠지 알았기 때문이다. 사실 몇몇 마을은 사람들이 전부 떠났지만 오늘날 그 자리에 있다. 이스라엘 당국이 자신이 파괴한 다른 마을에서 생긴 난민들에게 이 마을들에 들어가 살도록 허용했기 때문이다. 이런 정책 때문에 혼란과 약탈이 생겨났다—서로 위배되는 명령이 잇따라 내려지면서 추방자들조차 헷갈릴 수밖에 없었기 때문이다. 다른 종족이 섞여 사는 일부 마을에서 이스라엘은 대부분 무슬림인 주민 절반을 격렬하게 쫓아낼 것을 명령하고 뒤이어 인근의 비워진 마을에서 생긴 기독교도 난민들이 새로 철거된 곳에 재정착하도록 허용했다. 크파르야시프와 이블린 마을, 샤파아므르시에서 이런 일이 벌어졌다.

갈릴리 지역 안에서 이렇게 인구 이동이 벌어진 결과, 샤파아므르는 거대 도시가 되었다. 5월부터 7월까지 주변 지역에서 진행된 작전의 여파로 난민들이 물밀듯이 몰려오면서 인구가 급증한 것이다. 샤파아므르는 7월 16일에 점령되었지만 별다른 피해는 없었다. 아무도 쫓겨나지 않았다. 이런 예외적인 결정은 이후 나사렛에서도 벌어진다. 두 경우 모두 지역 사령관이 주도한 결정이었다.

참모총장 대리 이가엘 야딘은 7월 말에 샤파아므르를 방문했는데, 아랍 도시에 주민들이 그대로 살고 있는 모습을 보고 깜짝 놀랐다. 그러고는 어리둥절한 상태로 벤구리온에게 보고했다. "도시 사람들이 자유롭게 돌아다닙니다." 야딘은 즉시 통행금지를 시행하고 수색 검거 작전을 시행할 것을 명령했지만, 샤파아므르의 드루즈인들은 그냥 놔두라고 특별 지시를 내렸다.[16]

## 경찰관 작전

저항을 한 어느 고립 지대가 오랫동안 버텼기 때문에 그 지대의 몇몇 마을은 열흘 동안의 전투를 견뎌냈다. 하이파 남쪽 해안을 따라서 벌어진 일이었다. 그곳에 있는 마을 여섯 곳 중 세 곳이 2차 정전이 발표되기 전에 함락되었다. 나머지 세 마을은 정전이 발효된 '뒤에' 굴복했다.

앞의 세 마을은 티라트하이파, 크파르람, 에인하우드였다. 그중 가장 큰 티라트하이파는 하이파에서 불과 몇 킬로미터 떨어진 곳으로 인구가 5,000명이었다. 오늘날 이곳은 황량한 유대 개발 도시—이름은 거의 같은 티라트하카르멜Tirat Hacarmel—이다. 하이파에서 가장 부유한 동네인 데냐Denya 바로 밑 카르멜산 서남쪽 기슭에 붙어 있다. 데냐는 카르멜산 꼭대기(하이파대학이 있는 곳)에서 점차 아래로 확대되었지만, 하이파시 당국은 두 지역을 도로로 연결하는 일을 일부러 피하고 있다.

티라트하이파는 이 지구에서 인구가 가장 많은 마을이자 면적으로 보면 두번째로 큰 곳이었다. 십자군 전쟁 시절에는 생요앙드티르St. Yohan de Tire라고 불렀는데, 기독교 순례자들과 현지 교회 모두에 중요한 의미를 갖는 장소가 되었다. 그뒤로 무슬림이 다수가 되면서 티라트하이파에는 항상 소수 기독교도 공동체가 있었다. 두 집단 모두 마을의 기독교 유산과 전반적인 이슬람적 성격을 존중했다. 1596년 라준Lajjun소지구에 포함되었을 때 주민은 286명밖에 되지 않았다. 그로부터 300년 뒤 마을은 소읍으로 성장하는 중이었는데, 오스만 제국 후기에 새로 추진된 중앙 집권화 정책의 희생양이 되었고, 또 젊은이들이 한꺼번에 오스만 군대에 징집되었다. 이 젊은이들은 대부분 마을에 돌아오지 않는 쪽을 택했다.

티라트하이파는 제2차세계대전이 끝났을 때 힘들고 어려운 시기를 딛고 새로운 시대의 여명으로 나온 또하나의 마을이었다. 어디를 보나 회복의 징후가 뚜렷했다. 석조 주택과 진흙 벽돌 주택이 새롭게 지어지고 있었고, 각각 남학교와 여학교인 마을 학교 두 곳이 새 단장을 했다. 마을 경제는 곡식과 채소, 과일 등의 농사에 바탕을 두었다. 근처에 있는 샘에서 물을 풍부하게 끌어다 썼기 때문에 여느 마을보다 부유했다. 마을의 자랑거리는 그 지역 전체에서 유명한 아몬드였다. 티라트알라우즈Tirat al-Lawz, 즉 '아몬드의 티라'는 팔레스타인에서 잘 알려진 이름이다. 다른 수입원은 관광이었는데, 주로 성 브로카르두스St. Brocardus 수도원의 폐허를 보러 오는 사람들이 많았다. 이 폐허는 지금도 그대로 있다.

내 어린 시절 내내 마을 부지 위에 지어진 유대 개발 도시의 네모난 회색 아파트 건물들 주변에 마을의 오래된 석조 주택의 뼈대가 어지럽게 흩어져 있었다. 1967년 이후 지자체는 이 잔해들을 대부분 철거했다. 이 철거 작업은 오랫동안 이스라엘의 우선 과제였던 이데올로기적 기억 살해ideological memoricide의 일환보다는 이윤을 추구하는 부동산 열풍 때문이었다.

하이파 광역지구의 여느 마을들처럼, 티라트하이파 역시 유대 군대의 지속적인 공격과 습격을 당하다가 결국 주민들이 모두 쫓겨났다. 이르군은 1947년 12월부터 마을을 포격해서 13명을 살해했다. 희생자는 주로 어린이와 노인이었다. 포격이 끝나고 이르군 대원 20명으로 이루어진 특공대가 접근해서 마을 가장자리에 있는 외딴 집에 총격을 개시했다. 4월 23일에서 5월 3일 사이에 영국의 전반적인 '중재' 시도의 일환으로 티라트하이파의 여자와 어린아이 전원이 마을에서 나왔다. 그 덕분에 유대 군대는 외부의 압력에 전혀 방해받지 않은 채 하이파 광역지구를 청소할 수 있었다. 티라트하이파의 여자와 아이들은 버스 편으로 요르단강 서안으로 옮겨졌고 남자들은 그대로 남았다. 7월 16일 몇 개 여단의 엘리트 부대가 결합해서 구성한 특수 부대가 티라트하이파를 함락시키러 왔다.

그날 크파르람의 차례도 돌아왔다. 티라트하이파 남쪽에 있는 이 마을은 그만큼 부유하지는 않았지만 물은 풍부한 곳이었다─마을 북쪽 경계 근처에 열다섯 개 정도 되는 샘에서 물이 흘러나왔다. 하이파와 텔아비브를 잇는 아스팔트 대로에서 떨어진 비포장 흙길이 마을로 통하는 길이었다. 마을에 있는 집들은 깨진 돌을 쌓아 뼈대를 올리고 지붕은 시멘트로 덮고 전통적인 나무 아치를 올린 구조였다. 7월까지도 마을에는 울타리나 감시탑이 전혀 없었다.

이 마을이 상대적으로 가난한 것은 주변 마을들과는 무척 다른 독특한 토지 소유 제도 때문이었다. 경작지의 절반은 하이파 출신의 알리 벡 알칼릴Ali Bek al-Khalil과 그의 동생 소유였다. 형제는 곡식으로 소작료를 받고 땅을 빌려주었다. 몇몇 가족은 이 소작 계약에 포함되지 않았고 어쩔 수 없이 생계를 위해 하이파까지 일을 다녔다. 마을 전체는 하이파와 긴밀한 관계였다. 농산물을 대부분 하이파에 내다 팔았기 때문이다. 그리고 이곳도 역시 나크바 3년 전에는 더 밝고 전도유망한 것처럼 보였다.

크파르람은 특히 정치에 관심이 없는 마을이었다. 아마 이 때문에 1948년 2월 이후 이미 주변 지역이 초토화되었는데도 이곳은 비교적 안심을 하고 있었던 것 같다. 하가나 정보 파일에서는 이 마을을 '중도파'로 설명했지만, 이미 1940년대 초에 마을의 장래 운명을 암시하는 불길한 세부 내용이 파일에 삽입되었다. 파일의 서술에 따르면, 마을에는 사마리아인이 몇 명 있었는데, 원래는 유대인이었을 테지만 1940년대에 이슬람으로 개종한 이들이었다. 시온주의 역사학자이자 시온주의 운동의 지도적 정치인인 이츠하크 벤츠비가 보기에, 그들의 존재는 팔레스타인 해안 지역에 유대인이 계속 존재했다는 사실을 보여주는 충분한 증거였다.

이런 연속성 문제는 당시 시온주의 학계가 주로 몰두한 분야 중 하나였다. 벤츠비는 일찍이 1918년에 벤구리온과 함께—이디시어로—책을 출간했는데, 여기서 그들은 아랍 농민들이 로마의 유대인 추방 이후 팔레스타인에 남은 유대인 농민의 후손이라고 주장했다. 벤츠비는 1930년대와 1940년대에 이 주장을 계속 발전시켰다. 『유대 정착촌으로 통하는 문Sha'ar ha-Yishuv』에서 그는 헤브론 산지의 마을 사람들이 실은 이슬람으로 개종한 유대인들이라고 비슷한 주장을 폈다.

　1948년 7월, 연속성의 증거가 발견되었다고 해서 크파르람 '사람들'이 신생 유대 국가의 시민으로 그대로 살 자격이 있는 것은 아니었다. 단지 그들이 살던 마을이 이제 유대인들에게 '당연히 반환'되었을 뿐이다. 수확량이 비교적 적고 사람들이 정치에 무관심하다는 사실도 마을을 구해줄 수 없었고, 다만 계속 되살아나는 바닷가의 마을들과 가까운 덕분에 7월까지 살아남을 수 있었다.

　크파르람이 사라진 반면, 동시에 점령당한 에인하우드는 여전히 거의 본모습 그대로 남아 있다. 당시에 어떤 마을들에는 으레 '아름답다', '매혹적이다' 같은 형용사가 따라붙었는데, 그중 많은 곳은 오늘날의 방문객과 주민 들 스스로도 실제로 그렇게 생각한다. 사람들은 자기 마을이 내뿜는 특별한 매력과 아름다움과 고요함을 분명하게 드러내는 이름을 마을에 붙였다. 이스라엘이 산산이 허물어서 텔아비브시 쓰레기 매립지로 뒤바꾼 카이리야—'땅의 축복'이라는 뜻의 아랍어이다—사람들처럼.

　에인하우드는 정말 색다른 곳이었다. 이 마을은 지역의 많은 사람들의 가슴속에 특별한 장소로 자리잡았다. 마을의 주요 씨족인 아부 알히자Abu al-Hija 집안은 특별한 치유 능력을 지녔다고 여겨졌고, 따라서 많은 사람들이 늘 마을에 찾아왔다. 하이파 남쪽 15킬로미터 거리에 있는 마을을 향해 바닷가에서 구불구불한 길을 따라 카르멜산까지 걸어온 것이다. 마을은 산에서 서쪽 바다로 흐르는 많은 계곡 중 하나에 살짝 감춰진 곳에 자리해 있었다. 특히 아름다운 이 장소가 고스란히 남은 것은 마을을 점령한 부대에 보헤미안 같은 군인들이 있었기 때문이다. 그들은 곧바로 마을의 잠재력을 알아보았고, 마을을 그냥 남겨 두었다가 나중에 돌아와서 정착해 살기로 결정했다. 예술가 집단 거주지로 바꿀 생각이었다. 이곳은 오랫동안 이스라엘에서 가장 유명한 화가와 음악가, 작가 등을 끌어들였다. 대개 이스라엘 '평화 캠프'에 참여한 이들이었다. 사파드와 야파의 구시가를 유린한 참화에서 살아남은 집들도 비슷하게 예술가들의 특별한 고립 지대로 변신했다.

에인하우드는 이미 5월에 공격을 당했는데, 아부 알히자 씨족에 속한 다섯 가구가 공세를 물리치는 데 성공했지만 7월 16일에 결국 무너졌다. 마을 원주민들은 쫓겨났고, 팔레스타인 지명을 히브리어 지명으로 바꾸는 일을 맡은 정부의 '명명 위원회'는 점령된 마을을 에인호드Ein Hod라고 부르기로 결정했다. 아부 알히자 씨족의 다섯 가구 중 하나는 동쪽으로 몇 킬로미터 떨어진 시골로 피난해서 그곳에 정착했다. 그들은 완강하고 용감하게 이주를 거부하면서 점차 에인하우드라는 옛 이름으로 새로운 마을을 만들었다.

아부 알히자 씨족의 이 집안이 거둔 성공은 아주 주목할 만한 것이다. 그들은 처음에 근처 티라트하이파 마을에서 피난처를 찾았는데, 그 마을도 이미 전날 점령된 사실을 깨달았다. 그들은 마을 근처에 있는 협곡으로 몰렸지만 거기서 가까스로 버텼다. 이스라엘 사령관은 "마을 동쪽 마른 강에 있는 난민들의 저항의 거점을 청소하기 위한 작전을 계속한다"고 보고했지만,[17] 이 가족을 쫓아내려는 시도는 실패로 돌아갔다. 에인하우드의 나머지 사람들은 뿔뿔이 흩어졌다. 일부는 멀리 이라크까지 갔고, 다른 이들은 근처 카르멜산 꼭대기에서 에인하우드를 내려다보는 드루즈인 마을들로 옮겨갔다.

1950년대에 아부 알히자 집안은 숲속에 새로 시멘트 집을 지었다. 이

숲은 지금도 마을을 감싸고 있다. 이스라엘 정부는 이 집들을 합법적인 거주지로 인정하지 않았고, 퇴거의 위협이 끊이지 않았다. 1986년 정부는 이 새로운 마을을 철거하려고 했지만, 아부 알히자 집안은 온갖 역경을 무릅쓰고 영웅적으로 퇴거 시도를 저지하는 데 성공했다. 마침내 2005년, 상대적으로 관대한 내무부가 마을을 반쯤 인정해주었다.

다른 한편 유대인 예술가 공동체는 내리막길을 걸었고, 21세기에 들어서는 예전 전성기만큼 '매혹적인' 모습을 보이지 못하는 것 같다. 이 집단 거주지의 커피하우스인 '보난자Bonanza'는 원래 마을 사원이 있었던 자리에 있는데, 요즘은 항상 비어 있다. 유대 마을 에인호드의 창건자인 예술가 마르셀 얀코Marcel Janko는 이곳이 20세기 초에 등장해서 고전적인 그리스-로마 전통에 대항하는, '원시성'을 소중히 여기는 반제도 미술 운동인 다다이즘의 중심지가 되기를 바랐다. 미술의 '원시적인' 본질을 보존하려는 바람을 품은 얀코는 에인하우드에 원래 있던 석조 주택 일부를 야만적인 개조 시도에 맞서 지키는 데 열심이었다. 하지만 에인하우드 마을에 원래 있던 집들은 이내 유럽계 유대인 예술가들을 위한 현대적인 벽돌집으로 변신했고, 오래된 마을 학교의 위풍당당한 건물은 미술 전시회나 축제, 기타 관광객용 행사를 위한 장소로 바뀌었다.

얀코의 작품 자체는 아랍 문화 일반과 특히 팔레스타인인들에 대한 접근법에서 현대 이스라엘 좌파가 보여주는 인종주의의 전형을 나타낸다. 그들의 저술과 예술 작품, 정치 활동에서 은밀하고 때로는 심지어 미묘하지만 그럼에도 불구하고 만연한 인종주의 말이다. 가령 얀코의 그림은 아랍 인물들을 끌어들이지만, 그 인물들은 항상 점령된 에인하우드의 배경으로 사라지는 모습이다. 이런 식으로 얀코의 작품은 오늘날 이스라엘이 요르단강 서안에 튼튼하게 세워놓은 분리 장벽에서 볼 수 있는 그림들의 선구자이다. 이스라엘 화가들은 고속도로 근처를 지나는 장벽 일부를 장식해달라는 요청을 받았다. 8미터 높이의 콘크리트 괴물에, 장벽 뒤에 펼쳐진 그림 같은 풍경을 파노라마로 그려 달라는 것이었다. 그렇지만 반대편에 있는 팔레스타인 마을들과 거기 사는 사람들은 빼달라는 조건이 붙었다.

하이파 남쪽 해안 지역에는 세 마을만이 남았고 1, 2차 정전 사이에 전투가 벌어진 열흘 내내 대규모 유대 군대가 이 마을들을 장악하려고 했지만 실패했다. 벤구리온은 이 세 마을에 집착하게 된 것 같았는데, 심지어 2차 정전이 발효된 뒤에도 점령 시도를 계속하라고 지시했다. 최고 사령부는 유엔 정전 감독관들에게 세 마을에 대한 점령은 치안 활동이라고 보고했다. 심지어 전체 공격에 경찰관 작전Operation Policeman이라는 암호명을 붙였다.

셋 중 제일 큰 마을은 이즈짐으로 주민이 3,000명이었다. 공격자들에 맞서 가장 오랫동안 저항한 마을이기도 했다. 이 마을의 폐허 위에 유대인 정착촌 케렘마하랄Kerem Maharal이 세워졌다. 그림같이 아름다운 집이 몇 채 아직 남아 있는데, 그중 하나에는 전 이스라엘 정보부장이 산다. 그는 최근 팔레스타인 교수 한 명과 함께 '평화'안을 만들어냈다. 이스라엘이 1967년에 점령한 지역에서 완전히 철수하는 대가로 팔레스타인 난민들의 귀환 권리를 없애는 내용이다.

경찰관(히브리어로 쇼테르Shoter) 작전은 '정전'이 발효되고 정확히 1주일 만인 7월 25일에 시작되었지만, 이즈짐은 다시 3일간 격렬한 전투를 치르고 살아남았다. 무장한 소수의 마을 사람들이 수백 명의 이스라엘 군인들에 맞서 용감하게 버텼다. 이스라엘은 저항을 무너뜨리기 위해 공군까지 동원했다. 전투가 끝나고 주민 전체가 제닌으로 추방되었다. 생존자들의 기억에 따르면, 마을 사람 130명이 전투중에 죽었다. 북부 전선의 이스라엘 정보 장교들은 7월 28일 이즈짐 마을에 진입하자마자 "우리 군이 시체 200구를 모았는데, 대부분 우리 포격으로 사망한 민간인"이라고 보고했다.[18]

에인가잘은 그보다 전에 무너졌다. 마을 주민은 3,000명이었는데, 크파르람과 마찬가지로 다른 곳에 비해 사는 게 녹록지 않았다. 마을의 집들은 주로 지역 건축에서 잘 쓰지 않는 콘크리트로 지어졌는데, 많은 집에 특별한 우물과 구멍—간혹 3미터 깊이까지 되었다—이 있어서 사람들이 밀을 넣어두었다. 이런 전통과 독특한 건축 양식은 마을의 종족적 기원에 따른 결과였을지도 모른다. 에인가잘은 역사가 250년에 '불과한' 비교적 새로운 마을이었다(이와 대조적으로, 우리가 비교적 '오래된' 유대인 정착촌이라고 말하는 곳들은 고작 30년에서 35년 전에 지어진 것이다. 물론 19세기 말에 세워진 곳도 극소수 있기는 하다). 원래 에인가잘 사람들은 수단에서 시리아와 레바논으로 일자리를 찾아와서 여기에 뿌리를 내린 이들이었다(푸레이디스, 탄투라, 달리야트알라우하 같은 근처의 마을들은 여러 세기 전부터 그 자리에 있었다).

에인가잘은 많은 무슬림들이 즐겨 찾는 곳이었다. 이슬람 성인인 셰이크 셰하데흐Shaykh Shehadeh가 묻힌 무덤이 있었기 때문이다. 마을이 공격당하기 전에 떠난 사람들 중 일부는 해안 지역에 원래 있던 64개 마을 중 화를 면한 단 두 곳—푸레이디스와 지스르알자르까—으로 피신한 상태였다. 1948년 이래 두 마을의 노인들은 셰이크 셰하데흐의 무덤을 보존하려고 애를 썼다. 이런 노력을 알게 된 이스라엘 당국은 기억과 참배를 위한 이 여행을 중단시키기 위해 무덤을 유대교의 성지로 선포 했다. 마을 출신 난민 중 한 명인 알리 하무다Ali Hamuda는 거의 혼자 힘 으로 무덤을 지키면서 이슬람적 특징이 살아 있게 유지했다. 1985년 그 는 무덤을 보수했다는 이유로 벌금형을 받고 체포 위협을 당했지만, 자 기가 섬기는 장소의 신성한 성격과 자기 마을의 기억을 계속 지켰다.

그냥 남은 에인가잘 사람들은 2차 정전이 발효되었다는 소식을 듣 고 기뻐했다. 5월 이래 마을 경계를 해온 사람들도 이제는 경계를 풀어 도 된다고 생각했다. 때는 마침 해마다 돌아오는 라마단 금식 기간이었 고, 7월 26일 오후에 마을 사람들은 대부분 거리로 나와 금식을 마치 고 마을 중심부에 있는 커피하우스 몇 곳에 모여 있었다. 바로 그때 비 행기 한 대가 나타나서 폭탄을 떨어뜨렸다. 폭탄은 사람들이 모인 자리 를 직격했다. 여자와 아이들은 겁에 질려 도망을 쳤고, 여자와 아이들 을 보내느라 남은 남자들은 이내 유대 군대가 마을에 들어오는 모습을 보았다.[19]

점령군은, 팔레스타인 농촌에서 이런 경우에 항상 그런 것처럼, '남자 들'에게 한자리에 모이라고 명령했다. 이내 언제나 그렇듯 두건을 쓴 정 보원과 정보 장교가 나타났다. 1936년에 반란에 참여했다는 이유로 남 자 17명을 골라내 그 자리에서 죽이는 동안 사람들은 그대로 지켜보았 다. 나머지 남자들은 추방되었다.[20] 같은 날, 이 저항의 고립 지대에서 여 섯번째 마을인 자바도 비슷한 운명을 맞이했다.

## 다니 작전

'다니Dani' 작전은 야파와 예루살렘 사이의 대략 중간에 자리한 팔레스타인의 두 소도시 리드와 라믈라에 대한 공격에 붙인 암호명 치고는 결백해 보인다.

리드는 팔레스타인 내륙 평야에 해발 50미터 높이에 펼쳐져 있다. 현지 사람들의 기억 속에 이곳은 '사원들의 도시'로 새겨져 있다. 몇몇 사원은 아랍 세계 전역에서 유명했다. 한 예로, 지금도 그 자리에 있는 알우마리(al-Umari, 대사원)는 십자군에게서 도시를 빼앗은 루큰 알딘 바이바르스Rukn al-Din Baybars가 맘루크조 시대에 지은 것이다. 또다른 유명한 사원인 다하미시 사원Dahamish Mosque은 800명이 예배를 드릴 수 있는 규모였고, 바로 옆에 상점이 여섯 개 있었다. 오늘날 리드는 유대 개발 도시 로드Lod로 바뀌었다—텔아비브를 에워싼 위성 도시 중 한 곳으로 대도시권에서 가장 가난하고 불우한 이들이 사는 곳이다. 로드는 또한 한때 이스라엘 유일의 국제공항 이름이기도 했다. 지금은 벤구리온 공항으로 이름이 바뀌었다.

1948년 7월 10일, 다비드 벤구리온은 이갈 알론을 공격 사령관으로, 이츠하크 라빈을 부사령관으로 임명했다. 알론은 우선 리드에 공중 폭격을 하라고 명령했다. 이런 식으로 공격을 당한 첫번째 도시였다. 도시 중심부에 대한 직접 공격이 뒤를 이었고, 결국 남아 있던 아랍 해방군 지원병은 전부 빠져나갔다. 일부는 영국인 참모총장 글럽 파샤가 도시 근처에 주둔한 요르단 아랍 군단 부대들에 철수 지시를 내렸다는 소식을 듣고 이미 진지에서 도망친 상태였다. 리드와 라믈라는 둘 다 분명히 아랍 국가로 지정된 지역 안에 있었기 때문에 주민들과 방어군 모두 요르단 아랍 군단이 이스라엘의 점령에 무력으로 저항할 것이라고 생각했다. 동예루살렘과 도시 서쪽에 있는 라트룬Latrun(리드와 라믈라에서 멀지 않았다) 지역에서 그렇게 했던 것처럼 말이다. 그렇지만 잘못된 판단이었다. 나중에 글럽 파샤는 후퇴하기로 한 결정 때문에 참모총장에서 해임되고 영국으로 돌아가야 했다.

리드의 남자들은 지원병들과 요르단 아랍 군단 모두에게 버림을 받자 몇 안 되는 구식 라이플총으로 무장을 하고 도시 중심부에 있는 다하미시 사원에 몸을 숨겼다. 몇 시간의 전투 끝에 남자들은 항복했지만, 결국 이스라엘군에 의해 사원 안에서 학살당했다. 팔레스타인의 자료에 따르면, 사원 내부와 근처 거리에서 유대 군대가 계속 광적인 살인과 약탈을 벌여서 남자와 여자, 어린아이 426명이 살해되었다고 한다(사원 안에서는 176구의 주검이 발견되었다). 다음날인 7월 14일, 유대 군인들은 집집마다 다니면서 5만 명 정도의 사람들을 끌어내서 도시를 벗어나 요르단강 서안을 향해 끌고 갔다(그중 절반 이상이 이미 인근 마을에서 도망쳐 온 피란민들이었다).[21]

리드에서 벌어진 사태에 관한 가장 자세한 설명은 1998년 여름에 사회학자 살림 타마리가 〈팔레스타인 연구 저널Journal of Palestine Studies〉에 발표한 것이다. 이 글은 리드에서 평생을 살았고 7월의 그 끔찍한 날 사건을 직접 지켜본 스피로 무나야르Spiro Munayar와의 인터뷰에 바탕을 둔 것이었다. 그는 점령과 사원에서 벌어진 학살, 이스라엘 군대가 집집마다 쳐들어가 가족을 끌어내는 모습 등을 보았다. 한 집도 예외는 없었다. 그는 계속해서 군인들이 집을 약탈하고 난민들이 소지한 물건까지 빼앗은 뒤 요르단강 서안을 향해 출발하라고 명령하는 것도 지켜보았다.

그해에 가장 더운 달에 팔레스타인에서 제일 뜨거운 곳이었다.

무나야르는 현지 병원에서 젊은 의사로 일하고 있었다. 훗날 팔레스타인 해방 인민 전선Popular Front for the Liberation of Palestine의 창건자이자 지도자가 되는 열정적인 인물인 조지 하바시George Habash 박사와 함께 일했다. 그는 시체가 끝도 없이 쌓였고 학살 현장에서 부상자들이 줄줄이 나왔다고 회고한다. 하바시 역시 이 끔찍한 경험을 잊지 못하고 결국 게릴라전의 길을 걷게 된다. 1948년에 자기가 살던 도시를 유린한 이들에게서 도시와 조국을 되찾기 위해서.

무나야르는 또한 직접 목격한 괴로운 추방 장면도 설명했다.

밤중에 군인들이 점령한 지역의 모든 집에 들어가서 사람들을 에워싸고 도시에서 쫓아내기 시작했습니다. 어떤 이들은 카루바Kharruba와 바르필리야Barfilyya로 가라는 말을 들었지만, 다른 군인들은 말이 달랐지요. "압둘라 왕한테, 라말라로 가라." 정처 없는 길을 나서는 사람들로 거리가 넘쳤습니다.

그날 도시에 있던 몇몇 외국 언론인도 똑같은 광경을 목격했다. 그중 미국인 기자 두 명은 이스라엘군이 공격에 동행시킨 게 분명하다. 오늘날 말하는 '종군' 통신원인 셈이다. 시카고 〈선타임스〉의 키스 휠러Keith Wheeler가 그중 하나였다. 그는 다음과 같이 썼다. "사실상 그들[이스라엘군]이 가는 길을 막는 모든 게 죽었다. 도로변에 구멍이 숭숭 뚫린 시체가 널려 있었다." 다른 미국 기자인 뉴욕 〈헤럴드트리뷴〉의 케네스 빌비Kenneth Bilby는 "무자비할 정도로 눈부신 돌격이 끝난 뒤 아랍 남자, 여자,

심지어 어린이들의 주검이 널브러져 있는 모습"을 보았다고 보도했다. 빌비는 또한 2년 뒤 이 사태에 관한 책을 써서 출간했다. 『근동의 신성*New Star in the Near East*』이라는 제목이었다.

어떤 이는 이 정도의 학살에 관해 신문 보도가 나갔는데 왜 미국에서 항의의 목소리가 높아지지 않았는지 궁금할지 모른다. 미군이 이따금 이라크 작전에서 아랍인들에게 보인 무정하고 비인간적인 모습에 충격을 받은 이들에게, 리드에서 전해진 보도는 묘하게 익숙할 것이다. 당시에 휠러 같은 미국 기자들은 자신이 아이러니한 이름을 붙인 이스라엘의 '전격전'과 유대 군대의 단호한 태도에 깜짝 놀랐다. 빌비의 묘사('무자비할 정도로 눈부신')와 마찬가지로, 이스라엘군의 군사 행동에 대한 휠러의 설명에서도 마을에서 살해되고 부상당하고 쫓겨난 수많은 팔레스타인인에 관한 면밀한 보도는 찾아보기 힘들었다. 통신원들의 보도는 완전히 일방적인 내용이었다.

런던 〈이코노미스트〉는 치우침이 적고 좀더 섬세한 보도를 했다. 주민들이 살던 집을 약탈당하고, 가족이 살해되고, 도시가 허물어지는 모습을 보고 난 뒤 강제로 길을 떠나는 끔찍한 광경을 독자들에게 생생하게 전해주었다. "아랍 피란민들은 국경을 향해 길을 나서기에 앞서 소지품을 모조리 빼앗겼다." 가재도구와 모아둔 곡식, 옷가지를 모두 남겨 두고 떠나야 했다.

무나야르도 이런 조직적인 강도질을 회고했다.

점령한 군인들은 동쪽으로 향하는 모든 도로에 바리케이드를 설치하고 난민, 특히 여자들의 몸을 뒤져서 목이나 손목, 손가락에 하고 있던 금붙이나 옷 속에 숨긴 것까지 빼앗았고, 또 돈뿐만 아니라 값나가는 물건은 들고 갈 만큼 가벼운 것이면 무엇이든 챙겼습니다.

팔레스타인 해방 기구의 존경받는 지도자 중 한 명인 칼릴 알와지르Khalil al-Wazir, 일명 아부 지하드Abu Jihad의 고향인 라믈라, 즉 오늘날의 라믈레가 근처에 있었다. 주민이 1만 7,000명인 이 도시에 대한 공격은 이틀 전인 1948년 7월 12일에 시작되었지만, 최종 점령은 이스라엘군이 리드를 장악한 뒤에야 마무리되었다. 과거에 도시는 유대군의 테러 공격의 대상이었다. 첫번째 공격은 1948년 2월 18일에 벌어졌다. 이르군이 시장 한 곳에 폭탄을 설치해서 여러 명을 살해한 것이다.

리드에서 흘러나온 소식에 겁을 먹은 도시 명사들은 이스라엘군과 합의에 도달했다. 이스라엘군이 표면적으로 사람들이 그냥 머무르도록 허용한 것이다. 이스라엘 부대는 7월 14일에 도시에 진입했고, 곧바로 수색 체포 작전을 개시해서 300명을 검거했다. 이 사람들은 근처에 있는 포로수용소로 이송되었고, 같은 날 군대가 도시를 약탈하기 시작했다. 현장에 있던 사령관은 이츠하크 라빈이었다. 그는 벤구리온이 먼저 자기를 집무실로 불러서 리드와 라믈라의 운명에 관해 이야기를 나눈 일을 회고했다. "이갈 알론이 물었다. [리드와 라믈라의] 주민들은 어떻게 할까요? 벤구리온은 '다 내쫓으세요!'라는 의미로 손을 휘저었다."[22]

두 도시에 살던 사람들은 요르단강 서안까지 물과 음식도 없이 행군을 강요받았다. 도중에 많은 이들이 갈증과 굶주림으로 죽어나갔다. 몇백 명만이 두 도시에 남는 게 허용되었기 때문에, 또 인근 마을에서 도망친 사람들이 두 도시로 몸을 피했다는 점을 감안해서 라빈은 총 5만 명이 이런 비인도적인 방식으로 '이동된' 것으로 추산했다. 또다시 피할 길 없는 질문이 제기된다. 홀로코스트가 벌어지고 3년 뒤에 이 비참한 사람들이 지나가는 모습을 지켜보는 유대인들의 마음속에는 과연 어떤 생각이 떠올랐을까?

더 서쪽에서는 팔레스타인의 두 도시를 포기한 요르단 아랍 군단이 라트룬 지역을 방어했다. 워낙 집요하게 방어를 한 탓에 이스라엘군의 집단적 기억 속에는 이곳에서 벌인 전투가 전쟁에서 가장 큰 패배로 각인될 정도였다. 이런 대실패의 쓰라린 기억은 복수의 감정을 불러일으켰다. 그 기회는 이스라엘이 그 지역을 점령한 1967년 6월에 나타났다. 그런데 보복은 요르단인들이 아니라 팔레스타인인들에게 가해졌다. 라트룬 계곡의 마을 세 곳—비두, 얄루Yalu, 임와스Imwas—에서 주민들이 쫓겨나고 마을이 지도에서 사라졌다. 마을 사람들의 대규모 국외 추방은 종족 청소의 새로운 물결의 시작이었다.

요르단 아랍 군단은 또한 7월에 예루살렘 동쪽 동네, 특히 셰이크자라에서 이스라엘군의 공격을 성공적으로 물리쳤다. 복수심에 불타는 벤구리온은 이 매력적인 동네를 염두에 두고 군에 요구했다. "점령하고 파괴하라."[23] 요르단 아랍 군단이 저항한 덕분에 오늘날 우리는 이곳의 많은 보물들 가운데 아메리칸콜로니American Colony호텔을 발견할 수 있다—원래 19세기 말 지역의 유력한 명사였던 라바 알후세이니Rabah al-Husayni가 성벽 바깥에 처음으로 지은 저택 중 하나이다.

### 야자수 작전 계속되다

벤구리온이 7월 11일에 쓴 일기를 보면, 이웃 아랍 국가들의 군사력을 합친 것보다 이스라엘의 군사적 역량이 세다는 상당한 자신감이 드러난다. "나블루스를 점령하고 카이로, 알렉산드리아, 다마스쿠스, 베이루트 등에 대규모 폭격을 [가하라고 명령했다]."[24] 하지만 벤구리온의 지시에도 불구하고 나블루스는 장악하지 못했다. 그렇지만 팔레스타인의 또다른 도시는 두 차례 정전 사이인 열흘 동안 벌어진 광적인 행동에서 장악되는 운명을 맞았다. 나사렛시가 그곳이었다. 나사렛의 이야기는 도시 파괴 행동에서 가장 예외적인 일화 중 하나이다. 비교적 큰 이 도시에는 아랍 해방군 지원병이 500명에 불과했다. 마들룰 베크Madlul Bek가 지휘하는 이 지원병들은 토착 주민들만이 아니라 인근 여러 마을에서 이 혼잡한 도시와 근교로 물밀듯이 몰려온 난민 수천 명까지 보호해야 했다.

나사렛에 대한 공격은 1차 정전이 종료된 다음날인 7월 9일 시작되었다. 도시에 대한 박격포 공격이 시작되자 사람들은 강제 추방을 예상하고 차라리 도시를 떠나기로 결정했다. 하지만 마들룰 베크는 사람들에게 그냥 남아 있으라고 지시했다. 마들룰과 아랍 각국 군대 사령관들 사이에 오간 전문은 이스라엘이 가로챘는데, 그 내용을 보면 마들룰과 다른 아랍 해방군 장교들이 무슨 수를 써서라도 추방을 막으라는 명령을 받았음을 알 수 있다. 아랍 각국 정부가 더 많은 난민이 자국으로 들어오는 것을 막으려고 했기 때문이다. 따라서 마들룰은 이미 도시를 빠져나간 일부 사람들의 발길을 돌리기도 했다. 하지만 포격이 거세지자 그는 압도적으로 우세한 유대 군대에 저항하는 게 무의미하다고 판단하고는 사람들에게 떠나라고 권했다. 그 자신은 7월 16일 오후 10시에 도시를 포기했다.

벤구리온은 나사렛시의 주민들을 쫓아내기를 원하지 않았다. 기독교 세계의 이목이 이 도시에 쏠리고 있음을 알았기 때문이다. 하지만 고위 장성이자 작전을 지휘한 최고 사령관인 모셰 카르밀Moshe Karmil은 남아 있던 사람 전부를 추방할 것을 명령했다(벤구리온의 말에 따르면, 추방된 1만 6,000명 중에 1만 명이 기독교도였다).[25] 벤구리온은 이제 카르밀에게 명령을 철회하고 사람들을 그냥 놔두라고 지시했다. 그는 작전 담당 군사령관인 벤 돈켈만Ben Donkelman과 같은 생각이었다. "여기서 전 세계가 우리를 지켜보고 있다." 결국 나사렛은 팔레스타인의 다른 어떤 도시보다도 운이 좋았다.[26] 오늘날 나사렛은 여전히 1967년 이전 이스라엘에서 유일한 아랍 도시이다.

하지만 이번에도 역시 남아도 된다고 허락을 받은 사람 모두가 화를 면한 것은 아니었다. 일부 사람들은 점령 첫날 쫓겨나거나 체포되었다. 정보 장교들이 도시를 집집마다 수색하면서 미리 준비한 용의자와 '불건전한 자' 목록에 따라 사람들을 잡아갔기 때문이다. 팔티 셀라는 나사렛 출신의 아랍 유명 인사와 도시를 돌아다녔는데, 그냥 남아도 되는 사람들의 이름이 빼곡히 적힌 노트 7권을 들고 다녔다. 이스라엘인들에게 협력했던 씨족에 속하기 때문이거나 다른 이유로 남아도 되는 사람들이었다.

나사렛 주변의 마을들에서도 비슷한 과정이 벌어졌다. 2002년에 팔티 셀라는 자신이 노력한 덕분에 1,600명의 사람이 그냥 남도록 허락받았다고 주장했다. 나중에 그는 이 결정 때문에 비난을 받았다. 그는 인터뷰어에게 "노트는 잃어버렸다"고 말했다. 그리고 어느 베두인족 사람의 이름을 노트에 적지 않았다고 회고했다. 당시 그는 작전을 실행하는 동료들에게 말했다. "베두인족은 전부 도둑놈이야."[27]

하지만 아무도, 심지어 팔티 셀라와 동행했던 아랍 명사—이 사람은 계속 익명으로 처리한다—도 무사하지 못했다. 전쟁이 끝난 뒤 임명된 초대 군정 장관은 어떤 이유에서인지 이 사람을 좋아하지 않았고 국외로 추방하기를 원했다. 그러자 팔티 셀라가 개입해서 그와 가까운 친족과 친구들을 하이파로 보내겠다고 약속하는 식으로 그를 구해주었다. 팔티 셀라는 실제로 자신의 '선량한' 노트에 이름이 오른 이들 상당수가 결국 이 나라에서 쫓겨났다고 토로했다.

나사렛과 티베리아스 사이의 지역에 있는 마을 또 한 곳이 점령의 대상이 되었다. 앞서 몇 달 동안 장악하려는 시도가 실패로 돌아간 이 마을은 히틴Hittin이었다. 1937년에 찍은 마을 사진을 보면 오늘날 토스카나나 그리스에서 펴내는 여행안내 책자에 실린 사진이라고 해도 무방할 정도다. 티베리아스에서 서북쪽으로 8킬로미터 떨어진 산 경사면에 달라붙은 마을은 숨막히게 아름답다. 해발 125미터 높이지만 해발보다 낮은 갈릴리 호수를 내려다보고 있기 때문에 훨씬 더 높아 보인다. 흑백 사진에는 아치 모양 나무로 만든 지붕으로 덮인 히틴의 석조 주택들과 마을 주변을 에워싼 과수원과 선인장 울타리가 뚜렷하게 보인다. 마을은 자동차로 접근이 쉬운 곳이었지만, 1948년에는 거센 저항 때문에 장악하기 어려운 곳임이 밝혀졌다. 장비도 형편없는 25명에 불과한 지원병들이 마을을 방어했는데도 말이다.

마을의 역사는 1187년 살라딘과 십자군이 벌인 유명한 전투로 거슬러 올라간다. 마을은 또한 팔레스타인 드루즈인들의 신성한 예언자인 나비 슈아입Nabi Shu'ayb의 무덤이 있어서 유명했다. 드루즈인들은 슈아입을 모세의 장인인 제트로와 동일 인물로 보며, 그의 무덤을 참배와 순례의 장소로 삼는다. 드루즈인들이 이미 반대편으로 넘어가서 이스라엘 군대와 동맹을 맺었다는 사실 때문에 이스라엘은 이 마을을 장악하려는 야심에 박차를 가했다. 오늘날 히틴 난민들을 위한 웹 사이트에는 드루즈인들에 관한 다음과 같은 언급이 있다. "드루즈인들이 좋아하든 않든 간에 그들은 여전히 팔레스타인 아랍인이다." 드루즈인들이 동료 팔레스타인인들에 대해 동정은 고사하고 유대나 친근성도 거의 보이지 않았다는 사실에 대한 분명한 언급이다. 오히려 많은 드루즈인들은—비극적이게도—그들 자신도 속해 있는 팔레스타인 농촌을 파괴하는 데 가담했다.[28]

이제까지 언급한 많은 마을과 마찬가지로 나크바가 닥친 것은 이제 막 번영이 찾아온 때였다. 신축 학교와 새로운 관개 시스템은 최근에 누리게 된 풍요의 표시였지만, 1948년 7월 17일 이후 히틴 주민들은 이 모든 것을 잃었다. 제7여단 부대가 마을에 들어와서 특히 잔인한 방식으로 청소를 개시한 것이다. 많은 사람들이 인근 마을들로 피신했다. 하지만 이 마을들도 결국 10월에 점령되고 사람들은 다시 쫓겨나게 된다. 이것으로 야자수 작전은 마무리되었다. 나사렛 주변의 마을 주민들이 전부 쫓겨난 것이다.

이제 지상의 부대는 막 생겨난 이스라엘 공군의 지원에 의지할 수 있었다. 사푸리야와 무제이딜 두 마을은 공중 폭격을 당했고, 바닷가의 몇몇 마을들도 같은 공격을 당했다. 자바, 이즈짐, 에인가잘 등은 2차 정전이 이미 발효중인 가운데 폭격을 받아 항복했다. 사실 7월에는 하늘로부터 종족 청소가 전개되고 있었다. 공중 공격이 팔레스타인의 대규모 마을들에서 공포를 퍼뜨리고 파괴를 가하기 위한 주요한 수단이 되었기 때문이다. 결국 마을 사람들은 실제로 마을이 점령되기 전에 도망칠 수밖에 없었다. 이 새로운 전술은 10월에 역량을 발휘하게 된다.

하지만 이미 7월 후반에 이스라엘 조종사들은 눈앞에서 펼쳐지는 광경을 보면서 그들 전투기의 출격이 얼마나 큰 효과를 발휘하는지 알 수 있었다. 서둘러 챙긴 가재도구들을 이고 진 난민 무리가 마을에서 주요 도로로 쏟아져 나와서 안전한 피난처로 생각되는 곳으로 길을 재촉하고 있었다. 지상에 있는 일부 부대에게 이 행렬은 놓치기 힘든 좋은 공격 목표였다. 1948년 7월 17일 북부 사령부에서 나온 한 보고서는 다음과 같은 내용이다. "우리 군대가 세즈라Sejra에서 빠져나오는 유일한 도로에 북새통을 이루고 있는 난민들을 쉴새없이 공격하기 시작했음."²⁹ 세즈라는 타보르Tabor산 근처에 있는 마을로 벤구리온이 처음 팔레스타인에 왔을 때 그를 받아들인 '오래된' 시온주의 이주 식민지들과 불편한 관계를 유지하던 곳이었다.

하지만 1948년 여름, 벤구리온은 자신이 경력을 시작한 북부에 대한 관심이 줄어들었고, 경력을 끝마치게 될 남부에 초점을 맞추고 있었다. 7월에 종족 청소 작전이 처음으로 나깝(네게브)에까지 확대되었다. 네게브사막의 베두인족은 비잔티움 시대부터 이 지역에 거주했는데, 최소한 1500년 이래로 반유목 생활 방식을 따르고 있었다. 1948년에는 96개 부족으로 나뉜 베두인족이 9만 명 있었는데, 이미 토지 소유 제도와 방목권, 물 이용 수단 등을 확립하는 과정이었다. 유대 군대는 곧바로 11개 부족을 쫓아내는 한편, 다른 19개 부족을 이스라엘이 폐쇄 군사 구역으로 정한 지정 거주지로 몰아넣었다. 특별 허가를 받아야만 나

올 수 있는 구역이었다. 네게브 베두인족에 대한 추방은 1959년까지 계속되었다.[30]

처음 대상이 된 부족은 주바라트족Jubarat이었다. 이 부족의 일부는 7월에 쫓겨났다. 계속해서 2차 정전이 공식적으로 끝난 10월 중순에 부족 전체가 강제 이주를 당했다. 대부분 헤브론으로 이주했고 나머지는 가자 지구로 옮겨갔다. 1967년 이스라엘은 다시 한번 이 부족을 몰아냈는데, 이번에는 요르단강 동안으로 쫓아냈다. 다른 부족들도 대부분 1948년 말까지 내쫓겼다.

## 존재하지 않았던 정전

1948년 7월 18일에 2차 정전 발효가 임박했다는 소식은 종족 청소 작전에 불편한 순간에 들려왔다. 일부 작전은 속도를 내서 정전이 시작되기 전에 마무리되었다. 꿀라Qula 마을과 키르바트셰이크메이사르 Khirbat Shaykh Meisar 마을 점령이 이런 경우였다. 그 무렵 이스라엘은 이미 점령하고 청소한 290곳 외에도 리드와 라믈라 두 도시와 68개 마을을 점령한 상태였다.

이스라엘은 2차 정전이 발효되는 순간 정전을 위반했다. 정전이 개시되고 처음 10일 동안 이스라엘군은 하이파 남쪽 해안을 따라 있는 마을들처럼 잠시 내버려두었던 도시 북쪽에 있는 주요 마을 10곳을 점령했다. 다문, 임와스, 탐라Tamra, 까불Qabul, 미아르 등이 이런 식으로 장악되었다. 이로써 갈릴리 서부 점령이 마무리되었다.

2차 정전중에 남부에서도 전투가 계속되었다. 이스라엘이 이른바 팔루자<sub>Faluja</sub> 고립 지대에 갇혀 있던 이집트군을 쉽게 물리치지 못했기 때문이다. 이집트는 공식적인 전쟁 첫 주가 끝나고 전진이 저지된 해안 지역에 군대 주력을 집중했다. 당시 대패를 당한 뒤로 이집트군은 점차 국경 쪽으로 밀리고 있었다. 이집트는 2차 원정군을 예루살렘 남부로 보냈는데 초기에 일정한 성공을 거둔 곳이었다. 하지만 7월 중순에 이르자 이집트가 네게브 북부에 보낸 3차 파견군은 해안과 예루살렘 남부의 두 군대와 차단되었다. 이제 아랍의 원래 전쟁 계획에서 자신들과 합류하기로 되어 있던 요르단의 증원군에 헛되이 의지할 수밖에 없었다.

7월 말에 이르러 이스라엘은 이 고립 지대에 대한 포위를 강화하기 시작했다. 항복을 강제하기 위해서였다. 하지만 이집트군은 그해 말까지 버텼다. 이집트군은 분열되어 있던 탓에, 헤브론산 사면에서 가자 근처 지중해에 이르는 네게브 북부는 이스라엘군의 손아귀에 놓였다. 여러 세기 전에 건조한, 네게브사막 가장자리에 띠 모양으로 정착한 마을들은 순식간에 잇따라 습격을 받고 점령되었고, 주민들은 쫓겨났다. 가자 지구와 요르단강 서안만이 각각 이집트군과 요르단군에 의해 지켜졌다. 양국 군대는 1947년 12월 이래 이미 쫓겨난 수천 명의 팔레스타인인들에 더하여 훨씬 더 많은 난민이 합류하는 것을 가로막았다.

시온주의 지도부는 설령 정전을 위반하더라도 유엔 결의안 제181호에서 유대 국가로 지정했지만 '아랍인들'이 남아 있는 고립 지대만을 공격하는 한 감시의 눈길을 피할 수 있음을 감지하고 8월과 그 이후에도 계속 작전을 진행했다. 이제 그들은 이집트와 무엇보다도 요르단이 확고하게 버티지만 않는다면 이 '유대 국가'가 팔레스타인 대부분 지역—사실상 팔레스타인 전역—을 아우르게 되리라고 확신했다. 따라서 이제 정전을 감독하는 임무를 띠고 파견된 유엔 옵서버들이 근처에서 지켜보는 가운데 점차 고립되어 가던 마을들을 손쉽게 청소했다.

유대 군대는 또 8월에 정전을 기회로 활용해서 이미 점령한 지역들에 일정한 수정을 가했다. 이런 수정은 상부에서 승인을 받을 필요가 없는 현지 사령관의 명령에 의해 이루어지거나 때로는 이제까지 시온주의자들에게 협조를 하고 이제 전리품 배분에 한몫 끼기를 원하는 특정한 집단의 요청에 따라 이루어졌을 것이다. 카르멜산 위에 있는 드루즈인의 이스피야Isfiya 마을이 이런 곳이었다. 이스피야의 드루즈인 명사들은 자기 동네에 사는 베두인족을 쫓아내 달라고 요청했다. 베두인족은 도둑이고 대개 '같이 살 수 없는' 이들이라는 이유에서였다. 현지 사령관은 어쨌든 마을에서 완전히 이방인이 아닌 사람들을 추방하는 문제를 다룰 시간이 없다고 말했다. 이스피야의 베두인족은 지금도 그곳에 살면서 현지 지역 사회의 '열등한' 성원으로 차별을 받고 있지만, 이스라엘군이 너무 바빠서 드루즈인들의 요청을 끝까지 들어줄 수 없었다는 점에서는 행운이었다.[31] 이런 내분을 볼 때, 이스라엘은 아랍 군대와 맞선 전선 상황이 비교적 조용해진 틈을 타서 이제 점령을 제도화할 때가 되었다고 결정한 것으로 보인다.

시온주의 지도부는 이미 점령한 땅의 지위를 결정해야 한다는 압박감을 가장 크게 느낀 것 같지만, 이 땅은 법적으로 유엔이 아랍 국가로 지정한 지역 안에 있었다. 8월까지도 벤구리온은 이 영역을 '관리 지역'이라고 지칭했다. 아직 국가의 일부는 아니지만 군 사법 체계로 통치하는 지역이었다. 이스라엘 정부는 원래 팔레스타인인들에게 양도된 이 지역의 법적 지위를 모호하게 만들려고 했다. 유엔이 점령에 대해 해명을 요구할 것이라는 우려 때문이었는데, 알고 보니 이런 우려는 기우에 불과했다. 어떤 이유에서인지, 국제 사회가 잠시 동안의 위임 통치 이후의 팔레스타인과 그 원주민들의 운명에 관심을 기울이는 동안에도, 유엔이 아랍 국가로 지정한 팔레스타인에서 이스라엘의 법적(즉 '불법적') 지위에 관한 문제는 제기되지 않았다. 1949년 5월 이스라엘이 유엔 정식 회원국으로 받아들여질 때까지 이 지역의 명칭은 '관리 지역'과 '점령 지역' 사이를 오갔다. 1949년 5월, 마을과 농지와 집과 더불어 모든 구분이 사라졌다―이제 모든 것이 이스라엘 유대 국가로 '용해되었다'.

### 2차 정전의 붕괴

2차 정전은 1948년 여름 내내 연장되었다. 양편 모두 적대 행위를 계속했기 때문이지만 이름뿐인 정전 같았다. 하지만 유엔은 이스라엘의 공격을 골란 고원과 그곳에 있는 유일한 도시인 꾸네이트라Qunaitra에 집중시키는 데 성공했다. 명령은 정전이 끝나는 날 부대 본부에 도달했다. 거의 60년이 지난 지금 읽어보아도 소름이 오싹 돋는 내용이다. 이가엘 야딘은 현지 사령관에게 이렇게 말했다. "귀 부대에 내리는 명령은 그 도시를 파괴하라는 것임."[32] 도시는 1967년까지도 비교적 무사히 남게 되었는데, 그해에 골란 고원을 점령한 이스라엘군이 종족 청소를 벌였다. 1974년 이스라엘군이 꾸네이트라시를 파괴함으로써 야딘의 간결한 명령이 말 그대로 실행되었다. 이스라엘은 교전 중단 합의의 일환으로 완전히 유령 도시로 바뀐 이곳을 시리아에 돌려주었다.

1948년에 이스라엘이 골란 고원을 차지하겠다고 마음먹은 것은 시리아 군대가 점진적으로 철수했기 때문이었다. 시리아군은 처음에 골란 고원 사면으로 철수하더니 이내 시리아 배후 지역으로 물러났다. 하지만 유대 국가 지도자 대부분은 시리아보다는 팔레스타인을 탐냈다. 8월에는 이스라엘이 아직 장악하지 못한 팔레스타인 주요 지역이 세 곳 있었는데, 벤구리온은 이 세 지역이 장래 이스라엘에 필수적인 땅이라고 보았다. 와디아라와 갈릴리 북부 서쪽, 네게브사막 남부가 그곳이었다. 처음 두 지역은 팔레스타인 인구가 많은 지역이었고 따라서 종족 청소 작전의 주요 대상이 되었다. 아랍 각국 정규군과 벌이는 전쟁 지역과는 무관한 곳이었다. 게다가 8월에 아랍 정규군은 어쨌든 정전 때문에 이미 모습을 감춘 상태였다.

1948년 9월은 바로 전달인 8월과 굉장히 흡사했다. 아랍 정규군과의 실질적인 전투가 줄어들었기 때문에 이스라엘군은 1947년 12월에 시작한 작업을 마무리하려고 했다. 일부 부대는 이미 이스라엘이 손아귀에 쥔 팔레스타인의 78퍼센트를 점령하는 작업을 넘어서 불가능한 임무를 부여받고 파견되었다.

9월에 주어진 과제 중 하나는 와디아라와 요르단강 서안 북쪽 끝 지역을 점령하려는 세번째 시도였다. 깔낄리야와 툴카렘을 장악하라는 특별 명령도 떨어졌다. 8월 작전Operation August이라는 이름이 붙었다. 와디아라 지역을 침공하려는 시도는 다시 실패로 돌아갔다. 나중에 1949년 봄에 요르단의 압둘라 국왕이 양국 사이의 휴전 협정의 일환으로 와디아라를 양도하기로 결정하고서야 이 지역은 이스라엘에 병합된다. 오늘날 많은 이스라엘인들이 '인구 균형'이 역전될 가능성에 화들짝 놀라서 이 지역을 다시 팔레스타인 자치 당국의 요르단강 서안에 돌려주는 쪽을 선호한다는 사실은 역사의 아이러니라 할 수 있다. 요르단강 서안의 폐쇄된 반투스탄Bantustan*으로 감옥살이 신세를 택하거나 이스라엘에서 이등 시민의 '삶을 누리는' 쪽을 택하거나 어느 쪽이든 흥미진진한 전망은 아니지만, 최소한 와디아라 사람들은 당연히 후자에 찬성한다. 그들은 과거와 마찬가지로 이스라엘이 자신들이 없는 이 지역을 원한다고 정확히 의심하기 때문이다. 이스라엘은 이미 팔레스타인인들이 밀집해 있고, 와디에서도 아주 가까운 지역에 분리 장벽을 세우기 시작한 이래로 20만 명을 이주시켰다.

1948년 9월, 와디아라를 구성하는 15개 마을 하나하나가 끈질기고 용감하게 공격자들을 물리쳤다. 전쟁이 시작됐을 때 아랍 연맹이 요르단강 서안 북부를 보호하기 위해 보낸 근처의 파견대에서 이라크 장교들이 와서 도움을 주었다. 이 이라크인들은 실제로 전투를 벌여서 팔레스타인 마을 전체를 구조하는 데 성공한 몇 안 되는 팔레스타인 이웃들 중 하나였다. 아부 라우프 압드 알라지끄Abu Rauf Abd al-Raziq 대위는 이렇게 테이타바Taytaba 마을과 깔란수와 마을을 방어하는 것을 도와준 이라크 장교 중 한 명이었다. 그는 다른 이라크 군인들이 전부 가을 작전Operation Autumn이 시작되기 몇 주 전에 빨리 떠나라는 명령을 받았을 때 용감하게 그냥 남기로 결정했다. 이라크군 출신의 압드 알카림Abd al-Karim 소령과 파르한Farhan 대위는 제이타Zayta와 자트Jat에서 요새를 구축하고 저항하는 과정을 이끌었고, 칼리드 아부 하무드Khalid Abu Hamud 하사는 아틸Attil에서 저항을 지휘했다. 나집Najib 대위와 무함마드 술레이만Muhammad Sulayman은 바까알가르비야Baqa al-Gharbiyya에서, 칼릴 베크Khalil

---

* 과거 남아프리카 공화국의 백인 정권이 인종 격리 정책에 따라 설정했던 흑인 자치구.

Bek는 아라Ara 마을에서, 맘두 미아라Mamduh Miara는 아라라Arara에서 각각 저항을 지휘했다. 마을을 지키고 저항을 진두지휘한 이라크 초급 장교들의 명단은 인상적일 정도로 길다.

9월에는 또 스니르 작전Operation Snir 준비도 진행되었다. 꾸네이트라시를 포함해서 골란 고원을 장악하려는 또다른 시도로 9월 14일이 디데이로 예정되어 있었다. 첫번째 단계는 26일로 연기되었고, 결국 '베레쉬트Bereshit(창세기)'라는 암호명의 소규모 작전으로 줄어들었다. 유엔 지도에 따라 유대 국가 안에 있는 시리아 요새(제223전초 기지)를 차지하려는 시도도 작전의 일환이었다. 시리아 방위군은 이스라엘의 공격을 차례로 물리쳤다. 이스라엘은 준비 과정의 일환으로 시리아군에 속한 체르케스인 및 드루즈인 군인들과 접촉해서 협조를 설득하려고 했다. 시리아 방어선에 대한 이스라엘의 군사 행동은 1949년 봄까지도 계속되었는데, 전초 기지뿐만 아니라 마을들까지 점령하라는 명령에 따른 것이었다. 그런데 1949년 4월 1일 군사 전초 기지에 대한 공격에만 집중하라고 명령이 수정되었다.[33]

9월 갈릴리 중부에서 종족 청소 작전이 계속되었다. 이스라엘 군대는 이곳에서 팔레스타인 고립 지대를 싹 쓸어 버렸다. 한 달 뒤 갈릴리 북부와 팔레스타인 남부에서 예정된 마지막 대규모 작전에 앞서 벌인 행동이었다. 현지 지원병들과 아랍 해방군이 일라분Ilabun을 비롯한 몇몇 마을에서 거센 저항을 했다. 이스라엘군의 보고서에서는 실패로 끝난 공격에 관해 다음과 같이 묘사한다. "오늘밤 우리 군대가 일라분을 습격했음. 적의 저항을 물리치고 보니 마을이 이미 버려진 상태였음. 마을을 파괴하고 가축을 도살한 다음 적과 교전하면서 철수함."[34] 다시 말해, 일라분은 아직 장악되지 않았지만 이미 주민들이 마을을 버리고 떠난 상태였다. 다른 한편, 타르쉬하 마을에서는 대부분 기독교도인 팔레스타인인들이 거의 그대로 남아서 마을을 지켜냈다. 지금 와서 보면, 그들은 마을에 남기로 결정한 덕분에 추방을 면한 것으로 보인다. 그렇지만 그들이 주로 무슬림이었다면, 운명은 아주 달라졌을 것이다. 타르쉬하는 결국 10월에 점령되었지만, 주민들이 추방되지는 않았다. 9월에 장악당했다면 이 결과 역시 아주 달라졌을 것이다. 1948년 9월 19일부터 시작된 알레프에인Alef Ayn 작전의 명령이 다음과 같은 것이었기 때문이다. "타르쉬하 주민들을 북부로 몰아낼 것."[35]

하지만 이런 은총의 순간은 흔치 않았다. 갈릴리 북부 서쪽 지역과 헤브론 남부 지역, 베르셰바, 남부 해안선 지역 등에 마지막으로 남아 있던 마을들에는 분명 이런 순간이 찾아오지 않았다.

# 8. 임무 완수: 1948년 10월~1949년 1월

알바니아계 150만 명 이상―코소보주 전체 인구의 90퍼센트 이상―이 자기 집에서 강제로 쫓겨났다. 적어도 100만 명이 주를 떠났고, 50만 명은 국내 난민이 된 것으로 보인다. 제2차세계대전 이래 유럽에서 유례가 없는 규모로 벌어진 군사 행동이다.
―미국 국무부 코소보 보고서, 1999년

1948년, 이스라엘 국가가 된 지역에 살던 팔레스타인인 85퍼센트가 난민이 되었다.

2003년 초 현재 700만 명이 넘는 난민과 실향민이 존재하는 것으로 추산된다.
―바딜 자원 센터: 사실과 수치


10월은 이스라엘 청소 부대들에게 다소 실망스럽게 시작되었다. 갈릴리, 특히 북부 지역은 여전히 알까우끄지가 지휘하는 아랍 해방군 부대들의 지원을 받는 팔레스타인 지원병들이 장악하고 있었다. 갈릴리 북부―유엔이 아랍 국가로 지정한 지역―의 많은 마을에서는 아랍 해방군 부대들이 여전히 눈에 띄었다. 주로 호위대와 부대를 상대로 저격 공격을 하는 형태로, 유대 군대에 맞서 소규모 게릴라전을 벌이는 중이었다. 하지만 별로 효율적이지 못한 저항이었고 대개 헛수고였다. 10월에는 또한 레바논 정규군이 아랍의 유대를 과시하려는 최후의 애처로운 몸짓으로 화력을 증강하는 헛된 시도도 있었다. 갈릴리 최상부에 있는 유대인 정착촌 마나라Manara에 포격을 가한 것이다. 갈릴리 남부 아래쪽에서는 아랍 지원병들이 일라분에 대포 하나만을 갖고 남아 있었다. 임박한 총체적 붕괴를 상징하는 모습이었다.

그나마 남아 있던 저항 세력은 그달 중순에 히람 작전으로 벌어진 습격에 깡그리 일소되었다. 히람은 성서 시대 티레(두로) 왕의 이름이었고, 티레라는 곳은 야심적인 팽창 계획의 주요 목표 중 하나였다. 갈릴리 북부와 레바논 남부를 차지하려는 계획이었다. 포격과 공중 공격을 집중한 가운데 유대 군대는 2주일 만에 두 지역을 모두 장악했다.

## 히람 작전

이 2주일은 오늘날 와디아라를 구한 영웅적 투쟁과 더불어 나크바 당시 팔레스타인이 벌인 저항 역사에서 인상적인 장으로 손꼽힌다. 이스라엘 공군은 마을 사람들에게 항복을 권하면서도 추방하지 않겠다는 약속은 하지 않는 내용의 전단 1만 장을 뿌렸다. 단 한 마을도 항복하지 않았고, 거의 전체적으로 이스라엘 군대에 맞서 일어섰다.

그리하여 종족 청소가 시작된 이래 처음으로 팔레스타인 마을들이 압도적으로 우월한 이스라엘 군사력에 용감하게 맞서면서 잠시나마 요새를 구축하고 포위해 들어오는 이스라엘 군대에 저항했다. 현지 젊은 이들과 아랍 해방군 잔여 세력이 뒤섞여서 1~2주 동안 참호를 방어하면서 빈약한 무기로 버티다가 결국 공격자들의 힘에 무릎을 꿇었다. 이런 용감한 젊은이 50명이 라메이쉬Ramaysh를 지켰다. 데이르알까시Deir al-Qasi에서도 젊은이들이 저항했지만, 그들 대부분은 현지인이 아니라 사푸리야에서 온 피란민들이었다. 다시는 쫓겨나지 않겠다고 다짐한 이들이었다. 아랍 해방군 출신의 아부 함무드Abu Hammud라는 남자가 그들을 지휘했다. 유감스럽게도 지금 우리에게는 크파르만다Kfar Manda를 방어한 아부 이브라힘Abu Ibrahim 같이, 이스라엘 정보 파일과 구술사에 등장하는 장교 몇 명의 이름만이 있을 뿐이지만, 와디아라 전투에서 언급된 이라크 장교들처럼, 그들은 모두 팔레스타인의 영웅, 아니 인류의 영웅을 다룬 책에 기입되어야 마땅하다. 종족 청소가 벌어지는 사태를 막기 위해 최선의 노력을 기울였기 때문이다. 이스라엘과 서구 일반은 그들을 익명으로 뭉뚱그려서 아랍 반란자나 테러리스트로 언급한다―1980년대까지 팔레스타인 해방 기구에서 싸운 팔레스타인인들, 그리고 1987년과 2000년에 요르단강 서안과 가자지구의 이스라엘 점령에 대항한 두 차례 봉기를 이끈 이들을 다루는 것처럼 말이다. 나는 식민화, 추방, 점령을 당한 사람들을 악마시하고 그들을 식민화, 추방, 점령한 바로 그 사람들을 미화하는 현실을 뒤바꾸기 위해서는 이 책보다 훨씬 더 많은 게 필요할 것이라는 점을 잘 안다.

이 보잘것없는 한 줌의 전사들은 패배할 수밖에 없었다. 이들은 대규모 공중 폭격과 지상의 격렬한 공격에 무릎을 꿇었다. 아랍 해방군 지원병들이 먼저 철수했고, 그뒤 현지 마을 사람들은 항복하기로 결정했다. 유엔이 중재하는 경우가 다반사였다. 하지만 나크바에서 이 국면의 독특한 특징은 이미 팔레스타인에 온 지 열 달이 된 지원병들이 철수한 것이 마을을 방어하기 위해 필사적으로 싸운 뒤의 일이라는 점이다. 팔레스타인을 떠나라는 본부의 명령을 따르지 않은 경우도 많았다. 이런 지원병 400명이 10월에 목숨을 잃었다.

이스라엘의 공중 폭격은 대대적인 규모였고, 팔레스타인 마을에 상당한 '부수적 피해'를 야기했다. 라마, 수흐마타, 말키야, 크파르비르임Kfar Bir'im 등 일부 마을은 다른 마을보다 더 심하게 집중 폭격을 당했다. 라마만이 피해를 입지 않았다. 나머지 세 마을은 점령되고 파괴당했다.

갈릴리 북부의 마을 대부분이 10월 말 단 하루 만에 장악되었다. 데이르한나Deir Hanna, 일라분, 아라바Arraba, 이끄리트Iqrit, 파라디야Farradiyya, 미일리야Mi'ilya, 키르바트이리빈Khirbat Irribin, 크파르이난Kfar Inan, 타르비카, 타르쉬하, 마이룬, 사프사프Safsaf, 사사, 지쉬Jish, 파수타, 까디타Qaddita 등이 대표적인 곳이다. 이 목록은 길고 여기에 다른 10개 마을이 포함된다. 일부 마을 사람들은 추방되었고, 일부는 그대로 남아도 된다고 허락받았다.

이 시기에 관한 주된 의문은 이제 왜 마을 사람들이 쫓겨났는가 하는 게 아니라 왜 어떤 마을에서는 사람들이 그냥 남도록 허용되었는가 하는 점이다. 이런 허용은 분명 거의 언제나 현지 사령관이 내린 결정의 결과였다. 왜 지쉬는 아무 피해도 입지 않았는데, 근처의 까디타와 마이룬에서는 강제로 쫓겨났을까? 그리고 왜 라마는 화를 면한 반면, 근처의 사프사프는 산산이 부서졌을까? 정확히 말하기는 어려우며, 아래에서 서술하는 내용은 대부분 추측에 바탕을 둔 것이다.

아크레와 사파드 사이의 교통량이 많은 도로변에 위치한 라마 마을은 다른 마을에서 온 피란민들을 많이 받아들여서 이미 북적거리는 상태웠다. 마을의 크기, 그리고 아마 드루즈인 공동체가 상당한 규모라는 사실이 주민을 추방하지 않기로 한 현장의 결정에 영향을 미친 두 요인이었을 것이다. 하지만 그냥 남아도 된다는 허락을 받은 마을에서도 수십 명, 때로는 수백 명의 주민이 포로수용소에 수감되거나 레바논으로 쫓겨났다. 실제로 '청소'를 뜻하는 히브리어 명사 '티후르'는 10월에 새로운 의미를 얻었다. 예전처럼 여전히 마을의 전면적인 추방과 파괴를 뜻하면서도 이제 선별적인 수색-추방 작전 같은 다른 활동도 나타내게 된 것이다.

이스라엘의 분할 통치 정책은 드루즈인의 경우에 효과를 입증했다. 드루즈인들에게는 안전뿐만 아니라 협력에 대한 보상으로 무기도 약속했던 것이다. 반면 기독교도 공동체는 '협력적인' 성격이 약했다. 이스라엘 군대는 처음에 무슬림과 함께 기독교도도 관례대로 국외 추방했지만, 나중에는 중부 해안 지역에 있는 단기 수용소로 보내기 시작했다. 10월에 무슬림들은 이 수용소에 오래 남는 경우가 거의 없었고 레바논으로 '수송'―이스라엘군이 사용한 표현이다―되었다. 하지만 기독교도들은 이제 다른 거래를 제시받았다. 유대 국가에 충성하겠다고 약속하는 대가로 잠시 동안 원래 살던 마을로 돌아가도록 허용받은 것이다. 기독교도의 명예를 위해 사실을 밝히자면, 대부분의 기독교도는 이런 선별 과정에 자진해서 참여하는 것을 거부했다. 그 결과 군대는 곧 드루즈인이 살지 않는 경우, 기독교도의 마을을 무슬림 마을과 똑같이 대했다.

많은 마을 사람들이 국외 추방이나 수용소 수감, 죽음을 기다리는 대신 도망치는 쪽을 택했다. 점령에 앞서 집중 포격이 진행되면서 마을에 따라 숫자는 다르지만 많은 마을 사람들이 서둘러 도망쳤다. 하지만 대부분의 경우에 대다수 사람들이 강제로 쫓겨날 때까지 용감하게 마을에 남았다. 게다가 10월의 마지막 며칠 동안은 '청소'를 진행하는 이스라엘 군대의 지구력이 떨어지기 시작한 것으로 보인다. 주민이 많은 마을들은 결국 그냥 남아도 된다는 허락을 받았기 때문이다. 타르쉬하, 데이르한나, 일라분 등이 오늘날까지 그대로 남아 있는 것은 이런 이유 때문일 것이다.

아니 오늘날 일라분 주민 절반은 우리와 함께 있다. 나머지 절반의 원주민은 레바논의 난민 수용소에서 산다. 마을에 다시 정착하도록 허용받은 사람들은 끔찍한 경험을 치렀다. 점령중에 마을 사람들은 일라분의 교회 두 곳으로 몸을 피했다. 겁에 질린 사람들이 전부 작은 교회 건물을 가득 메웠고, 이스라엘군 작전 사령관이 장황한 '연설'을 하는 동안 입구에서 웅크리고 귀를 기울일 수밖에 없었다. 가학적이고 변덕스러운 사령관은 포위된 마을 사람들에게 유대인 주검 두 구를 훼손했다고 비난했다. 이미 겁에 질린 군중 앞에서 젊은 남자 몇 명을 총살하는 것으로 보복을 한 뒤였다. 뒤이어 나머지 마을 사람들이 강제로 쫓겨났다. 10세에서 50세 사이의 남자들은 따로 포로로 끌려갔다.[1]

처음에 마을 사람은 전부 쫓겨나서 긴 대열을 이루어 레바논 국경을 향해 길을 떠났다. 도중에 몇 사람이 목숨을 잃었다. 그러다가 이스라엘 사령관이 마음을 바꾸어 국외 추방된 인원의 절반을 이루는 기독교도들에게 다시 돌아가라고 명령했다. 방금 지나온 갈릴리 지방의 험한 바위투성이 길을 따라서 똑같이 고통스럽고 지루하게 돌아가라는 것이었다. 750명이 이런 식으로 마을로 돌아가도록 허락을 받았다.

왜 일부 마을들에는 사람들이 그대로 남을 수 있었는가 하는 질문은 당혹스러운 것이지만, 이스라엘군이 왜 일부 마을은 혹독하게 다루고 다른 마을은 그렇게 하지 않았는지 그 이유는 마찬가지로 이해하기 어렵다. 예를 들어, 왜 10월 마지막 며칠 동안 정복한 모든 마을 중에서 사사와 사프사프는 이런 야만적 취급을 받은 반면 다른 마을들은 화를 면했을까?

## 작전중에 벌어진 전쟁 범죄

앞에서 언급한 것처럼, 1948년 2월 유대 군대는 사사 마을에서 학살을 자행한 바 있다. 결국 어린이 5명을 포함해서 마을 사람 15명을 죽였다. 사사는 팔레스타인에서 가장 높은 산인 미야룬Myarun(오늘날의 메론Meron)산으로 이어지는 주요 도로상에 있다. 제7여단 군인들은 마을을 점령한 뒤 미친듯이 행패를 부리면서 집과 거리에 있는 사람들에게 닥치는 대로 총을 쏘았다. 살해된 15명 외에도 많은 사람이 부상을 입었다. 부대는 계속해서 주택을 전부 파괴했다. 마을 잔해 위에 세워진 사사Sasa 키부츠 성원들이 원래 집주인들이 강제 추방된 뒤 차지한 집 몇 채는 파괴를 면했다. 문서 자료만 가지고는 1948년 사사에서 벌어진 사건의 일대기를 쉽게 재구성하기 힘들지만, 아주 적극적인 생존자 공동체가 남아서 자신들의 증언을 후세를 위해 보전하는 데 열심이다. 난민 대부분은 레바논 트리폴리 근처에 있는 난민 수용소인 나헤르알바리드Naher al-Barid에 살고 있다. 일부는 티레 근처의 라쉬디야Rashidiyya에, 그리고 대부분이 한 씨족 성원인 다른 일부는 가자위야Ghazzawiyya에 살고 있다. 또 레바논 남부 에인힐와Ayn Hilwa 난민 수용소에도 소수가 공동체를 이루어 사는데, 나는 그 생존자 중 현재 갈릴리의 지쉬 마을에 살고 있는 몇 명을 만났다.[2] 그들은 자기가 살던 마을이 점령되면서 벌어진 끔찍한 사건들을 다시 떠올리는 것을 힘들어했다. 사사에서 전개된 사태를 정확히 재구성하려면 더 많은 정보를 모아야 하지만, 그들이 들려주는 이야기는, 탄투라 생존자들의 경우와 마찬가지로, 이스라엘 군대가 마을에서 대량 학살을 저질렀음을 보여준다.

우리는 사프사프에 관해서는 더 많은 내용을 안다. 무함마드 압둘라 에지하임Muhammad Abdullah Edghaim은 나크바 15년 전에 태어났다. 그는 7학년까지 마을에서 초등학교를 다니고, 5월에 사파드가 유대의 수중에 떨어졌을 때 이 도시에서 고등학교 1학년을 마친 상태였다. 더이상 학교에 다닐 수 없었던 그는 집에 돌아와 있었는데, 그때, 즉 1948년 10월 29일 유대 군인과 드루즈인 군인으로 이루어진 혼성 부대가 마을에 진입했다.

군대가 진입하기에 앞서 집중 폭격이 벌어져서 갈릴리에서 가장 유명한 가수로 손꼽히는 무함마드 마흠누드 나시르 자그모우트Muhammad Mahmnud Nasir Zaghmout를 비롯해 여러 명이 사망했다. 마을 서쪽에 있는 포도밭에서 일하는 마을 사람들에게 포탄이 떨어졌을 때 자그모우트도 그 자리에 있다가 죽었다. 에지하임은 가수의 가족들이 그의 주검을 마을까지 옮기려고 애를 쓰는 모습을 목격했는데, 집중 폭격 때문에 가족들은 결국 포기해야 했다.

아랍 해방군 지원병들을 포함한 사프사프 방어자들은 다들 어떤 이유에서인지 유대 군대가 동쪽에서 공격해 올 것으로 알고 기다리고 있었지만, 서쪽에서 공격이 진행되었고 마을은 순식간에 괴멸되었다. 다음날 아침 사람들은 마을 광장에 모이라는 명령을 받았다. '용의자'를 확인하는 익숙한 절차가 진행되었는데, 이번에는 드루즈인 군인들도 참여했다. 생포된 주민들 중에서 많은 이들이 선별되었다. 군인들은 불운한 남자 70명을 끄집어내서 눈가리개를 한 뒤 멀리 떨어진 지점으로 데리고 가서 즉결 총살을 했다. 이스라엘 문서 기록으로 이 사건이 확인된다.[3] 나머지 마을 사람들은 마을을 떠나라는 명령을 받았다. 이스라엘 군이 머리 위로 총을 쏘는 가운데 사람들은 빈약한 개인 소지품조차 챙기지 못한 채 마을 밖으로 내쫓겼고 인접한 레바논 국경을 향해 길을 재촉했다.

이스라엘 군사 문서 기록과 달리, 구술 증언을 보면 훨씬 더 심한 잔학 행위가 드러난다. 이 목격자들의 설명을 의심할 이유는 거의 없다. 다른 사례들에 관한 여러 다른 자료들에 의해 뒷받침되었기 때문이다. 생존자들은 여자 넷과 여자애 하나가 마을 사람들이 보는 앞에서 강간을 당하고, 임신한 여자 하나는 총검에 찔려 죽은 사실을 기억한다.[4]

탄투라의 경우처럼, 마을에 남은 몇 안 되는 사람들이 주검을 모아서 땅에 묻었다. 노인 몇 명과 남자애 다섯이었다. 사프사프는 아랍어로 '수양버들'을 뜻한다. 잔학 행위에 관한 주요 증인인 무함마드 압둘라 에지하임은 현재 노인으로 지금도 에인힐와의 난민 수용소에 산다. 그가 사는 작은 오두막은 거의 60년 전에 처음 거기 도착했을 때 그가 심은 수양버들로 둘러싸여 있다. 사프사프가 남긴 유일한 흔적이다.

불레이다Bulayda는 히람 작전에서 마지막으로 장악된 마을이다. 이 마을은 주민들이 집을 지키겠다는 결심이 확고했던 탓에 끝까지 남아 있었다. 레바논 국경과 아주 가까웠는데 레바논 군인들이 울타리를 넘어서 마을 사람들 편에서 싸웠다—아마 레바논이 갈릴리 방어에 유의미하게 기여한 유일한 예일 것이다. 열흘 동안 마을은 거듭되는 공격과 급습을 견뎌냈다. 결국 주민들은 가망 없는 상황임을 깨닫고 이스라엘 군인들이 들어오기 전에 서둘러 달아났다. 사프사프 사람들이 겪은 참사를 당하고 싶지 않았기 때문이다.

10월 31일에 이르러 한때 거의 팔레스타인 사람들만 살던 갈릴리 지방 전체가 이스라엘군에게 점령되었다.

### 소탕 작전

11월과 12월, 갈릴리에서 청소 활동이 일부 계속되었지만, 이제는 이스라엘인들이 '소탕 작전'이라고 부르는 형태를 띠었다. 이것은 본질상 원래 대상이 아니었던 마을들을 청소하는 '재고再考' 작전이었다. 이 작전으로 대상이 아니었던 마을들도 추방되어야 할 마을의 명단에 추가되었다. 이스라엘의 정치 엘리트들이 갈릴리 지방의 뚜렷한 '아랍적' 성격을 근절하고 싶어했기 때문이다. 하지만—1940년대의 직접적인 추방을 시작으로 1960년대의 군사 점령, 1970년대의 대규모 토지 몰수, 1980년대의 공식적인 거대한 유대화 정착 노력에 이르기까지—갈릴리 지방을 '유대화'하려는 이스라엘의 온갖 노력에도 불구하고 지금도 이곳은 아름다운 자연과 중동의 운치, 팔레스타인 문화를 고스란히 간직한 유일한 지역이다. 인구의 절반이 팔레스타인인이라는 '인구 균형' 때문에 많은 이스라엘 유대인은 21세기 초에 이르러서도 이 지역을 '자신들의' 땅이라고 생각하지 못한다.

앞서 1948년 겨울에 이스라엘은 이 '균형'을 자기 쪽에 유리하게 기울이기 위해 아크레 근처에 있는 인구 200명의 아랍알삼니야Arab al-Samniyya 같은 작은 마을이나 인구 2,500명의 큰 마을 데이르알까시에서 추가로 사람들을 추방했다.[5] 게다가 이끄리트, 크파르비르임, 가비시야 Ghabisiyya 세 마을에 관해서는 진기한 이야기가 전해진다. 1948년 10월에 시작된 이 이야기는 아직도 끝나지 않았다. 이끄리트의 이야기는 다른 두 마을에서 벌어진 일을 전형적으로 보여준다.

이 마을은 레바논 국경 가까이에 있는 바닷가에서 동쪽으로 30킬로미터 정도 떨어진 산 위에 올라앉아 있었다. 1948년 10월 31일 이스라엘 대대가 마을을 점령했다. 사람들은 싸우지 않고 항복했다—이끄리트는 마론파* 마을이었고, 그들은 신생 유대 국가가 자신들을 환영할 것이라고 기대했다. 대대장은 사람들에게 마을에 그냥 남는 것은 위험하니 떠나라고 명령하면서도 군사 작전이 끝나는 대로 2주 안에 돌아올 수 있을 것이라고 약속했다. 11월 6일, 이끄리트 사람들은 살던 집에서 쫓겨나서 군 트럭에 올라타고 라마로 이송되었다. 지역 사제를 포함한 50명이 남아서 집과 재산을 지키도록 허락받았지만, 6개월 뒤 이스라엘군이 다시 돌아와서 그들 역시 쫓아내버렸다.[6]

이 마을은 종족 청소 방법론이 어떻게 변했는지를 보여주는 또다른 사례이다. 이끄리트와 이웃 마을 크파르비르임의 경우는 원주민들이 이스라엘 법원을 통한 기나긴 과정을 거쳐 배상을 받겠다고 결정한 몇 안되는 알려진 사례이다. 기독교도인 마을 사람들은 이스라엘 안에서 사는 것은 허락받았지만 원래 마을에서 살 수는 없었다. 하지만 그들은 굴복하지 않고, 집에 돌아갈 권리를 찾기 위한 지루한 법적 싸움을 시작했다. 군이 한 약속을 지키라고 요구하면서. 이제 거의 60년이 지났지만,

---

* 오늘날의 레바논인 레반트 지역을 중심으로 아랍어 전례를 사용하는 동방 가톨릭.

빼앗긴 삶을 되찾기 위한 싸움은 아직 끝나지 않았다.

1949년 9월 26일, 국방 장관은 (영국 위임 통치 시기로 거슬러올라가는) 긴급 조치를 이끄리트에 적용한다고 발표했다. 마을을 점령한 장교가 앞서 약속한 귀환을 막기 위한 것이었다. 거의 1년 반 뒤인 1951년 5월 28일, 이끄리트 사람들은 자신들의 문제를 이스라엘 대법원에 가져가기로 결정했고, 7월 31일 대법원은 퇴거가 불법적으로 이루어졌다고 판결하면서 군은 이끄리트 주민들을 원래 살던 마을에 다시 정착하도록 허용해야 한다고 명령했다. 대법원 판결을 무시하기 위해 군은 1948년 전쟁중에 공식적인 추방 명령을 발포했음을 보여줄 필요가 있었다. 그에 따라 이끄리트는 주민들이 쫓겨난 여느 마을과 똑같은 곳이 되어 버렸다. 이스라엘 법원은 이미 530곳의 팔레스타인 마을에 대해 각각 주민 추방이 문제가 없다고 판결한 상태였다. 이스라엘 방위군은 계속해서 전혀 주저하거나 양심의 가책을 느끼지 않은 채 이런 공식 명령을 날조했다. 그리고 1951년 9월, 이제 라마 마을에 사는 이끄리트의 예전 주민들은 1948년 11월 6일 자로 된 '공식적인' 추방을 알리는 군사 명령서를 받고 당황해했다. 3년 뒤에 발송된 것이다.

이 문제를 최종적으로 해결하기 위해 이스라엘군은 1951년 크리스마스이브에 이끄리트의 주택 전부를 완전히 철거하고 교회와 묘지만 남겨두었다. 같은 해에 까디타, 데이르한나, 크파르비르임, 가비시야 등 인근 마을에서도 사람들이 돌아오는 것을 막기 위해 비슷하게 철거가 이루어졌다.[7] 크파르비르임과 가비시야의 주민들 또한 이스라엘 법원에서 분명한 판결을 얻어낼 수 있었다. 이끄리트의 경우처럼 군은 곧바로 마을을 파괴하는 식으로 '앙갚음'을 했다. 그러고는 이 지역에서 공중 폭격을 비롯한 군사 훈련을 수행해서 마을이 폐허가 되었다고—그래서 사람이 살지 못한다고—냉소적인 변명을 늘어놓았다.

이런 파괴는 이스라엘이 갈릴리의 '아랍화'라고 보는 현상에 대해 지속적으로 벌이는 전투의 일환이었다. 1976년 내무부 최고위 관리인 이스라엘 코닝Israel Koening은 갈릴리 지방의 팔레스타인인들을 일컬어 '국가의 몸에 생긴 종양'이라고 했고, 참모총장 라파엘 에이탄Raphael Eitan은 '바퀴벌레'라고 지칭했다. 집중적인 '유대화' 과정이 아직까지는 갈릴리 지방을 '유대화'하는 데 실패했지만, 오늘날 학자뿐만 아니라 정치인까지 포함한 많은 이스라엘인들은 과거에 벌어진 종족 청소를 수용하고 정당화하며 더 나아가 미래 정책 입안자들에게 권고하기에 이르렀기 때문에, 이 지역에 사는 팔레스타인 사람들은 지금도 추가적인 추방의 위험을 떨치지 못한다.

'소탕' 작전은 실제로 1949년 4월까지 계속되었고 때로는 추가적인 학살로 이어졌다. 베두인의 알마와시al-Mawassi 부족이 거주하는 키르바트 와라알사우다Khirbat Wara al-Sawda에서도 학살이 벌어졌다. 갈릴리 동부의 이 작은 마을은 히람 작전 내내 거듭되는 공격에서 계속 버텼고 결국 홀로 살아남았다. 한번은 이런 식의 공격을 물리친 뒤, 마을 사람 몇 명이 죽은 이스라엘 군인들의 머리를 베었다. 전반적인 교전 상태가 마침내 종식된 뒤인 1948년 11월 복수가 이어졌다. 범죄를 자행한 103대대 지휘관의 보고서를 보면 범죄 행위가 적나라하게 묘사되어 있다. 군인들이 집집마다 불을 지르는 동안 마을 남자들을 한자리에 모았다. 14명이 현장에서 처형되었고 나머지는 포로수용소로 끌려갔다.[8]

## 이스라엘의 귀국 금지 정책

1948년 말에 이르러 종족 청소 작전의 주요 활동은 이제 이스라엘의 귀국 금지 정책을 두 가지 차원에서 실행하는 데 집중되었다. 첫번째는 국가적인 차원으로 1948년 8월 이스라엘 정부는 주민들이 추방된 마을을 전부 파괴하고 새로운 유대인 정착촌이나 '자연' 삼림으로 전환하기로 결정했다. 두번째는 외교적인 차원으로 난민들의 귀환을 허용하라는 국제 사회의 점증하는 압력을 피하기 위한 끈질긴 시도가 이루어졌다. 두 차원은 밀접하게 연결되었다. 난민들이 자기 집으로 돌아가는 문제에 관한 논의를 아예 무의미한 것으로 만들려는 구체적인 목표에 따라 파괴 속도를 일부러 높였다. 그렇게 하면 돌아갈 집이 아예 존재하지 않게 될 것이었기 때문이다.

난민들의 귀환을 촉진하려는 국제 사회의 주된 노력은 유엔의 팔레스타인 조정 위원회Palestine Conciliation Commission(PCC)가 주도했다. 프랑스, 튀르키예, 미국에서 파견한 위원 세 명으로 이루어진 단출한 위원회였다. 팔레스타인 조정 위원회는 난민들이 무조건 집으로 돌아가야 한다고 요구했다. 암살당한 유엔 조정관 폴셰 베르나도테가 주장한 것과 같은 요구였다. 위원회는 이런 입장을 유엔 총회 결의안으로 작성했고, 대다수 회원국이 압도적으로 지지하는 가운데 1948년 12월 11일 결의안이 채택되었다. 이 결의안, 즉 유엔 결의안 제194호는 난민들에게 원래 고향으로 무조건 귀환하는 것, 그리고 보상을 받는 것 중에 결정할 수 있는 선택권을 주었다.

귀국을 막기 위한 세번째 시도도 있었는데, 청소를 당하지 않은 마을과 원래 여러 종족이 섞여 살던 팔레스타인 도시—그렇지만 당시에는 이미 완전히 '탈아랍화'된 상태였다—에서 팔레스타인인 인구 분포를 통제하는 것이었다. 1949년 1월 12일 이스라엘군은 이런 목적을 위해 '소수자 부대'를 새로 창설했다. 팔레스타인 마을 사람들과 도시 주민들이 원래 살던 집으로 돌아오지 못하게 막는다는 한 가지 특수한 임무만을 위해 특별히 부대원으로 모집한 드루즈인, 체르케스인, 베두인족으로 구성된 부대였다. 소수자 부대가 1949년 2월 25일에 제출한 제10호 작전 약식 보고서에서 이런 목적을 달성하기 위해 사용한 방법 중 일부를 볼 수 있다.

아라바 마을과 데이르한나 마을 수색 확인 작업에 관한 보고. 데이르한나에서는 신원 확인을 위해 모인 시민들 머리 위로 총을 쏨. 그 중 80명을 구치소로 인계. 이 작전 중에 헌병들이 몇 차례 현지 시민들에게 '부적절한' 행동을 함.[9]

앞으로 살펴보겠지만, '부적절한' 행동이라 함은 보통 갖가지 신체적, 정신적 괴롭힘을 의미했다. 다른 보고서들에도 사례들이 자세히 나와 있지만, 여기서도 모호한 용어로 애매하게 설명하는 경우가 많다.

연행된 사람들은 레바논으로 추방되었다. 그런데 만약 이 사람들이 1949년 봄까지 이스라엘이 계속 점령하고 있는 지역에서 피난처를 찾았다면 다시 쫓겨났을 공산이 크다. 1949년 1월 16일에야 레바논 남부에서 선별적 국외 추방을 중단하라는 명령이 떨어졌고, 소수자 부대는 갈릴리 지방과 예전에 여러 종족이 섞여 살던 소도시와 도시에서만 활동하라는 지시를 받았다. 그곳에서 해야 하는 임무는 분명했다. 상당히 많은 수의 난민들이 다시 몰래 집으로 돌아오는 것을 막는 일이었다. 마을로 돌아오든 살던 집으로 돌아오든, 아니면 개인 소지품을 챙겨 가려고 하든 무조건 막아야 했다. 이스라엘군이 '침입자'라고 부른 이 사람들은 많은 경우에 농사짓던 밭을 몰래 수확하거나 지금은 아무도 돌보지 않는 나무에서 과일을 따려고 온 농부들이었다. 이스라엘군 경계선을 몰래 넘으려고 한 난민들은 대개 정찰대 손에 죽음을 맞았다. 이스라엘 정보 보고서의 표현을 빌리면, 그들은 "성공적으로 총에 맞았다". 1948년 12월 4일 자로 된 보고서에서 한 부분을 인용해보자. '블라흐미야Blahmiyya 마을로 돌아와서 자기 물건을 챙겨 가려던 팔레스타인인들을 맞히는 데 성공함.'[10]

한 정보 부대는 다음과 같이 불만을 토로했다. "주된 문제는 시리아인들이 [자기네 쪽에서] 난민들에게 총을 쏘기 때문에 우리가 난민들이 요르단강을 건널 수 있도록 시리아에 대응 사격을 하고 있다는 점이다."[11] 강을 건너 요르단으로 가려고 하는 이들은 대개 하심 왕국에 의해 돌려보내졌다. 요르단이 자국 영토에서 난민 집단이 계속 늘어나는 데 대해 부담을 느끼기 시작했기 때문이다. 이미 난민 숫자가 요르단 인구의 두 배에 달했다. 같은 보고서에서는 난민들이 레바논으로 자유롭게 통과하도록 '허용'할 것을 레바논에 권고했다.

하지만 이스라엘 안에 남도록 허락받은 마을 사람들(와디아라를 제외하고, 이스라엘이 자체적으로 세운 국경 안에 있는 400개 마을 중 약 50개)은 '체포-국외 추방' 작전에 시달리거나 '침입자'나 귀환자 신세로 총격을 당하지 않는다 할지라도 여전히 강제로 퇴거당하거나 다른 장소로 옮겨질 위험에 처해 있었다. 유대인 농민, 특히 키부츠 성원들이 그들의 땅이나 마을을 호시탐탐 노렸기 때문이다.

11월 5일 요르단강 계곡에 있는 아쉬도트야코프Ashdot Yaacov 키부츠 근처의 달하미야Dalhamiyya라는 작은 마을에서 이런 일이 벌어졌다. 키부츠가 농경지를 확대할 수 있도록 마을 사람들이 쫓겨난 것이다.[12] 한데 라시 인근의 라믈제이타Raml Zayta 마을에는 훨씬 더 가혹한 운명이 닥쳤다. 이 마을은 1949년 4월에 요르단강 서안 쪽으로 한 차례 옮겨졌고, 뒤이어 1953년에 오래된 키부츠의 젊은 세대들로 이루어진 새로운 유대인 정착촌이 세워진 제이타 근처로 자리를 옮기기로 결정하자 두번째로 쫓겨났다. 젊은 키부츠 성원들은 도착하자마자 단순히 땅을 차지하는 데 만족하지 못하고 팔레스타인 마을의 집들을 눈에 보이지 않게 이동시켜 달라고 정부에 요구했다.[13]

키부츠 성원들의 노골적인 요구는 추방자들이 구사하는 언어의 전반적인 변화와 부합하는 것이었다. 히람 작전에서 하달한 명령은 다음과 같다.

포로: 난민들을 레바논 국경과 시리아 국경에 있는 지점으로 수송하기 위한 차량을 준비할 것임. 포로수용소는 사파드와 하이파에, 단기 수용소는 아크레에 건설 예정. 무슬림 주민은 전부 몰아내야 함.[14]

갈릴리 상공을 순찰하는 유엔 옵서버들이 주의깊게 지켜보는 가운데 1948년 10월에 시작된 종족 청소 작전의 마지막 단계는 1949년 여름까지 계속되었다. 하늘에서든, 지상에서든 매일 같이 남녀노소가 북쪽을 향해 무리를 지어 이동하는 광경을 놓칠 리는 만무했다. 이 인간 호송대에는 누더기를 걸친 여자와 아이들이 눈에 띄게 많았다. 젊은 남자들은 온데간데없었다. 처형되거나 체포되거나 실종되었기 때문이다. 이때쯤이면 상공의 유엔 옵서버들과 지상의 유대인 목격자들은 자기들 앞을 지나가는 사람들의 곤경에 둔감해진 게 분명하다. 그렇지 않고서야 바로 자기 눈앞에서 대규모의 국외 추방이 벌어지는데 이렇게 침묵으로 일관한 것을 어떻게 설명할 수 있을까?

유엔 옵서버들은 10월에 일정한 결론을 이끌어내서 사무총장에게 편지를 보냈다. 사무총장이 공개하지 않은 보고서에서 그들은 이스라엘의 정책은 "팔레스타인 아랍인들을 무력이나 위협을 써서 원래 살던 마을에서 몰아내는 것"이라고 말했다.[15] 아랍 회원국들은 팔레스타인에 관한 이 보고서에 대해 안보 이사회의 관심을 환기시키려고 했지만 아무 성과도 없었다. 거의 30년 동안 유엔은 이스라엘의 유엔 대사 아바 에반 Abba Eban의 모호한 언어를 받아들였을 뿐이다. 난민의 존재는 누구에게도 책임이나 해명을 물을 수 없는 '인도적 문제'라는 것이었다. 유엔 옵서버들은 또한 계속되는 약탈의 광경에 충격을 받았다. 1948년 10월까지 팔레스타인의 모든 마을과 도시가 약탈에 휩쓸렸다. 거의 1년 전에 분할 결의안을 압도적으로 승인한 유엔은 종족 청소를 비난하는 또다른 결의안을 통과시킬 수 있었지만, 그런 일은 없었다. 그리고 상황은 더욱 악화되었다.

## 형성중인 소제국

이 최종 단계 동안 이스라엘은 워낙 큰 성공을 거두어서 소제국을 건설하겠다는 꿈이 다시 등장할 정도였다. 이스라엘군은 다시 한번 유대 국가를 요르단강 서안과 레바논 남부까지 확대하기 위해 경계 태세에 들어갔다. 이 명령들 사이에 차이가 있다면 요르단강 서안(그 시절에는 사마리야Samariyya나 아랍 삼각 지대라고 불렀다)에 대한 언급이 더 분명했다는 점이다. 실제로 이스라엘과 트랜스요르단 사이에 이루어진 암묵적인 양해를 처음으로 분명하고 공식적으로 깨뜨린 셈이었다. 오늘날의 요르단강 서안 가운데 북부에 제닌 주변 지역을 장악하고 여기서 성공을 거두면 나블루스까지 진출하라는 명령이 떨어졌다. 공격은 연기되었지만, 이후 몇 달 동안 최고 사령부는 군이 아직 점령하지 못한 지역, 특히 요르단강 서안에 계속 집착했다. 우리는 이스라엘이 1948년 12월에서 1949년 3월 사이에 그곳에서 실행하려고 계획했던 각기 다른 작전들의 이름을 알고 있다. 그중 가장 유명한 것이 '스니르' 작전이다. 이스라엘과 요르단이 마침내 휴전 협정에 서명하자 이 작전들은 철회되었다.

이 마지막 작전들이 취소된 것은 영국이 요르단과 체결한 군사 동맹을 걱정했기 때문이었다. 이 동맹에 따르면 영국 정부는 이스라엘이 요르단 영토를 침공하는 경우에 무력으로 대항할 의무가 있었다. 이스라엘 장관들이 알지 못한 것은 영국 정부가 요르단강 서안을 이 영국-요르단 조약이 적용되는 지역으로 간주하지 않는다는 점이었다. 흥미롭게도 어느 순간 벤구리온은 이런 작전에 대해 프랑스의 승인을 얻었지만 영국이 보복할 가능성 때문에 걱정한다고 정부에 보고한다.[16] 우리가 아는 것처럼, 이 계획들은 결국 1967년에 재개되었다. 요르단강 서안 전체를 공격한 가말 압델 나세르Gamal Abdel Nasser의 벼랑 끝 정책을 이스라엘 정부가 한껏 활용한 것이다.

벤구리온은 레바논 남부를 점령할 필요성을 비롯한 장래 계획에 관한 논의를 5인 위원회(전부 협의체의 노련한 인물들이었다)로 가져갔다. 이 5인은 벤구리온이 이스라엘군의 새로운 사령부인 '힐Hill'로 끌어들인 이들이었다. 그들은 10월과 11월 내내 몇 차례 회동했는데, 이 회동은 벤구리온에게 예전 시절의 비밀 결사에 대한 향수를 불러일으켰던 게 분명하다. 이제 벤구리온은 5인으로 구성된 정책 입안자들의 이 기구에 향후 요르단강 서안 점령에 관한 조언을 구했다. 그의 동지들은 요르단강 서안 점령에 대한 또다른 반론을 전면에 내세웠다. 참석자 중 한 명인 내무 장관 이츠하크 그린바움Yitzhak Greenbaum의 말을 들어 보자. "팔레스타인 나머지 지역에서 한 것과 같은 행동을 그곳에서 하기는 힘들 겁니다." 다시 말해 요르단강 서안에서는 종족 청소를 하기 힘들다는 말이었다. 그린바움은 계속해서 이렇게 말했다. "우리가 나블루스 같은 곳을 차지한다면, 유대 세계는 우리에게 그곳을 계속 지키라고 요구할 겁니다[따라서 우리는 나블루스만이 아니라 나블루스 사람들까지 갖게 될 것입니다]."[17] 1967년에야 벤구리온은 이스라엘이 6월 전쟁에서 점령한 지역에서 1948년과 같은 대규모 추방을 재연하기 힘들다는 사실을 인정했다. 아이러니하게도 당시의 참모총장 이츠하크 라빈을 설득해서 이런 대규모 작전을 삼가고 '겨우' 20만 명만을 국외 추방하는 데 만족하게 한 것은 바로 벤구리온이었던 것 같다. 따라서 그는 요르단강 서안에서 곧바로 이스라엘군을 철수시킬 것을 권고했다. 당시 다른 정부 인사들의 지지를 받은 라빈은 대신 이 영역을 이스라엘에 병합해야 한다고 주장했다.

레바논 남부를 장악하려는 계획은, 레바논에 공격 계획은 전혀 없고 방어 계획만이 있다는 정보 보고에 바탕을 둔 것이었다. 레바논 남부에서 13개 마을을 장악했는데, 그 결과 이스라엘이 처리할 수 있는 규모보다 더 많은 수의 이른바 '전쟁 포로'—마을 사람과 정규군 군인이 뒤섞인 집단—가 발생했다. 따라서 여기에서도 처형이 이루어졌다. 1948년 10월 31일, 유대 군대는 훌라Hula 마을에서만 마을 사람 80명 이상을 처형했고, 살리하Saliha 마을에서는 군대가 100명이 넘는 사람을 도살했다. 나중에 유대 기구 사무총장이 되는 쉬무엘 라히스Shmuel Lahis라는 사람은 당시 혼자서 35명을 처형한 혐의로 군사 법정에 섰다. 도브 이르미야Dov Yirmiya는 5월에서 7월 사이에 종족 청소 작전에 직접 참여한 지휘관이었는데, 그 작전이 어떤 결과로 이어졌는지를 깨닫고 진심으로 충격을 받은 몇 안 되는 이스라엘 방위군 장교 중 하나였다. 그는 자신이 목격하거나 이야기를 들은 잔학 행위에 대해 소리 높여 항의하기 시작했다. 라히스를 재판정에 세운 것이 바로 이르미야이다. 라히스는 7년 형을 받았지만 이스라엘 대통령에 의해 거의 곧바로 사면받고 무죄를 입증받았으며, 이후 정부 고위직까지 진출했다.[18]

1978년, 그리고 1982년에 이스라엘이 레바논 남부를 다시 침공했을 때, 전쟁 포로 '문제'는 해결되었다. 이스라엘 방위군은 남레바논군의 도움을 받아 그곳에서 포로로 잡은 사람들을 심문하고 종종 고문하기 위한 수용소 네트워크를 구축했다. 히얌Khiyam 수용소는 이스라엘의 잔학성을 보여주는 대표적인 사례가 되었다.

1948년 당시 점령군이 으레 되풀이하는 행동에서 불가피한 또다른 양상이 나타났다. 이런 양상은 1982~2001년에도 고스란히 되풀이된다. 점령당한 주민들을 착취하고 학대하는 행동이 그것이다. 1948년 12월 14일 레바논에 주둔한 이스라엘 군사령관은 최고 사령부에 다음과 같은 불만을 제기했다. "레바논 남부에 있는 병사들이 마을 사람들에게 음식을 만들어 달라고 지시했음."[19] 훗날 요르단강 서안과 가자지구에서 이스라엘이 보인 성향에 비춰 보면, 이 사례가 학대와 모욕의 일부만을 보여주는 빙산의 일각임을 알 수 있다. 이스라엘군은 1949년 4월 레바논 남부에서 철수했지만, 1978년과 1982년의 경우처럼, 1948년 팔레스타인에서 벌인 종족 청소를 레바논 남부까지 확대한 점령은 수많은 증오를 낳고 복수 감정을 부채질했다.

갈릴리 지방 전체는 이제 유대인의 수중에 떨어졌다. 적십자는 그 지역에 들어가서 남아 있는 사람들, 아니 남아도 된다고 허락받은 사람들의 상태를 조사할 수 있었다. 적십자가 조사하는 것을 막으면 유엔 정식 회원국 신청에 방해가 될 것임을 이스라엘이 잘 알고 있었기 때문이다. 포위, 포격, 추방의 희생자들은 어디서나 볼 수 있었다. 1948년 11월 적십자 대표단은 참화의 광경을 보고했다. 대표단이 방문한 마을마다 건강한 남자들은 수용소에 갇히고, 여자와 아이들만 남아서 생계 부양자를 잃고 완전히 혼란에 빠져 있었다. 작물은 수확도 하지 못한 채 밭에서 썩어나갔고 농촌 지역에서는 무서운 속도로 질병이 확산되고 있었다. 적십자는 말라리아가 가장 큰 문제라고 보고했지만, 또한 장티푸스, 구루병, 디프테리아, 괴혈병 환자도 많이 발견했다.[20]

## 남부와 동부의 최종 청소

최후의 전선은 이스라엘군이 1948년 11월에 도달한 네게브 남부였다. 이스라엘군은 남아 있던 이집트군을 밀어내면서 계속 남쪽으로 전진해서 1949년 3월에 홍해 근처의 어촌 마을인 움라쉬라쉬Umm Rashrash에 도착했다. 오늘날의 에일라트Eilat시이다.

최고의 여단들이 인구가 많은 지역의 종족 청소 작전에 동원되고 있음을 알고 있던 이갈 알론은 이제 이 여단들을 네게브 점령으로 돌리기를 원했다. "네게브 여단Negev Brigade을 하렐 여단으로 교체할 필요가 있고, 제8여단Brigade Eight을 파견하기 바람. 적은 강하고 증강된 상태며 장비도 괜찮고 끈질긴 전쟁을 벌일 테지만 우리가 승리할 수 있음."[21]

그렇지만 주된 걱정거리는 영국의 반격이었다. 이스라엘은 영국이 이지역을 탐낸다거나 또는 이스라엘군이 이집트 본토에 진입하는 순간 영국 정부가 이집트와 체결한 방위 조약을 실행에 옮길 것이라고 오판했기 때문이다. 영국은 비록 라파흐Rafah와 가자, 엘아리쉬El-Arish 등을 무자비하게, 그리고 어쩌면 무의미하게 포격하는 이스라엘 공군과 여기저기서 충돌하기는 했지만, 어쨌든 이 지역을 탐내거나 이집트와의 방위 조약을 실행하지는 않았다.[22] 그 결과 가자 사람들은 피란민이든 토박이 주민이든 간에 이스라엘의 공중 폭격을 가장 오랫동안 당한 피해자가 되었다―1948년부터 현재까지.

종족 청소 전선을 보면, 남부에서 마지막으로 진행된 작전은 당연히 주민들을 추방해서 수를 줄일 수 있는 추가적인 기회를 제공했다. 1948년 11월 남부의 해안 소도시인 이스두드와 마즈달Majdal 두 곳이 장악되었고 이곳 주민들은 가자지구로 쫓겨났다. 마즈달에 남아 있던 수천 명의 사람들은 1949년 12월에 쫓겨났다. '평화 시기'에 벌어진 이 사태 때문에 이스라엘의 일부 좌파들은 충격을 받았다.[23]

1948년 12월 내내 이스라엘은 네게브에 거주하는 여러 베두인족을 청소하는 데 몰두했다. 거대 부족인 타라빈족Tarabins은 가자로 쫓겨났다. 이스라엘군은 타라빈족 1,000명만 남도록 허락했다. 또다른 부족인 타야하족Tayaha은 둘로 나뉘었다. 절반은 가자로 추방되었고, 나머지 절반은 강제로 요르단 방향으로 쫓겨났다. 철로 주변 땅을 소유하고 있던 알하자즈레족al-Hajajre은 12월에 가자로 밀려났다. 알아자즈메흐족al-Azazmeh만이 귀환하는 데 성공했지만, 1950년에서 1954년 사이에 다시 쫓겨났다. 아리엘 샤론이라는 이름의 젊고 야심 찬 장교가 이끄는 이스라엘 특공대인 101부대의 만만한 공격 목표가 되었기 때문이다. 12월에 또한 이스라엘 부대들은 1948년 가을에 시작한 베르셰바지구 주민 추방 작업을 완료했다. 작업이 마무리되었을 때, 팔레스타인 최남부의 거주 지역인 이곳에서 여러 세기 동안 살아온 주민의 90퍼센트가 사라지고 없었다.[24]

11월과 12월, 이스라엘군은 와디아라 지역을 다시 공격했지만, 지원병과 이라크군, 현지 마을 사람들이 막아냈고, 어떤 경우에는 이 계획을 다시 물리쳤다. 아풀라와 하데라를 잇는, 통행량이 많은 65번 도로를 오가는 이스라엘 사람들에게 익숙한 마을들은 한층 우월한 군사력에 맞서서 스스로를 지키는 데 성공했다. 무셰이리파Mushayrifa, 무스무스Musmus, 무아위야Mu'awiya, 아라라, 바르타아Barta'a, 슈웨이카 등이 그렇게 살아남았다. 이 마을들 중 제일 큰 곳은 오늘날 우리가 아는 움알파

흠이라는 도시로 성장했다. 이라크 군인들에게 조금 훈련을 받은 이 마을 사람들은 스스로 '명예군'이라는 이름의 군대를 조직했다. 이 마을들을 점령하려는 이스라엘의 다섯번째 시도에는 '우리의 영광된 과거를 되찾기Hidush Yameinu ke-Kedem'라는 이름이 붙었다. 이렇게 격한 암호명을 붙이면 공격하는 부대에 특별한 열정을 불어넣을 수 있으리라는 기대에서 나온 이름이었지만, 다시 한번 실패로 끝나게 된다.

베르셰바-헤브론 지역에서 진행된 작전에는 또다른 불길한 이름이 붙여졌다. '비단뱀'이라는 암호명이었다. 10월 21일 주민이 5,000명인 베르셰바 소도시가 점령된 것 말고도 꾸베이바Qubayba와 다웨이메흐 두 마을도 장악되었다. 현재 가자시에 살고 있는 하빕 자라다Habib Jarada는 베르셰바 사람들이 총부리로 위협을 받으면서 헤브론으로 내쫓긴 사실을 기억했다. 그가 기억하는 가장 생생한 광경은 시장이 점령군 장교에게 사람들을 추방하지 말라고 간청하던 모습이다. 퉁명스러운 대답이 돌아왔다. "우리에게 필요한 건 노예가 아니라 땅이오."[25]

베르셰바시를 방어한 것은 주로 리비아 장교인 라마단 알사누시Ramadan al-Sanusi가 지휘하는 무슬림형제단 운동에서 온 이집트 지원병들이었다. 전투가 끝났을 때 이스라엘군은 포로로 잡은 군인들과 무기를 소지하고 있다고 의심한 현지 주민 전부를 한자리에 모아서 닥치는 대로 총을 쏘았다. 자라다는 지금까지도 살해된 사람들의 이름을 기억한다. 사촌인 유수프 자라다Yussuf Jarada와 할아버지인 알리 자라다Ali Jarada도 그때 희생되었다. 자라다는 포로수용소로 끌려갔다가 1949년 여름에야 풀려났다. 이스라엘이 요르단과 휴전을 맺은 뒤 포로를 교환할 때 풀려난 것이다.

## 다웨이메흐의 학살

당시에 베르셰바와 헤브론 사이에 다웨이메흐 마을이 있었다. 다웨이메흐에서 벌어진 사태는 아마 나크바의 잔학 행위 연대기에서 최악의 사건일 것이다. 마을을 점령한 것은 제8여단의 89대대였다.

앞서 베르나도테 백작 대신 유엔의 조정 시도를 맡았다고 언급한 유엔의 팔레스타인 조정 위원회는 1948년 10월 28일 헤브론시에서 서쪽으로 5킬로미터도 채 떨어지지 않은 이 마을에서 벌어진 일을 조사하기 위해 특별 회의를 소집했다. 원주민은 2,000명이었지만, 피란민 4,000명이 몰려와서 인구가 세 배로 늘어난 상태였다.

1949년 6월 14일 자 유엔 보고서(현재 인터넷에서 마을 이름만 검색하면 볼 수 있다)는 다음과 같이 말한다.

> 여러모로 데이르야신 학살보다 훨씬 더 잔인한 이 학살에 관해 알려진 바가 극히 적은 것은 요르단 아랍 군단(이 지역을 통제한 군대)이 만약 소식이 퍼지도록 내버려두면 데이르야신 사건이 농민들의 사기에 미친 것과 똑같은 영향을 미칠 것이라고, 즉 아랍 난민들이 다시 유입될 것이라고 우려했기 때문이다.

더 유력한 이유를 들자면, 요르단은 무능하고 아무 행동도 하지 않은 데 대해 자신들에게 비난이 쏟아질 것을 우려했다. 팔레스타인 조정 위원회에 제출된 보고서는 주로 촌장의 증언에 바탕을 둔 것이었다. 촌장 하산 마흐무드 이흐데입Hassan Mahmoud Ihdeib이 말한 내용은 대부분 이스라엘 군사 문서 보관소에 보존된 보고서들로 확인된다. 학살에 가담한 이스라엘의 유명한 작가 아모스 케이난Amos Keinan은 1990년대 말 팔레스타인 배우이자 영화감독인 무함마드 바크리Muhammad Bakri가 다큐멘터리 〈1948〉을 위해 한 인터뷰에서 학살의 실체를 확인해주었다.

촌장의 회고에 따르면, 10월 28일 정오 기도 이후 1시간 반 뒤 꾸베이바에서 온 장갑차 20대가 마을에 진입하는 동시에 군인들이 반대편 측면에서 공격을 개시했다. 마을을 지키던 20명의 사람들은 순식간에 공포에 사로잡혀 아무 대응도 하지 못했다. 장갑차에 탄 군인들이 자동 무기와 박격포를 발포하면서 반원을 그리며 마을로 진입했다. 이스라엘군은 정해진 방식에 따라 3면에서 마을을 에워싸고 동쪽 방면만 열어 두었다. 1시간 안에 6,000명을 몰아내기 위해서였다. 마을 사람들이 도망치지 않자 군인들은 차량에서 뛰어내려 사람들에게 무차별 총격을 가하기 시작했다. 많은 이들이 사원으로 몸을 피하거나 인근의 성스러운 동굴인 이라끄 알자그Iraq al-Zagh로 도망쳤다. 다음날 과감히 마을로 돌아온 촌장은 사원에 주검이 산더미처럼 쌓여 있는 끔찍한 광경을 목격했다. 거리에는 더 많은 주검이 있었는데, 남녀노소 시체 가운데는 촌장의 아버지도 있었다. 동굴로 간 촌장은 입구가 수십 구의 시체로 막혀 있는 것을 보았다. 촌장이 일일이 세어보니 455명이 행방불명이었는데, 그중 170명 정도가 어린아이와 여자였다.

학살에 가담한 유대 군인들 또한 끔찍한 광경을 전했다. 두개골이 깨져서 골수가 비어져나온 갓난아이들과 강간당하거나 집안에서 산 채로 불탄 여자들, 칼에 찔려 죽은 남자들에 관해. 몇 년 뒤에 전해진 이야기가 아니라 사건이 벌어지고 며칠 뒤에 최고 사령부에 전달된 목격담이였다.[26] 군인들이 묘사하는 잔인한 행위를 보면, 앞에서 언급한 것, 즉 이스라엘 군인들이 탄투라와 사프사프, 사사 등지에서 자행한 무시무시한 범죄에 관한 설명이 정확하다는 믿음이 더욱 굳건해진다. 주로 팔레스타인인들의 증언과 구술사에 도움을 받아 재구성된 설명이다.

이 사건은 제8여단 89대대 사령관이 참모총장 이가엘 야딘에게서 받은 명령의 최종 결과였다. "귀 부대의 준비 태세에는 작전의 필수적인 부분으로 심리전과 시민들에 대한 '처리'도 포함되어야 함."[27]

다웨이메흐 학살은 1956년 요르단과의 휴전 협정으로 이스라엘에 양도된 크파르카심 마을 사람 49명을 도살하기 전까지 이스라엘군이 마지막으로 저지른 대규모 학살이었다.

종족 청소는 집단 학살은 아니지만, 대량 살상과 도살이라는 잔학한 행위를 수반한다. 팔레스타인인 수천 명이 온갖 출신 배경과 계급과 연령의 이스라엘 군인들에 의해 무자비하고 야만적으로 살해되었다. 압도적인 증거가 존재했음에도 불구하고 이 이스라엘인들 중 어느 누구도 전쟁 범죄로 재판에 회부되지 않았다.

그리고 만약, 나탄 알터만—1945년에 팔레스타인인들을 나치스에 비유한 바로 그 알터만—의 시에서 보이는 것처럼, 1948년에 여기저기서 모종의 양심의 가책을 발견할 수 있다면, 그것 역시 '총을 쏘면서 우는' 모습에 지나지 않았다. 자기 면죄를 추구하는 이스라엘의 전형적인 독선적 방식이다. 북부에서 벌어진 히람 작전으로 무고한 민간인이 잔인하게 도살되었다는 소식을 처음 들은 알터만은 다음과 같이 썼다.

지프차를 타고 그는 거리를 가로질렀다
젊은 청년, 짐승들의 왕자
한 노부부가 벽에 웅크리고 섰고
천사 같은 미소를 띠며 그는 말했다
"기관 단총을 써봐야지"
그의 헬멧에 노인 남자의 피가 흩뿌려졌다


알터만처럼 회개하는 사람이 있어도 군대가 팔레스타인 청소 임무를 완수하는 것을 막지는 못했다. 바야흐로 군대는 한층 더 무자비하고 잔인하게 임무를 수행하고 있었다. 따라서 1948년 11월에 시작해서 시리아 및 레바논과 최종 협정에 도달하는 1949년 여름까지 계속해서 87개 마을이 추가로 점령되었다. 이중 36개 마을은 무력으로 비워졌고, 나머지 마을에서는 선별된 수의 사람들이 국외로 추방되었다. 1950년이 시작되자 마침내 추방자들의 에너지와 목적의식이 수그러들기 시작했고, 그때까지—이 무렵이면 이스라엘, 요르단령 요르단강 서안, 이집트령 가자지구로 분할된—팔레스타인에 살고 있던 팔레스타인인들은 대부분 추가로 추방되지 않았다. 물론 그들은 이스라엘과 이집트 양쪽 모두에게 군사 지배를 당하는 신세였고, 따라서 언제든 공격을 당할 수 있었다. 하지만 그들이 어떤 곤경을 당하든 간에, 지금 우리가 나크바라고 부르는 그 참사의 해 내내 겪은 것보다는 그래도 나은 운명이었다.

# 9. 점령의 추한 얼굴

난민들은 세르비아 군대가 코소보의 알바니아계를 집에서 쫓아낼 때 〈군인 연령의〉 남자들—14세부터 59세 사이의 남자들—을 체계적으로 격리한다고 주장하고 있다. 세르비아계는 글로고바츠Glogovac의 니켈철 공장을 많은 수의 코소보 알바니아계를 구금하는 수용소로 사용한다.

—1999년 미국 국무부 코소보 보고서

10세에서 50세 사이의 군인 연령으로 조금이라도 의심스러운 아랍인은 포로로 잡을 것.

—1948년 4월 13일 자 전쟁 포로를 다루는 문제에 관한 일반 명령, IDF Orders, IDF Archives, 5943/49/114

2000년 9월 인티파다Intifada가 시작된 이래 2,500명이 넘는 어린이가 체포되었다. 현재 이스라엘 감옥에는 최소한 340명의 팔레스타인 어린이가 갇혀 있다.

—〈피플스보이스〉, 2005년 12월 15일

1967년 이래 지금까지 이스라엘은 팔레스타인인 67만 명을 구금했다.

—2006년 1월 9일 아랍 연맹 공식 성명

아동: 18세 이하의 모든 인간.
　　—유엔 아동 권리 협약. 자유를 박탈당한 청소년을 보호하기 위한 유엔 규칙.


　이제 이스라엘은 사실상 팔레스타인의 종족 청소를 마무리 지었지만, 팔레스타인인들의 곤경은 끝나지 않았다. 8,000명 정도가 1949년 내내 포로수용소에 갇혀 지냈고, 다른 이들은 도시에서 신체적 학대를 당했으며, 이스라엘이 휘두르는 군사 지배 아래 많은 수의 팔레스타인인들이 여러 가지 방식으로 괴롭힘을 당했다. 집이 계속 약탈을 당하고, 밭을 몰수당하고, 성스러운 장소가 훼손되었으며, 이스라엘은 이동과 표현의 자유나 법 앞의 평등 같은 기본권을 침해했다.

## 비인도적 투옥

　청소 작전이 끝난 뒤 팔레스타인 농촌에서는, 열 살짜리 어린이에서 쉰 살에 이르는 나이든 사람까지, 마을 남자들이 거대한 우리에 가둬진 모습을 흔히 볼 수 있었다. 이스라엘인들이 이제 틀에 박힌 절차가 된 '수색-체포' 작전으로 골라낸 이들이었다. 나중에 남자들은 중앙 집중화된 포로수용소로 옮겨졌다. 이스라엘의 수색-체포 작전은 시골 전역에서 아주 체계적으로 이루어졌고, 보통 '빗 작전Operation Comb'이나 심지어 '증류' 작전 등의 비슷한 포괄적인 암호명이 붙었다.[1]
　이런 작전 중 첫번째는 하이파가 점령되고 몇 주 뒤에 이 도시에서 벌어졌다. 이스라엘 정보 부대들은 '귀환자', 즉 전투가 잦아들고 팔레스타인 도시들이 고요한 정상 상태를 되찾은 것처럼 보이자 당연히 자기 집으로 돌아오려고 하는 피란민들을 찾았다. 하지만 다른 사람들도 '의심스러운 아랍인'이라는 범주 아래 표적이 되었다. 실제로 '의심스러운 아랍인'을 최대한 많이 찾아내라는 명령이 떨어졌다. 의심스럽다는 게 무슨 의미인지는 굳이 규정하려고 하지 않았다.[2]

오늘날 요르단강 서안과 가자지구에 사는 대다수 팔레스타인인들에게는 이런 절차가 익숙할 텐데, 이스라엘 군인들은 우선 한 장소—도시나 마을—에 폐쇄 명령을 내렸다. 그러고는 정보 부대가 집집마다 수색을 시작해서 그곳에 '불법적으로' 체류하고 있다고 의심되는 사람뿐만 아니라 기타 '의심스러운 아랍인'을 끌어냈다. 대개 그냥 자기 집에 사는 사람들이었다. 이런 급습에서 골라낸 사람들은 전부 특별 본부로 옮겨졌다.

하이파시에서 이 본부는 금세 도시에 사는 팔레스타인인들에게 공포의 대상이 되었다. 본부는 항구 바로 위쪽 산중턱 높이에 있는 하다르Hadar지구에 있었다. 이 건물은 지금도 다니엘스트리트 11번지에 있는데, 회색 외관은 1948년에 그 안에서 벌어진 끔찍한 광경과는 거리가 멀다. 이런 식으로 선별되어 심문을 위해 들어온 사람들은 국제법에 따르면 전부 이스라엘 시민이었다. 최악의 불법 행위는 새로 발급된 신분증을 소지하지 않은 것으로, 최대 1년 6개월 징역형을 선고받고 곧바로 교도소로 이전되어 유대가 점령한 지역에서 발견된 다른 '허가받지 않은', '의심스러운' 아랍인들과 함께 수감되었다. 때로 최고 사령부조차 하이파 심문 센터에서 정보 인사들이 구금된 팔레스타인인들에게 가하는 잔인한 행동에 의구심을 표할 정도였다.[3]

농촌 지역도 똑같은 대우를 받았다. 수색-체포 작전을 당하는 마을 사람들은 흔히 불과 몇 달 전이나 심지어 몇 주 전에 자신들에게 가해진 공격을 떠올릴 수밖에 없었다. 이스라엘인들은 이제 새로운 특징을 띤 조치를 도입했는데, 오늘날 점령지에서 이스라엘이 보이는 행동에서도 이런 특징이 두드러진다. 도로를 봉쇄하고 기습 검문을 실시해서 새로운 신분증을 소지하지 않은 사람들을 검거하는 것이다. 하지만 이런 신분증을 교부하는 것 자체가 사람들을 거주하는 지역에서 자유롭게 이동하지 못하도록 제한함으로써 위협 수단이 되었다. 이스라엘 정보부의 심사에서 승인을 받은 사람들만 이런 신분증을 받았다.

필요한 신분증이 있다고 해도 어쨌든 대부분 지역은 출입 금지였다. 이 지역에 들어가려면 또다른 특별 허가를 받아야 했다. 가령 갈릴리에 사는 사람들이 출퇴근하거나 가족이나 친구를 만나러 가기 위해 가장 흔히 자연스럽게 이용하는 경로인 하이파와 나사렛 사이의 도로를 통과하려면 특별 승인을 받아야 했다. 여기가 가장 허가를 받기 힘든 곳이었다.[4]

수천 명의 팔레스타인인이 1949년 내내 임시 우리에서 포로수용소로 이송되어 고생을 했다. 이런 수용소가 다섯 곳 있었는데, 그중 가장 큰 곳은 잘릴Jalil(오늘날의 헤르츨리야Herzliya 인근)에 있는 수용소였고 두번째로 큰 곳은 하이파 남쪽 아틀리트에 있었다. 벤구리온의 일기에 따르면 총 9,000명이 수용소에 있었다.[5]

처음에는 수감 체계가 무척 혼란스러웠다. 1948년 6월 말 무렵 한 장교는 다음과 같이 불만을 토로했다. "우리의 문제는 다수의 아랍 전쟁 포로와 민간인 수감자가 집중되어 있다는 점임. 이 사람들을 더 안전한 장소로 옮길 필요가 있음."[6] 1948년 10월에 이르면, 이가엘 야딘이 직접 감독하는 가운데 이미 포로수용소 네트워크가 제도화되어 혼란이 마무리된다.

우리가 아는 것처럼, 일찍이 1948년 2월에 하가나는 전쟁 포로의 처우에 관해 다음과 같은 지침을 내렸다. "포로를 풀어주거나 죽이려면 정보 장교의 승인을 받을 것."[7] 다시 말해, 이미 선별 과정이 진행되고 있었고 즉결 처형이 벌어졌다. 포로 처리를 지휘하는 이스라엘 정보 장교들은 수용소에 도착하는 순간부터 계속 사람들을 몰아냈다. 이 때문에 포로로 잡힌 팔레스타인인들은, 군의 표현을 빌면, '비교적 안전한' 장소로 옮겨진 뒤에도 이런 수용소에서 전혀 안전하다고 느끼지 못했다. 우선 수용소 경비대로 이르군과 스턴갱 출신을 주로 채용하기로 결정되었지만,[8] 그들만이 수감자들을 괴롭힌 것은 아니다. 한번은 하가나 고위 장교 출신인 이스카 샤드미Yisca Shadmi가 팔레스타인인 수감자 2명을 살해한 혐의에 대해 유죄 판결을 받았다. 그는 이스라엘의 팔레스타인인 역사에서 익숙한 이름이다. 샤드미는 1956년 10월 팔레스타인인 49명의 목숨을 앗아간 크파르카심 학살의 주요 가해자 중 한 명이었다. 그는 학살에 가담한 데 대한 처벌을 면했고, 더 나아가 팔레스타인 소수종족을 다루는 정부 기관의 고위 관리가 되었다. 결국 그는 1958년에 무죄로 처리되었다. 그의 사례를 보면, 오늘날까지 이어지는 팔레스타인계 시민들에 대한 이스라엘의 처우 방식의 두 가지 특징이 드러난다. 첫째, 아랍인들을 상대로 저지른 범죄로 기소된 사람들은 계속 팔레스타인인인들의 생명에 영향을 미치는 지위에 남아 있을 공산이 크며, 둘째, 절대 정의의 심판을 받지 않는다. 이 점을 여실히 보여주는 가장 최근의 사례는 2000년 10월 비무장 팔레스타인계 시민 13명을 살해하고 그뒤로 다시 17명을 살해한 경찰관들의 경우이다.

우연히 이런 포로수용소를 방문한 한 군 장교는 다음과 같이 우려하는 글을 남겼다. "최근에 포로 처우에서 아주 심각한 사례들이 일부 있었다. 이 사례들에서 드러나는 야만적이고 잔인한 행동은 군의 규율을 해친다."[9] 여기서 나타나는 것처럼 희생자들이 아니라 군에 대해 우려하는 모습 역시 이스라엘군이 지금까지 보인 '자기비판'의 역사에서 익숙한 광경이다.

노동 수용소의 사정은 훨씬 더 나빴다. 팔레스타인인 포로들을 강제 노동에 동원하자는 생각은 이스라엘군 사령부에서 제안한 것으로 정치인들도 지지했다. 특별 노동 수용소 세 곳이 이런 목적으로 세워졌다. 첫번째는 사라판드Sarafand에, 그리고 텔리트윈스키Tel-Litwinski(오늘날의 텔하쇼메르Tel-Hashormer 병원)와 움칼리드Umm Khalid(네타냐Netanya 근처)에 두번째와 세번째 노동 수용소가 지어졌다. 당국은 이스라엘 경제와 군의 역량을 강화하는 데 도움이 되는 어떤 일에든 포로들을 동원했다.[10]

탄투라 출신의 한 생존자는 결국 이런 수용소에서 풀려나자마자 1950년에 그 시절에 관한 책을 출간한 하이파의 명사 출신과 인터뷰를 하면서 자신이 겪은 일을 회고했다. 무함마드 니므르 알카팁은 다음과 같은 증언을 옮겨 적었다.

탄투라 학살의 생존자들은 근처에 있는 우리에 가둬졌습니다. 3일 동안 음식도 먹지 못하다가 트럭에 태워졌는데, 너무 좁은 공간에 앉으라는 명령을 받으면서 총으로 위협을 당했습니다. 총을 쏘지는 않았지만 머리에 몽둥이 세례를 가했고 사방으로 피가 튀었습니다. 사람들은 결국 움칼리드(네타냐)로 옮겨졌습니다.[11]

증인은 계속해서 수용소에서 벌어지는 강제 노동의 일상을 묘사한다. 채석장에서 노동을 하면서 무거운 돌을 옮긴 일, 아침에 감자 한 알, 정오에 말린 생선 반쪽으로 생활한 일에 관해. 지시에 따르지 않으면 가혹한 구타로 벌을 받았기 때문에 불만을 표해봤자 소용이 없었다. 15일 뒤에 150명이 잘릴에 있는 두번째 수용소로 옮겨졌는데, 거기서도 비슷한 대우를 받았다. "철거된 아랍인들 집에서 잡석을 치워야 했습니다." 그런데 어느 날 "영어를 잘하는 장교 하나가 '이제부터는' 제네바 협정에 따라 대우를 받을 것이라고 말해줬습니다. 그리고 정말로 상황이 좋아졌지요."

5개월 뒤, 알카팁과 인터뷰를 한 증인은 예전에 움칼리드에 있을 때 다른 장소와 시간에서도 흔히 볼 수 있는 장면이 떠올랐다고 말했다. 20명이 탈출한 사실이 발각되자 "우리, 그러니까 탄투라 사람들을 우리에 집어넣고 옷에다 기름을 뿌리고는 담요를 가져가버렸습니다."[12]

적십자 관리들은 초기에 몇 차례 방문한 뒤인 1948년 11월 11일에 무미건조하게 보고했다. '이스라엘 경제를 강화하기' 위한 전반적인 노력 속에 전쟁 포로들을 착취했다고.[13] 이런 조심스러운 표현은 우연의 결과가 아니었다. 홀로코스트 시기 동안 적십자는 나치 강제 수용소에서 벌어지는 일을 잘 알면서도 제대로 보고하지 않은 개탄할 만한 행태를 보였고, 이번에도 유대 국가를 비난하고 비판하는 데 신중했다. 하지만 적어도 적십자가 작성한 문서 자료는 팔레스타인인 수감자들의 경험을 밝히는 데 도움이 된다. 일부 수감자들은 1955년까지도 수용소에 갇혀 있었다.

앞에서 언급한 것처럼, 이스라엘이 수감된 팔레스타인 민간인들에게 보인 행동과 요르단 아랍 군단에 포로로 잡힌 이스라엘인들이 받은 처우는 극명한 대조를 이루었다. 이스라엘 언론이 요르단 아랍 군단이 이스라엘 전쟁 포로들에게 얼마나 좋은 처우를 해주는지를 보도하자 벤구리온은 격분했다. 1948년 6월 18일 자 일기에서 그는 다음과 같이 적었다. "그건 사실이지만, 고립된 지점들이 항복하는 것을 부추길 수 있다."

## 점령 아래 벌어진 학대

1948년과 1949년 감옥이나 노동 수용소 바깥의 삶이라고 한결 편하지는 않았다. 이 나라를 가로지르는 적십자 대표단은 여기서도 점령하의 삶에 관해 제네바 본부에 불온한 보고서들을 보냈다. 이 보고서들에는 기본적인 권리를 모조리 짓밟는 모습이 묘사된다. 1948년 4월 유대쪽이 여러 종족이 섞여 사는 도시에 공격을 가하면서 시작된 이런 권리 침해는 1949년까지 계속되었다. 최악의 사태는 야파에서 벌어진 것으로 보인다.

이스라엘이 야파를 점령하고 두 달 뒤, 적십자 대표단은 무더기로 쌓인 시체를 발견했다. 대표단은 야파의 군정 장관과 긴급회의를 갖자고 요구했고, 군정 장관은 적십자의 구이Gouy 씨에게 이스라엘 군인들이 명령을 따르지 않는다는 이유로 총으로 쏴 죽인 것 같다고 인정했다. 군정 장관의 설명에 따르면, 매일 오후 5시부터 오전 6시까지 통행금지가 시행되었는데, 그 시간에 밖에 나다니는 사람은 '총에 맞을 것'이라고 명령서에 명시되어 있었다는 것이다.[14]

이스라엘인들은 또한 통행금지와 도시 폐쇄의 비호 아래 야파에서 다른 범죄도 저질렀다. 야파의 사례는 다른 곳에서 벌어진 사태의 전형적인 예이다. 가장 흔한 범죄는 약탈이었는데, 공식적이고 체계적인 약탈과 간헐적이고 개인적인 약탈 둘 다 벌어졌다. 체계적이고 공식적인 약탈은 이스라엘 정부가 직접 지시한 것으로, 영국 정부가 아랍인들을 위해 남겨둔 설탕, 밀가루, 보리, 밀, 쌀 등의 도매상점을 겨냥해 벌어졌다. 약탈품은 유대인 정착촌으로 보내졌다. 이런 행동은 1948년 5월 15일 전에도 빈번하게 벌어졌다. 유대 군인들이 영국의 법적 권한과 책임 아래 있는 지역에 난입하는 동안 영국 군인들은 그냥 지켜볼 뿐이었다. 야파의 군정 장관은 7월에 벤구리온에게 조직적인 몰수가 어떻게 진행되고 있는지 보고하면서 다음과 같이 말했다.

전에 총리께서 "우리 육군과 공군, 해군이 필요로 하는 모든 상품을 최대한 신속하게 야파에서 반출해서 책임자들에게 전달하라"고 요구하신 데 대해 1948년 5월 15일 현재 하루 평균 트럭 100대 분량을 야파에서 반출하고 있다고 통보합니다. 창고는 텅텅 비었고, 물건들은 반출되었습니다.[15]

이 식품점들을 약탈한 바로 그 관리들이 하이파를 비롯한 점령된 도시의 팔레스타인 주민들에게 문화 회관과 종교 시설, 세속적 기관들은 약탈이나 절도의 피해를 입는 일이 없도록 하겠다고 약속했다. 사원과 교회가 더럽혀지고 수도원과 학교가 파괴되자 사람들은 금세 이것이 거짓 약속임을 깨달았다. 유엔 옵서버 중 한 명인 F. 마샬F. Marschal 대위는 점점 절망감을 느끼면서 유엔에 다음과 같이 보고했다. "유대인들은 유대 당국이 종교 공동체에 속하는 모든 건물을 존중하겠다고 거듭 보장한 약속을 빈번하게 어겼음."16

야파는 또한 특히 대낮에 벌어진 주택 절도의 희생양이었다. 약탈자들은 가구와 옷가지, 그 밖에 이 나라로 물밀듯이 들어오는 유대인 이민자들에게 쓸모가 있는 것이면 무엇이든 가져갔다. 유엔 옵서버들은 약탈이 또한 팔레스타인 난민들이 돌아오는 것을 막는 수단이라고 확신했다. 전략적인 정책을 밀어붙이기 위해 잔인한 징벌적 행동에 냉정하게 호소하기를 주저하지 않는 이스라엘 최고 사령부의 전반적인 입장과도 부합하는 것이었다.

이스라엘군은 절도와 약탈을 자행하는 구실로 흔히 '무기 수색'을 내세웠다. 실제로든 상상 속에서든 무기가 존재한다는 사실은 또한 더 극악한 잔학 행위를 부추겼다. 이런 조사는 종종 구타를 동반했고 결국 대량 체포로 이어졌기 때문이다. 야파 군정 장관 이츠하크 히지크Yitzhak Chizik는 벤구리온에게 다음과 같이 보고했다. "많은 사람이 아무 이유도 없이 체포되었음."17

야파에서는 워낙 약탈이 심해서 이츠하크 히지크조차 1948년 6월 5일에 재무 장관 엘리저 카플란에게 보낸 편지에서 불만을 토로할 정도였다. 이제 더이상 약탈을 통제할 도리가 없다는 것이었다. 그는 계속 항의를 했지만 7월 말에 자신의 항의가 완전히 무시당한다는 사실을 깨닫고 장관직에서 사임했다. 걷잡을 수 없이 계속되는 약탈과 절도의 십자군에 두 손을 들었다고 말하면서.[18] 이스라엘 국가 문서 보관소에서 찾아볼 수 있는 그의 보고서 대부분은 검열로 삭제되었다. 특히 이스라엘 군인들이 지역민들에게 자행한 학대와 관련된 구절은 지워졌다. 제대로 지워지지 않은 한 구절에서 우리는 히지크가 군인들의 끝없는 잔인성에 당황하는 모습을 볼 수 있다. "병사들은 주민을 구타하는 짓을 멈추지 않는다."

히지크 자신이 천사 같은 인물이었던 것은 아니다. 그는 이따금 주택을 파괴할 것을 명령했고, 수많은 팔레스타인 상점에 불을 붙이라고 병사들에게 지시했지만, 이런 징벌적 행동을 통제하기를 원했다. 자신이 지배하는 점령 지역에서 주권적 지배자인 자신의 이미지를 강화하기 위해서였다. 그는 카플란에게 보낸 편지에서 '유감스러운 일'이라고 말했지만, 더이상 '병사들의 태도'를 용인할 수 없었다. '집이나 상점에 불을 지르지 말라고 분명하게 명령을 했다'는 것이었다. "병사들은 명령을 무시할 뿐만 아니라 아랍인들 앞에서 나를 놀려댑니다." 그는 또한 두 신사 야콥손Yakobson 씨와 프레시즈Presiz 씨가 '군대에 필요 없는 많은 물건을 약탈'해도 된다고 부추기는 가운데 공식적인 약탈이 진행되고 있다고 비판했다.[19]

최고 사령부는 아브라함 마르갈리트Abraham Margalit를 보내 이런 불만 사항을 조사하도록 했고, 마르갈리트는 1948년 6월에 결과를 보고했다. "특히 아랍인들에 대한 태도(구타와 고문)와 악의보다는 무지에서 기인하는 약탈 등 규율 위반이 여러 차례 존재함." 마르갈리트가 직접 설명하는 것처럼, 군인들이 특별한 장소에 '아랍인들을 가둬두고 고문하는' 것은 바로 이런 '무지' 때문이었다.[20]

이 문제 때문에 소수 민족부 장관 베호르 쉬트리트Bechor Shitrit가 그달에 야파를 방문했다. 티베리아스 출신으로 비교적 온건파인 이 이스라엘 정치인은 신생 국가에서 유대-팔레스타인의 공존 가능성에 대해 공감을 나타낸 바 있었다. 그는 영국 위임 통치령에서 판사를 역임했고 몇 년 뒤에는 법무 장관이 된다. 쉬트리트는 아슈케나지, 즉 동유럽 출신이 압도적으로 많은 정부에서 미즈라히 장관의 상징이었고, 따라서 정부에서 가장 기피하는 업무인 아랍인을 상대하는 지위로 '승진된' 인물이었다.

쉬트리트는 점령 이후 야파에 남아서 팔레스타인 공동체를 이끌었던 몇몇 명사들, 즉 니콜라 사압Nicola Sa'ab이나 아흐마드 아부 라벤Ahmad Abu Laben 같은 인물들과 개인적인 관계를 맺었다. 그는 비록 1948년 6월에 그들이 군사 점령하에서 최소한 가장 끔찍한 생활 조건이라도 개선해달라고 간청할 때 주의깊게 들으면서 그들의 불만이 타당하다고 인정하기는 했지만, 어떤 조치라도 취하는 데는 시간이 걸렸다.

명사들은 쉬트리트에게 이스라엘 군인들이 개인 주택을 부수고 들어가는 것은 전혀 불필요한 행동이라고 말했다. 현지 민족 위원회 성원인 자신들이 사람들이 도시에서 퇴거당하면서 맡기고 간 열쇠를 갖고 있어서 언제든 군에 전달할 수 있었기 때문이다. 하지만 군인들은 부수고 들어가는 걸 더 좋아했다. 명사들은 쉬트리트가 떠난 뒤에 자기들 중 몇몇이 '불법 자산을 소유한 죄'로 체포된다는 걸 알지 못했다. 그들이 말한 빈 집 열쇠를 가지고 있다는 이유로 말이다.[21] 3주일 뒤 아흐마드 아부 라벤은 쉬트리트에게 지난번 만난 뒤로 크게 바뀐 게 없다고 항의했다.

"집이란 집, 가게란 가게는 전부 부수고 들어갔습니다. 항구와 상점에서 물건을 가져갔고요. 주민들한테서 식료품을 뺏어갔습니다."[22] 아부 라벤은 도시에서 유대인 동업자와 공장을 운영하고 있었는데, 그렇다고 해도 화를 면하지는 못했다. 기계가 전부 사라지고 공장이 약탈을 당했다.

실제로 팔레스타인 도시 전역에 대한 공식적 몰수와 사적 약탈이 둘 다 워낙 광범위하게 이루어져서 지역 사령관들이 통제하기 힘들 정도였다. 6월 25일, 정부는 예루살렘을 괴롭히는 약탈과 몰수에 일정한 질서를 부여하기로 결정했다. 예루살렘 시민인 다비드 아불라피야David Abulafya가 '몰수와 전유'에 대한 책임을 맡았다. 벤구리온에게 보고한 바에 따르면, 그가 직면한 주된 문제는 "보안군과 민병대가 허가도 받지 않고 계속 몰수를 한다"는 점이었다.[23]

### 하이파 팔레스타인인들을 게토에 몰아넣다

1948년 4월 23일 유대 군대가 하이파를 청소한 뒤 도시에 남은 소수 팔레스타인인 집단의 경험을 보면 이스라엘인들이 여러 가지 방법으로 사람들을 투옥하거나 가장 기본적인 권리를 침해했다는 사실이 여실히 드러난다. 그들 각자의 이야기는 독특하지만 세부 내용만이 다를 뿐이다. 대체로 그들의 이야기는 점령 아래 소수 팔레스타인인들 전체가 겪은 시련과 고난을 보여준다.

1948년 7월 1일 저녁, 하이파의 이스라엘 군사령관은 도시에 있는 팔레스타인 공동체의 지도자들을 본부로 불러들였다. 회담의 목적은 약 7만 명의 아랍계 주민들이 쫓겨난 뒤 도시에 남은 3,000~5,000명의 팔레스타인인들을 대표하는 이 명사들에게 팔레스타인인들이 각자 거주하는 여러 구역에서 한 동네로 이주하도록 '장려'하라고 지시하기 위한 것이었다. 도시에서 제일 가난한 구역인 와디니스나스Wadi Nisnas라는 작고 인구가 조밀한 동네로 모두 옮겨가라는 지시였다. 카르멜 산비탈이나 심지어 산꼭대기에 있는 집을 떠나라는 지시를 받은 사람들 중 일부는 오랜 세월 동안 그곳에서 새로 이주해 온 유대인들과 섞여 산 이들이었다. 군사령관은 이제 1948년 7월 5일까지 이주를 확실히 완료하라고 명령했다. 팔레스타인 지도자들과 명사들은 곧바로 깊은 충격에 빠졌다. 그들 대부분은 분할을 지지했던 공산당 소속이었고, 이제 전투가 끝났으니 자신들이 창설을 반대하지 않은 유대 국가의 보호를 받는 가운데 정상적인 생활로 돌아갈 것이라고 기대하고 있었다.[24]

훗날 이스라엘 국회의 공산당 의원이 되는 타우피끄 투비Tawfiq Tubi가 항의했다. "도무지 이해를 못하겠습니다. 이건 군사 명령입니까? 이 사람들이 어떤 상태인지 한번 봅시다. 이런 이주를 해야 할 이유를 모르겠군요. 군사적인 이유는 더더욱 없고 말입니다."[25] 다른 참석자인 불루스 파라Bulus Farah는 "이건 인종 차별입니다"라고 소리를 지르면서 이 조치는 "하이파 팔레스타인인들을 게토에 몰아넣는 것"이라고 정곡을 찔렀다.[26]

문서는 비록 건조한 어조로 되어 있으나 이스라엘 군사령관이 무관심하게 무시하는 반응을 보인 게 고스란히 드러난다. 이야기할 때 과감하게 말을 생략하는 그의 목소리까지 들리는 듯하다.

여기 앉아 있는 여러분이 보이고 또 나한테 조언을 [할 수 있다고 생각하지만], 내가 여러분을 이 자리에 불러들인 건 최고 사령부의 지시를 듣고 실행에 옮기라는 겁니다! 나는 정치에 관여하지 않고 정치 문제를 다루지도 않아요. 나는 그냥 명령에 따르는 겁니다. (……) 나는 명령을 실행하는 중이고 이 명령은 7월 5일까지 확실히 마무리해야 합니다. (……) 여러분이 하지 않으면 내가 할 겁니다. 나는 군인이에요.[27]

사령관이 장광설을 마치자 또다른 팔레스타인 명사인 셰하데흐 샬라흐Shehadeh Shalah가 질문을 했다. "그런데 집을 가진 사람은 집을 버리고 떠나야 합니까?" 사령관이 대답했다. "모두 떠나야 합니다."[28] 이윽고 명사들은 주민들이 강제 이주에 따른 비용까지 부담해야 한다는 것을 알게 되었다.

빅토르 카야트Victor Khayat는 모든 주민에게 이 사실을 통보하는 데만도 하루 이상이 걸릴 텐데 그러면 시간이 촉박하다는 점을 이스라엘 사령관에게 설득하려고 했다. 사령관은 4일이면 "시간이 충분하다"고 대꾸했다. 회의록을 작성한 사람은 그 순간 팔레스타인 대표들이 일제히 소리를 질렀다고 기록했다. "그렇지만 시간이 너무 촉박합니다." 사령관은 요지부동이었다. "내가 바꿀 수는 없어요."[29]

하지만 이것이 고난의 끝이 아니었다. 감금 상태에 처하게 된 와디니스나스—오늘날 하이파시는 매년 여기서 하누카Hanuka*와 크리스마스와 이드알피트르Id al-Fitr**가 하나로 모아지는 것을 '평화와 공존을 위한 모든 축제들의 축제'라고 일컬으며 경축한다—에서 사람들은 약탈과

---

* 히브리력 아홉번째 달인 키슬레브 25일에 8일 동안 이어지는 유대교 명절. 기원전 2세기 예루살렘 성전 탈환 기념일로 보통 양력 11월 말이나 12월 초에 치러진다.
** 이슬람력 9월인 라마단 마지막 3일 동안 벌어지는 축제.

학대를 당했다. 대부분 이르군과 스턴갱 대원들의 소행이었지만 하가나도 습격에 적극적으로 가담했다. 벤구리온은 그들의 행동을 비난하면서도 저지하려는 조치는 취하지 않았다. 그저 일기에 적어두는 것으로 만족했다.[30]

## 강간

우리에게는 강간에 관해 보고하는 각기 다른 세 가지 자료가 있으며, 따라서 심각한 강간 사건이 실제로 벌어졌음을 안다. 그렇지만 얼마나 많은 여성과 소녀들이 유대 군대에 의해 이런 범죄의 피해자가 되었는지 정확히 알기는 여전히 쉽지 않다. 첫번째 자료의 출처는 유엔과 적십자 같은 국제기구이다. 이 기구들에서 종합적인 보고서가 나온 적은 없지만, 개별 사례들에 관한 짧고 간결한 설명은 존재한다. 예를 들어, 야파가 장악된 직후에 적십자의 관리인 드뫼롱은 유대 군인들이 소녀 한 명을 강간하고 오빠를 죽인 사건을 보고했다. 그는 팔레스타인 남자들이 포로로 끌려감에 따라 여자들은 이스라엘인들의 처분에 맡겨졌다고 일반적으로 언급했다. 이츠하크 히지크는 앞에서 언급한 카플란에게 보내는 편지에서 다음과 같이 말했다. "그리고 강간에 관해서는 이미 들으셨을 겁니다." 그보다 전에 벤구리온에게 보낸 편지에서는 '한 무리의 병사들이 어느 집에 쳐들어가서 아버지를 죽이고 어머니에게 부상을 입히고 딸을 강간한' 사건을 보고했다.

우리는 물론 외부인이 있던 곳에서 벌어진 더 많은 사례들을 알지만, 그렇다고 해서 다른 곳에서는 여성들이 강간당한 일이 없다는 이야기는 아니다. 적십자의 다른 보고서를 보면, 1948년 12월 9일 시작된 끔찍한 사건이 생생하게 담겨 있다. 그날 유대 군인 두 명이 가족과 함께 사까라Saqara로 추방된 알하즈 술레이만 다우드al-Hajj Suleiman Daud의 집에 쳐들어갔다. 군인들은 그의 부인을 두들겨패고 열여덟 살짜리 딸을 납치했다. 17일 뒤 아버지는 어느 이스라엘 중위를 알게 되어 그에게 항의를 했다. 강간범들은 제7여단 소속으로 보였다. 여자애가 풀려나기 전까지 17일 동안 정확히 무슨 일이 있었는지 알기는 불가능하다. 아마 최악의 일이 벌어졌을 것이다.[31]

두번째 자료 출처는 이스라엘 문서 보관소인데, 여기에 있는 자료는 강간범들이 재판에 회부된 경우만을 다룬다. 다비드 벤구리온은 각 사건에 대해 보고를 받고 일기에 적어둔 것으로 보인다. 며칠마다 '강간 사건'이라는 소제목을 붙인 부분이 있다. 이런 기록 중에는 히지크가 보고한 사건도 있다. "아크레에서 병사들이 여자애 하나를 강간하려고 한 사건. 아버지를 죽이고 어머니에게 상처를 입혔는데, 장교들이 덮어 주었음. 적어도 병사 하나가 여자애를 강간했음."[32]

야파는 이스라엘 군대가 잔인한 행동과 전쟁 범죄를 저지른 온상이었다. 특히 3대대—소속 군인들이 키사스와 사사에서 학살을 저지르고 사파드와 그 주변을 청소했을 때 책임자였던 지휘관이 이때도 대대장이었다—가 워낙 야만적인 행동을 저질러서 도시에서 벌어진 강간 사건은 대부분 이 대대 군인들이 가담한 것으로 의심되었다. 결국 최고 사령부는 이 부대를 도시에서 철수시키는 게 최선이라고 결정했다. 하지만 다른 부대들 역시 점령 초기 1~3개월 동안 3대대 못지않게 여성들을 괴롭힌 게 분명하다. 최악의 시기는 1차 정전이 종료(7월 8일)될 즈음이었다. 벤구리온조차 점령 도시에서 군인들이 보이는 행동 양상, 특히 개인적 약탈과 강간 사건을 우려해서 군대가 '10일' 전쟁 동안 나사렛을 장악한 뒤 일부 부대는 도시에 진입하지 못하게 했다.[33]

우리의 세번째 자료 출처는 가해자들과 피해자들 모두에게서 기록한 구술사이다. 가해자들의 경우에는 사실 정보를 얻기가 아주 힘들고, 물론 피해자들의 경우에는 거의 불가능하다. 하지만 그들의 이야기는 이미 이스라엘이 팔레스타인 사람들을 상대로 벌인 전쟁에서 가장 끔찍하고 비인도적인 범죄들을 일부 드러내는 데 도움이 되었다.

가해자들은 오직 시간이 흘렀다는 안전한 거리감을 방패로 삼아서만 이야기를 털어놓을 수 있는 것 같다. 최근에 밝혀지게 된 특히 끔찍한 사례가 이런 경우다. 1949년 8월 12일, 네게브에서 지금의 가자지구의 북쪽 끝에 있는 베이트하눈Beit Hanun에서 멀지 않은 니림Nirim 키부츠에 주둔해 있던 한 소대가 열두 살짜리 팔레스타인 여자애를 사로잡아서 키부츠 근처에 있는 군사 기지에 밤새도록 가둬두었다. 이후 며칠 동안 여자애는 소대원들의 성노예가 되었다. 군인들은 여자애의 머리를 밀어 버리고 집단 강간을 하고는 결국 죽여버렸다. 벤구리온은 이 강간도 일기에 적어 두었지만 일기 편집자들이 검열해서 삭제했다. 2003년 10월 29일, 이스라엘 신문 〈하레츠〉는 강간범들의 증언을 바탕으로 이 사건을 공개했다. 22명의 군인이 야만적인 고문과 처형에 가담했다. 결국 가해자들이 재판에 회부되었을 때, 법원이 내린 최고형은 실제로 살인을 한 군인에게 언도한 2년 징역형이었다.

구술 회고를 통해 팔레스타인 마을이 점령된 내내 벌어진 강간 사건들도 드러났다. 5월에 점령된 탄투라 마을을 시작으로 6월 꿀라 마을을 거쳐 히람 작전중에 장악된 마을들에서 잇따라 벌어진 학대와 강간까지 낱낱이 밝혀졌다. 유엔 관리들은 기꺼이 나서서 자기가 겪은 경험에 관해 이야기한 마을 출신의 수많은 여자들을 인터뷰해서 많은 사례들을 확인했다. 오랜 세월이 흐른 뒤 이 사람들 중 일부가 인터뷰에 응했을 때, 마을 출신 남자와 여자들이 사건과 관련된 사람 이름과 자세한 내용을 이야기하는 게 여전히 얼마나 어려운지 밝혀졌고, 인터뷰를 진행한 사람들은 그들 모두가 자신이 밝히기를 원하거나 말할 수 있는 것보다 더 많은 내용을 안다는 인상을 지울 수 없었다.

목격자들은 또한 여자들이 무정하고 모욕적 방법으로 금붙이를 마지막 하나까지 전부 빼앗겼다고 전했다. 군인들은 그러고 나서 몸을 때리며 괴롭혔고 탄투라에서는 결국 강간을 했다. 나지아 아윱Najiah Ayyub의 설명을 들어보자. "우리를 에워싼 군대가 여자들을 건드리려고 하다가 거부당하는 모습을 보았어요. 여자들이 굴복하려 하지 않자 그만두더라고요. 우리가 바닷가에 있을 때 여자 둘을 데리고 가서 옷을 벗기려고 했습니다. 몸수색을 해야 한다면서요."[34]

전통과 수치심과 트라우마는 1948년과 1949년에 유대 군대가 팔레스타인 농촌과 도시에서 극악하게 자행한 전반적인 약탈 가운데 팔레스타인 여성을 상대로 저지른 강간을 온전하게 파악하는 것을 가로막는 문화적, 심리적 장벽이다. 아마 때가 되면 누군가 이스라엘의 팔레스타인 종족 청소 연대기의 이 장을 완성할 수 있을 것이다.

## 전리품 나누기

전쟁의 바람이 잦아들고 새로 창설된 이스라엘 국가가 이웃 나라들과 휴전 협정을 체결하자 정부는 점령 체제를 다소 완화하고 도시에 남겨진 소규모 팔레스타인인 집단에 대한 약탈과 게토화를 점차 중단했다. 1948년 8월, 종족 청소의 결과를 정리하기 위한 새로운 구조가 자리를 잡았다. '아랍 문제 위원회Committee for Arab Affairs'가 그것이다. 전과 마찬가지로, 베호르 쉬트리트는 이스라엘 초대 외무 장관 모셰 샤레트와 더불어 이 위원회의 동료들 가운데 비교적 인도적인 목소리를 냈지만, 협의체 출신들도 위원회에 속해 있었다. 야코프 시모니, 가드 마흐네스, 에즈라 다닌, 요세프 바이츠 등 팔레스타인인 추방을 고안하는 데 일조한 이들의 존재는 남아 있는 팔레스타인인들에게 무척 공포스러웠을 것이다. 하지만 팔레스타인인들은 그들의 존재를 몰랐다.

8월에 새로운 조직은 주로 난민의 본국 귀환을 허용하라는 국제 사회의 점증하는 압력에 대응하는 일을 했다. 위원회가 결정한 전술은 재정착 프로그램을 밀어붙이는 것이었다. 국제 사회의 주요 성원들이 이 정책을 승인하거나, 더 좋은 경우에는 이 정책 때문에 아예 난민 귀환 문제를 포기하게 설득할 수 있기 때문에 이 문제에 관한 모든 대결을 미연에 방지할 수 있을 것으로 기대했던 것이다. 이스라엘이 내놓은 제안은 팔레스타인의 모든 난민은 시리아와 요르단, 레바논에 재정착해야 한다는 것이었다. 일찍이 1944년에 이미 유대 기구 회의에서 논의된 바 있었기 때문에 놀라울 게 없는 제안이었다. 벤구리온은 다음과 같이 주장했다. "아랍인들을 이동시키는 게 다른 어떤 [사람들을] 이동시키는 것보다 쉽다. 주변에 아랍 국가들이 있다. (……) 그리고 [팔레스타인] 아랍인들을 이동시키면 그들의 상황이 좋아지면 좋아졌지 나빠지지는 않을 것이 분명하다." 한편 모셰 샤레트는 다음과 같이 말했다. "유대 국가가 창설되면 분명 그 결과로 아랍인들을 이동시킬 수 있을 것이다."[35] 비록 당시 미국과 영국은 이 정책에 우호적인 반응을 보였지만—역대 이스라엘 정부는 계속해서 이런 사실을 논거로 활용했다—미국과 영국이나 나머지 국제 사회는 모두 이 정책을 밀어붙이거나 팔레스타인 난민들의 무조건적인 귀환을 요구한 유엔 결의안 제194호를 주장하기 위해 큰 노력을 기울이는 데는 관심이 없어 보였다. 이스라엘이 바란 것처럼, 난민들의 권리는 말할 것도 없고 그들의 운명 자체가 금세 시야에서 사라졌다.

하지만 귀환이냐 재정착이냐 하는 것만이 유일한 쟁점은 아니었다. 팔레스타인 위임 통치령의 국민인 130만 팔레스타인인에게서 몰수한 돈을 어떻게 처리할 것인가라는 문제도 있었다. 1948년 5월 이후 이스라엘 당국이 은행과 여러 기관에 투자한 팔레스타인인들의 돈을 압류했던 것이다. 이스라엘의 재정착 정책안에도 이제 이스라엘의 수중에 들어온 팔레스타인의 자산 문제는 언급이 없었다. 중앙은행 초대 총재인 다비드 호로비츠David Horowitz는 아랍 문제 위원회의 성원이었는데, 그는 '아랍인들이 남기고 간' 자산가치가 총 1억 파운드*라고 추산했다. 국제 사회의 조사와 심사에 휘말리는 사태를 피하기 위해 그는 한 가지 해법을 제시했다. "어쩌면 이 자산을 미국의 유대인들에게 매각할 수 있지 않을까요?"[36]

또다른 문제는 팔레스타인인들이 포기할 수밖에 없었던 경작지였다.

---

* 잉글랜드은행 인플레이션 계산기로 환산해 보면, 1948년 1억 파운드는 2024년 7월 15일 현재 가치로 약 30억 4,777만 파운드다. https://www.bankofengland.co.uk/monetary-policy/inflation/inflation-calculator. 이를 원화로 환산하면 약 5조 4,785억 원이다.

아랍 문제 위원회 회의에서 베호르 쉬트리트는 이 농지의 운명을 어떻게 할 것인지에 관해 천진난만하게 목소리를 높였다. '농지는 대략 100만 두남입니다. 국제법에 따르면, 우리가 매각할 수 없으니까 돌아오기를 원하지 않는 아랍인들한테서 우리가 매입하면 어떨까요.' 요세프 바이츠는 격식을 무시하고 그의 말을 잘랐다. "농지의 운명은 마을이 존재하는 영역 전체의 운명과 차이가 없을 겁니다." 바이츠가 제시한 해법은 이 영역 전체, 즉 경작지든 주거지든 모든 마을 토지와 도시 지역을 망라해야 했다.[37]

쉬트리트와 달리 바이츠는 사정을 잘 알고 있었다. 일단 종족 청소가 개시되자 유대 민족 기금 정착부의 수장이라는 그의 공식적인 지위와 임시 기구인 '이동 위원회'의 사실상의 지도자 지위는 하나로 융합되었다. 바이츠는 농촌 지역 내에서 진행된 토지 탈취를 일일이 추적했다. 개인적으로 벌어진 일이든 측근 참모인 요세프 나흐마니 같은 충성스러운 관리를 통해 벌어진 일이든 간에 말이다. 사람들을 쫓아내고 집을 파괴한 것은 유대 군대의 소행이었지만, 바이츠는 계속해서 유대 민족 기금이 마을 관리를 맡도록 작업했다.

이 제안을 들은 쉬트리트는 기겁을 했다. 그가 보기에 이스라엘이 불법적으로 점유하게 되는 토지가 원래 생각한 100만 두남의 세 배에 달할 것이었기 때문이다. 바이츠가 계속해서 내놓은 제안은 국제법이나 적법성에 관해 민감한 사람이라면 훨씬 더 놀랄 만한 것이었다. 유대 민족 기금 정착부장은 다음과 같이 선언했다. "우리에게 필요한 건 트랙터 400대가 전부인데, 트랙터 한 대당 3,000두남을 경작할 수 있습니다. 식량 조달을 위해서만이 아니라 아랍인들이 자기 땅으로 돌아오는 것을 막기 위해서도 경작을 해야 합니다. 토질이 떨어지는 땅은 민간이나 공공 부문에 매각해야 합니다."

쉬트리트는 한번 더 시도했다. "적어도 이 몰수가 아랍 세계에서 온 유대인들이 팔레스타인으로 이주하면서 잃은 자산과 맞바꾼 것이라고 말을 합시다." 당시에는 유대인의 이민이 아주 제한되었지만, 나중에 이스라엘 외무부는 '맞바꾼 것'이라는 개념을 받아들였다. 외무부 선전 기관은 팔레스타인 난민들의 귀환권에 관한 논쟁을 가라앉히기 위해 툭하면 이 개념을 들먹였지만 그다지 성공을 거두지는 못했다. 이스라엘이 강제 이동에 관여한 함의를 풍길 위험이 있었기 때문에 쉬트리트의 견해는 기각되었다. 야코프 시모니는 이렇게 서로 자산을 수용했다고 선언하면 불가피하게 이스라엘이 팔레스타인에서 실행한 추방—그는 '이동'이라는 표현을 썼다—에 관심이 쏠릴 것이라고 경고했다.

이때쯤이면 벤구리온은 조급해진 상태였다. 그는 국제적 제재의 위협을 미연에 방지하기 위해 자산 몰수를 기정사실화하는 것—가령 주택을 전부 철거해서 누구도 이스라엘에게 팔레스타인인 집주인들을 돌아오게 하라고 강제하지 못하게 하는 것—같은 민감한 문제는 아랍 문제 위원회 같은 성가신 기구가 다룰 일이 아니라고 깨달았다. 따라서 그는 다닌과 바이츠로 2인 위원회를 구성해서 그때부터 이 위원회에 팔레스타인인의 자산과 토지에 관한 모든 최종 결정을 맡겼다. 최종 결정이란 대부분 파괴하고 몰수하는 것이었다.

잠시 동안이나마 미국 정부가 이 문제에 관심을 나타낸 이례적인 시기가 있었다. 여느 때와 달리 국무부 관리들이 난민 문제에 관한 정책을 지배한 반면, 백악관은 무관심한 태도를 보였다. 결국 이스라엘의 기본적인 입장에 대한 불만이 점차 높아졌다. 미국의 전문가들은 난민들이 귀환하는 것 말고는 다른 법적 대안을 찾지 못했고, 이스라엘이 귀환 가능성을 논의하는 것조차 거부하자 분개했다. 1949년 5월, 미국 국무부는 난민 본국 송환을 평화의 전제 조건으로 간주한다는 강한 메시지를 이스라엘 정부에 전달했다. 이스라엘의 거부 의사가 전해지자 미국 정부는 이스라엘에 제재 위협을 가했고, 약속했던 차관을 보류했다. 이에 대응하여 이스라엘은 처음에 7만 5,000명의 난민을 받아들이고 추가로 2만 5,000명의 이산가족 재결합을 허용하겠다고 제안했다. 워싱턴이 이 제안이 불충분하다고 판단하자 이스라엘 정부는 9만 명의 주민과 20만 명의 난민이 있는 가자지구를 받아들이겠다고 제안했다. 두 제안 모두 불충분한 것처럼 보였지만, 그 무렵, 그러니까 1949년 봄에 미국 국무부에서 인사 교체가 이뤄지면서 미국의 팔레스타인 정책의 방향이 바뀌었다. 이제 난민 문제는 아예 무시하지는 않더라도 완전히 부차적인 것이 되었다.

미국이 잠시 압력을 가한 이 시기(1949년 4월~5월) 동안 벤구리온의 기본적인 대응은 몰수한 땅과 퇴거된 집에 유대인 이민자들을 집중적으로 정착시키는 것이었다. 샤레트와 카플란이 이런 행동에 대한 국제적인 비난을 우려하면서 이의를 제기하자 벤구리온은 다시 비밀 결사 같은 기구를 임명했고, 이 기구는 유럽과 아랍 세계에서 수십 만 명의 유대인 이민자를 불러들였다. 팔레스타인인들이 소읍과 도시에 남기고 떠난 집을 차지하고, 주민들이 쫓겨난 마을의 폐허에 정착촌을 건설하도록 장려한 것이다.

팔레스타인 자산의 전유는 원래 체계적인 국가적 계획에 따라 진행될 예정이었지만, 9월 말에 이르러 벤구리온은 야파나 예루살렘, 하이파 같은 주요 도시에서 질서 정연하게 소유권을 획득한다는 생각을 포기했다. 마찬가지로, 원래 주인이 쫓겨난 마을과 토지를 호시탐탐 노리는 농민들과 정부 기관의 습격을 조정하기란 불가능한 일이었다. 토지 분배는 유대 민족 기금의 책임이었다. 1948년 전쟁 이후 다른 기관들도 비슷한 권한을 부여받았는데, 아래에서 언급하는 수탁 기구가 가장 중요한 기관이었다. 유대 민족 기금은 전쟁 전리품의 주요 분배자 역할을 놓고 수탁 기구와 경쟁해야 했다. 결국 유대 민족 기금이 선두를 차지했지만 그러기까지 시간이 걸렸다. 이스라엘은 모두 합쳐 팔레스타인 농촌의 토지 350만 두남을 차지한 상태였다. 1948년 당시의 이 추정치에는 파괴된 마을의 주택과 농지가 모두 포함된 것이었다. 이 토지를 어떻게 사용하는 게 최선인지에 관해 중앙 정부가 분명한 정책을 내놓기까지는 시간이 걸렸다. 벤구리온이 민간이나 공공의 유대인 기구가 소유권을 완전히 획득하는 것을 미루는 동안, 유엔은 여전히 난민들의 운명을 논의하고 있었다. 처음에는 1949년 로잔에서 논의가 진행되었고, 그 뒤로는 난민 문제를 다루기 위해 잇달아 몇 개의 위원회를 구성했지만 성과는 없었다. 벤구리온은 1948년 12월 11일 유엔 총회가 결의안 제194호를 통해 팔레스타인 난민의 무조건적인 본국 송환을 요구한 뒤에 이스라엘이 공식적, 법적으로 소유권을 획득하면 문제가 생길 것임을 알았다.

이스라엘 정부는 한꺼번에 자산을 강탈했을 때 국제 사회의 분노가 커지는 것을 방지하기 위해 새로 획득한 자산의 '수탁 기구'를 임명했다. 자산의 최종적인 운명에 대한 결정을 미결로 남겨 둔 것이다. 과거에 시온주의가 전형적으로 보인 행동을 연상시키는 이런 '실용적인' 해법은 나중에 '전략적인' 결정으로 바뀔 때까지(즉 강탈된 자산의 지위가 재규정될 때까지) 이스라엘의 정책이 되었다. 따라서 수탁 기구는 이스라엘 정부가 유엔 결의안 제194호의 내용, 즉 모든 난민에게 귀환을 허용하거나 보상을, 또는 둘 다를 해주어야 한다는 요구에 따른 악영향을 피하기 위해 만들어낸 기구였다. 추방된 팔레스타인인들의 모든 개인적, 집단적 재산을 수탁 기구가 보관하게 함으로써 정부는 나중에 이 자산을 공공이나 민간의 유대인 집단이나 개인에게 매각할 수 있었고 실제로 매각했다. 소유권자가 나타나지 않았다는 그럴듯한 구실을 붙여서 말이다. 게다가 정부가 팔레스타인 소유주에게서 몰수한 토지를 직접 관리하게 된 바로 그 순간 토지는 국유지가 되었다. 법적으로 유대 국가의 소유가 된 이 토지는 이제 아랍인에게 매각할 수 없었다.[38]

이런 교묘한 법적 속임수를 동원한 결과, 토지를 어떻게 분배할 것인지에 관한 최종적인 전략적 결정이 내려지지 않는 한, 토지의 일부를 가령 이스라엘 방위군이나 신규 이민자, 또는 (싼값에) 키부츠 운동에 양도하기 위해 임시적인 '전술적인' 결정을 내릴 수 있었다. 유대 민족 기금은 전리품 쟁탈전에서 이 모든 '고객'들과 치열한 경쟁에 직면했다. 시작은 순조로워서 파괴된 마을과 주택, 토지를 거의 전부 매입했다. 수탁 기구는 1948년 12월에 총 350만 두남 중에 100만 두남을 유대 민족 기금에 직접 헐값으로 매각했다. 1949년에도 25만 두남이 유대 민족 기금에 넘어갔다.

만족을 모르는 것 같은 유대 민족 기금의 탐욕은 자금 부족으로 제동이 걸렸다. 그리고 유대 민족 기금이 매입하지 못한 자산은 키부츠 운동 세 곳과 모샤브 운동, 민간 부동산 업자들이 만족스럽게 나눠 가졌다. 그중 가장 욕심 사나운 것은 통일노동당에 속한 좌파 키부츠 운동인 하쇼메르하차이르였다. 통일노동당은 이스라엘 집권당인 마파이당보다 왼쪽에 있는 세력이었다. 하쇼메르하차이르 성원들은 이미 사람들이 쫓겨난 땅에만 만족하지 못하고 팔레스타인 소유주들이 습격에서 살아남아 아직도 지키고 있는 땅에도 눈독을 들였다. 따라서 이제 그들은 공식적인 종족 청소가 종료되었는데도 불구하고 아직 남아 있는 팔레스타인 사람들도 쫓아내기를 원했다. 이 모든 경쟁자들은 넓은 구획을 훈련장과 병영용으로 따로 써야 한다는 이스라엘군의 요구에 양보해야 했다. 그렇지만 1950년까지도 강탈한 농촌 토지의 절반이 여전히 유대 민족 기금의 수중에 있었다.

1949년 1월 첫 주에 유대인 정착민들은 쿠웨이카트, 라스알나꾸라Ras al-Naqura, 비르와, 사프사프, 사사, 라준 등의 마을을 식민화했다. 북부의 말룰이나 잘라마 같은 다른 마을의 땅에는 이스라엘 방위군이 군사 기지를 지었다. 새로운 정착촌들은 여러 면에서 군사 기지와 크게 달라 보이지 않았다. 한때 마을 사람들이 양을 놓아기르고 농사를 지으면서 살던 곳이 이제는 강화된 요새로 바뀌었다.

팔레스타인 전체의 인적 지형은 강제로 바뀌었다. 도시들은 넓은 구역이 파괴되면서 아랍적 성격이 지워졌다. 야파의 널찍한 공원이나 예루살렘의 문화 회관 등이 사라져버렸다. 이런 변화는 한 민족의 역사와 문화를 지워 버리고 다른 민족의 날조된 역사와 문화로 대체하려는 욕망의 결과물이었다. 원주민들의 모든 흔적은 묵살되었다.

하이파가 대표적인 예이다. 일찍이 1948년 5월 1일(하이파는 4월 23일에 장악되었다) 시온주의 관리들은 다비드 벤구리온에게 편지를 보내 하이파의 아랍적 성격을 변형시킬 '역사적 기회'가 수중에 떨어졌다고 말했다. 그들의 설명에 따르면, '227채의 주택을 철거하기만 하면' 되는 일이었다.[39] 벤구리온은 도시를 방문해서 예정된 철거 현장을 직접 시찰하고 유례없이 아름다운 지붕이 있는 시장도 철거하라고 지시했다. 티베리아스에 대해서도 비슷한 결정이 내려져서 거의 500채의 주택이 철거되었고, 야파와 서예루살렘에서도 비슷한 수의 주택이 철거되었다.[40] 이 과정에서 벤구리온이 이슬람 사원에 대해 보인 민감한 태도는 이례적인 것으로 예외 없는 규칙은 없다는 사실을 증명해준다. 이스라엘의 공식적인 약탈은 새로 획득한 자산의 일부인 성소도 예외가 아니었고 특히 사원은 더더욱 아니었다.

## 성지 모독[41]

1948년까지 팔레스타인의 이슬람 성지는 모두 와끄프Waqf, 즉 오스만 제국과 영국 위임 통치 정부가 공히 인정한 이슬람 증여 재단의 소유였다. 지역 고위 성직자들의 기구로 알하즈 아민 알후세이니가 의장인 이슬람 최고 평의회가 성지를 관리했다. 1948년 이후 이스라엘은 부속 자산을 포함한 이 종교 자산을 전부 몰수했다. 처음에는 수탁 기구에, 다음에는 국가에 소유권을 이전했고, 결국 유대 공공 기구와 개별 시민에게 매각했다.[42]

기독교 교회도 이런 토지 수탈에서 예외가 아니었다. 파괴된 마을 안에서 교회가 소유한 토지는 대부분 와끄프 자산처럼 몰수되었다. 그렇지만 절대다수의 사원이 파괴된 것과 달리 교회는 상당수가 고스란히 남았다. 많은 교회와 사원은 완전히 파괴되지는 않고 '오래된' 역사적 폐허처럼 보이게 내버려 두었다―사람들에게 이스라엘의 파괴력을 상기시키는 흔적이었다. 하지만 이런 성지 가운데는 팔레스타인의 가장 인상적인 건축 예술품이 일부 있었는데, 이것들은 영원히 사라져버렸다. 마스자드알카이리야Masjad al-Khayriyya는 기바타임Givatayim시 밑바닥으로 자취를 감추었고, 비르와 교회의 잔해는 지금 아히후드Ahihud 유대인 정착촌의 경작지 밑에 깔려 있다. 하이파 근처 바닷가의 사라판드(거대한 영국군 기지가 있던 팔레스타인 중심부의 사라판드와 혼동하지 말 것)에 있는 사원도 국보급 석공 예술품이었다. 사원은 100년 된 건물이었는데, 이스라엘 정부는 2000년 7월 25일 건물을 불도저로 밀어버리는 허가를 내주었다. 당시 총리인 에후드 바라크Ehud Barak에게 이런 국가적 문화 파괴 행위를 승인하지 말라고 간청하는 민원이 쇄도했지만 정부는 아랑곳하지 않았다.

하지만 지금 와서 보면, 팔레스타인 공동체에게 가장 큰 고통을 안겨 준 것은 이슬람 성지를 욕보이는 행동이었다. 팔레스타인인 대다수는 전통과 종교를 받아들이는 데서 위안과 위로를 얻었기 때문이다. 이스라엘인들은 마즈달과 끼사리야의 사원을 레스토랑으로 변신시켰고, 베르셰바 사원은 가게로 바꿨다. 에인하우드의 사원은 현재 술집으로 사용되며, 지브의 사원은 리조트빌리지의 한 건물이다. 지금도 사원은 그대로 있지만 국립공원을 관리하는 정부 기관 소유이다. 일부 사원은 손상되지 않고 남았지만 이스라엘 당국은 결국 이제 충분히 시간이 흘러서 사원의 신성함을 보호할 의무가 사라졌다고 판단했다. 한 예로, 에인알제이툰 사원의 남은 건물은 2004년에 이르러서야 우유 목장으로 바뀌었다. 유대인 소유주는 사원의 건립 일자를 보여주는 돌을 치워버리고 담장을 히브리어 그라피티로 덮어버렸다. 이와 대조적으로, 2005년 8월에 이스라엘 정부가 가자지구에서 퇴거시킨 유대교 회당들을 팔레스타인인들의 수중에 내버려 두기로 결정하자 언론과 대중, 정치인들은 정부를 혹독하게 비판했다. 이 회당들이 불가피하게 철거되자―철거 전에 정착민들 스스로 종교 물품을 모두 떼어 내서 챙겨 갔다―이스라엘에서 전반적인 분노의 목소리가 하늘을 찔렀다.

철거를 피한 이슬람 사원과 기독교 교회에 항상 접근 가능한 게 아니다. 수흐마타의 교회와 사원은 지금도 볼 수 있지만, 그곳에서 기도를 하거나 그냥 방문을 하려고 하면 유대인 농장을 가로지르다가 무단 침입죄로 경찰에 신고를 당할 위험을 무릅써야 한다. 하이파 근처의 발라드 알셰이크 사원을 방문하려고 할 때도 사정은 마찬가지이며, 또한 무슬림들은 현재 개발 도시인 키르야트셰모나Qiryat Shemona에 있는 칼사Khalsa 사원에도 들어가지 못한다. 유대인 정착촌인 케렘마하랄 사람들은 지금도 한때 팔레스타인에서 손꼽히는 부자 마을이던 이즈짐의 중심부에 자리했던 19세기의 아름다운 사원에 접근하는 것을 막는다.

때로는 히틴 사원의 경우처럼 무력이 아니라 공식적인 교묘한 조작을 통해 접근을 막는다. 전통에 따르면, 살라딘은 1187년에 십자군에 거둔 승리를 기념하기 위해 마을 한가운데에 이 놀라운 구조물을 지었다고 한다. 얼마 전에 데이르한나 출신의 73세의 아부 자말Abu Jamal은 팔레스타인 어린이들을 위한 여름 캠프를 통해 이 사원의 영광된 과거를 복원하고 다시 사원을 여는 데 도움이 되기를 기대했다. 하지만 교육부는 그를 감쪽같이 속였다. 교육부 고위 관리들은 아부 자말에게 만약 캠프를 취소하면 교육부에서 복원 사업을 위해 돈을 줄 것이라고 아부 자말에게 약속했다. 하지만 그가 제안을 받아들이자 교육부는 사원이 마치 안보상 중요한 시설이라도 되는 양 현장을 철조망으로 봉쇄했다. 그뒤 인근에 있는 키부츠 성원들이 초석을 포함한 모든 돌을 치우고 그 땅을 양과 소를 먹이는 초지로 쓰고 있다.

다음은 지난 10년 정도의 상황에 관한 간략한 요약이다. 1993년 나비 루빈Nabi Rubin 사원이 유대인 광신자들에 의해 폭파되었다. 2000년 2월, 무슬림 자원자들이 와디하와리트Wadi Hawarith 사원 건물을 복원하는 작업을 마무리하고 2주 뒤에 사원이 황폐화되었다. 복원된 일부 사원들은 순전한 문화 파괴의 표적이었다. 파괴된 마을인 에인가잘에 있는 셰이크 셰하데흐의 무덤은 2002년에 불타 무너졌고, 베이산의 아라바인Araba'in 사원은 2004년 3월에 방화를 당해 폐허가 되었다. 티베리아스의 알우마리 사원과 알바르al-Bahr 사원은 2004년 6월에 두 차례의 비슷한 공격을 가까스로 피했지만 심하게 손상되었다. 야파의 하산베이크Hasan Beik 사원은 지금도 사람들이 툭하면 돌을 던지며, 한번은 예언자 무함마드의 이름을 쓴 돼지 머리가 사원 뜰에 던져지는 신성 모독을 당했다. 2003년, 불도저들이 자루가라Zarughara의 알살람al-Salam(평화) 사원의 모든 흔적을 지워버렸다. 사원이 다시 세워지고 1년 반 뒤의 일이다. 2005년 크파르사바 근처에 있는 셰이크 삼안Shaykh Sam'an의 무덤이 정체불명의 공격자들에 의해 파괴되었다.

다른 사원들은 중세의 우상 파괴 운동 시절처럼 유대교 예배당으로 바뀌었다. 와디우네인Wadi Unayn과 야주르의 사원은 오늘날 유대교 회당이며, 티베리아스의 사마키야Samakiyya 무덤에 있는 사원과 크파르이난과 달리야Daliyya 두 마을의 사원도 마찬가지이다. 벤구리온 공항 근처에 있는 아바시야 사원도 유대교 회당으로 바뀌었지만 그뒤로 버려진 건물이 되었다. 예루살렘 서쪽 입구에 있는 리프타 사원은 미크베*mikweh*(유대교의 여성 의례 목욕탕)로 바뀌었다.

최근 표적이 되는 것은 이스라엘의 이른바 '승인되지 않은 마을'의 사원들이다. 나크바 시기에 처음 시작된 추방의 최근 모습이다. 이스라엘 법률에 따르면, 이스라엘 토지의 대부분은 팔레스타인계 시민들이 배제되는 '유대인' 소유이기 때문에 팔레스타인계 농민들은 마을을 확장하거나 새로운 마을을 건설할 공간이 거의 없다. 1965년 정부는 팔레스타인 지역의 도시 및 농촌 개발을 위한 기반 시설 계획을 모두 폐기했다. 그 결과 팔레스타인인들, 특히 남부의 베두인족은 '불법적인' 마을을 세우기 시작했고 당연히 사원도 같이 세웠다. 이런 마을의 주택과 사원은 끊임없는 철거의 위협 아래 놓여 있다. 이스라엘 당국은 주민들을 상대로 아주 냉소적인 게임을 즐긴다. 주민들에게 집과 사원 중에 하나를 택하라고 강요하는 것이다. 이런 마을 중 한 곳인 후세이니야(1948년에 파괴된 마을의 이름을 딴 곳이다)에서는 기나긴 법정 싸움을 거쳐 사원을 지켰지만 마을은 구하지 못했다. 2003년 10월, 당국은 쿠테이마트Kutaymat에서 사원을 철거하는 대신 마을에 있는 주택 13채는 남겨두겠다고 제안했다.

## 점령의 확립

　국제 사회의 압력이 잦아들고 이스라엘이 전리품을 나누기 위한 분명한 규칙을 세우자 아랍 문제 위원회 역시 신생 국가의 영토 안에 남은 팔레스타인인들—이제 이스라엘 시민이 된 사람들—에 대한 정부의 공식적인 태도를 정식화했다. 모두 합쳐 약 15만 명인 이 사람들은 '이스라엘 아랍인'이 되었다—마치 '시리아인'이나 '이라크인'이 아니라 '시리아 아랍인'이나 '이라크 아랍인'에 관해 이야기하는 게 가능하기라도 한 것처럼. 그들은 1945년 영국 위임 통치령이 반포한 긴급 조치에 입각해서 다름 아닌 메나헴 베긴이 지휘하는 군사 통치 아래 놓였다. 1935년 '뉘른베르크법'*과 비교할 만한 이 긴급 조치로 표현, 이동, 결사, 법 앞의 평등 등의 기본권이 사실상 폐지되었다. 이스라엘 의회 투표권과 피선거권은 남아 있었지만 이 권리 역시 심각하게 제약되었다. 군사 통치는 공식적으로 1966년까지 지속되었지만, 사실상 지금도 그 규정이 통용된다.

　아랍 문제 위원회는 계속 회의를 열었는데, 1956년까지도 위원회의 주요 인사들 일부는 이스라엘에서 '아랍인'을 추방하기 위한 계획을 옹호했다. 대규모 추방은 1953년까지 계속되었다. 마지막으로 총부리를 겨누고 주민들을 쫓아낸 마을은 나하리야Nahariyya 근처의 움알파라즈이다. 군대가 마을에 진입해서 주민들을 전부 몰아내고 마을을 파괴했다. 네게브사막의 베두인족은 알하와슐리al-Hawashli 부족이 강제로 쫓겨나는

---

\* 독일 내 유대인의 독일 국적을 박탈하고 유대인과 독일인의 성관계와 결혼을 금지하는 한편, 유대인의 공무 담임권을 박탈한 나치의 법.

1962년까지 계속 추방당했다. 베두인족의 가옥을 철거하고 그들이 소유한 8,000두남을 몰수해서 당국에 협조하는 사람들에게 나눠 주었다. 아랍 문제 위원회가 논의한 계획은 대부분 이런저런 이유로 실행되지 않았다. 이 계획들이 드러난 것은 팔레스타인 역사학자 누르 마살하 덕분이다.

관대한 정신으로 추방 계획에 반대한 일부 이스라엘 정치인들이 없었더라면, 그리고 추방 계획이 실행에 옮겨진 몇몇 경우에 팔레스타인 소수자들이 확고하게 버티지 않았더라면, 아마 오래전에 우리는 현재 유대 국가의 국경선 안에 사는 '나머지' 팔레스타인인들에 대한 종족 청소를 목격했을 것이다. 하지만 이런 최종적인 위험은 피할 수 있었다 할지라도 그들이 상대적으로 안전하게 살기 위해 치른 '대가'는 이루 헤아릴 수 없다—자신들의 땅을 잃었을 뿐만 아니라 팔레스타인의 역사와 미래의 정수 또한 상실한 것이다. 팔레스타인 토지에 대한 정부의 전유는 1950년대부터 유대 민족 기금의 감독 아래 계속되었다.

### 토지 강탈: 1950~2000

철거된 마을들의 운명을 결정한 것은 바로 유대 민족 기금 정착부였다. 그 마을들은 유대인 정착촌이나 시온주의 숲 조성지로 대체되었다. 일찍이 1948년 6월, 정착부장인 요세프 바이츠는 이스라엘 정부에 다음과 같이 보고했다. "청소 작전을 개시하면서 잔해를 치우고 경작과 정착을 위해 마을을 정리했음. 일부 마을은 공원으로 바뀔 것임." 바이츠는 진행중인 철거를 지켜보면서 트랙터로 마을 전체를 철거하는 모습을 보고도 마음이 전혀 흔들리지 않았다고 자랑스럽게 보고했다.[43] 하지만 일반 대중에게는 아주 다른 그림이 전달되었다. 새로운 유대인 정착촌을 '창조'하는 과정에는 '사막에 꽃을 피우자'라는 식의 구호가 붙었고, 유대 민족 기금의 숲 조성 활동은 녹색 국토를 유지하기 위한 생태 사업으로 홍보되었다.

처음부터 숲 조성 사업을 선택한 게 아니다. 선택 과정은 사실 어떤 뚜렷한 전략에 따른 게 아니라 임시적인 결정으로 이루어졌다. 우선 곧바로 수확할 수 있는 버려진 경작지가 있었다. 그다음에는 비옥한 땅으로 이루어진 토지가 있었는데, 가까운 장래에 작물을 수확할 수 있는 이 토지는 '오래된' 유대인 정착촌에 넘기거나 새로운 정착촌 설립을 위해 떼어 두었다. 앞서 살펴본 것처럼, 유대 민족 기금은 여러 키부츠 운동과의 경쟁을 물리치느라 애를 먹었다. 키부츠들은 토지 인수 허가를 받기도 전에 이웃 마을의 땅을 경작하기 시작했고, 이미 농사를 지었다는 이유를 들면서 소유권을 주장했다. 대체로 정부 내의 분위기는 기존 유대인 정착촌에 토지를 우선적으로 할당하고 그다음으로 신규 정착촌 건설에 할당하며, 그 나머지를 숲 조성용으로 사용해야 한다는 것이었다.

1950년 크네셋Knesset(이스라엘 의회)은 부재지주 자산법Law of Absentee Property을 통과시켰고, 수탁 기구는 전리품을 다루는 방식에 일정한 질서를 도입했지만 아직 유대 민족 기금을 유일한 소유자로 만들지 않았다. 유대 민족 기금은 이스라엘에 새로 조성된 숲—1948년 종족 청소로 거의 전부 파괴된 팔레스타인 마을의 폐허 위에 나무를 심은 것이었다—의 배타적인 소유자가 되는 과정에서 자연스럽게 숲 조성 문제를 관장하고자 하는 농업부를 물리쳤다. 하지만 국가는 이스라엘의 숲 조성자로서만이 아니라 '유대 민족을 대신하는' 토지 전체의 주요한 수탁

자로서 유대 민족 기금에 완전한 위임권을 부여하는 혜택을 인정해주었다. 이때부터 유대 민족 기금은 자신이 소유하지 않은 토지에 대해서도 비유대인, 즉 팔레스타인인들과 거래하는 것을 완전히 금지함으로써 토지의 '유대적 성격'을 보호하는 책임을 맡았다.

여기서 유대 민족 기금이 전리품을 지키기 위한 싸움을 벌인 복잡한 방식을 상세히 이야기할 수는 없다. 하지만 주된 도구는 정부 입법을 활용하는 것이었다. 1953년에 통과된 유대 민족 기금법은 이 기구에 유대 국가를 대신하는 독립적인 지주 지위를 부여했다. 이 법, 그리고 각각 1960년에 통과된 이스라엘 토지법Law of the Land of Israel과 이스라엘 토지 담당국법Law of the Israel Land Authority 등 뒤이은 수많은 법률들은 이런 지위를 더욱 공고히 했다. 이 법들은 모두 유대 민족 기금이 비유대인에게 토지를 매도하거나 임대하지 못하게 한 헌법에 근거한 법률이다. 이 법률들을 통해 유대 민족 기금이 전체 국가 토지에서 차지하는 비율(13퍼센트)이 최종적으로 정해졌지만, 유대 민족 기금이 직접 관리하지 않는 지역에서도 '국가 토지를 보호하는' 정책을 실행할 수 있게 하는 훨씬 더 복잡한 현실은 가려졌다. 유대 민족 기금이 전체 국가 토지 80퍼센트의 소유자가 된 이스라엘 토지 담당국(나머지는 유대 민족 기금과 군, 정부가 소유했다)을 감독하는 데서 결정적인 역할을 하고 큰 영향을 미쳤기 때문이다.

법률을 통해 토지를 취득하고 유대 민족 기금 자산으로 전환하는 과정은 크네셋에서 최종 법률인 농업 정착법Law of Agricultural Settlement이 통과된 1967년에 마무리되었다. 이 법은 유대인이 소유한 유대 민족 기금 토지를 비유대인에게 재임대하는 것도 금지하는 내용이었다(그때까지는 매도와 직접 임대만 금지되었다). 이 법으로 유대 민족 기금 토지에 지정된 물 할당량을 유대 민족 기금 소유지가 아닌 토지에 양도할 수 없다는 사실이 더욱 확실해졌다(이스라엘에서는 물이 귀하며 따라서 충분한 물 할당량은 농업에 절대적으로 필요하다).

근 20년(1949~1967)에 걸친 이 관료적 과정의 최종 결과로 토지를 비유대인에게 매도하거나 임대, 재임대하는 것을 금하는 유대 민족 기금 관련 입법이 대부분의 국가 토지에도 발효되었다(이스라엘 전체 토지의 90퍼센트 이상. 7퍼센트는 사유지로 공표되었다). 이 입법의 주요 목적은 이스라엘 팔레스타인인들이 자기 땅이나 다른 팔레스타인인의 땅을 매입해서 소유권을 다시 얻는 것을 막기 위함이었다. 이런 이유 때문에 이스라엘은 팔레스타인 소수자들이 농촌 정착촌이나 마을을 새로 짓는 것을 허용하지 않았다. 새로운 소도시나 도시를 건설하는 것을 막은 것은 말할 것도 없다(1960년대 초에 베두인족 정착촌 세 곳을 허용한 것은 예외이다. 정주 부족들이 그곳에서 계속 살아온 사실을 국가가 인정한 셈이었다). 이와 동시에 자연 증가율이 훨씬 낮은 이스라엘의 유대 인구는—숲 조성지로 지정된 곳을 제외한—이 토지에 아무 때나 원하는 대로 정착촌이나 마을, 도시를 지을 수 있었다.

종족 청소 이후 전체 인구의 17퍼센트를 차지하는 이스라엘의 팔레스타인 소수자들은 토지의 3퍼센트에만 의지해서 살아야 했다. 토지의 2퍼센트에서만 건물을 짓고 살 수 있었다. 나머지 1퍼센트는 건물을 지을 수 없는 농지로 지정되었다. 다시 말해, 오늘날 130만 명의 사람이 그 2퍼센트에 의지해서 살고 있다. 1990년대에 토지 사유화가 시작되었음에도 유대 민족 기금의 정책은 고스란히 남아 있으며, 따라서 팔레스타인인들은 토지 시장 개방이 일반 대중, 즉 이스라엘 유대인들에게 제공하는 혜택에서도 배제된다. 하지만 팔레스타인인들은 자기 소유 땅에서 발전하는 것도 가로막혔을 뿐만 아니라 1948년 전쟁 이전에 소유한 땅의 상당 부분을 몰수당했다. 1970년대에는 갈릴리에서 유대인 정착촌을 새로 짓기 위해, 그리고 2000년대 초에는 분리 장벽과 신규 고속도로를 건설하기 위해 몰수당했다. 한 연구에서는 이스라엘 팔레스타인인들이 소유한 토지의 70퍼센트가 몰수당하거나 소유주가 이용 불가능하게 된 것으로 추산한 바 있다.[44]

갈릴리의 최종적인 강탈—지금까지는 요르단강 서안의 토지 몰수와 비슷하다—은, 유대인 정착촌을 건설하고 서서히, 그렇지만 확실히 팔레스타인인들을 이 지역에서 몰아낸다는 이중적 목표를 위한 것인데, 1967년 이후 시작되었다.

1960년대 초, 이스라엘 토지 담당국과 유대 민족 기금이 최종적으로 토지를 분할하기 전에 유대 민족 기금은 '마지막' 작전을 개시했다. 아직 마을 사람들이 소유하고 있던 갈릴리 지방의 토지를 팔레스타인인들에게서 강탈하기 위한 것이었다. 유대 민족 기금은 이 토지를 매입하거나 다른 곳의 질이 좋지 않은 토지와 교환하자고 제안했다. 하지만 마을 사람들은 거부했다—그들의 확고부동한 태도는 시온주의 종족 청소 작전에 맞선 투쟁에서 참으로 영웅적인 한 장을 이룬다. 그러자 유대 민족 기금은 '끈질긴' 마을들의 입구에 특별 군사 전초 기지를 세우기 시작했다. 주민들에게 심리적 압박을 가하기 위해서였다. 이런 냉정한 수단을 동원했음에도 유대 민족 기금은 몇 군데서만 목표를 달성했을 뿐이다. 하이파대학 지리학 교수로 정부와 밀접한 관계가 있는 아르논 소퍼Arnon

Soffer는 다음과 같이 설명한다.

우리는 잔학했지만, 그것은 원한을 위한 원한은 아니었다. 우리는 존재 자체가 위협에 직면했다는 인식에 따라 행동했다. 그리고 이런 정서에는 객관적인 이유가 있었다. 우리는 유대의 영토가 특히 전국적인 물 공급선[갈릴리호에서 남부 지역으로 이어지는 수도관]을 따라 죽 이어지지 않으면 아랍인들이 물에 독을 탈 것이라고 확신했다.[45]

전체 수도관에 울타리나 경비 초소 같은 게 전혀 없는 걸 보면, 여기서 보이는 우려의 진정성에 의문이 제기된다. 다른 한편, "영토가 죽 이어져야" 한다는 요구는 진심으로 들린다. 결국 그런 요구야말로 1948년에 이스라엘이 대규모 추방 작전을 펼친 주된 동기였다.

팔레스타인 토지를 강탈하기 위해서는 법적 소유주를 추방할 뿐만 아니라 그들이 본국에 돌아와서 소유권을 다시 획득하는 것도 막아야 했다. 이런 토지 강탈은 팔레스타인 마을을 순수한 유대인의 장소나 '고대' 히브리 민족의 장소로 재발명하는 것과 결합되었다.

# 10. 나크바의 기억 학살

극단적 민족주의자들은 또한 미래 세대에게 세르비아계가 아닌 다른 사람들이 보스니아에서 함께 살았다는 사실을 상기시킬 수 있는 모든 물리적 증거를 지워버리려고 애를 쓴다. 역사적인 이슬람 사원, 기독교 교회, 유대교 회당뿐만 아니라 국가적 도서관, 문서 보관소, 박물관 등이 불에 타고 다이너마이트로 폭파되고 불도저로 뭉개지고 있다. (……) 그들은 과거의 기억도 없애버리기를 원한다.

—Sevdalinka.net

70만 그루가 넘는 올리브나무와 오렌지나무가 이스라엘인들에 의해 잘렸습니다. 환경 보전을 실천한다고 주장하는 국가가 저지른 순전한 파괴 행위입니다. 이 얼마나 끔찍하고 부끄러운 짓입니까.

—2002년 11월 30일 런던에서 남아프리카 공화국 수자원, 삼림 담당 장관 로니 카스릴스Ronnie Kasrils가 한 연설

## 팔레스타인의 재발명

이스라엘 토지 담당국이나 군, 정부같이 이스라엘에서 국가 토지를

소유하는 다른 기관들과 나란히 토지 일반의 소유주인 유대 민족 기금은 파괴된 팔레스타인 마을 부지에 유대인 정착촌을 새로 건설하는 데도 관여했다. 이 과정에서 토지 강탈과 나란히 이스라엘이 차지하고 파괴하고 이제 재창조하는 장소의 개명이 진행되었다. 이 과제는 고고학자와 성서 전문가들의 도움을 받아 완수되었다. 이 학자들은 팔레스타인의 지리를 히브리화하는 일을 맡은 공식 기관인 명명 위원회에 자원해서 참여했다.

이 명명 위원회는 이미 1920년에 구성된 오래된 조직이었다. 당시 유대인들이 새로 매입한 토지와 장소에 히브리식 이름을 부여하는 학자들로 구성된 임시 그룹으로 활동했는데, 나크바 시기에 무력으로 차지한 토지와 장소에도 계속 이름을 붙였다. 1949년 7월 벤구리온은 위원회를 다시 소집해서 유대 민족 기금의 한 부서로 전환했다. 명명 위원회는 완전한 공백 상태에서 활동을 한 게 아니다. 일부 팔레스타인 마을은 불가피하게 히브리 문명을 비롯한 앞선 고대 문명의 폐허 위에 지어졌지만, 이런 경우는 얼마 되지 않았고 관련 사정이 명확한 경우는 전혀 없었다. '히브리' 장소라고 가정된 곳은 워낙 오래전으로 거슬러올라가기 때문에 그 위치를 정확히 확정하기가 무척 힘들지만, 물론 사람들이 쫓겨난 마을의 이름을 히브리화하려는 동기는 학문적인 게 아니라 이데올로기적인 것이었다. 이런 식의 가로채기에는 아주 단순한 이야기가 따라 붙었다. "외국이 '이스라엘 땅'을 점령한 오랜 세월 동안 원래의 히브리 이름이 지워지거나 멋대로 바뀌었고, 때로는 맞지 않는 형태를 띠었다." '고대' 이스라엘 지도를 재현하려는 고고학적 열정은 본질적으로 이 지역—지역의 명칭과 지리, 그리고 무엇보다도 역사—을 탈아랍화하려는 체계적인 학문적, 정치적, 군사적 시도에 다름 아니었다.

앞서 언급한 것처럼, 유대 민족 기금은 1950년대와 1960년대에 토지를 몰수하느라 분주했지만 거기서 끝이 아니었다. 유대 민족 기금은 또한 1967년 전쟁 이후 부재지주 소유지 수탁 기구Custodian of Absentee Lands로부터 받은 예루살렘 광역지구의 땅도 소유했다. 1980년대 초, 유대민족 기금은 이 토지를 그때나 지금이나 동예루살렘을 '유대화'하는 데몰두하는 비정부 기구인 엘라드Elad에 이전했다. 이 비정부 기구는 예루살렘 구시가 외곽 동네인 실완Silwan에 초점을 맞추면서 이 마을의 팔레스타인계 원주민들을 청소하고 싶다고 공공연하게 떠들었다. 2005년 예루살렘 지자체가 '불법 건축과 확장'을 구실 삼아 주택 30여 채를 철거할 것을 지시하면서 이 기구를 지원했다.

21세기 초, 유대 민족 기금의 주된 도전 과제는 베냐민 네타냐후Benjamin Netanyahu(1996~1999)와 아리엘 샤론(2001~2003, 2003~2006) 아래 가속화된 정부의 토지 소유 사유화 정책이었다. 이 정책 때문에 유대 민족 기금의 지배권이 제한될 위협에 부딪혔다. 하지만 이 두 우파 총리는 시온주의와 자본주의 사이에서 분열되었으며, 장래에 그 후계자들이 유대 민족 기금의 수중에 얼마나 많은 토지를 남겨줄 것인지는 시간이 말해줄 것이다. 다만 유대 민족 기금이 이스라엘의 숲을 확고히 틀어쥐고 있다는 사실은 변하지 않을 것이다.

이런 숲에서는 나크바에 대한 부정이 워낙 만연해 있고 또 무척 효과적으로 달성되었기 때문에 그 아래에 묻혀 있는 마을을 기념하기를 바라는 팔레스타인 난민들에게 주요한 투쟁의 장이 되었다. 그들과 대립하는 조직—유대 민족 기금—은 소나무와 삼나무가 심어진 숲 아래에는 메마른 땅만이 있다고 주장한다.

## 사실상의 식민주의와 유대 민족 기금

유대 민족 기금이 철거된 팔레스타인 마을 부지에 국립공원을 만들기 시작했을 때, 그 자리에 무엇을 심을지에 관한 결정은 전적으로 기금의 소관이었다. 거의 처음부터 유대 민족 기금 집행부는 팔레스타인에 고유한 자연 식물상 대신 주로 침엽수를 선택했다. 공식적인 문서에서 목표로 거론된 증거는 없지만, 이런 선택은 일정 부분 나라를 유럽처럼 보이게 하려는 시도였다. 하지만 더 나아가 소나무와 삼나무를 심기로 한 선택은 이스라엘의 야심 찬 목재 산업을 지원하려는 의도였다—이런 의도는 공공연하게 언급되었다.

나라를 유대적이고 유럽 같은 겉모습과 녹색으로 유지한다는 세 가지 목표는 금세 하나로 융합되었다. 이런 이유 때문에 오늘날 이스라엘 전역의 숲에는 토착종의 11퍼센트만 존재하며, 1948년 이전부터 계속 존재하는 숲은 전체의 10퍼센트에 불과하다.[1] 때로는 원래의 식물상이 놀라운 방식으로 자체 복원되기도 한다. 소나무는 불도저로 밀어버린 주택 부지만이 아니라 들과 올리브 과수원에도 심어졌다. 예를 들어, 유대 민족 기금은 새로운 개발 도시인 미그달하에메크에서 도시의 동쪽 입구에 있는 무제이딜 마을의 폐허를 감추려고 최선의 노력을 기울이지 않았다. 그 자리에는 소나무를 줄줄이 심었는데, 제대로 된 숲이 아니라 작은 수풀에 지나지 않았다. 파괴된 팔레스타인 마을을 덮어 가리는 이런 '녹색 허파'는 이스라엘의 여러 개발 도시에서 볼 수 있다(티라트하이파 자리에 세워진 티라트하카르멜, 칼사 자리에 세워진 키르야트셰모나, 마즈달 자리에 세워진 아쉬켈론Ashkelon 등). 하지만 이 특별한 수종은 현지 토양에 적응하지 못했고, 계속 치료를 해도 끊임없이 병충해에 시달린다. 무제이딜 마을의 몇몇 원주민 친척들이 나중에 마을을 찾아가보니, 소나무 몇 그루가 말 그대로 둘로 쪼개져 있었고, 갈라진 줄기 한가운데서 올리브나무가 자라나고 있었다. 56년 전에 올리브나무를 베고 심어진 외래 식물상 한가운데서 말이다.

이스라엘 내부와 유대 세계 전역에서는 유대 민족 기금을 아주 책임감이 강한 생태 기관으로 여긴다. 지금까지 끈질기게 나무를 심고, 지방 특유의 식물상과 풍경을 재도입하고, 소풍 시설과 어린이 놀이터를 전부 갖춘 수많은 휴양 공원과 자연 공원을 위한 길을 닦은 과정 덕분에 유대 민족 기금은 명성을 얻었다. 이스라엘인들은 유대 민족 기금의 상세한 웹 사이트에서 아이콘을 클릭하거나, 공원 입구나 휴양지 안에 있는 길을 따라 여러 지점에 자리한 다양한 정보 게시판에 붙어 있는 자료에서 단서를 찾아서 이 장소들까지 가는 길을 찾는다. 방문자가 그냥 즐기고 쉬는 것만 원한다 할지라도 이 자료들은 방문자가 가는 곳이면 어디서나 길을 안내하고 정보를 제공한다.

유대 민족 기금은 주차장, 소풍 구역, 놀이터, 자연 체험장 등을 제공할 뿐만 아니라 특정한 역사를 이야기하는 가시적인 품목도 포함시킨다. 주택, 요새, 과수원, 선인장 등의 폐허가 그것이다. 무화과와 아몬드 나무도 많이 있다. 겨울의 끝으로 가면서 봄의 아름다움을 알리는 전령인 양 활짝 핀 이 나무들을 보면서 대다수 이스라엘인들은 '야생' 무화과나 '야생' 아몬드라고 생각한다. 하지만 이 과일나무들은 인간의 손으로 심고 가꾼 것이다. 아몬드와 무화과 나무, 올리브 숲이나 선인장 군락이 보이는 곳이라면 어디든 한때 팔레스타인 마을이었던 곳이다. 지금도 매년 새롭게 꽃을 피우는 이 나무들은 모두 그대로 남아 있다. 지금은 농사를 짓지 않는 계단형 농지 근처, 그네와 피크닉 테이블과 유럽 원산 소나무 숲 아래에는 1948년에 이스라엘 군대가 쫓아낸 팔레스타인인들의 집과 들이 파묻혀 있다. 하지만 유대 민족 기금 표시판만 보고 다니는 방문자들은 여기 한때 사람들이 살았음을 결코 알지 못한다. 지금은 점령지*에서 난민으로, 이스라엘 안에서는 2등 시민으로, 팔레스타인 경계선 밖에서는 난민 수용소 주민으로 살아가는 팔레스타인인들 말이다.

다시 말해, 유대 민족 기금의 진짜 임무는 그 자리에 심은 나무만이 아니라 그 사람들의 존재를 부정하기 위해 만들어낸 역사 서사를 통해서도 팔레스타인의 가시적인 자취를 감추는 것이었다. 유대 민족 기금 웹 사이트에서나 공원 자체에서나 아주 정교한 시청각 장비로 시온주의의 공식적인 서사를 보여주면서 어떤 장소든 유대 민족과 '이스라엘 땅'의 민족적인 메타 서사라는 맥락 속에 자리매김된다. 이런 서사는 시온주의가 스스로 발명한 유대 민족의 과거와 모순되는 모든 역사를 대체하기 위해 동원하는 익숙한 신화 ─ 시온주의가 당도하기 전에 팔레스타인은 '아무도 살지 않는 불모의' 땅이었다는 신화 ─ 를 계속 낭송한다.

이스라엘의 '녹색 허파'인 이 휴양지들은 역사를 기념하기보다는 완전히 지워버리려고 한다. 유대 민족 기금이 1948년 이전부터 지금도 볼

---

* 국제 사회가 인정하는 이스라엘 영토가 아니라 이스라엘이 점령한 골란 고원, 시나이반도, 가자지구, 요르단강 서안 등을 가리킨다.

수 있는 시설에 붙여놓은 안내문을 보면, 지역의 역사는 의도적으로 부정된다. 이것은 스스로 다른 이야기를 해야 한다는 필요성의 일부가 아니라 이 '녹색 허파'로 대체한 팔레스타인 마을의 기억 전체를 깡그리 무시하기 위해 고안된 것이다. 이리하여 유대 민족 기금이 조성한 이 장소들에서 제공되는 정보는 이스라엘인들이 재현의 영역 곳곳에서 작동시키는 부정의 메커니즘을 위한 탁월한 모델이다. 사람들의 심리에 깊이 뿌리박은 이 메커니즘은 팔레스타인의 트라우마와 기억의 장소를 이스라엘인들을 위한 여가와 유흥의 공간으로 이렇게 대체하는 것을 통해 작동한다. 다시 말해, 유대 민족 기금의 설명문이 '생태적 관심'으로 재현하는 것은 나크바를 부정하고 팔레스타인의 엄청난 비극을 감추려는 이스라엘의 또다른 공식적인 시도이다.

## 이스라엘의 유대 민족 기금 휴양 공원

유대 민족 기금 공식 웹 사이트의 홈페이지에서는 이 기금을 사막에 꽃을 피우고 아랍의 역사적인 풍경을 유럽적 모습으로 바꾼 주역으로 보여준다. 홈페이지에서는 이 숲과 공원들이 '사막 같은 불모지'에 세워졌고, '이스라엘의 숲과 공원이 항상 존재했던 것은 아니라'고 선언한다. '세기말 이 나라에 처음 온 유대인 정착민들은 그늘 한 점 없는 황량한 땅을 발견했다'는 것이다.

유대 민족 기금은 이스라엘 '녹색 허파'의 창조자일 뿐만 아니라 보존자이기도 하다. 이 기금은 숲을 조성한 것은 이스라엘 전체 시민을 위해 휴양을 제공하고 시민들에게 '생태 의식'을 불어넣기 위해서라고 선언한다. 그렇지만 이 나무들과 놀이터 밑에 자기가 살던 집이 묻혀 있는 팔레스타인 난민들이 돌아와서 숲을 방문하는 것은 고사하고 이 '숲'에서 어떤 기념 행위도 하지 못하게 막는 것이 기금의 주요 업무라는 사실은 전혀 이야기하지 않는다.

유대 민족 기금 웹 사이트에 등장하는 가장 인기 있고 규모도 큰 피크닉 장소 네 곳—비르야Birya숲, 라마트메나셰Ramat Menashe숲, 예루살렘숲, 사타프Sataf—은 모두 오늘날 이스라엘의 다른 어느 장소보다도 더욱 나크바와 나크바 부정을 전형적으로 보여준다.

### 비르야숲

북에서 남으로 가다보면, 비르야숲은 사파드 지역에 자리해 있다. 총면적은 2만 두남이다. 이 숲은 이스라엘 최대의 인공 조림으로 아주 인기 있는 장소이다. 적어도 여섯 개의 팔레스타인 마을을 이루던 주택과 땅이 숲 아래에 감춰져 있다. 웹 사이트의 설명문을 꼼꼼히 읽고 여기에 포함된 내용과 배제된 내용을 대조해보기만 해도 디숀Dishon, 알마Alma, 까디타, 암까, 에인알제이툰, 비리야 중 단 한 곳도 언급되지 않는다는 사실을 알 수 있다. 이 마을들은 모두 웹 사이트에서 숲의 아름다운 자태와 매력에 관해 제시하는 설명 뒤로 사라진다. "이렇게 거대한 숲에서 흥미진진한 장소들을 무수히 발견할 수 있는 건 당연합니다. 나무들, 과실수 정원, 샘물, 오래된 유대교 회당[즉 오래된 회당일 수도 있고 아닐 수도 있는 작은 모자이크 조각. 이 지역은 대대로 사파드의 정통파 유대인들이 자주 찾던 곳이다] 등이 펼쳐집니다." 유대 민족 기금이 조성한 많은 장소에서 과실수 정원(팔레스타인 농민들이 농장 주변에 과실수를 심어놓은 곳)은 기금이 모험심 많은 방문자에게 약속하는 많은 불가사의 중 하나로 등장한다. 이런 정원은 팔레스타인 마을이 남긴 분명한 흔적인데도 자연의 고유한 일부이자 놀라운 비밀이라고 언급된다. 한 장소에서는 거의 모든 곳에서 눈에 띄는 계단형 농지를 유대 민족 기금의 자랑스러운 창조물이라고 이야기한다. 이런 계단형 밭 중 일부는 사실 원래 있던 농지 위에 다시 조성된 것으로 시온주의가 차지하기 이전 여러 세기로 거슬러올라간다.

이와 같이 팔레스타인의 과실수 정원은 자연의 피조물로 뒤바뀌고, 팔레스타인의 역사는 성서와 탈무드 시대의 과거로 추방된다. 널리 알려진 마을 중 하나인 에인알제이툰의 운명도 마찬가지이다. 이 마을은 1948년 5월에 많은 주민들이 학살을 당하면서 비워진 곳이다. 에인알제이툰의 이름은 언급되지만 다음과 같은 식이다.

에인제이툰Ein Zeitun*은 이 휴양지에서 손꼽히는 매력적인 장소 중 하나가 되었습니다. 커다란 피크닉 테이블과 장애인용 주차장이 충분하기 때문입니다. 이곳은 과거 중세 시대 이래 18세기까지 유대인들이 살던 정착촌 에인제이툰이 있던 자리입니다. 〔유대인들이〕 정착하려는 시도가 네 차례 있었지만 성공하지 못했습니다. 주차장에는 생태 친화형 화장실과 놀이터가 있습니다. 주차장 바로 옆에는 6일 전쟁에서 스러진 병사들을 기억하기 위한 기념비가 서 있습니다.

---

* 짐작하다시피 원래의 아랍어 이름을 탈색시킨 철자다.

역사와 관광 안내를 기발하게 결합한 설명문은 번성하는 팔레스타인 공동체를 유대 군대가 불과 몇 시간 만에 쓸어버린 사실을 이스라엘의 집단적 기억에서 완전히 지워버린다.

유대 민족 기금 웹 사이트에서 에인알제이툰의 역사에 관해 다룬 몇 페이지는 아주 자세한 내용까지 다루며, 숲으로 들어가는 가상, 실제 여행에 동반되는 이야기는 3세기에 존재했다는 탈무드 시대 소읍으로 독자를 안내한다. 그러고는 팔레스타인 마을과 공동체의 천 년 역사를 통째로 건너뛴다. 마지막으로 이야기는 위임 통치 시기 마지막 3년에 초점을 맞춘다. 바로 이 땅에 유대 지하 조직이 영국인들의 감시의 눈길을 피해 군대를 훈련시키고 당시 모으고 있던 무기를 은닉해 둔 장소가 숨어 있었기 때문이다.

### 라마트메나셰 공원

비르야 남쪽에는 라마트메나셰 공원이 있다. 이 공원 땅 밑에는 라준, 만시, 카프레인, 부테이마트, 후베이자Hubeiza, 달리야트알라우하, 사바린, 부레이카Burayka, 신디야나, 움알지나트 등의 폐허가 깔려 있다. 공원 한가운데에는 파괴된 달리야트알라우하 마을의 잔해가 있는데, 지금은 사회주의 운동인 하쇼메르하차이르의 라마트메나셰 키부츠가 그 위에 지어져 있다. 마을 중 한 곳인 카프레인의 폭파된 집들의 잔해가 여전히 눈에 뛴다.[2] 유대 민족 기금 웹 사이트에서는 숲 한가운데에 '여섯 개 마을'이 있다는 이야기를 하면서 자연과 인간 거주지가 숲속에 융합되어 있음을 강조한다. 웹 사이트는 공원 땅속에 있는 여섯 개 마을이 아니라 공원 안에 있는 키부츠를 가리키기 위해 '마을'에 해당하는 일반적이지 않은 히브리어 단어 '크파르kfar'를 사용한다. 여기서 작동하는 은유적인 덮어쓰기를 강화하기 위한 언어적 책략이다. 한 민족의 역사를 지워버리고 그 위에 다른 민족의 역사를 쓰는 것이다.[3]

유대 민족 기금 웹 사이트에서 사용하는 표현을 빌리자면, 이 장소의 아름다움과 매력은 '독보적이다'. 주된 이유 중 하나는 과실수 정원과 '과거'의 폐허로 이루어진 시골 풍경 자체이지만, 이 모든 것의 이면에는 자연 풍경의 윤곽을 유지하기 위한 탁월한 설계가 있다. 여기는 또한 공원이 파괴된 팔레스타인 마을들을 덮어 가리고 있기 때문에 자연이 '특별한 매력'을 갖고 있다. 유대 민족 기금의 가상, 실제 공원 투어에서는 방문자를 한 추천 장소에서 다음 장소로 친절하게 안내한다. 모두 아랍식 이름이다. 전부 파괴된 마을들의 이름이지만, 여기서는 과거에 인간이 존재했다는 사실을 전혀 드러내지 않는 자연적 장소나 지리적 장소로 소개된다. 유대 민족 기금은 한 지점에서 다른 지점으로 아주 자연스럽게 이동할 수 있는 이유를 '영국 시절'에 닦은 도로망 덕분으로 돌린다. 왜 영국인들이 구태여 여기에 도로를 닦았을까? 분명 '기존에 있던 마을'들을 쉽게 연결하(고 통제하)기 위해서였겠지만, 이런 사실은 설명문을 아주 꼼꼼히 들여다봐야만 유추할 수 있을 뿐이다.

하지만 이런 삭제 시스템이 완벽하게 작동할 리는 만무하다. 예를 들어, 유대 민족 기금 웹 사이트를 보면, 숲길을 따라 띄엄띄엄 있는 안내판에서는 찾아볼 수 없는 내용이 눈에 띈다. 공원에 점점이 박힌 많은 폐허 가운데 '마을 샘Ein ha-Kfar'을 '이곳에서 가장 고요한 장소'로 추천한다. 마을 샘은 대개 마을 한가운데에 광장 가까이에 있는데, 이곳 카프레인의 경우처럼 마을 샘의 폐허는 '마음의 평화'를 가져다줄 뿐만 아니라 인근에 있는 미슈마르하에메크 키부츠에서 기르는 가축들이 아래쪽 초원으로 가는 길에 쉬어가는 장소 역할도 한다.

### 예루살렘 녹화

나머지 두 사례는 예루살렘 지역에 있다. 예루살렘시 서쪽 사면은 요세프 바이츠의 또다른 창조물인 '예루살렘숲'으로 덮여 있다. 1956년 바이츠는 예루살렘 시장에게 도시 서쪽 언덕의 풍경이 너무 황량하다고 불만을 토로했다. 그보다 8년 전에 서쪽 언덕은 물론 분주한 삶을 이어 가는 팔레스타인 마을의 집과 농지로 가득차 있었다. 1967년 바이츠의 노력이 마침내 결실을 이루었다. 유대 민족 기금이 4,500두남의 땅에 나무 100만 그루를 심기로 결정한 것이다. 웹 사이트의 설명에 따르면, '예루살렘을 녹색 벨트로 둘러싸는' 숲이다. 남쪽 모퉁이 한 곳에서 숲은 에인카림Ayn Karim 마을의 폐허에 이르며 베이트마즈밀Beit Mazmil이라는 파괴된 마을을 덮는다. 서쪽 끝 지점은 베이트호리쉬Beit Horish라는 파괴된 마을의 땅과 집들까지 뻗어 있다. 이 마을 사람들은 1949년에야 쫓겨났다. 숲은 더 멀리 데이르야신, 주바Zuba, 사타프, 주라Jura, 베이트 움알메이스Beit Umm al-Meis 등까지 뻗어 있다.

유대 민족 기금 웹 사이트의 설명은 방문자들에게 독특한 장소와 특별한 경험을 약속한다. 역사적 잔해들을 보면 '집약적 영농이 입증된다'는 것이다. 더 구체적으로, 서쪽 사면을 따라 파인 다양한 계단식 농지를 강조한다. 여느 장소들과 마찬가지로, 이 계단식 농지는 언제나 '고대의' 흔적이다. 불과 두세 세대 전에 팔레스타인 마을 사람들이 만든 것인데도 말이다.

마지막 지리적 장소는 파괴된 팔레스타인 마을 사타프로, 예루살렘 산 정상 부근에 있는 손꼽히는 아름다운 곳이다. 유대 민족 기금 웹 사이트의 설명에 따르면, 이 장소의 가장 큰 매력은 '고대' 농업을 재건해서 보여준다는 점이다 — 이 장소에 대해 자세히 설명하는 모든 구절에는 '고대의' 라는 형용사가 사용된다. '고대의' 길과 '고대의' 계단 등등. 사실 사타프는 1948년에 사람들이 쫓겨나고 대부분 파괴된 팔레스타인 마을이었다. 유대 민족 기금이 보기에, 마을의 잔해는 기금이 이 '고대 장소' 안에서 방문자들에게 소개하는 흥미진진한 걷기 투어에서 사람들이 마주치는 또하나의 장소이다. 팔레스타인의 계단식 농지와 거의 고스란히 남은 팔레스타인 건물 네다섯 채가 섞여 있는 이곳의 풍경에 영감을 받은 유대 민족 기금은 '부스타노프bustanof'라는 새로운 개념을 만들어 냈다('부스탄bustan'에 파노라마를 뜻하는 '노프nof'를 결합한 말로 아마 영어식으로 바꾸면 '부스타노라마bustanorama'나 '오처드뷰orchard-view' 정도가 될 것이다). 이 개념은 유대 민족 기금의 독창적인 아이디어이다.

　　과실수 정원에서는 절묘하게 아름다운 풍경이 내려다보이는데, '성서 속' 과일과 채소가 날지도 모르는 땅을 경작하는 '고대의', 그리고 '성서의' 농사 방식을 경험하기 위해 이곳에 오는 예루살렘의 젊은 전문직 계층에게 인기가 좋다. 물론 이 고대의 방식은 '성서 시대'와는 거리가 멀고 팔레스타인 방식이다. 땅뙈기와 과실수 정원과 이 장소 자체가 그렇듯 말이다.

　　사타프에서 유대 민족 기금은 모험심 강한 방문자에게 '비밀의 정원'과 '보이지 않는 샘'을 추천한다. 보물 같은 이 두 장소는 '6,000년 전부터 사람이 살았음을 보여주는 증거'인 계단식 농지 사이에서 발견할 수 있다. '인간 정주는 제2성전기*에 전성기에 달했다.' 1949년에 아랍 각국에서 온 유대인 이민자들을 이곳으로 보내 팔레스타인 마을에 입주하고 그대로 남아 있던 집들을 차지하게 했을 때 이 계단식 농지에 관해 한 설명과는 다르다. 이 새로운 정착민들이 다루기 힘들다는 사실이 밝혀지자 유대 민족 기금은 마을을 관광지로 바꾸기로 결정했다.

1949년 당시 이스라엘의 명명 위원회는 이 장소와 성서의 관련성을 조사했지만 유대교 자료와 연관성을 찾지 못했다. 그러자 마을을 둘러싸고 있는 포도밭을 성서 시편 및 아가에서 언급되는 포도밭과 연결시킨다는 아이디어를 떠올렸다. 한동안 그들은 자신들의 공상에 들어맞는 장소의 이름—여름의 이른 과일을 뜻하는 '비쿠라Bikura'—도 만들어냈지만 이내 포기했다. 이스라엘 사람들이 이미 사타프라는 이름에 익숙해져 있었기 때문이다.

유대 민족 기금 웹 사이트의 설명과 이 장소 자체에 세워진 다양한 안내판에서 제공하는 정보는 다른 곳에서도 쉽게 접할 수 있다. 이스라엘에는 생태적 인식과 시온주의 이데올로기, 과거 삭제를 종종 밀접하게 연결 짓는 국내 관광 관련 문헌들이 항상 풍부하게 존재한다. 이런 목적을 위한 전문 사전, 관광 안내서, 사진 앨범 등은 오늘날 어느 때보다도 더 대중적으로 등장하며 수요도 많다. 이렇게 하여 유대 민족 기금은 1948년의 범죄를 '생태화'했고, 그 덕분에 이스라엘은 하나의 서사를 지우고 다른 서사를 이야기할 수 있었다. 왈리드 칼리디가 힘찬 문체

---

* 기원전 516년~기원후 70년. 기원전 538년 바빌로니아를 정복한 페르시아 왕 키루스 2세가 포로로 잡혀 있던 유대인들을 풀어주며 성전 재건을 허락한 뒤 예루살렘에 두번째로 지은 성전이 존재한 시기.

로 이야기한 것처럼, "단조로운 역사 서술 덕분에 전쟁의 승자는 전리품과 사건 해석을 모두 챙길 수 있다".[4]

이처럼 역사를 의도적으로 지워버렸다 할지라도 이스라엘의 휴양 공원 아래 묻혀 있는 마을들의 운명은 한때 그곳에 살았던, 그리고 거의 60년이 지난 지금도 난민 수용소와 머나먼 디아스포라 공동체에 살고 있는 팔레스타인 가족들의 미래와 밀접하게 연결된다. 팔레스타인 난민 문제의 해결은 여전히 팔레스타인에서 벌어지는 충돌을 정의롭고 지속성 있게 해결하기 위한 관건이다. 이제 60년에 가까운 시간 동안 팔레스타인인들은 확고하게 한 민족을 유지하면서 자신들의 법적 권리, 무엇보다도 처음에 1948년에 유엔이 부여한 귀환권을 인정할 것을 요구해왔다. 그들은 같은 시기 동안 이스라엘이 강화하기만 한 것처럼 보이는 공식적인 부정 정책과 귀환 금지 정책에 계속 맞서 싸우고 있다.

지금까지 팔레스타인 충돌에 대한 공정한 해결이 뿌리를 내릴 가능성을 좌절시킨 두 가지 요인이 있다. 종족적 우월성에 관한 시온주의 이데올로기와 '평화 과정'이 그것이다. 이스라엘이 계속해서 나크바를 부정하는 근원에는 종족적 우월성 이데올로기가 있다. 그리고 '평화 과정'에서 우리는 이 지역에서 정의를 실현하려는 국제 사회의 의지 부족을 발견한다. 이 두 장애물 때문에 난민 문제가 영속화되고 이 땅에서 정의롭고 광범위한 평화의 실현이 가로막힌다.

# 11. 나크바 부정과 '평화 협상 과정'

유엔 총회는 자기 고향으로 돌아가서 이웃들과 평화롭게 살기를 바라는 난민들이 가능한 한 이른 시일에 귀환하도록 허용되어야 하며, 돌아가지 않기로 선택한 이들의 자산에 대해, 그리고 국제법과 형평의 원리에 따라 책임이 있는 국가 정부나 당국이 보상해야 하는 재산상의 손실이나 피해에 대해, 보상금을 지급해야 한다고 결정한다.
—유엔 총회 결의안 제194호(III), 1948년 12월 11일

미국 정부는 난민들의 귀환과 민주화, 이 나라 전역에서의 인권 보호를 지지한다.
—미국 국무부 민주주의, 인권, 노동 담당국, 2003년

이스라엘이 이 나라에서 쫓아내지 못한 팔레스타인인들은 1948년 10월 이스라엘이 시행한 군사 지배에 종속되고 요르단강 서안과 가자지구에 있는 사람들은 이제 이웃 아랍 국가에게 점령당하는 처지가 된 한편, 나머지 팔레스타인 사람들은 이웃 아랍 국가들로 뿔뿔이 흩어졌다. 이 사람들은 국제 원조 기구가 제공한 임시 천막 수용소에서 피난 생활

을 했다.

1949년 중반, 유엔은 1947년 평화안의 씁쓸한 결실을 다루기 위해 개입했다. 유엔이 초기에 잘못 내린 결정 중 하나는 국제 난민 기구(IRO)를 개입시키지 않고 팔레스타인 난민들을 위한 특별 기구를 창설한 것이었다. 국제 난민 기구를 배제하기로 한 결정의 배후에는 이스라엘과 해외의 시온주의 유대인 조직들이 있었다. 국제 난민 기구는 제2차세계대전 이후 유럽에서 유대인 난민들을 지원한 바로 그 기구였는데, 시온주의 조직들은 혹시 누구라도 두 사례를 연관 짓거나 비교하는 것을 막는 데 열심이었다. 게다가 국제 난민 기구는 항상 난민들의 권리인 본국 귀환을 첫번째 선택지로 권고했다.

이렇게 하여 1950년에 유엔 팔레스타인 난민 구제 사업 기구United Nation Relief and Work Agency(UNRWA 이하 운르와)가 창설되었다. 운르와는 1948년 12월 11일 유엔 총회 결의안 제194호에서 규정한 대로 난민들의 귀환에 전념하는 조직이 아니라, 결국 난민 수용소에 살게 된 약 100만 명의 팔레스타인 난민들에게 일자리와 보조금을 제공하기 위해 설립된 조직이었다. 운르와는 또한 난민들이 계속 살 수 있는 난민촌을 건설하고, 학교를 짓고, 의료 센터를 여는 일을 맡았다. 다시 말해, 운르와는 대체로 난민들의 일상사를 돌보기 위한 조직이었다.

이런 상황에서 팔레스타인 민족주의가 다시 등장하는 데는 오랜 시간이 걸리지 않았다. 팔레스타인 민족주의는 귀환권에 초점을 맞추었지만, 또한 교육 기관이자 심지어 사회사업과 의료 사업 제공자로서 운르와를 대체하는 것을 목표로 삼았다. 자신들의 운명을 자기 수중에 쥐려는 노력에 고무된 이 초기 민족주의는 1948년에 추방과 파괴를 경험한 사람들에게 새로운 방향성과 정체성을 부여했다. 이런 민족적 정서는 1968년에 팔레스타인 해방 기구로 구현되었다. 팔레스타인 해방 기구 지도부는 난민을 기반으로 삼았고, 그 이데올로기는 이스라엘이 1948년에 팔레스타인 사람들에게 가한 불행을 도덕적, 실제적으로 시정하라는 요구에 바탕을 두었다.[1]

팔레스타인 해방 기구, 또는 팔레스타인의 대의를 떠맡은 다른 어떤 조직도 두 가지로 표현되는 부정에 직면해야 했다. 첫번째는 국제 평화 중재자들이 보여주는 부정이었다. 그들은 미래의 평화 조정안에서 팔레스타인의 대의와 관심을 완전히 배제하지는 않더라도 일관되게 부차적으로 다루었다. 두번째는 이스라엘인들이 나크바를 인정하기를 무조건 거부하고, 1948년에 그들이 저지른 종족 청소에 대해 법적, 도덕적으로 책임을 지는 것을 절대적으로 피한다는 사실이었다.

이제까지 나크바와 난민 문제는 평화 의제에서 일관되게 배제되었는데, 이 사실을 이해하려면, 1948년에 자행된 범죄에 대한 부정이 오늘날 이스라엘에 얼마나 깊이 남아 있는지를 판단하고, 또 그 부정을 이스라엘인들이 진짜로 느끼는 공포의 존재와 연결시키는 한편, 다른 한편으로는 반아랍 인종주의의 뿌리깊은 형태와 연결시켜야 한다. 물론 이 두 가지는 철저하게 조작된 것이다.

## 평화를 향한 첫번째 시도

1948년에 대실패를 겪긴 했지만, 유엔은 나크바 이후 2년 동안 여전히 팔레스타인 문제와 씨름하려는 에너지가 어느 정도 남아 있는 것처럼 보였다. 우리는 유엔이 이 나라에 평화를 가져오려는 목적으로 일련의 외교적 노력을 개시한 것을 볼 수 있다. 그 정점은 1949년 봄 스위스 로잔에서 열린 평화 회담이다. 로잔 회담은 유엔 결의안 제194호에 바탕을 둔 것으로 난민들의 귀환권에 대한 요구를 중심으로 진행되었다. 유엔 중재 기구인 팔레스타인 조정 위원회가 보기에 팔레스타인 난민들의 무조건적 귀환이 평화의 토대였고, 양쪽이 나라를 공평하게 나누는 두 국가 해법과 예루살렘의 국제 관리가 또다른 토대였다.

미국, 유엔, 아랍 세계, 팔레스타인인들, 이스라엘 외무 장관 모셰 샤레트 등 관련된 모든 당사자가 이런 포괄적 접근법을 받아들였다. 하지만 이스라엘 총리 다비드 벤구리온과 요르단의 압둘라 국왕은 팔레스타인의 나머지 땅을 자기들끼리 분할하기로 마음 먹고 이런 노력을 의도적으로 무력화했다. 미국에서는 선거가 치러지는 해였고 유럽에서는 냉전이 시작되었기 때문에 결국 벤구리온과 압둘라가 승리를 거두었고, 평화의 가능성은 순식간에 다시 땅속으로 파묻혔다. 이렇게 해서 두 사람은 팔레스타인과 이스라엘 충돌의 역사에서 이 땅에 진정한 평화를 창조하기 위한 포괄적 접근법의 유일한 시도를 좌절시켰다.

### 팍스 아메리카나를 향해

로잔 회담이 실패로 돌아간 뒤 평화를 위한 노력은 금세 가라앉았다. 거의 20년 동안, 그러니까 1948년부터 1967년까지 명백한 소강상태가 이어졌다. 1967년 6월 전쟁이 벌어진 뒤에야 세계는 이 지역의 곤경에 다시 한 번 눈을 뜨게 되었다. 또는 그런 것처럼 보였다. 6월 전쟁은 이스라엘이 옛 팔레스타인 위임 통치령을 전부 장악하는 결과로 끝이 났다. 이스라엘의 전격전이 신속하면서도 파괴적으로 진행된 직후 평화 노력이 시작되었는데, 처음에는 로잔의 시도보다 분명하고 철저한 것으로 드러났다. 초기의 선도적인 시도는 유엔의 영국과 프랑스, 소련 대표들에게서 나왔는데, 이내 미국으로 지휘권이 넘어갔다. 미국이 소련을 중동의 모든 의제에서 배제하려는 시도가 성공을 거둔 결과였다.

미국의 노력은 가능한 해법을 탐구하는 주된 방법으로 세력 균형에 전적으로 의존했다. 이 세력 균형 안에서 보면, 1948년 이후 이스라엘의 우위와 6월 전쟁 이후의 한층 더 압도적인 우위는 의심의 여지가 없었고, 따라서 이스라엘이 평화안의 형태로 내놓는 것은 무엇이든 이제 막 중동에 그림자를 드리운 팍스 아메리카나의 토대로 작용했다. 결국 다음 단계의 토대를 형성하고 분쟁 해결의 지침을 제공하기 위한 '공통의' 지혜를 만들어내는 과제는 이스라엘 '평화 진영'에 주어졌다. 따라서 미래의 모든 평화안은 팔레스타인의 평화에 대한 이스라엘 입장의 온건한 얼굴인 이 진영의 요구에 맞춰졌다.

이스라엘은 1967년 이후 새로운 지침을 작성했다. 이 지침은 6월 전쟁으로 새롭게 조성된 지정학적 현실을 활용하는 동시에 이스라엘 국내에서 등장한 정치 논쟁을 반영한 것이었다. 이스라엘이 재빨리 6일 전쟁이라는 홍보성 이름(의도적으로 성서를 연상시키기 위한 이름이다)을 붙인 전쟁 이후 우파인 '대이스라엘Greater Israel' 진영과 좌파인 '피스나우 Peace Now' 운동 사이에 벌어진 논쟁이 그것이다. '대이스라엘' 진영은 이른바 '수복파redeemers', 즉 이스라엘이 1967년에 점령한 팔레스타인 지역은 유대 국가가 '수복한 중핵 지대'라고 주장하는 이들이었다. 피스나우 운동에는 팔레스타인 점령지를 장래의 평화 협상에서 교섭 카드로 활

용하기 위해 보유하고자 한다는 의미로 '관리인custodians'이라는 별명이
붙었다. 대이스라엘 진영이 점령지에 유대인 정착촌을 세우기 시작했을
때, '관리인' 평화 진영은 평화를 위한 교섭이 불가능하게 된 특정한 지
역, 즉 예루살렘 광역지구와 1967년 경계선 근처의 정착촌 구역에서는
정착촌 건설에 반대하지 않는 것 같았다. 평화 진영이 처음에 교섭을 제
안한 지역은 1967년 이후 점차 줄어들었다. 시간이 흐르면서 '수복' 지역
으로 합의된 곳에서 점차 이스라엘 정착촌 건설이 진행되었기 때문이다.
　미국의 팔레스타인 정책을 수립하는 기관이 이런 지침을 채택한 순
간, 이스라엘 쪽에서는 이 지침을 '양보', '합리적인 조치', '유연한 입장'
등으로 자랑스럽게 과시했다. 이것이 이스라엘이 팔레스타인의 관점—
어떤 성격과 성향의 것이든 간에—을 완전히 배제하기 위해 실행한 협
공 작전의 첫번째 부분이다. 두번째 부분은 서구에서 팔레스타인의 관
점을 '불합리하고 유연하지 않은 테러리즘의' 관점이라고 묘사하는 것이
었다.

## 평화 협상 과정에서 배제된 1948년

　이스라엘의 세 가지 지침—또는 원칙—중 첫번째는 이스라엘-팔레
스타인 갈등은 1967년에 기원을 둔다는 것이었다. 갈등을 해결하기 위
해 필요한 것은 요르단강 서안과 가자지구의 미래 지위를 결정하는 협
정뿐이었다. 다시 말해, 이 지역들은 팔레스타인의 22퍼센트만을 차지
하기 때문에 이스라엘은 단번에 모든 평화 해법을 팔레스타인인들이 원
래 살던 고국의 작은 부분으로 축소시켰다. 그뿐 아니라 이스라엘은 미

국이 선호하는 거래식 접근법과 일치하는 식으로든, 이스라엘의 두 정치 진영이 합의한 지도에 따르는 식으로든 간에 추가로 영토 절충을 할 것을 요구했다―지금도 이런 요구는 계속된다.

이스라엘의 두번째 원칙은 이 지역, 즉 요르단강 서안과 가자지구에 존재하는 모든 것을 다시 추가로 분리할 수 있고 이런 분리 가능성이 평화의 열쇠 중 하나라는 것이다. 이스라엘이 보기에 존재하는 모든 것의 분리에는 영토만이 아니라 사람과 천연자원도 포함된다.

이스라엘의 세번째 원칙은 나크바와 종족 청소를 비롯해서 1967년 이전에 벌어진 어떤 일도 교섭 대상이 아니라는 것이다. 여기에 담긴 함의는 분명하다. 이스라엘은 난민 문제를 평화 의제에서 완전히 배제하며, 팔레스타인인들의 귀환권을 '일고의 가치도 없는 요구'로 기각한다. 이 마지막 원칙은 당연히 앞선 두 원칙의 결과로 나오는 것인데, 이 때문에 이스라엘의 점령 종식은 분쟁 종식과 완전히 동일시된다. 물론 팔레스타인인들에게 1948년은 문제의 핵심이며, 그때 저질러진 악행을 바로잡아야만 이 지역의 분쟁을 종식시킬 수 있다.

팔레스타인인들을 그림에서 배제하기 위한 게 분명한 이런 원칙적 지침을 작동하기 위해서 이스라엘은 잠재적인 파트너를 찾아야 했다. 그런 목적을 이루기 위해 요르단의 후세인 국왕에게 제안이 전달되었다. 미국 국무장관 헨리 키신저가 중재 기술을 동원해 전달한 제안은 다음과 같다. "노동당이 이끄는 이스라엘 평화 진영은 팔레스타인인들이 존재하지 않는다고 생각하며 이스라엘이 1967년에 점령한 영토를 요르단과 분할하는 쪽을 선호합니다." 하지만 요르단 국왕은 자기에게 할당된 몫이 충분하지 않다고 보았다. 할아버지와 마찬가지로 후세인 국왕 역시 동예루살렘과 이곳의 이슬람 성소를 포함해서 이 지역 전체를 탐냈다.

1987년 12월에 이스라엘의 억압과 점령에 맞서 1차 인티파다, 즉 팔레스타인 민중 봉기가 터질 때까지 미국은 이와 같은 이른바 요르단의 선택을 지지했다. 앞선 몇 년 동안 요르단의 방침에서 아무런 성과가 나오지 않은 것은 이스라엘이 관용을 보이지 않았기 때문이지만, 나중에는 후세인 국왕의 모호한 태도, 그리고 팔레스타인인들의 편에서 제대로 교섭을 하지 못한 그의 무능력에 잘못이 있었다. 반면 팔레스타인 해방 기구는 범아랍과 전 세계에서 정당성을 누렸다.

이집트 대통령 안와르 사다트Anwar Sadat도 1977년 이스라엘의 우파 총리 메나헴 베긴(1977년부터 1982년까지 집권)에게 제시한 평화안에서 비슷한 방침을 제안했다. 그가 내놓은 구상은 이스라엘이 점령으로 차지한 팔레스타인 영토를 계속 지배하게 내버려두고 그 영토에 사는 팔레스타인인들에게 자치권을 부여하자는 것이었다. 본질적으로 이 제안은 또하나의 분할안이었다. 이스라엘이 팔레스타인의 80퍼센트를 직접 점유하고 나머지 20퍼센트를 간접적으로 점유하게 하는 것이었기 때문이다.

1987년 1차 팔레스타인 봉기가 벌어지면서 모든 자치권 구상이 박살났다. 봉기를 계기로 요르단이 향후 교섭에서 파트너 역할을 포기했기 때문이다. 이런 사태 전개의 결과로 이스라엘 평화 진영은 팔레스타인인들을 장래 합의의 파트너로 받아들이기로 생각을 바꾸었다. 처음에 이스라엘은 항상 미국의 도움을 받아 점령지의 팔레스타인 지도부와 평화 교섭을 시도했다. 팔레스타인 지도부는 1991년 마드리드 평화 회담에 공식 평화 대표단으로 참가할 수 있었다. 이 회담은 미국 정부가 1차 걸프전에서 이라크 군사 침공을 지원한 대가로 아랍 국가들에게 나눠주기로 결정한 상이었다. 그렇지만 이스라엘이 공공연하게 시간을 끄는 바람에 마드리드 회담은 아무 성과도 내지 못했다.

이스라엘의 '평화' 원칙은 이츠하크 라빈 시절에 재정식화되었다. 청년 장교 시절 1948년 종족 청소에 적극적으로 참여했지만 이제 평화 노력의 재개를 약속하는 공약으로 총리에 당선된 바로 그 이츠하크 라빈이었다. 라빈은 너무 때 이르게 죽음을 맞았기 때문에—그는 1995년 11월 4일 이스라엘 국민에게 암살되었다—그가 1948년 시절과 정말로 얼마나 달라졌는지 누구도 평가하기 어렵다. 국방 장관이던 1987년까지만 해도 그는 1차 인티파다에서 이스라엘군 탱크에 돌을 던지며 맞선 팔레스타인인들을 깔아뭉개라고 명령했다. 또 오슬로 협정*에 앞서 총리 시절에 팔레스타인인 수백 명을 국외 추방했고, 1994년에는 오슬로 B협정**을 밀어붙여 요르단강 서안의 팔레스타인인들을 사실상 몇몇 반투스탄으로 몰아넣었다.

라빈의 평화 노력의 핵심에는 1993년 9월에 굴러가기 시작한 오슬로 협정이 자리잡고 있었다. 이번에도 역시 이 과정의 밑바탕에는 시온주의적 사고가 깔려 있었다. 나크바는 일어난 적이 없는 일이었다. 오슬로 공식을 설계한 이들은 물론 1967년 이래 이스라엘의 공적 무대에서 중요

---

\* 1993년 이스라엘의 라빈 총리와 팔레스타인 해방 기구의 아라파트 의장이 만나 팔레스타인 독립 국가를 인정하고 이스라엘과 평화적으로 공존하는 방법을 모색한 합의.

\*\* 오슬로 협정에서 시작된 팔레스타인 자치를 확대하고 자치 정부를 수립하는 문제에 대해 이스라엘과 팔레스타인 해방 기구가 합의한 후속 협정. 1995년 9월에 체결되었다.

한 역할을 한 '평화 진영'에 속한 지식인들이었다. 피스나우라는 이름의 재야 운동으로 제도화된 그들은 몇몇 정당을 자기편에 두고 있었다. 하지만 피스나우는 언제나 1948년 문제를 회피하고 난민 문제를 배제했다. 1993년에도 똑같은 모습을 보인 그들은 이제 야세르 아라파트에게서 1948년과 그 희생자들을 묻어버리는 평화를 위한 팔레스타인 쪽 파트너를 발견한 것 같았다. 이스라엘이 오슬로를 계기로 일으킨 가짜 희망은 팔레스타인 사람들에게 비참한 결과를 낳을 터였다. 아라파트가 그를 노리고 설치한 오슬로라는 함정에 빠지자 더더욱 그러했다.

그 결과는 폭력의 악순환이었다. 팔레스타인이 이스라엘의 억압에 대해 이스라엘군과 민간인 모두를 겨냥한 자살 폭탄 공격 등의 형태로 필사적으로 대응하자 이스라엘은 더욱 거센 보복 정책을 썼고,─대부분 1948년에 난민이 된 가정 출신인─팔레스타인 젊은이들은 여기에 자극을 받아 이제 자살 공격만이 점령지 해방을 위한 유일한 수단이라고 주장하는 게릴라 집단에 가담했다. 쉽게 위협감을 느끼는 이스라엘 유권자들은 우파 정부를 다시 집권하게 해주었는데, 결국 따지고 보면 이 정부의 정책도 전임 '오슬로' 정부와 거의 다를 게 없었다. 네타냐후(1996~1999)는 통치의 모든 면에서 실패만 남겼고, 1999년에 노동당이 다시 집권했다. 이번에는 에후드 바라크가 '평화 진영'을 이끌었다. 1년도 되지 않아 바라크가 거의 모든 정부 정책 분야에서 지나친 욕심을 부린 결과로 선거에서 패배에 직면하자 팔레스타인인들과의 평화만이 그의 정치적 미래를 보장해주는 유일한 길인 것 같았다.

## 귀환권

바라크에게는 위기를 모면하기 위한 전술적 조치에 불과했던 행동을 팔레스타인인들은 ―그릇되게― 오슬로 협상의 클라이맥스로 생각했다. 그리고 2000년 여름에 미국의 클린턴 대통령이 바라크 총리와 아라파트 의장을 캠프데이비드 정상 회담에 초청했을 때, 팔레스타인인들은 분쟁 종식을 위한 진짜 협상을 할 것이라는 기대를 품고 그곳으로 갔다. 오슬로 원칙에는 이런 희망이 실제로 포함되어 있었다. 1993년 9월의 최초 문서는 팔레스타인 지도부에게 만약 5~10년의 유예 기간에 합의하면(그동안 이스라엘은 점령지에서 부분적으로 철수할 예정이었다), 새로운 평화 교섭의 최종 단계에서 그들이 분쟁의 핵심 쟁점이라고 보는 내용을 의제에 올리겠다고 약속하는 내용이다. 팔레스타인인들은 이제 이 최종 단계가 도래했으며, 그와 더불어 '분쟁의 핵심 쟁점 세 가지', 즉 귀환권, 예루살렘, 이스라엘 정착촌의 미래를 논의할 때가 되었다고 생각했다.

분열된 팔레스타인 해방 기구 ―이 조직은 1980년대에 등장하기 시작한 급진적 이슬람 운동을 비롯해서 오슬로의 실체를 간파한 모든 성원을 잃은 상태였다― 는 독자적인 평화안을 내놓았다. 비극적인 일이지만, 팔레스타인 해방 기구는 스스로 이 일을 할 수 없던 터라 런던의 애덤 스미스 연구소Adam Smith Institute 같은 어울리지 않는 장소에 조언을 구했다. 팔레스타인의 순진한 협상가들은 연구소의 안내를 받으면서 나크바와 이스라엘의 책임을 팔레스타인 의제의 우선순위에 올려놓았다.

물론 그들은 미국의 평화 계획의 어조를 완전히 잘못 해석하고 있었다. 오직 이스라엘만이 영구적인 정착을 비롯한 평화 의제의 조항을 정할 수 있었다. 그리고 캠프데이비드 협상 테이블에서 논의된 것은 미국이 전적으로 지지하는 이스라엘의 계획뿐이었다. 이스라엘은 요르단강 서안과 가자지구 일부 지역에서 철수한다고 제안하면서 팔레스타인인들에게는 원래 팔레스타인의 15퍼센트 정도만을 남겨주었다. 하지만 그 15퍼센트는 이스라엘의 고속도로와 정착촌, 군기지, 장벽 등으로 갈가리 쪼개진 독립된 주의 형태를 띨 것이었다.

결정적으로 이스라엘의 계획에서는 예루살렘이 배제되었다. 팔레스타인은 예루살렘에 수도를 둘 수 없었다. 난민 문제에 대한 해법도 없었다. 다시 말해, 이스라엘의 제안에서 미래의 팔레스타인 국가를 정의하는 방식은 국가와 독립의 개념을 완전히 왜곡하는 것이었다. 제2차세계대전 이후 우리가 받아들이게 된 개념이나 유대 국가가 국제 사회의 지지 속에 1948년에 스스로 주장한 개념을 부정한 것이다. 그때까지만 해도 실제 권력을 희생시킨 대가로 자기 수중에 떨어진 권력의 특전에 만족하는 듯 보였던, 이제 허약해진 아라파트조차도 이스라엘의 일방적 결정으로 팔레스타인의 요구의 알맹이가 모두 빠진 것을 깨닫고 서명을 거부했다.

거의 40년 동안 아라파트는 이스라엘이 1948년에 저지른 종족 청소를 법적, 도덕적으로 인정받는 것을 주요 목표로 삼는 민족 운동의 상징이었다. 이런 인정을 어떻게 받을 수 있는지에 대한 관념은 시간이 흐르면서 바뀌었고, 전략과 물론 전술도 바뀌었지만, 전반적인 목표는 여전히 변함이 없었다. 특히 난민들의 귀환을 허용해야 한다는 요구는 이미 1948년에 유엔 결의안 제194호로 국제적 인정을 받았기 때문이다.

2000년 캠프데이비드 협정안에 서명을 하게 되면 아무리 작을지라도 팔레스타인인들이 스스로 얻어낸 성과를 배신하는 결과가 될 터였다. 아라파트는 서명을 거부했고, 미국과 이스라엘은 곧바로 그를 전쟁광이라고 몰아붙이면서 응징했다.

이런 모욕에다가 2000년 9월 아리엘 샤론이 예루살렘의 이슬람 성지인 하람알샤리프Haram al-Sharif를 도발적으로 방문한 사건이 겹쳐서 2차 인티파다가 발발했다. 1차 인티파다와 마찬가지로 이번 항쟁도 처음에는 비군사적인 대중 시위였다. 하지만 인명을 해치는 폭력 사태가 발생하고 이스라엘이 대응을 결정하자 인티파다는 무장 충돌로 확대되었다. 엄청나게 비대칭적인 이 소전쟁mini-war은 지금도 격전이 벌어지고 있다. 오늘날 세계는 이 지역에서 가장 강한 군대가 아파치 헬리콥터와 탱크, 불도저 등으로 비무장, 무방비 상태의 민간인과 가난한 난민들을 공격하는 모습을 지켜보고 있다. 물론 이 민간인과 난민들 가운데는 형편없는 장비를 지닌 소규모 민병대 집단들이 있어서 용감하지만 무력한 저항을 하고 있다.

람지 바루드Ramzy Baroud의 『제닌을 찾아서Searching Jenin』에는 2002년 4월 3일부터 15일까지 이스라엘 군대가 제닌 난민촌을 침공하고 학살을 자행한 상황을 목격한 이들의 설명이 담겨 있다. 국제 사회의 비겁한 태도와 이스라엘의 비정한 만행, 팔레스타인 난민들의 용기에 관한 혹독한 증언이다.[2] 라피디아 알자말Rafidia al-Jamal은 다섯 자녀를 둔 35세의 여성이다. 그녀의 동생인 파드와Fadwa는 스물일곱 살의 나이로 살해되었다.

군대는 처음 진입해서 고층 건물의 옥상을 장악하고 사원 꼭대기에 군인들을 배치했어요. 내 동생은 간호사입니다. 동생은 침공하는 지역 전체에 세워진 야전 병원에서 일을 배당받았습니다.

새벽 네시쯤 폭탄이 터지는 소리가 들렸습니다. 동생은 곧바로 병원으로 달려가서 부상자를 돌봐야 했지요. 그래서 집을 나갔어요―특히 사람들이 도와 달라고 소리를 칠 때는요. 동생은 흰색 간호사복을 입고 있었고 나는 아직 잠옷 차림이었지요. 나는 머리에 스카프를 두르고 동생을 길 건너까지 데려다주려고 나섰어요. 집을 나서기 전에 동생한테 기도하게 씻으라고 했지요. 동생은 워낙 믿음이 깊었고, 특히 이런 시기에는 더 그랬지요. 폭탄이 떨어졌을 때 우리는 아무런 두려움도 느끼지 못했는데, 단지 몇몇 사람들이 구조의 손길을 필요로 한다는 건 알았습니다.

밖에 나가보니 이웃도 몇 사람 나와 있더라고요. 누가 다쳤냐고 물어봤지요. 이웃들하고 이야기를 하고 있는데, 이스라엘 총탄이 빗발치듯 우리한테 날아오기 시작했어요. 나는 왼쪽 어깨를 다쳤습니다. 이스라엘 군인들은 사원 꼭대기에 자리를 잡고 있었는데, 총알이 거기서 날아왔어요. 나는 동생 파드와한테 상처가 났다고 말했습니다. 우리는 가로등 밑에 서 있었기 때문에 우리 옷차림을 보면 우리가 누군지 쉽게 알 수 있었습니다. 그런데 나를 도와주려고 다가오던 동생이 내 쪽으로 머리부터 넘어졌어요. 총알 세례를 받은 겁니다. 파드와는 내 다리 위로 쓰러졌고 나는 땅바닥에 누워 있었습니다. 다리에 총알을 맞았지요. 나한테 머리를 기대고 있던 동생에게 말했습니다. '기도를 하렴.' 동생이 죽어가는 걸 알았거든요. 동생이 그렇게 빨리 죽을 줄은 몰랐어요. 동생은 기도를 마치지도 못했습니다.[3]

4월 20일 유엔 안보리는 제닌 난민촌으로 진상 조사단을 보내기 위해 결의안 제1405호를 채택했다. 하지만 이스라엘 정부가 협조를 거부하자 유엔 사무총장 코피 아난Kofi Annan은 조사단 파견을 포기하기로 결정했다.

팔레스타인인들에게 캠프데이비드 협상에서 나온 유일한 긍정적인 결과는 팔레스타인 지도부가 적어도 잠시 동안은 팔레스타인, 중동 지역, 그리고 어느 정도는 국제 사회에서 1948년의 재앙에 대한 관심을 불러일으키는 데 성공했다는 점이다. 이스라엘에서만이 아니라 미국에서도, 그리고 심지어 유럽에서도 팔레스타인 문제를 진심으로 걱정하는 사람들은 이 분쟁이 단순히 점령지의 미래에 관한 것이 아니며 그 핵심에는 1948년에 이스라엘이 팔레스타인에서 청소한 난민들이 있음을 상기할 필요가 있었다. 이것은 오슬로 이후에 훨씬 더 만만치 않은 과제였다. 팔레스타인이 그릇된 외교와 전략으로 쉽게 합의를 하면서 이 문제가 단순히 옆으로 밀려난 것처럼 보였기 때문이다.

실제로 나크바는 평화 과정의 의제에서 아주 효과적으로 배제되었기 때문에 캠프데이비드 무대에서 갑자기 이 문제가 등장했을 때 이스라엘인들은 마치 자기들 눈앞에서 판도라의 상자가 열린 것 같은 기분이었다. 이스라엘 협상가들이 가장 우려한 것은 1948년 재앙에 대한 이스라엘의 책임이 교섭 가능한 문제가 될 위험이 커진다는 점이었다. 당연히 이스라엘은 이런 '위험'에 곧바로 대응했다. 이스라엘 언론과 의회는 한시도 지체하지 않고 철두철미한 합의를 정식화했다. 이스라엘 협상가는 팔레스타인 난민들이 1948년 이전 자신의 고향으로 귀환할 권리를 논의조차 하지 않는다는 합의였다. 크네세트는 이런 취지의 법률을 신속하게 통과시켰고,[4] 바라크는 캠프데이비드로 향하는 비행기에 올라타면서 이 법을 지지하는 데 전념하겠다고 공언했다.

이스라엘 정부가 귀환권에 관한 논의를 아예 가로막은 이런 가혹한 조치를 취한 이면에는 1948년에 관한 토론에 대한 뿌리깊은 두려움이 자리한다. 그해에 이스라엘이 팔레스타인인들을 '다룬 방식'이 드러나면, 시온주의 기획 전체의 도덕적 정당성에 관해 성가신 문제들이 제기될 수밖에 없다. 이 때문에 이스라엘인들로서는 나크바를 부정하는 강력한 메커니즘을 유지하는 게 중요하다. 팔레스타인인들이 평화 과정에서 제기하는 요구를 물리치는 데 도움이 될 뿐만 아니라—더욱 중요하게는—시온주의의 본질과 도덕적 토대에 관한 모든 중요한 토론을 가로막기 위해서다.

이스라엘인들이 보기에, 팔레스타인인들을 이스라엘이 벌인 행동의 피해자로 인정하는 것은 적어도 두 가지 면에서 굉장히 괴로운 일이다. 이런 식으로 인정을 하면 이스라엘이 1948년 팔레스타인 종족 청소를 통해 비난을 받는 역사적 불의를 직시해야 하기 때문에 이스라엘의 밑바탕을 이루는 신화 자체에 의문이 던져지며 국가의 미래에 관한 피할 수 없는 함의가 담긴 일군의 윤리적 문제가 제기된다.

팔레스타인이 희생자임을 인정하는 것은 뿌리깊은 심리적 공포와 결부된다. 이 사실을 인정하면 1948년에 무슨 일이 '벌어졌는지'에 관한 이스라엘인들의 자기 인식에 의문이 제기되기 때문이다. 대다수 이스라엘인들이 생각하는 것처럼—그리고 이스라엘의 대중적인 주류의 역사 서술이 그들에게 계속 말해주는 것처럼—이스라엘이 팔레스타인 위임 통치령 지역에서 독립적인 민족 국가를 세울 수 있었던 것은 1948년에 초기 시온주의자들이 '비어 있는 땅에 정착해서 사막에 꽃을 피우는 데' 성공한 덕분이었다.

이스라엘이 팔레스타인인들이 겪은 트라우마를 인정하지 못하는 사실은 팔레스타인의 민족 서사가 나크바 이야기, 즉 현재까지도 안고 사는 트라우마를 이야기하는 방식과 견주어볼 때 더욱 극명하게 두드러진다. 이스라엘인들이 희생당한 것이 장기적인 유혈 충돌의 '자연스럽고', '정상적인' 결과였다면, 반대쪽 사람들이 충돌의 희생자가 '되게' 해주는 것에 대한 이스라엘의 공포가 그렇게 심하지는 않았을 것이다―그러면 양쪽 모두 '상황의 희생자'가 되었을 테고, 인간, 특히 정치인뿐만 아니라 역사학자들까지 원래 져야 하는 도덕적 책임에서 벗어나기 위해 다른 어떤 어정쩡하고 흐릿한 개념을 대신 동원할 수 있을 것이다. 하지만 지금 팔레스타인인들이 요구하고 있는 것, 그리고 대다수 팔레스타인인들에게 필수 조건이 된 것은 '현재 진행형인' 악행, 이스라엘이 의식적으로 행한 악행의 희생자로 팔레스타인인들이 인정받아야 한다는 점이다. 이스라엘 유대인들이 이 요구를 받아들이면 당연히 그들 자신의 희생자 지위가 손상을 받게 된다. 이렇게 되면 국제적인 차원에서 정치적 함의가 생겨날 뿐만 아니라―아마 훨씬 더 중요하게―이스라엘 유대인의 정신에 도덕적, 실존적 반향이 촉발될 것이다. 이스라엘 유대인들은 그들 스스로가 자신들이 시달리는 최악의 악몽의 거울상이 되었다는 사실을 인정해야 할 것이다.

캠프데이비드에서 이스라엘은 두려워할 필요가 없었다. 2001년 9·11 공격이 미국을 강타한 이후, 그리고 그 전해에 이스라엘이 무시무시한 탄압으로 어느 정도 자초한 팔레스타인의 2차 인티파다와 자살 폭탄 공격이 벌어진 이후, 논의를 개시하려는 과감한 시도는 거의 모두 흔적도 없이 사라져버렸고, 무조건 부정하고 보는 과거의 관행이 복수심과 함께 되살아났다.

표면상으로는 2003년에 '이정표'*와 제네바 협정의 한층 더 대담한 계획이 채택되면서 평화 과정이 재개되었다. '이정표'는 미국, 유엔, 영국, 러시아로 구성된 중재단인 4자 기구가 낳은 정치적 산물이었다. 여기서 제시한 평화를 위한 청사진은 아리엘 샤론(2001년 당시 총리. 2003년에 재선되어 2006년에 병으로 정계를 은퇴할 때까지 재임했다)의 정책으로 구현된 이스라엘의 합의된 입장을 기꺼이 채택했다. 2005년 8월 이스라엘의 가자지구 철수를 언론을 통해 대대적인 성공으로 뒤바꿈으로써 샤론은 자신이 선한 의도를 지닌 사람이라고 서구를 속이는 데 성공했다. 하지만 지금도 여전히 군대는 외부에서 가자를 통제하고 있으며 (이스라엘식 암살대**를 활용하는 방식으로 공중 폭격을 통해 '표적 암살'을 계속하는 등 공중에서도 통제한다), 향후에 요르단강 서안 일부 지역에서 이스라엘 정착민과 군인들이 일부 철수한 뒤에도 이 지역을 완전히 통제할 공산이 크다. 또한 1948년 난민들이 4자 기구의 평화 의제에서 거론조차 되지 않는 점도 징후적이다.

---

* 팔레스타인-이스라엘 평화를 위한 구체적인 일정표. 조지 부시 대통령이 중재하는 가운데 2005년까지 팔레스타인 국가 창설을 목표로 이스라엘-팔레스타인 양쪽이 단계적으로 이행해야 할 3단계 평화 실현 계획의 청사진에 합의했으나 결국은 실행되지 않았다.
** 국가 기구가 비밀리에 운영하는 암살 집단. 정치적 탄압이나 집단 학살, 혁명적 테러 등의 목적으로 반대파 암살과 납치 등을 수행한다. 1970년대와 1980년대에 중앙아메리카와 남아메리카에서 악명을 떨쳤다.

제네바 협정은 21세기 초에 이스라엘 유대인의 평화 진영이 내놓을 수 있는 최선의 제안이다. 이 제안을 만들어 낸 사람들은 자신들의 계획을 제시할 당시에 양쪽 모두에서 집권 세력이 아니었다. 따라서 비록 거창한 홍보와 더불어 구상을 출범시키긴 했지만 이것이 하나의 정책으로서 얼마나 유효할 것인지는 판단하기 어렵다. 제네바 문서는 팔레스타인인들의 '귀환'이 요르단강 서안과 가자지구에만 국한된다면 그들의 귀환권을 인정한다는 내용이다. 또한 종족 청소 자체를 인정하는 것은 아니지만 보상을 하나의 선택지로 제안한다. 하지만 이 문서에서 '팔레스타인 국가'로 지정한 영토에는 세계에서 높은 인구 밀도로 손꼽히는 지역—가자지구—이 포함되기 때문에 팔레스타인인들의 귀환을 위한 현실적인 처방을 제시한다는 주장은 금세 설득력을 잃는다.

이상하게 들릴지 모르지만, 제네바 문서는 한쪽 당사자인 팔레스타인인들에게서 이스라엘을 유대 국가로 인정한다는 확인을 받았다. 다시 말해 이스라엘이 과거에 어떤 대가를 치르고라도—심지어 종족 청소까지 하면서—유대인의 다수 지위를 유지하기 위해 추구했던 모든 정책을 인정한다는 것이다. 따라서 제네바 협정의 선량한 사람들은 팔레스타인 땅의 평화로 향하는 길 위에 있는 가장 중요한 장애물인 '요새 이스라엘Fortress Israel'도 인정하고 있다.

# 12. 요새 이스라엘

[가자에서] 손을 떼는 계획은 평화 과정의 동결을 의미한다. 이 과정이 얼어붙으면 팔레스타인 국가 수립이, 난민과 경계선, 예루살렘에 관한 논의가 가로막힌다. 사실상 이른바 팔레스타인 국가라는 계획 전체와 거기에 수반되는 모든 계획이 우리 의제에서 무기한 배제되었다. [미국] 대통령이 축복하고 상하 양원이 비준하는 가운데 말이다.
—아리엘 샤론 대변인 도브 바이스글라스, 〈하레츠〉, 2004년 10월 6일

우리는 목숨을 부지하기를 바라면 죽이고 죽이고 죽여야 합니다. 하루종일 매일 말입니다. (……) 만약 죽이지 않으면 우리가 살아남지 못할 겁니다. (……) 일방적인 분리는 '평화'를 보장하지 못합니다—압도적인 다수의 유대인을 보유한 시온주의-유대 국가를 보장할 뿐이지요.
—아르논 소퍼, 이스라엘 하이파대학 지리학 교수, 〈예루살렘포스트〉, 2004년 5월 10일


2006년 1월 24일 한밤중에 이스라엘 국경 경찰 엘리트 부대가 이스라엘 팔레스타인 마을인 잘줄리야Jaljulya를 장악했다. 부대는 집집마다 쳐들어가서 여자 36명을 끌어내고 결국 그중 8명을 국외 추방했다. 여

자 8명은 요르단강 서안에 있는 옛날 집으로 돌아가라라는 지시를 받았다. 그중 몇몇은 잘줄리야 출신의 남자와 결혼해서 지금까지 오랜 세월을 살았고, 일부는 임신한 상태였으며, 대부분 자녀가 있었다. 이 여자들은 갑자기 남편과 아이들에게서 격리되었다. 크네세트의 팔레스타인계 의원 한 명이 항의했지만, 이 조치는 정부와 법원과 언론의 지지를 받았다. 군인들은 소수 팔레스타인계 주민들의 존재가 '인구 문제'에서 '인구 위험'으로 바뀔 징후가 보이면 유대 국가가 신속하고 가차 없이 행동할 것임을 이스라엘 국민들에게 증명하고 있었다.

국경 경찰의 잘줄리야 급습은 '법적'으로 전혀 문제가 없었다. 2003년 7월 31일, 크네세트는 팔레스타인인들이 이스라엘 시민과 결혼할 때 시민권이나 영주권, 심지어 임시 거주권을 획득하는 것을 금지하는 법안을 통과시켰다. 히브리어로 '팔레스타인인'은 언제나 요르단강 서안과 가자지구에 거주하거나 디아스포라 생활을 하는 팔레스타인인을 의미한다. '이스라엘 아랍인'과 구별하기 위해서다. 이 두 집단이 모두 같은 팔레스타인 민족의 일부가 아닌 것처럼 다루는 것이다. 법안을 발의한 사람은 중도파인 시누이당Shinui의 자유주의 시온주의자 아브라함 포라즈Avraham Poraz인데, 그는 이 법안을 '방위 조치'라고 규정했다. 크네세트 의원 120명 가운데 25명만이 법안에 반대했는데, 당시 포라즈는 이미 '이스라엘 시민'과 결혼을 하고 가족이 있는 '팔레스타인인'들은 얼마나 오랫동안 이스라엘에서 살았든 간에 '요르단강 서안으로 돌아가야 할 것'이라고 설명했다.

크네세트의 아랍인 의원들은 한 무리의 이스라엘인들과 함께 대법원에 이 최신 인종 차별법에 대해 위헌 신청을 했다. 그렇지만 대법원이 위헌 신청을 기각하자 그들의 에너지는 소진되었다.[1] 대법원 판결을 계기로 이스라엘 의회와 사법 체제가 공히 팔레스타인인들을 얼마나 부적절한 존재로 보는지가 분명히 드러났다. 이 판결은 또한 대법원이 정의보다는 시온주의를 지지한다는 점을 다시 한번 보여주었다. 이스라엘인들은 팔레스타인인들에게 중동 지역의 '유일한 민주주의 사회'에서 살고 있고 투표권이 있다는 사실에 만족해야 한다고 즐겨 말하지만, 투표가 어떤 실질적인 정치적 힘이나 영향력을 부여한다는 환상을 품은 이는 아무도 없다.

## '인구 문제'

잘줄리야 급습과 그 바탕이 된 법률은 이스라엘의 소수 팔레스타인인들이 왜 최근 이스라엘 선거에서 핵심 쟁점이 되는지를 설명하는 데 도움이 된다. 2006년 선거 운동에서 좌우를 막론하고 모든 시온주의 정당이 내세운 공약은 이스라엘의 팔레스타인인들이 국가에 제기하는 '인구 문제'에 효과적으로 대처하기 위한 정책을 부각시켰다. 아리엘 샤론은 가자 철수가 최선의 해결책이라고 결정한 반면, 노동당은 이스라엘 내 팔레스타인인의 수를 제한적 수준으로 유지하는 최선의 방법으로 분리 장벽을 지지했다. 의회 외부 단체들—제네바 협정 운동, 피스나우, 평화 안보 회의Council for Peace and Security, 아미 아얄론Ami Ayalon의 센서스 그룹, 미즈라히 민주주의 무지개 연합Mizrahi Democratic Rainbow 등—역시 '인구 문제'를 어떻게 해결할 것인지에 대해 각자 선호하는 처방이 있었다.

팔레스타인계 정당의 의원 10명과 아슈케나지 초정통파 유대인 의원 2명을 제외하면, 이스라엘에서 새로 구성된 의회의 모든 의원들은 그들이 내세운 마법적인 공식으로 '인구 문제'를 단번에 해결할 것이라는 약속에 힘입어 크네세트에 진출했다. 점령지에 대한 이스라엘의 점령과 통제 축소—그들 대부분에게 이스라엘의 철수는 점령지의 50퍼센트를 절대 넘지 않는 선에 국한되었다—에서부터 더욱 철저하고 원대한 조치에 이르기까지 전략은 다양했다. 예를 들어, 아비그도르 리버만Avigdor Liberman이 이끄는 러시아계 종족 정당인 이스라엘베이테누Yisrael Beytenu(우리 고향 이스라엘) 같은 우파 정당과 종교 정당들은 팔레스타인인들이 요르단강 서안으로 '자발적 이주'—종족 청소를 완곡하게 표현한 것이다—를 할 것을 공공연하게 주장한다. 다시 말해, 시온주의의 대응은 영토(국제법적으로 이스라엘이 불법 점유하고 있는 영토)를 포기하거나 '문제가 되는' 인구 집단을 '감소시키는' 식으로 '인구 균형' 문제를 해결하려고 한다.

이런 해법 가운데 어느 하나 새로운 게 없다. 이미 19세기 말에 시온주의는 '인구 문제'를 자신의 꿈을 실현하는 것을 가로막는 주요한 장애물이라고 확인한 바 있다. 당시 시온주의는 또한 해결책도 확인했다. 헤르츨은 1895년에 일기에 이렇게 썼다. "우리는 경계선 전체에서 주목을 끌지 않으면서 빈곤 인구를 몰아내려고 노력해야 한다. 그들이 통과하는 나라들에서는 일자리를 주선해주되 우리 나라에서는 일자리를 절대 주어선 안 된다."[2] 그리고 다비드 벤구리온은 1947년에 아주 분명한 입장을 밝혔다. '유대 국가의 유대인이 고작 60퍼센트로 다수를 차지하는 한 안정되고 튼튼한 유대 국가는 존재할 수 없습니다.'[3] 그는 같은 자리에서 이스라엘은 '적절한 시기에 새로운 접근법'으로 이 '심각한' 문제를 다뤄야 할 것이라고 경고했다.

이듬해에 벤구리온이 부추긴 '새로운 접근법', 즉 팔레스타인 종족 청소 덕분에 팔레스타인인의 수는 신생 유대 국가의 전체 인구에서 20퍼센트 이하로 줄어들었다. 베냐민 네타냐후는 벤구리온의 '불온한' 통계학을 재활용했다. "이스라엘 아랍인들이 전체 인구의 40퍼센트를 차지한다면 그것은 유대 국가의 종말을 의미한다." 그러면서 이런 말을 덧붙였다. "그렇지만 20퍼센트도 문제다. 이 20퍼센트와의 관계가 문제가 되는 경우에 국가는 극단적인 조치를 취할 자격이 있다."[4] 자세한 설명은 하지 않았다.

이스라엘은 짧은 역사에서 두 차례 대규모 유대인 이민자 유입을 통해 인구를 늘렸다. 1949년, 그리고 1980년대에 다시 각각 100만 명 정도가 늘어났다. 그 덕분에 점령지를 포함하지 않는 경우에 이스라엘 전체 인구에서 팔레스타인인의 비율은 거의 20퍼센트까지 낮은 수준으로 유지되었다. 바로 여기에 오늘날 정치인들이 직면한 어려운 문제가 있다. 현 총리 에후드 올메르트Ehud Olmert*는 만약 이스라엘이 점령지를 그대로 유지하기로 결정하고 그 주민들이 이스라엘 인구에 공식적으로 편입된다면, 15년 안에 팔레스타인인이 유대인보다 많아질 것임을 안다. 따라서 총리는 이른바 '히트칸수트hitkansut' 정책을 선택했다. '수렴'또는 더 정확하게는 '거둬들이기'를 의미하는 히브리어인 이 정책은 요르단강 서안의 상당 부분을 병합하는 것을 목표로 하면서도 팔레스타인 인구가

---

* 2006~2009년 총리 재임.

많은 몇몇 지역은 이스라엘의 직접 지배에서 제외하는 것이다. 다시 말해, '히트칸수트'는 겉모습만 약간 다른 시온주의의 핵심이다. 팔레스타인 땅은 최대한 많이 차지하면서도 팔레스타인 사람은 가능한 한 적게 받아들이는 것이다. 높이 8미터의 콘크리트 석벽에 철조망을 치고 감시탑까지 갖춘 670킬로미터 길이의 구불구불한 장벽을 세우는 것은 이런 이유 때문이다. 이 장벽이 315킬로미터의 '그린라인Green Line'(1967년 6월 국경선)보다 두 배 긴 것도 이 때문이다. 하지만 올메르트 정부가 성공을 거두어서 이런 '공고화'가 진행된다 할지라도, 올메르트가 미래의 안정된 유대 국가를 건설할 것이라고 생각하는 팔레스타인 땅의 88퍼센트 안에는 여전히 많은 팔레스타인인 인구가 존재할 것이다. 우리는 팔레스타인계 시민이 정확히 얼마나 많은지 알지 못한다. 중도파나 좌파에 속하는 이스라엘 인구학자들은 낮은 추정치를 제시하고 따라서 '손떼기'가 합리적인 해법처럼 보이는 반면,[5] 우파 인구학자들은 수치를 과장하는 경향이 있다. 하지만 좌우를 막론하고 인구학자들 모두 '인구 균형'이 현상태를 유지하지 않을 것이라는 점에 동의하는 것 같다. 팔레스타인인이 유대인에 비해 출산율이 높기 때문이다. 따라서 조만간 어느 시점에서 올메르트는 결국 철수가 해법이 아니라는 결론에 다다를 것이다.

이제 이스라엘의 대다수 주류 언론인과 학자, 정치인들은 과거에 '인구 문제'에 관해 이야기하는 경우에 부딪혔던 심리적 금지에서 풀려났다. 국내 상황을 보면, 이제 누구도 인구 문제의 핵심이 무엇이고 누가 이 문제에 영향을 미치는지를 설명할 필요성을 느끼지 않는다. 그리고 9·11 이후 해외에서 이스라엘이 서구로 하여금 이스라엘의 '아랍인'들과 점령지의 팔레스타인인들을 '무슬림'으로 생각하게 하는 데 성공하자, 이스라엘의 인구 정책에 대한 해외의 지지를 쉽게 이끌어낼 수 있었다. 확실히 가장 중요한 곳인 미국 의회에서는 지지를 이끌어냈다. 2003년 2월 2일, 인기 일간지 〈마리브〉에는 이런 새로운 '분위기'를 전형적으로 보여주는 다음과 같은 헤드라인이 실렸다. '이스라엘 어린이의 4분의 1은 무슬림.' 기사는 계속해서 이런 사실이야말로 이스라엘이 장차 맞닥뜨릴 '시한폭탄'이라고 설명했다. 이제 팔레스타인인이 아닌 '무슬림' 인구의 자연 증가―연간 2.4퍼센트―는 문제가 아니라 이미 '위협'이 되었다.

2006년 크네세트 선거를 앞둔 시기에 석학들은 유럽과 미국의 주류 사회가 이민에 관해서나 이민을 흡수하거나 억제하는 방법에 관해서 논쟁할 때 사용하는 것과 비슷한 언어를 동원해서 '인구 균형' 문제를 논의했다. 하지만 팔레스타인에서는 이민자 공동체가 원주민들의 운명을 결정하는 것이지 그 반대가 아니다. 앞서 살펴본 것처럼, 1948년 2월 7일, 벤구리온은 예루살렘에서 텔아비브까지 차를 타고 가면서 유대 군대가 예루살렘 서쪽 변두리에 있는 팔레스타인 마을들에서 처음으로 주민들을 쫓아내는 모습을 보고난 뒤 의기양양한 목소리로 시온주의 지도자 모임에 예루살렘이 얼마나 '히브리화'되었는지를 보고했다.

하지만 시온주의가 '불굴의 노력'을 기울였음에도 불구하고 상당한 규모의 팔레스타인 공동체가 종족 청소에서 살아남았다. 오늘날 이 팔레스타인인들의 자녀들은 대학생인데, 이 학생들은 대학에서 정치학과나 지리학과 교수들이 이스라엘에서 '인구 균형' 문제가 얼마나 심각해졌는지를 설명하는 강의를 듣는다. 예루살렘 히브리 대학의 팔레스타인계 법학과 학생들―비공식적인 팔레스타인인 할당제로 들어간 운좋은 이들—은 아마 루스 개비슨Ruth Gabison 교수를 우연히 마주치기 쉬울 텐데, 시민권 협회Association for Civil Rights 전 대표이자 대법관 후보자인 이 교수는 최근에 인구 문제에 관해 강경한 견해를 내놓았다. 개비슨은 이 견해가 광범위한 합의를 반영한다고 생각한다. "이스라엘은 팔레스타인인들의 자연적인 증가를 통제할 권리가 있다."[6]

　대학 캠퍼스를 벗어나면, 팔레스타인인들은 어디서나 자신들이 문젯거리로 여겨진다는 사실을 깨달을 수밖에 없다. 시온주의 좌파에서 극우파에 이르기까지 이스라엘의 유대인 사회는 팔레스타인인들을 없애 버리기를 갈망한다고 매일같이 방송에서 떠들어 댄다. 그리고 팔레스타인인들은 자신들이 '위협적인 존재'가 되었다는 말을 들을 때마다 당연히 걱정을 한다. 그들이 아직 하나의 문젯거리에 불과할 때는 이스라엘이 외부 세계에 자유 민주주의 국가임을 내세우려고 치장을 하느라 그나마 자신들이 보호를 받는다고 느끼기 때문이다. 하지만 일단 국가가 공식적으로 그들을 위협적인 존재라고 선언하면, 그들은 자신들이 이스라엘이 영국 위임 통치령 시절부터 늘 가까이 준비해 둔 긴급 조치의 희생양이 될 것임을 안다. 긴급 조치가 발동되면 집을 철거하고, 신문을 폐간하고, 사람들을 쫓아낼 수 있다.

　이스라엘이 1948년에 쫓아낸 팔레스타인 난민들이 집에 돌아올 수 있는 권리는 같은 해 12월 유엔 총회에서 인정을 받았다. 이 권리는 국제법에 확고하게 바탕을 둔 것이며 모든 보편적인 정의 개념과 일치한다. 아마 더욱 놀라운 점은, 11장에서 보여준 것처럼, 이 권리가 현실 정치의 면에서도 타당하다는 사실일 것이다. 이스라엘이 팔레스타인 민족을 추방하는 데서 결정적인 역할을 했고 지금도 계속하고 있다는 점을 인정하고, 이렇게 종족 청소를 인정하는 것이 함축하는 결과를 받아들이지 않는다면, 이스라엘-팔레스타인 분쟁을 해결하려는 모든 시도는 실패할 수밖에 없다. 2000년에 오슬로 구상이 팔레스타인인들의 귀환권을 둘러싸고 결렬된 데서 분명히 드러난 것처럼 말이다.

하지만 시온주의 기획이 추구한 목표는 언제나 '흑인의'(아랍의) 세계에서 '백인의'(서구의) 요새를 건설하고 방어하는 것이었다. 팔레스타인인들의 귀환권을 인정하지 않는 입장의 핵심에는 결국 아랍인들에게 수적으로 밀릴 것이라는 이스라엘 유대인들의 두려움이 있다. 이런 두려움이 상기시키는 전망—그들의 요새가 위협에 처할 것이라는 전망—때문에 워낙 강렬한 감정에 시달리고 그 탓에 이스라엘인들은 이제 전 세계가 자신들의 행동을 비난하건 말건 아랑곳하지 않는 것 같다. 어떤 대가를 치르더라도 유대인의 압도적 다수 지위를 유지한다는 원칙 앞에서는 다른 어떤 정치적, 시민적 관심도 중요하지 않으며, 속죄를 추구하는 유대인의 종교적 성향은 이제 이스라엘이 비판을 물리치는 방패막이로 삼는 세계 여론에 대한 오만한 무시와 독선에 밀려났다. 이런 입장은 중세 십자군의 그것과 별반 다르지 않다. 예루살렘의 가톨릭 왕국은 거의 한 세기 동안 고립된 요새 섬으로 남았다. 철통같은 성벽 안에 스스로 갇힌 채 주변 무슬림들과 융합하지 않으면서 자신들만의 왜곡된 현실의 포로로 살았으니 말이다. 우리는 아파르트헤이트 지배 전성기였던 남아공의 백인 정착민들에게서 바로 이와 같은 포위 의식siege mentality의 최근 사례를 볼 수 있다. 팔레스타인의 십자군처럼 인종적으로 순수한 백인의 고립지를 유지하려는 보어인들의 열망은 짧은 역사적 순간 동안 지속되었지만, 결국 이 고립지도 붕괴되었다.

팔레스타인의 시온주의 고립지는, 이 책 첫 부분에서 본 것처럼, 1922년 무렵 동유럽 출신 유대인 이주 식민자 집단에 의해 건설되었다. 영국 제국이 상당한 도움과 지원을 해주었다. 영국인들이 팔레스타인에 대해 정치적 경계선을 정한 덕분에 시온주의자들도 동시에 미래의 유대 국가를 위해 염두에 두는 '이스라엘 땅'을 구체적으로 규정할 수 있었다. 이주 식민자들은 유대인의 대규모 이민을 통해 자신들의 지배력을 강화하기를 꿈꾸었지만, 홀로코스트 때문에 유럽의 '백인' 유대인의 수가 줄었고, 시온주의의 관점에서 보면 실망스럽게도, 나치의 맹공격에서 살아남은 이들은 미국으로 이주하거나 심지어 최근 벌어진 참사에도 불구하고 유럽에 그냥 남는 쪽을 택했다. 그러자 이스라엘의 아슈케나지 지도부는 마지못해 중동과 북아프리카의 아랍계 유대인 100만 명을 팔레스타인 땅에 스스로 개척한 고립지에 합류시키기로 결정했다. 여기서 시온주의의 또다른 차별적 측면이 전면에 드러난다. 이 차별은 같은 종교를 가진 사람들에게 가해졌다는 점에서 훨씬 더 통렬하다. 아랍 세계에서 온 이 유대인 신규 이민자 집단, 즉 미즈라히[7]는 차별로 점철된 탈아랍화 과정을 겪어야 했다. 이 이민자 2세와 3세에 속하는 학자들(유명한 이들로는 엘라 쇼하트, 사미 샬롬 쉬트리트Sami Shalom Shitrit, 예후다 셴하브Yehuda Shenhav 등이 있다)은 최근 몇 년 동안 이 탈아랍화 과정을 밝히기 위해 많은 노력을 기울이고 있다. 시온주의의 관점에서 보면, 이 박탈 과정은 또한 결국 성공 스토리임이 드러났다. 이스라엘 내에서 소수 팔레스타인계의 존재에 전혀 위협을 받지 않은 채, 고립지가 훌륭하게 건설되고 굳건한 토대 위에 놓여 있다는 환상이 계속 유지되었다.

1960년대 중반 아랍 세계와 초기의 팔레스타인 민족 운동이 요새 이스라엘이 자신들 앞에 만들어놓은 현실에 대해 그들 스스로 화해하기를 거부한다는 사실이 분명해지자, 이스라엘은 영토 점유를 확대하기로 결정했고, 1967년 6월 팔레스타인의 나머지 지역과 시리아, 이집트, 요르단의 일부를 정복했다. 그후 1979년에 '평화'와 교환하는 조건으로 시나이 반도를 이집트에 돌려주었고, 1982년 레바논 남부를 자신의 소제국에 편입시켰다. 고립지를 보호하기 위해 팽창주의 정책이 필요해졌기 때문이다.

2000년 5월 레바논 남부에서 철수하고 2005년 8월 가자지구에서 철수한 것을 보면, 이스라엘 정부가 요새를 철벽으로 유지하기 위해 더 중요하다고 여기는 측면들에 집중하는 쪽으로 시야를 돌렸음을 알 수 있다. 핵 역량, 미국의 무조건적 지지, 강한 군대 등에 집중하는 것이다. 시온주의적 실용주의가 정책의 형태로 다시 등장했는데, 결국 이 실용주의에 따라 고립지의 경계선이 규정될 것이다. 국제법에 따르면, 어떤 국가도 일방적으로 국경선을 정할 수 없지만, 이런 통념은 요새 이스라엘의 철벽을 뚫지는 못하는 것 같다. 현대 이스라엘의 합의된 여론은 팔레스타인의 90퍼센트가량을 포함하는 국경선을 지닌 국가를 요구하며, 이 국가의 영토는 전기 장벽과 비가시적, 가시적 장벽에 의해 둘러싸일 것이다.

벤구리온이 협의체를 이끌면서 팔레스타인의 78퍼센트가 넘는 미래 국가에 만족한 1948년의 경우처럼, 이제 문제는 얼마나 많은 땅을 차지할 것인가가 아니라 그곳에 살고 있는 팔레스타인 원주민의 미래가 어떻게 될 것인가 하는 점이다. 2006년 현재 이스라엘이 탐내는 90퍼센트에는 약 250만 명의 팔레스타인인이 600만 유대인과 국가를 공유하고 있다. 또한 요르단강 서안에서 이스라엘이 원치 않는 지역과 가자지구에도 팔레스타인인 250만 명이 존재한다. 이스라엘의 대다수 주류 정치인과 유대인 국민들에게 이런 인구 균형은 이미 끔찍한 악몽이다.

하지만—유대인의 다수 지위를 유지하기 위해—팔레스타인인들이 자기 집으로 돌아올 권리를 교섭할 가능성을 검토하는 것조차 거부하는 이스라엘의 완강한 태도는 아주 허약한 토대에 의지한다. 거의 20년 동안 1980년대 옛 소련 국가들에서 기독교도가 유입되고, 외국인 이주 노동자의 수가 늘고, 세속적 유대인들이 '유대' 국가에서 자신이 유대인이라는 사실이 무슨 의미인지를 규정하는 것을 점점 어렵게 생각하게 된 덕분에 이스라엘은 유대인의 압도적 다수 지위를 주장할 수 없었다. 이스라엘이라는 배를 지휘하는 선장들도 이런 현실을 알고 있지만 크게 경각심을 느끼지는 않는다. 그들의 주된 목표는 국가의 인구를 '백인', 즉 비아랍인으로 유지하는 것이다.[8]

역대 이스라엘 정부는 추가적인 유대인 이민을 장려하고 국가 안에서 유대인의 출산율을 높이려는 노력에 실패했다. 그리고 이스라엘 내 아랍인 수를 줄이는 결과를 낳을 팔레스타인 분쟁의 해법을 찾지도 못했다. 이스라엘이 궁리하는 해법들은 오히려 아랍 인구의 증가로 이어진다. 예루살렘 광역지구, 골란 고원, 그리고 요르단강 서안의 대규모 정착촌 구역을 포함하는 해법이기 때문이다. 그리고 1993년 이후 이스라엘이 분쟁 종식을 위해 내놓은 제안들은 이 지역에서 일부 아랍 정권—미국의 영향권에 확실하게 자리한 이집트와 요르단 같은 나라의 정권—의 승인을 받긴 했지만, 이 나라들의 시민 사회를 설득하지는 못했다. 현재 이라크에 주둔한 미군이 수행하는 것과 같이 미국이 중동 '민주화'에 착수하는 방식 또한 '백인의' 요새에서 사는 삶의 불안을 덜어주지 못한다. 이슬람 세계에서는 이라크 침공이 이스라엘과 밀접하게 동일시되기 때문이다. 요새 이스라엘 내에서는 높은 수준의 사회적 폭력이 벌어지며, 대다수 사람들의 생활 수준이 끊임없이 하락하는 중이다. 이런 문제들 가운데 어느 것도 진지하게 다뤄지지 않는다. 이 문제들은 국내 의제에서 거의 환경이나 여성권처럼 비중이 낮다.

팔레스타인 난민들의 귀환권을 거부하는 것은 '백인의' 고립지를 계속 방어하고 요새를 지키겠다고 무조건 약속하는 셈이다. 아파르트헤이트는 특히 미즈라히 유대인들에게 인기가 높아서 그들은 오늘날 가장 목소리가 큰 요새 정책 지지자들이다. 특히 그들은 북아프리카 출신이기 때문에 아슈케나지 유대인들이 누리는 것과 같은 안락한 삶을 사는 이들은 극소수인데도 말이다. 그들 역시 이 사실을 안다—그들은 아랍의 유산과 문화를 배신했는데도 완전한 수용이라는 보상을 받지 못했다.

그렇지만 해법은 단순해 보인다. 아랍 세계에서 식민주의 시대 이후 유럽의 마지막 고립지인 이스라엘은 언젠가 시민 중심의 민주주의 국가로 자발적으로 변신하는 것 말고는 선택의 여지가 없다.

이 기나긴 고난의 시기 동안 이스라엘 안팎에서 팔레스타인인들과 유대인들이 온갖 역경에도 불구하고 손잡고 만들어온 긴밀한 사회적 관계를 볼 때, 이런 변신은 가능하다. 이스라엘 유대인 사회에서 시온주의 사회 공학이 아니라 인간적 고려를 밑바탕으로 삼아 자신을 형성하는 집단들을 들여다보면, 찢겨진 팔레스타인 땅에서 분쟁을 종식할 수 있다는 점 역시 분명해진다. 무엇보다도 수십 년에 걸친 이스라엘의 야만적인 점령에 의해 비인간화되기를 스스로 거부하고, 추방과 억압의 세월에도 불구하고 여전히 화해를 꿈꾸는 수많은 팔레스타인인들을 볼 때, 평화가 머지않음을 안다.

하지만 기회의 창이 언제까지고 열려 있지는 않을 것이다. 이스라엘은 여전히 분노로 가득찬 나라의 운명을 벗어나지 못하고, 인종주의와 종교 광신주의에 사로잡혀 행동하며, 이스라엘 사람들은 보복하려는 열망 때문에 영원히 왜곡된 심성을 가질지 모른다. 우리는 과연 얼마나 오랫동안 팔레스타인 형제자매들에게 우리와 함께 신념을 끝까지 지킬 것을, 파괴된 그들의 마을과 도시 위에 이스라엘이 요새를 세운 그때 그들의 삶을 뒤덮은 절망과 슬픔에 굴하지 않을 것을 기대는 고사하고 요구할 수 있을까?

에필로그

## 그린하우스

 텔아비브대학은 이스라엘의 여느 대학처럼 학문 연구의 자유를 지지
하는 데 헌신한다. 텔아비브대학 교수 회관은 그린하우스Green House라고
불린다. 원래 이 건물은 셰이크무와니스 마을 촌장의 집이었지만, 당신
이 여기서 열리는 만찬에 초대를 받거나, 이 나라나 심지어 텔아비브시
자체의 역사에 관한 워크숍에 참석하게 되더라도 절대 이 사실을 이야
기할 수 없을 것이다. 교수 회관 레스토랑의 메뉴판을 보면, 이 건물이
19세기에 지어졌고 '셰이크 무니스'라는 부자가 소유한 집이었다는 설명
이 있다―텔아비브대학 캠퍼스 밑에 폐허가 묻혀 있는 파괴된 셰이크
무와니스 마을에 한때 살았던 다른 모든 '얼굴 없는' 사람들처럼, 실체
없는 가공의 장소에 살았다고 상상되는 어떤 얼굴 없는 가공의 인물이
다. 다시 말해, 그린하우스는 해안을 따라 그리 멀지 않은 야르콘 가 레

드하우스 3층에서 최종 완성된, 팔레스타인 종족 청소를 위한 시온주의자들의 마스터플랜을 부정하는 전형적인 상징물이다.

텔아비브대학 캠퍼스가 참된 학문 연구에 헌신했더라면, 우리가 생각하기에 가령 이 대학 경제학자들은 지금쯤 1948년의 파괴에서 팔레스타인인들이 잃은 자산의 규모를 평가하고 미래의 협상가들이 평화와 화해를 향해 발걸음을 내딛기 위한 근거가 될 수 있는 피해 자산 목록을 작성했을 것이다. 팔레스타인인들이 소유했던 사기업, 은행, 약국, 호텔, 버스 회사, 그들이 운영했던 커피하우스, 레스토랑, 작업장, 그들이 정부와 의료 기관, 교육 기관에서 맡았던 공직까지―시온주의자들이 팔레스타인을 차지하자 이 모든 것이 몰수되거나 흔적도 없이 사라지거나 유대인 '소유'로 이전되었다.

텔아비브 캠퍼스 주변을 걷는 종신 재직권을 가진 지리학자들은 이스라엘이 몰수한 난민 토지의 규모에 관한 객관적인 도표를 우리에게 제공했을 수도 있다. 농지 수백만 두남과 국제법과 유엔 결의안에서 팔레스타인 국가로 지정한 영토 중 거의 1,000만 두남이 여기에 해당한다. 지리학자들은 또한 여기에 이스라엘이 여러 해 동안 팔레스타인계 시민들에게서 추가로 몰수한 400만 두남을 합산했을 것이다.

캠퍼스의 철학 교수들은 지금쯤 유대 군대가 나크바 시기에 자행한 학살의 도덕적 함의를 고찰했을 것이다. 이스라엘군 문서 자료와 구술사를 결합한 팔레스타인의 자료에서 열거되는 확인된 학살은 31건―1947년 12월 11일 티라트하이파 학살을 시작으로 1949년 1월 19일 헤브론 지역 키르바트일린Khirbat Ilin에서 끝난다―인데, 적어도 여섯 차례의 학살이 더 벌어졌을 것이다. 우리에게는 아직 체계적인 나크바 기념 문서 보관소가 없어서 학살에서 죽어간 사람 전원의 이름을 일일이 추적할 수 없다. 이 책이 인쇄되는 시점에서 이런 고통스러운 기념 행위가 점차 진행될 것이다.

텔아비브대학에서 차로 15분 거리에 크파르카심 마을이 있다. 1956년 10월 29일 이 마을에서 이스라엘 군대는 들에서 일하고 돌아오던 마을 사람 49명을 학살했다. 그리고 1950년대 끼비야Qibya, 1960년대 사모아Samoa, 1976년 갈릴리의 여러 마을, 1982년 사브라Sabra와 샤틸라Shatila, 1999년 크파르카나Kfar Qana, 2000년 와디아라, 2002년 제닌 난민촌 등의 학살 사건이 있었다. 그 밖에도 이스라엘의 주요 인권 단체인 베첼렘Betselem이 계속 추적하는 수많은 학살 사건이 있다. 이스라엘의 팔레스타인인 학살은 결코 끝나지 않았다.

텔아비브대학에서 일하는 역사학자들은 전쟁과 종족 청소의 전체적인 그림을 우리에게 제공했을지도 모른다. 그들은 모든 공식적인 군사 기록과 정부 기록, 필요한 문서 자료를 열람할 수 있는 특권이 있다. 하지만 그들 대부분은 그 대신 지배 이데올로기의 대변인 노릇을 더 편하게 여긴다. 그들의 연구에서 1948년은 '독립 전쟁'으로 묘사되고, 전쟁에 참여한 유대 병사들과 장교들은 영웅시되며, 군인들이 저지른 범죄는 감춰지고 희생자들은 비방을 받는다.

이스라엘의 모든 유대인이 1948년에 자국 군대가 남긴 학살의 광경을 보지 못하는 것은 아니며, 추방과 부상, 고문과 강간의 피해자들의 외침을 듣지 못하는 것은 아니다. 살아남은 이들과 그 자식들과 손자들을 통해 계속 우리에게 당시의 기억이 전달되기 때문이다. 사실 점점 더 많은 이스라엘들이 1948년에 벌어진 사태의 진실을 알고 이 나라에서 벌어진 종족 청소의 도덕적 함의를 온전히 이해하고 있다. 또한 자국이 유대인의 절대적 다수 지위를 유지하려는 필사적인 시도 속에서 청소 프로그램을 재개할 위험성을 인식하고 있다.

바로 이 사람들 속에서 우리는 과거와 현재의 분쟁에 관여한 모든 평화 중재자들이 전혀 갖지 못한 것처럼 보이는 정치적 지혜를 발견한다. 이 사람들은 난민 문제가 분쟁의 핵심이고, 어떤 해법이든 성공하기 위해서는 난민들의 운명이 관건이라는 점을 잘 알고 있다.

일반적인 분위기를 거스르는 이 이스라엘 유대인들은 아주 드물지만, 그들이 존재하는 것은 분명하며, 팔레스타인인들이 전반적으로 보복을 요구하는 게 아니라 반환을 원한다는 점을 감안할 때, 찢긴 팔레스타인 땅에 화해와 평화를 함께 실현하기 위한 열쇠를 그들이 쥐고 있다. 그들은 오늘날 거의 50만 명에 달하는 '국내의' 팔레스타인 난민들과 나란히 매년 파괴된 마을들을 공동으로 순례하는 행사를 연다. 해마다 이스라엘이 (유대력에 따라) '독립 기념일'을 공식적으로 경축하는 바로 그날 나크바 기념 여행을 떠나는 것이다. 현재 유대인 정착촌이나 유대 민족 기금 숲이 있는 장소에, 원래 있었으나 파괴된 팔레스타인 마을의 이름이 적힌 표지판을 세우는 것을 주된 임무로 삼는 조흐로트_Zochrot─'기억'을 뜻하는 히브리어─같은 비정부 기구 회원들이 행동을 하는 모습을 볼 수 있다. 또 2004년 시작된 귀환권과 정의로운 평화를 위한 회의 Conferences for the Right of Return and Just Peace에서 그들이 이스라엘 국내외의 팔레스타인 친구들과 함께 난민들의 귀환권에 대한 책임을 재확인하고, 필자와 마찬가지로 나크바의 참사를 축소하거나 그런 범죄가 저질러진 사실 자체를 부정하려는 온갖 시도를 무릅쓰고 나크바의 기억을 지키기 위한 싸움을 계속하겠다고 공언하는 소리를 들을 수 있다. 팔레스타인 땅에 언젠가 지속적이고 광범위한 평화가 등장할 수 있도록 말이다.

하지만 이런 헌신적인 소수가 변화를 가져오기 전에 팔레스타인 땅과 그 사람들, 즉 유대인과 아랍인들은 1948년 종족 청소의 결과를 직시해야 할 것이다. 우리는 처음 시작할 때처럼 이 책을 끝맺는다. 이런 범죄가 우리의 마음과 기억에서 그토록 철저하게 망각되고 지워졌다는 사실에 당혹스러워하면서 말이다. 하지만 이제 우리는 그 대가를 안다. 1948년 팔레스타인 원주민의 절반을 감소시킬 수 있었던 이데올로기는 여전히 살아서 오늘날 여기에 사는 팔레스타인인들에 대한, 무자비하고 때로는 눈에 띄지 않는 청소를 계속 밀어붙인다.

이 이데올로기가 아직도 강력하게 남아 있는 것은 이전 단계의 팔레스타인 종족 청소가 주목을 끌지 않았기 때문이기도 하지만, 무엇보다도 시간이 흐르면서 시온주의의 교묘한 해명이 이스라엘의 행동이 낳은 파괴적인 영향을 감쪽같이 속일 수 있는 새로운 언어를 고안하는 데 큰 성공을 거두었기 때문이다. 이런 교묘한 해명은 2000년 이후 계속 가자지구와 요르단강 서안에서 팔레스타인인들을 대규모로 이주시키는 행동을 감추기 위한 '철수'와 '재배치' 같은 명백한 완곡어법으로 시작된다. 계속해서 역사적 팔레스타인 땅의 일부 지역, 즉 오늘날 팔레스타인의 15퍼센트 정도에 대한 이스라엘의 직접적 군사 지배를 설명하기 위해 '점령'이라는 모호하게 잘못된 표현을 사용하는 한편, 이 땅의 나머지에 대해서는 '해방된' 땅, '자유로운' 땅, '독립된' 땅 등으로 소개한다. 물론 팔레스타인의 대부분은 군사 점령 아래 있지 않다—일부 지역은 훨씬 더 나쁜 상황에 처해 있다. 이스라엘이 철수한 이후 가자지구의 상황을 보라. 인권 변호사들조차 군사 점령에 관한 국제 협정에 의해 보호받지 못하기 때문에 주민들을 지켜줄 수 없다. 많은 주민들은 이스라엘에 속했을 때에 비해 겉으로는 더 나은 상황을 누리는 것 같다. 유대계 시민이라면 훨씬 더 좋고, 이스라엘의 팔레스타인계 시민이라면 조금 더 좋다. 팔레스타인계 시민의 경우에 예루살렘 광역지구 안에 거주하지 않는다면 그만큼 더 좋은 상황이다. 지난 6년 동안 예루살렘 광역지구에 대한 이스라엘의 정책은, 팔레스타인계 시민들을 점령 지역이나 1990년대에 파국적인 오슬로 협정에 의해 가자지구와 요르단강 서안에 생겨난, 행정 당국이 없는 무법 지역으로 이주시키는 것이었기 때문이다.

따라서 많은 팔레스타인인이 점령에서 벗어났지만, 난민촌에 사는 이들을 비롯해서 미래에 종족 청소를 당할 위험에서 자유로운 팔레스타인인은 아무도 없다. '운좋은' 팔레스타인인과 '운 나쁜' 팔레스타인인의 서열이 있다기보다는 이스라엘이 어디를 우선순위에 두는가의 문제인 것처럼 보인다. 이 책이 인쇄되는 시점에서 오늘날 예루살렘 광역지구에 있는 이들은 종족 청소를 당하는 중이다. 이 책을 쓰는 지금 절반 정도 완공된, 이스라엘이 건설중인 아파르트헤이트 장벽 인근에 사는 이들이 다음 차례가 될 것이다. 자신들은 안전하다는 가장 큰 환상 속에 사는 이들, 즉 이스라엘의 팔레스타인인들 역시 장래에 표적이 될 수 있다. 최근 여론 조사에서 이스라엘 유대인의 68퍼센트가 그들을 '이주시키면' 좋겠다고 대답했다.[1]

지금도 여전히 팔레스타인인들에 대한 이스라엘의 정책을 움직이는 이데올로기를 정확히 확인하지 않는다면, 팔레스타인인이나 유대인이나 서로에게서든 자신들 내에서든 간에 구조받지 못할 것이다. 이스라엘의 문제는 그들이 유대인이라는 사실이 결코 아니다―유대교는 여러 얼굴을 갖고 있으며, 그중 많은 얼굴이 평화와 공존을 위한 굳건한 토대를 제공한다. 문제는 종족적 시온주의의 성격이다. 시온주의에는 유대교가 제공하는 것과 같은 다원주의의 여지가 없다. 특히 팔레스타인인들에 대한 여지가 없다. 팔레스타인인들은 절대 시온주의 국가와 장소의 일부가 될 수 없으며, 계속 싸울 것이다―그들의 싸움이 평화롭고 성공적이기를 바란다. 그렇지 않으면 이 싸움은 절망적이고 복수심에 가득찬 싸움이 될 것이고, 마치 소용돌이처럼 모든 것을 영원한 모래폭풍 속에 집어삼킬 것이다. 이 폭풍은 비단 아랍과 이슬람 세계만이 아니라 영국과 미국 안에서도 휘몰아칠 것이며, 이 강대국들은 폭풍을 더욱 거세게 키워서 우리 모두를 파멸시킬지도 모른다.

2006년 여름 가자와 레바논에 대한 이스라엘의 공격을 보면, 폭풍이 이미 휘몰아치고 있음을 알 수 있다. 팔레스타인에 자신의 일방적인 의지를 강요하는 이스라엘의 권리에 감히 의문을 제기하는 헤즈볼라와 하마스 같은 조직들은 이스라엘의 군사력에 직면했으며, (이 글을 쓰고 있는) 지금까지는 그럭저럭 공격에 맞서고 있다. 하지만 아직 끝나려면 멀었다. 장래에는 이 저항 운동의 배후에 있는 중동 지역의 후원자인 이란과 시리아가 표적이 될 수 있다. 훨씬 더 파괴적인 충돌과 유혈 사태가 벌어질 위험성은 어느 때보다도 더욱 크다.

## 감사의 말

　오랜 시간 동안 이 책의 주제를 놓고 많은 친구들과 이야기를 나누었다. 그들 모두는 나를 격려하고 지지하면서 어떤 식으로든 이 책에 기여했다. 많은 이들은 또한 문서 자료와 증언, 증거를 전해주었다. 너무 많은 이들의 도움을 받아서 모든 이의 이름을 일일이 열거할 수는 없지만 한꺼번에 감사의 말을 하고 싶다. 군사 자료를 수집해준 오시리 네타아브에게 고마운 말을 전한다. 지금 와서 보니 무척 어려운 일을 해주었다. 엄청난 자료의 양뿐만 아니라 암울한 정치적 분위기 때문에도 어려운 일이었다.

　우리 데이비스, 누르 마살하, 찰스 스미스 등은 초고를 읽어주었다. 그들이 열심히 읽고 조언해준 내용이 적어도 어느 정도는 최종 결과에 반영되었기를 바란다. 당연히 최종적인 결과물은 나의 것이며 세 사람은 본문 내용에 대해 어떤 책임도 없다. 그렇다 하더라도 나는 그들에게 큰 빚을 졌고 기꺼이 도와준 그들에게 대단히 감사한다.

왈리드 칼리디와 앤턴 샤마스는 초고를 읽고 정신적인 지지와 격려를 해주었다. 두 사람 덕분에 이 책이 출간되기 전에도 책을 쓰는 일이 소중하고 의미 있는 작업이 되었다.

소중한 오랜 친구 딕 브루게만은 언제나처럼 꼼꼼하고 성실하게 편집을 해주었다. 그가 없었더라면 이 기획을 끝마치지 못했을 것이다.

원월드Oneworld 출판사의 노빈 도스트다르, 드러먼드 모어, 케이트 커크패트릭, 그리고 누구보다도 줄리엣 메이비는 원고를 붙잡고 씨름하느라 잠과 시간을 빼앗겼다. 최종 결과물이 그들의 엄청난 노력에 대한 괜찮은 보상이 되었으면 좋겠다.

레비탈과 이도, 요나탄은 언제나 그렇듯이 남편과 아버지가 오랜 과거의 멀리 떨어진 나라가 아니라 우리가 사는 지금의 나라를 전공 주제이자 취미이자 강박 관념으로 삼은 탓에 고생을 했다. 이 책은 다른 누군가에게 만큼이나 우리 가족에게 왜 우리의 사랑하는 조국이 증오와 유혈 때문에 유린되고 희망이 없어지고 찢겨졌는지를 말해주려는 또다른 시도이다.

그리고 마지막으로, 이 책은 공식적으로 누구에게 헌정하는 것이 아니지만, 무엇보다도 1948년 종족 청소에서 스러진 팔레스타인 희생자들을 위해 쓴 것이다. 그 희생자들 중 많은 이는 친구이자 동지이고, 다른 많은 이들은 이름도 모르는 사람들이지만, 나크바에 관해 알게 된 이래로 나는 그들이 겪은 고통과 상실, 그들이 품은 희망을 함께 품어왔다. 그들이 돌아와야만, 이 재앙의 시대가 마침내 우리 모두가 바라는 것처럼 종결될 테고, 팔레스타인에서 평화와 조화를 이루며 살 수 있을 것이다.

<br>

연표

1878년     팔레스타인 최초의 시온주의자 농업 식민지(페타티크바).
1882년     주로 동유럽 출신인 유대인 이민자 2만 5,000명 팔레스타인에
           정착 시작.
1891년     독일인인 모리스 드 이르쉬 남작Baron Maurice de Hirsch, 팔레스타
           인의 시온주의 정착민들을 돕기 위해 런던에 유대인 식민 협회
           Jewish Colonization Association(JCA) 창설.
1896년     오스트리아-헝가리 제국의 유대인 작가 테오도어 헤르츨, 유대
           국가의 설립을 주창하는『유대 국가Der Judenstaat』출간.
           유대인 식민 협회 팔레스타인에서 활동 개시.
1897년     시온주의자 대회Zionist Congress, 팔레스타인에 유대인을 위한 고
           국 건설 호소.
           사회주의 시온주의의 창시자인 나흐만 시르킨Nahman Syrkin, 팸플
           릿에서 '유대인들을 위해 [팔레스타인을] 비워야 한다'고 말함.
           스위스에서 열린 제1차 시온주의자 대회에서 세계 시온주의 협
           회World Zionist Association(WZO)를 설립하고 '팔레스타인에 유대인

을 위한 고국'을 건설해달라고 청원함.

**1901년**    세계 시온주의 협회를 위해 팔레스타인에 토지를 획득하려는 목
적으로 유대 민족 기금Jewish National Fund(JNF) 설립. 이 토지는 유
대인들만이 사용하고 경작하기로 함.

**1904년**    티베리아스 지역에서 시온주의자들과 팔레스타인 농민들 사이
에 긴장 발생.

**1904~1914년** 시온주의 이민자 4만 명 팔레스타인에 도착. 유대인이 전체 인구
의 6퍼센트가 됨.

**1905년**    이즈리얼 쟁윌Israel Zangwill, 유대인이 아랍인을 몰아내든지 아니
면 '이질적인 주민이 많은 문제를 해결하려고 노력'해야 한다고
말함.

**1907년**    최초의 키부츠 설립.

**1909년**    야파 북쪽에 텔아비브 건설.

**1911년**    시온주의 집행 위원회에 전달된 메모에서 '제한적인 인구 이동'
에 관해 언급함.

**1914년**    제1차세계대전 발발.

**1917년**    밸푸어 선언. 영국 외무 장관이 '팔레스타인에 유대 민족의 고국'
을 건설하는 계획을 지지하기로 약속함. 예루살렘의 오스만 군
대 영국의 앨런비 장군에게 항복.

**1918년**    앨런비가 지휘하는 연합군이 팔레스타인 점령. 제1차세계대전
종전. 오스만의 팔레스타인 지배 종식.

**1919년**    예루살렘에서 열린 제1차 팔레스타인 민족 대회, 밸푸어 선언을
거부하고 독립을 요구함.

         시온주의 위원회의 하임 바이츠만, 파리 평화 회의에서 '영국이
영국인들의 나라인 것처럼' 팔레스타인을 '유대인의 나라'로 만
들어줄 것을 호소함.

         시온주의 위원회의 다른 성원들은 "가능한 한 많은 아랍인들을
팔레스타인에서 떠나도록 설득해야 한다"고 말함.

윈스턴 처칠, "우리가 팔레스타인에 들여보내겠다고 약속한 유대인들이 있는데, 이 유대인들은 자신들의 편의에 맞게 현지 주민들을 다른 데로 이주시키는 것을 당연하게 여긴다"고 씀.

**1919~1933년** 시온주의자 3만 5,000명 팔레스타인으로 이주. 이제 유대인이 전체 인구의 12퍼센트에 이르고 토지의 3퍼센트를 소유함.

**1920년** 시온주의 지하 군사 조직인 하가나 설립. 산레모 평화 회의 최고 이사회에서 영국의 팔레스타인 위임 통치 지정.

**1921년** 야파에서 시온주의자들의 대규모 이주에 항의하는 시위 발생.

**1922년** 국제 연맹 이사회, 영국의 팔레스타인 위임 통치 승인.
영국의 팔레스타인 인구 조사: 무슬림 78퍼센트, 유대인 11퍼센트, 기독교인 9.6퍼센트, 총인구 75만 7,182명.

**1923년** 영국의 팔레스타인 위임 통치 공식 발효.

**1924~1928년** 시온주의 이민자 6만 7,000명 팔레스타인 도착. 그중 절반이 폴란드 출신. 유대인 인구 16퍼센트로 증가. 이제 유대인이 토지의 4퍼센트 소유.

**1925년** 팔레스타인과 트랜스요르단에 유대 국가를 창건할 것을 주장하는 수정주의당 파리에서 창립.

**1929년** 통곡의 벽 소유권을 둘러싸고 팔레스타인에서 폭동 발발. 주로 영국에 의해 유대인 133명과 아랍인 116명 사망.

**1930년** 국제 연맹이 통곡의 벽에서 유대인과 아랍인의 법적 지위를 확정하기 위해 국제 위원회 창설.

**1931년** 아랍인들에 대항하는 전투 행위 확대를 지원하기 위해 이르군 Irgun(IZL) 창설. 인구 조사 결과 전체 인구 103만 명, 유대인 비율 16.9퍼센트임이 밝혀짐.
영국 팔레스타인 개발 국장, 시온주의 식민화에 따라 발생한 '땅 없는 아랍인들'에 관한 보고서 출간.

**1932년** 정식으로 구성된 팔레스타인 최초의 정당인 독립당 Istliqlal Party 창설.

| | |
|---|---|
| **1935년** | 야파 항에서 시온주의 단체들의 무기 밀반입 적발. |
| **1936년** | 팔레스타인 민족 위원회Palestinian National Committees 회의, '대표 없이 과세 없다'고 요구. |
| **1937년** | 필 위원회, 나라의 33퍼센트를 유대 국가로 만드는 팔레스타인 분할 권고. 팔레스타인 인구의 일부는 이 국가로부터 다른 곳으로 이동시키기로 예정. |
| | 영국, 팔레스타인의 모든 정치 조직을 해산시키고, 지도자 5명을 추방하고, 팔레스타인인들의 반란을 다루는 군사 법정 설립. |
| **1938년** | 이르군의 폭탄 공격으로 팔레스타인인 119명 사망. 팔레스타인 쪽의 폭탄과 지뢰 공격으로 유대인 8명 사망. 영국 당국, 반란 진압을 도울 지원군 들여옴. |
| **1939년** | 시온주의 지도자 야보틴스키의 말. '(……) 아랍인들은 "이스라엘 땅"에서 유대인들에게 자리를 양보해야 한다. 발트 민족들을 이동시키는 게 가능했다면, 팔레스타인 아랍인들을 이동시키는 것도 가능하다.' |
| | 영국 하원, 10년 후 팔레스타인을 조건부 독립시키고 향후 5년 동안 매년 팔레스타인에 유대인 1만 5,000명을 이주시키기로 계획한 백서 승인 표결. |
| | 제2차세계대전 발발. |
| **1940년** | 토지 양도 규정 발효. 시온주의자들이 팔레스타인 땅을 취득하지 못하게 됨. |
| **1943년** | 1939년 백서에서 계획한 5년 제한 연장. |
| **1945년** | 제2차세계대전 종전. |
| **1947년** | 영국, 새로 조직된 국제 연합(유엔)에 팔레스타인에서 철수할 예정이라고 통보. |
| | 유엔, 팔레스타인에 관한 위원회(운스콥) 구성. 운스콥, 분할 권고. |
| | 11월 29일. 유엔, 팔레스타인 분할에 관한 결의안 제181호 채택. 유대인들이 팔레스타인 토착 아랍인들을 대규모로 추방하기 시작함. |

**1948년**

**1월**

압드 알까디르 알후세이니, 10년간의 망명 끝에 분할에 저항하는 단체를 결성하기 위해 팔레스타인으로 돌아옴.

20일      영국, 각 지역별로 다수를 점한 집단에게 땅을 양도하기로 계획함.

**2월**

유대인과 아랍인의 전쟁 발발.

18일      하가나, 징병을 발표하고 25~35세의 남성과 여성 소집.

24일      미국 유엔 대표부, 유엔 안보 이사회의 역할은 분할 시행보다는 평화 유지라고 선언.

**3월**

6일      하가나, 동원령 발표.

10일      팔레스타인 청소를 위한 시온주의의 청사진인 플랜 달렛 완성.

18일      트루먼 대통령, 시온주의의 대의를 지지하겠다고 약속함.

19~20일      아랍 지도자들, 분할보다는 정전停戰과 제한적인 신탁 통치를 받아들이기로 결정. 유대인들은 정전 거부.

30일      하가나, 해안 '청소' 작전을 벌여 하이파와 야파 사이의 해안 지역에서 팔레스타인인들을 쫓아냄(5월 15일까지 계속됨).

**4월**

1일      하가나를 위한 체코제 무기 첫번째 인도분 도착. 소총 4,500정, 경기관총 200정, 탄약 500만 발 등.

4일      하가나, 플랜 달렛 개시. 텔아비브-예루살렘 도로변의 마을들을 점령하고 주민들을 쫓아냄.

9일      데이르야신 학살.

17일      유엔 안보 이사회, 정전을 요구하는 결의안 발표.

20일      미국, 팔레스타인 신탁 통치안 유엔에 제출.

22일      하이파에서 팔레스타인 주민 청소.

26~30일      하가나, 동예루살렘 지역 공격하지만 영국측에 이 지역을 넘겨주

게 됨. 하가나, 서예루살렘 지역 점령. 유대 군대가 서예루살렘에 거주하는 모든 팔레스타인인을 쫓아냄.

**5월**

3일       팔레스타인인 17만 5,000~25만 명이 살던 집에서 쫓겨난 것으로 보고됨.

12~14일   하가나를 위한 체코제 무기 도착.

13일      아랍 군단, 유대측 군사 행동에 대한 보복으로 유대인 공동체 공격.

13일      야파, 하가나에 항복.

14일      영국 위임 통치가 종료됨에 따라 이스라엘 독립 선언.
          트루먼 대통령 이스라엘 국가 인정.

20일      베르나도테 백작, 유엔 팔레스타인 조정관으로 임명됨.

22일      유엔 안보 이사회, 교전 중단을 요구하는 결의안 발표.

**6월 11일~7월 8일**   1차 정전 성립.

**7월**

8~18일    이스라엘 방위군이 리드와 라믈라를 점령하면서 전투 재개됨.

17일      이스라엘 방위군 공세에 나서지만 예루살렘 구시가를 점령하는 데 실패함.

18일      2차 정전 성립(10월 15일까지). 하지만 이스라엘 방위군이 몇몇 마을을 점령하면서 파기됨.

**9월**

17일      유엔 조정관 베르나도테 백작, 예루살렘에서 유대인 테러리스트 들에 의해 암살됨. 랠프 번치가 새로운 유엔 조정관으로 임명됨.

**10월**

29~31일   히람 작전중에 팔레스타인인 수천 명 쫓겨남.

**11월**

          이스라엘 방위군, 레바논 국경 안쪽 정착촌에서 마을 사람들을 쫓아내기 시작함(1949년까지 계속).

| 4일 | 유엔 안보 이사회, 즉각 정전하고 군대를 철수할 것을 호소. 유엔, 팔레스타인 난민의 귀환권에 관한 결의안 제194호 채택. 이스라엘, 귀환 봉쇄. |

**1949년**

| 2월24일 | 이스라엘-이집트 휴전. |
| 2월말 | 이스라엘 방위군 팔루자 고립 지대에서 마을 사람 2,000~3,000명 쫓아냄. |
| 3월23일 | 이스라엘-레바논 휴전. |
| 4월3일 | 이스라엘-요르단 휴전. |
| 7월20일 | 이스라엘-시리아 휴전. |

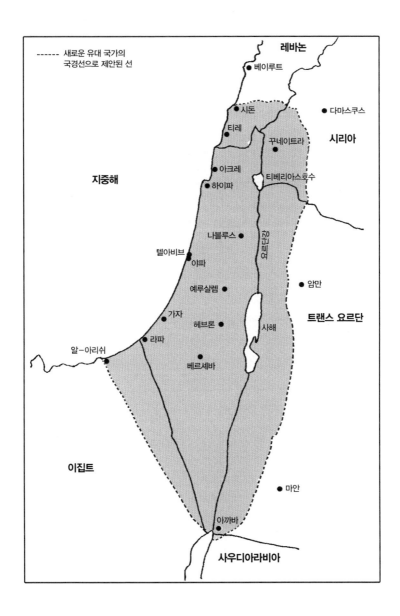

레바논

● 베이루트

● 시돈

● 다마스쿠스

● 티레

● 꾸네이트라

시리아

● 아크레

● 하이파

티베리아스호수

지중해

나블루스

텔아비브
● 야파

요르단강

● 암만

예루살렘 ●

트랜스 요르단

● 가자

헤브론 ●

사해

● 라파

알-아리쉬

● 베르세바

이집트

● 마안

● 아까바

사우디아라비아

지도 1. 세계 시온주의 기구가 소유권을 주장하는 팔레스타인 지역을
보여주는 이 지도는 1919년 파리 평화 회의에 공식적으로 제출되었다.

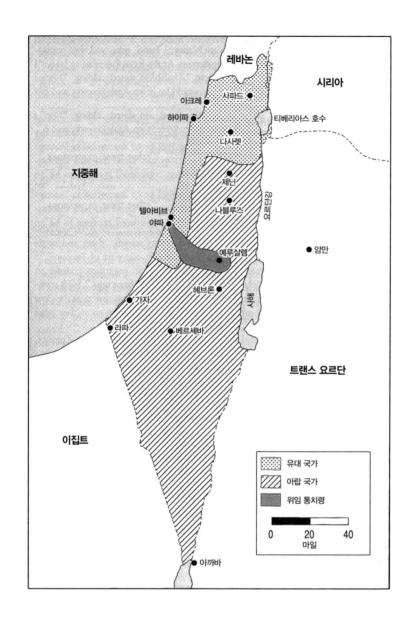

지도 2. 1937년 필 위원회 분할안.
이 계획은 이듬해 팔레스타인 분할 위원회의 A안이 되었다.

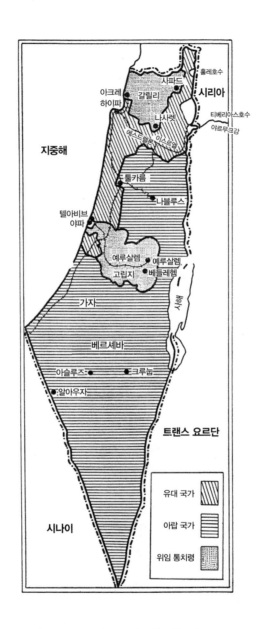

지도 3. 1938년 팔레스타인 분할 위원회의 B안

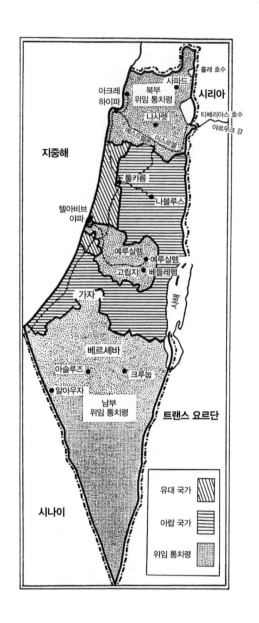

홀레 호수

사파드

아크레
하이파

북부
위임 통치령

시리아

나사렛

티베리아스 호수

야르무크 강

지중해

이스렐

툴카름

나블루스

텔아비브
야파

예루살렘

예루살렘

사해

고립지

베들레헴

가자

베르셰바

아슬루즈

크루둘

알아우자

남부
위임 통치령

트랜스 요르단

시나이

| | |
|---|---|
| 유대 국가 | |
| 아랍 국가 | |
| 위임 통치령 | |

지도 4. 1938년 팔레스타인 분할 위원회의 C안

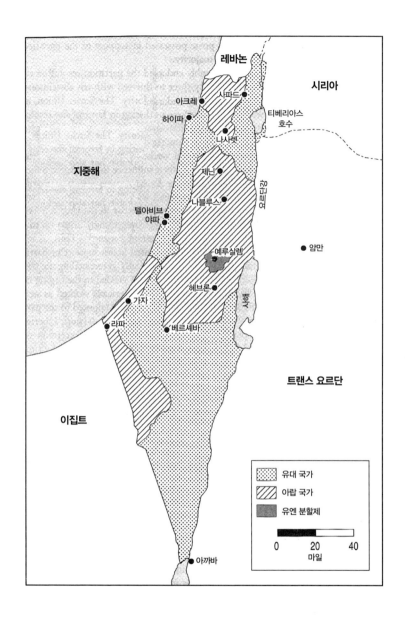

레바논

시리아

아크레

사파드

하이파

티베리아스
호수

나사렛

지중해

제닌

나블루스

텔아비브
야파

예루살렘

암만

헤브론

가자

하상

라파

베르세바

트랜스 요르단

이집트

아까바

| 유대 국가 |
|---|
| 아랍 국가 |
| 유엔 분할제 |

0    20    40
마일

지도 5. 유엔 총회 결의안 제181호에서 채택된 분할안(1947년 11월 29일)

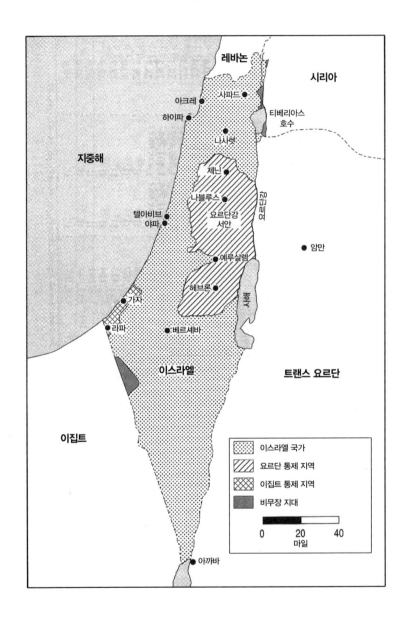

레바논

시리아

아크레
사파드

하이파

티베리아스
호수

지중해

나사렛

제닌

요르단강

나블루스

요르단강
서안

텔아비브
야파

암만

예루살렘

헤브론

가자

이스라엘

트랜스 요르단

라파

베르셰바

이집트

| | 이스라엘 국가 |
| | 요르단 통제 지역 |
| | 이집트 통제 지역 |
| | 비무장 지대 |

0    20    40
마일

아까바

지도 6. 1949년 휴전 협정

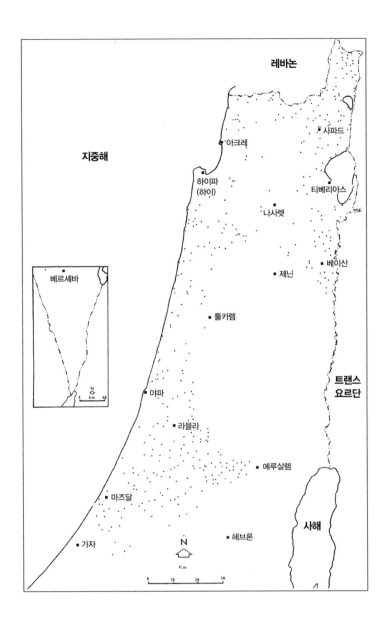

레바논

지중해

■사파드

•아크레

하이파
(하이)

티베리아스

나사렛

■베르셰바

■제닌

■베이산

N
km

■툴카렘

트랜스
요르단

•야파

■라믈라

■예루살렘

사해

■마즈달

■가자

■헤브론

N

Km

0    10    20    30

지도 7. 1947~1949년에 인구가 감소한 팔레스타인 마을들

**표 1. 지구별 백분율로 본 팔레스타인인과 유대인의 토지 소유(1945년)**[*]

| 지구 | 팔레스타인인 | 유대인 | 공공·기타[**] |
|---|---|---|---|
| 아크레 | 87 | 3 | 10 |
| 베이산 | 44 | 34 | 22 |
| 베르셰바 | 15 | 1 이하 | 85 |
| 가자 | 75 | 4 | 21 |
| 하이파 | 42 | 35 | 23 |
| 헤브론 | 96 | 1 이하 | 4 |
| 야파 | 47 | 39 | 14 |
| 예루살렘 | 84 | 2 | 14 |
| 제닌 | 84 | 1 이하 | 16 |
| 나블루스 | 87 | 1 이하 | 13 |
| 나사렛 | 52 | 28 | 20 |
| 라믈라 | 77 | 14 | 9 |
| 라말라 | 99 | 1 이하 | 1 |
| 사파드 | 68 | 18 | 14 |
| 티베리아스 | 51 | 38 | 11 |
| 툴카렘 | 78 | 17 | 5 |

**표 2. 지구별 백분율로 본 팔레스타인인과 유대인의 인구 분포(1946년)**[***]

| 지구 | 팔레스타인인 | 유대인 |
|---|---|---|
| 아크레 | 96 | 4 |
| 베이산 | 70 | 30 |
| 베르셰바 | 99 | 1 이하 |
| 가자 | 98 | 2 |
| 하이파 | 53 | 47 |
| 헤브론 | 99 | 1 이하 |
| 야파 | 29 | 71 |
| 예루살렘 | 62 | 38 |
| 제닌 | 100 | 0 |
| 나블루스 | 100 | 0 |
| 나사렛 | 84 | 16 |
| 라믈라 | 78 | 22 |
| 라말라 | 100 | 0 |
| 사파드 | 87 | 13 |
| 티베리아스 | 67 | 33 |
| 툴카렘 | 83 | 17 |

[*]  이 표의 출처는 *Village Statistics*(Jerusalem: Palestine Government, 1945)이다 — 원주.
[**]  영국 위임 통치하의 〈공공 소유〉 범주는 국가 소유지와 개인·공동 임차지로 이루어진 오스만의 토지 보유 체제에서 유래한 것이다 — 원주.
[***]  이 표의 출처는 *Supplement to a Survey of Palestine*(Jerusalem: Government Printer, June 1947)이다 — 원주.

# 참고문헌

Baroud, Ramzy (ed.), *Searching Jenin: Eyewitness Accounts of the Israeli Invasion 2002* (Seattle: Cune Press, 2003).

Bar-Zohar, Michael, *Ben-Gurion: A Political Biography* (Tel-Aviv: Am-Oved, 1977) (히브리어).

Begin, Menachem, *The Revolt: Story of the Irgun* (New York: Henry Schuman, 1951).

Bein, Alexander (ed.), *The Mozkin Book* (Jerusalem: World Zionist Organization Publications, 1939).

Ben-Ari, Uri, *Follow Me* (Tel-Aviv: Maariv, 1994) (히브리어).

Ben-Artzi, Yossi (ed.), *The Development of Haifa, 1918-1948* (Jerusalem: Yad Yitzhak Ben-Zvi Institute Publications, 1988) (히브리어).

Ben-Eliezer, Uri, *The Emergence of Israeli Militarism, 1936-1956* (Tel-Aviv: Dvir, 1995).

—— *The Making of Israeli Militarism* (Bloomington: Indiana University Press, 1998).

Ben-Gurion, David, *Diary*, Ben-Gurion Archives.

—— *In the Battle* (Tel-Aviv: Am Oved, 1949) (히브리어).

—— *Rebirth and Destiny of Israel* (New York: Philosophical Library, 1954) (ed. & trans. from Hebrew by Mordekhai Nurock).

Ben-Yehuda, Netiva, *Between the Knots* (Jerusalem: Domino, 1985) (히브리어).

Bierman, John and Colin Smith, *Fire in the Night: Wingate of Burma, Ethiopia and Zion* (New York: Random House, 1999).

Cohen, Geula, *Woman of Violence: Memories of a Young Terrorist, 1945-1948* (New York: Holt, Rinehart and Winston, 1966).

Cohen, Hillel, *The Shadow Army: Palestinian Collaborators in the Service of Zionism* (Jerusalem: Hozata Ivrit, 2004) (히브리어).

al-Daly, Wahid, *The Secrets of the Arab League and Abd al-Rahman Azzam* (Cairo: no publishing house, 1978) (아랍어).

Davis, Uri, *Apartheid Israel: Possibilities for the Struggle Within* (London: Zed Books, 2004).

Dinur, Ben-Zion *et al.*, *The History of the Hagana* (Tel-Aviv: Am Oved 1972) (히브리어).

Eshel, Zadok (ed.), *The Carmeli Brigade in the War of Independence* (Tel-Aviv: Ministry of Defence Publications, 1973) (히브리어).

Etzioni, Binyamin (ed.), *The Golani Brigade in the Fighting* (Tel-Aviv: Ministry of Defence Publications, 날짜 미상) (히브리어).

Even Nur, Israel (ed.), *The Yiftach-Palmach Story* (Bat-Yam: Palmach Publications, 날짜 미상) (히브리어).

Farsoun, Samih and C. E. Zacharia, *Palestine and the Palestinians* (Boulder: Westview Press, 1997).

Flapan, Simcha, *The Birth of Israel: Myths and Realities* (New York: Pantheon Books, 1987).

Gelber, Yoav, *The Emergence of a Jewish Army* (Jerusalem: Yad Ithak Ben-Zvi Institute Publications, 1996) (히브리어).

Gilad, Zerubavel, *The Palmach Book* (Tel-Aviv: Kibbutz Meuhad, 1955) (히브리어).

Glubb, John Bagot, *A Soldier with the Arabs* (London: Hodder and Stoughton, 1957).

Goren, Tamir, *From Independence to Integration: The Israeli Authority and the Arabs of Haifa, 1948-1950* (Haifa: The Arab-Jewish Centre of the University of Haifa, 1996) (히브리어).

Hussein, Hussein Abu and Fiona Makay, *Access Denied: Palestinian Access to Land in Israel* (London: Zed Books, 2003).

Ilan, Amitzur, *The Origins of the Arab-Israeli Arms Race: Arms, Embargo, Military Power and Decision in the 1948 Palestine War* (New York: New York University Press, 1996).

Kadish, Alon (ed.), *Israel's War of Independence 1948-1949* (Tel-Aviv, Ministry of Defence Publications, 2004) (히브리어).

Khairiya, Qasimya, *Fawzi al-Qawuqji's Memoirs, 1936-1948* (Beirut: PLO Publications, 1975) (아랍어).

Khalidi, Rashid, *Palestinian Identity: The Construction of Modern National Consciousness* (New York: Columbia University Press, 1997).

Khalidi, Walid (ed.), *All That Remains: The Palestinian Villages Occupied and Depopulated by Israel in 1948* (Washington: Institute for Palestine Studies, 1992).
―――― *Palestine Reborn* (London: I.B. Tauris, 1992).

al-Khatib, Nimr, *Palestine's Nakba* (Damascus: no publishing house, 1950).

Kimmerling, Baruch, *Zionism and Territory: The Socio-Territorial Dimensions of Zionist Politics* (Berkeley: University of California, Institute of International Studies, Research Series, No. 51, 1983).

Kretzmer, David, *The Legal Status of Arabs in Israel* (Boulder: Westview Press, 1990).

Kurzman, Dan, *Genesis 1948: The First Arab-Israeli War*, with a new introduction by Yitzhak Rabin (New York: Da Capo Press, 1992).
― *Soldier of Peace* (London: Harper Collins, 1998).

Lebrecht, Hans, *The Palestinians, History and Present* (Tel-Aviv: Zoo Ha-Derech, 1987) (히브리어).

Levy, Itzhak, *Jerusalem in the War of Independence* (Tel-Aviv: Ministry of Defence Publications, 1986) (히브리어).

Lloyd George, David, *The Truth about the Peace Treaties* (New York: Fertig, 1972).

Louis, W. Roger and Robert S. Stookey (eds), *The End of the Palestine Mandate* (London: I. B. Tauris, 1985).

Makhul, Naji, *Acre and its Villages since Ancient Times* (Acre: Al-Aswar, 1977).

Mandel, Neville, *Arabs and Zionism before World War I* (Berkeley: California University Press, 1976).

Masalha, Nur, *Expulsion of the Palestinians: The Concept of 'Transfer' in Zionist Political Thought, 1882-1948* (Washington: Institute for Palestine Studies, 1992).
―――― *A Land Without People: Israel, Transfer and the Palestinians* (London: Faber and Faber, 1997).
―――― *The Politics of Denial: Israel and the Palestinian Refugee Problem* (London: Pluto, 2003).

Mattar, Philip (ed.), *The Encyclopedia of Palestine* (Washington: Institute of Palestine Studies, 2000).

McGowan, Daniel and Matthew C. Hogan, *The Saga of the Deir Yassin Massacre, Revisionism and Reality* (New York: Deir Yassin Remembered, 1999).

Milstein, Uri, *The History of the Independence War* (Tel-Aviv: Zemora Bitan, 1989) (히브리어).

Montgomery of Alamein, *Memoirs* (London: Collins, 1958).

Morris, Benny, *The Birth of the Palestinian Refugee Problem, 1947-1949* (Cambridge: Cambridge University Press, 1987).
―――― *The Birth of the Palestinian Refugee Problem Revisited* (Cambridge: Cambridge

University Press, 2004).

—— *Correcting A Mistake* (Tel-Aviv: Am Oved 2000) (히브리어).

Nakhleh, Issah, *The Encyclopedia of the Palestine Problem* (New York: Intercontinental books, 1991).

Natur, Salman, *Anta al-Qatil, ya-Shaykh* (no publishing house, 1976).

Pail, Meir, *From Hagana to the IDF* (Tel-Aviv, Zemora Bitan Modan) (히브리어).

Palumbo, Michael, *The Palestinian Catastrophe: The 1948 Expulsion of a People from their Homeland* (London: Faber & Faber, 1987).

Pappe, Ilan (ed.), *Arabs and Jews in the Mandatory Period-A Fresh View on the Historical Research* (Givat Haviva: Institute for Peace Research, 1992) (히브리어).

—— *Britain and the Arab-Israeli Conflict, 1948-1951* (London: St. Antony's/ Macmillan Press, 1984).

—— *A History of Modern Palestine: One Land, Two Peoples* (Cambridge: Cambridge University Press, 2004). 국역본은 다음과 같다. 일란 파페 지음, 유강은 옮김, 『팔레스 타인 현대사』, 후마니타스, 2009.

—— *The Israel/Palestine Question* (London and New York: Routledge, 1999).

—— *The Making of the Arab-Israeli Conflict*, 1947-1951 (London: I.B. Tauris, 1992).

Porath, Yehosua, *The Emergence of the Palestinian Arab National Movement, 1919-1929* (London and New York: Frank Cass, 1974).

Prior, Michael (ed.), *Speaking the Truth about Zionism and Israel* (London: Melisende, 2004).

Rivlin, Gershon and Elhanan Oren, *The War of Independence: Ben-Gurion's Diary* (Tel-Aviv: Ministry of Defence, 1982).

Rivlin, Gershon (ed.), *Olive-Leaves and Sword: Documents and Studies of the Hagan*a (Tel-Aviv: IDF Publication, 1990) (히브리어).

Rogan, Eugene and Avi Shlaim (eds), *The War for Palestine: Rewriting the History of 1948* (Cambridge: Cambridge University Press, 2002).

Sacher, Harry, Israel: *The Establishment of Israel* (London: Weidenfeld and Nicolson, 날 짜 미상).

Schölch, Alexander, *Palestine in Transformation, 1856-1882: Studies in Social, Economic and Political Development* (Washington: Institute for Palestine Studies, 1993).

Segev, Tom, *1949-The First Israelis* (Jerusalem: Domino Press, 1984).

Shafir, Gershon, *Land, Labour and the Origins of the Israel-Palestinian Conflict, 1882-1914* (Cambridge: Cambridge University Press, 1989).

Shahak, Israel, *Racism de l'état d'Israel* (Paris: Authier, 1975).

Sinai, Zvi and Gershon Rivlin (eds), *The Alexandroni Brigade in the War of*

*Independence* (Tel-Aviv: Ministry of Defence Publications, 1964) (히브리어).

Sitta, Salman Abu, *Atlas of the Nakbah* (London: Palestine Land Society, 2005).

Sluzki, Yehuda, *The Hagana Book* (Tel-Aviv: IDF Publications, 1964) (히브리어).

—— *Summary of the Hagana Book* (Tel-Aviv: Ministry of Defence Publications, 1978) (히브리어).

Smith, Barbara, *The Roots of Separatism in Palestine: British Economic Policy, 1920-1929* (Syracuse: Syracuse University Press, 1984).

Smith, Charles D., *Palestine and the Arab-Israeli Conflict* (Boston and New York: Beford/St. Martin's, 2004).

Stein, Kenneth, *The Land Question in Palestine, 1917-1939* (Atlanta: University of North Carolina Press, 1984).

Sternahell, Zeev, *The Founding Myths of Israel: Nationalism, Socialism, and the Making of the Jewish State* (Princeton: Princeton University Press, 1998).

Tal, David, *War in Palestine, 1948: Strategy and Diplomacy* (London and New York: Routledge, 2004).

Tamari, Salim, *Jersualem 1948: The Arab Neighbourhoods and their Fate in the War* (Jerusalem: The Institute of Jerusalem Studies, 1999).

Teveth, Shabtai, *Ben-Gurion and the Palestinian Arabs: From Peace to War* (New York: Oxford University Press, 1985).

Ulizki, Yossef, *From Events to A War* (Tel-Aviv: Hagana Publication of Documents, 1951) (히브리어).

Weitz, Yossef, *My Diary*, manuscript in *Central Zionist Archives*, A246.

Yahav, Dan, *Purity of Arms: Ethos, Myth and Reality, 1936-1956* (Tel-Aviv, Tamuz, 2002) (히브리어).

# 주

## 서문

1 Central Zionist Archives, minutes of the meeting of Jewish Agency Executive, 12 June 1938.

2 한편 어떤 사람들은 과거에 사회주의와의 연대를 보여주기 위해 건물 전면을 붉은색으로 칠했다고 확신한다.

3 역사학자 메이르 파일Meir Pail은 이 명령이 1주일 뒤에 전해졌다고 주장한다(Meir Pail, *From Hagana to the IDF*, 307쪽).

4 이 회의에서 나온 문서는 다음의 자료에 요약되어 있다. IDF Archives, GHQ/Operations branch, 10 March 1948, File 922/75/595; Hagana Archives, 73/94. 이 회의에 관해 이스라엘 갈릴리가 1948년 4월 4일 마파이당 중앙 회의에서 보고한 내용은 다음 자료에서 찾을 수 있다. Hagana Archives 80/50/18. 이 그룹의 구성과 논의 내용은 본문의 여러 장(章)에서 설명할 몇 가지 문서들을 모자이크식으로 재구성한 결과물이다. 4장에서는 3월 10일에 발송된 전문과 이 계획을 마무리하기 전에 열린 회의들에 관한 문서도 제시한다. 그날 회의가 열리기 몇 주 전에 채택된 플랜 달렛에 대한 비슷한 해석으로는 Uri Ben-Eliezer, *The Emergence of Israeli Militarism, 1936-1956*, 253쪽을 보라. 벤엘리저는 이렇게 말한다. "플랜 달렛은 마을 청소, 즉 아랍인과 유대인이 같이 사는 곳에서 아랍인을 추방하는 것을 목표로 삼았다." 명령 하달에 관해서는 Meir Pail, 307쪽과 Gershon Rivlin and Elhanan Oren, *The War of Independence: Ben-Gurion's Diary*, vol. 1, 147쪽도 보라. 각급 부대에 하달된 명

령문은 Hagana Archives 73/94에서 볼 수 있다. orders to the brigades to move to Position D-*Mazav Dalet* —and from the brigade to the Battalions, 16 April 1948.

5   Simcha Flapan, *The Birth of Israel: Myths and Realities*, 93쪽.

6   다비드 벤구리온은 『이스라엘의 부활과 운명*Rebirth and Destiny of Israel*』, 특히 530쪽에서 다음과 같이 솔직하게 말했다. "영국인들이 떠날 때[1948년 5월 15일]까지 는 얼마나 외딴 곳이든 간에 아랍인들이 유대인 정착촌에 들어오거나 빼앗는 일이 없 었던 반면, 하가나는 (······) 아랍인들의 많은 진지를 손에 넣고 티베리아Tiberia,* 하 이파, 야파, 사파드 등을 해방시켰다. (······) 따라서 운명의 날에 하가나가 행동에 나 설 수 있는 팔레스타인 지역에서는 아랍인을 거의 몰아냈다."

7   이 11명이 내가 이 책에서 협의체라 지칭하는 집단을 구성한다—3장을 보라. 정책 결 정권자들인 이 간부들 말고 다른 사람들도 참석했을 수 있지만, 그들은 옵서버 자격이 었다. 고위 장교들의 경우에는 현장에 있는 12개 여단에 열두 차례의 명령이 하달되었 다. 주4에 언급한 922/75/595 문서를 보라.

8   *Walid Khalidi, Palestine Reborn*; Michael Palumbo, *The Palestinian Catastrophe: The 1948 Expulsion of a People from their Homeland*; Dan Kurzman, *Genesis 1948: The First Arab-Israeli War*.

9   Avi Shlaim, 'The Debate about the 1948 War' in Ilan Pappe (ed.), *The Israel/ Palestine Question*, 171~192쪽.

10  Benny Morris, *The Birth of the Palestinian Refugee Problem, 1947-1949*.

11  모리스는 1997년 텔아비브의 암오베드Am Oved 출판사에서 출간된 히브리어판 책 179쪽에서 이런 주장을 펼친다.

12  모리스는 같은 책에서 20~30만 명의 난민에 관해 이야기한다. 실제로 1948년 5월 15 일까지 파괴된 200곳의 소도시와 마을에서 쫓겨난 주민을 모두 합하면 35만 명이다.

13  Walid Khalidi (ed.), *All That Remains: The Palestinian Villages Occupied and Depopulated by Israel in 1948*.


## 1. <추정되는> 종족 청소?

1   State Department, Special Report on 'Ethnic Cleansing' 10 May 1999.

2   United Nations, Report Following Security Council Resolution 819, 16 April 1993.

3   Drazen Petrovic, 'Ethnic Cleansing-An attempt at Methodology', *European Journal of International Law*, 5/3 (1994), 342~360쪽.

4   사실 이 정의는 Petrovic, 위의 글, 10쪽 주석 4에서 곧바로 가져온 것이다. 페트로비치 자신은 앤드루 벨피알코프Andrew Bell-Fialkoff의 「종족 청소의 간략한 역사A Brief History of Ethnic Cleansing」를 인용한다.

---

*   티베리아스의 히브리 이름.

5 4장에서 가장 중요한 회의에 관해 설명한다.

6 Ben-Gurion Archives, The Correspondence Section, 1.01.1948-07.01.48, documents 79-81. From Ben-Gurion to Galili and the members of the committee. 이 문서에는 또한 하가나 군대가 암살 표적으로 삼은 팔레스타인 지도자 40명의 이름도 담겨 있다.

7 *Yideot Achronot*, 2 February 1992.

8 *Ha'aretz*, Pundak, 21 May 2004.

9 다음의 여러 장에서 이 과정이 어떻게 이루어졌는지 자세히 이야기하겠지만, 파괴 권한은 3월 10일 각급 부대에 하달된 명령이고, 처형을 승인하는 특별 명령문은 다음 문서에 있다. IDF Archives, 49/5943 doc. 114, 13 April 1948.

10 아래의 자료들을 보라.

11 Nur Masalha, *Expulsion of the Palestinians: The Concept of 'Transfer' in Zionist Political Thought, 1882-1948; The Politics of Denial: Israel and the Palestinian Refugee Problem.*

12 Alexander (ed.), *The Mozkin Book*, 164쪽.

13 Baruch Kimmerling, *Zionism and Territory: The Socio-Territorial Dimensions of Zionist Politics*; Gershon Shafir, *Land, Labour and the Origins of the Israel-Palestinian Conflict, 1882-1914*; Uri Ram, 'The Colonialism Perspective in Israeli Sociology' in Pappe (ed.), *The Israel/Palestine Question*, 55~80쪽.

14 Khalidi (ed.) *All That Remains*; Samih Farsoun and C. E. Zacharia, *Palestine and the Palestinians*.

## 2. 배타적인 유대 국가를 건설하기 위한 운동

1 예를 들어 Haim Arlosarov, *Articles and Essays*, Response to the 1930 Shaw Commission on the concept of strangers in Palestine's history, Jerusalem 1931을 보라.

2 이런 신화를 아주 탁월하게 설명한 내용은 Israel Shahak, *Racism de l'état d'Israe*l, 93쪽에서 볼 수 있다.

3 Alexander Schölch, *Palestine in Transformation, 1856-1882: Studies in Social, Economic and Political Development.*

4 Neville Mandel, *Arabs and Zionism before World War I*, 233쪽.

5 같은 날 〈알하람*Alharam*〉에 보도됨.

06 이런 경고는 이샤끄 무사 알후세이니Ishaq Musa al-Husayni가 「어느 암탉의 기억The Memories of a Hen」이라는 제목으로 발표한 이야기 속에서 제기되었다. 처음에 예루살렘의 〈팔라스틴〉이라는 신문에 연재된 이 기사들은 1942년에 단행본으로 출간되었다.

7  전반적인 분석으로는 Rashid Khalidi, *Palestinian Identity: The Construction of Modern National Consciousness*를, 좀더 구체적인 내용으로는 *Al-Manar*, vol. 3, issue 6, 107~108쪽과 vol. 1, issue 41, 810쪽을 보라.

8  Uri Ram in Pappe (ed.), *The Israel/Palestine Question*; David Lloyd George, *The Truth about the Peace Treaties* 등을 보라.

9  이런 연구 중 가장 주목할 만한 것은 다음의 책이다. Zeev Sternahell, *The Founding Myths of Israel: Nationalism, Socialism, and the Making of the Jewish State*.

10  밸푸어 선언은 1917년 11월 2일 자로 영국 외무 장관 아서 제임스 밸푸어가 영국 유대인 공동체 지도자 로스차일드 경Lord Rothschild에게 보낸 편지이다. 1917년 10월 31일 각료 회의에서 합의된 밸푸어 선언 본문은 영국 정부의 입장을 다음과 같이 제시했다. "국왕 폐하의 정부는 팔레스타인에 유대 민족의 고향을 세우는 계획을 호의적으로 보며, 이 목표를 신속하게 달성하기 위해 최대한 노력을 기울일 것이다. 또한 팔레스타인에 거주하는 기존 비유대인 공동체들의 시민적, 종교적 권리나 다른 나라에서 유대인들이 누리는 권리와 정치적 지위를 손상시키는 어떤 일도 하지 않을 것임을 분명히 한다."

11  Yehosua Porath, *The Emergence of the Palestinian Arab National Movement, 1919-1929*.

12  Eliakim Rubinstein, 'The Treatment of the Arab Question in Palestine in the post-1929 Period' in Ilan Pappe (ed.), *Arabs and Jews in the Mandatory Period—A Fresh View on the Historical Research* (히브리어).

13  펄에 관해서는 Charles D. Smith, *Palestine and the Arab-Israeli Conflict*, 135~137쪽을 보라.

14  Barbara Smith, *The Roots of Separatism in Palestine: British Economic Policy, 1920-1929*.

15  이런 연결을 처음 제시한 것은 Uri Ben-Eliezer, *The Making of Israeli Militarism*이다.

16  John Bierman and Colin Smith, *Fire in the Night: Wingate of Burma, Ethiopia and Zion*.

17  Hagana Archives, File 0014, 19 June 1938.

18  위의 자료.

19  The Bulletin of the Hagana Archives, issues 9-10, (prepared by Shimri Salomon) 'The Intelligence Service and the Village Files, 1940-1948'(2005).

20  유대 민족 기금에 관한 비판적인 조사로는 Uri Davis, *Apartheid Israel: Possibilities for the Struggle Within*을 보라.

21  Kenneth Stein, *The Land Question in Palestine, 1917-1939*.

22  이 서한은 Central Zionist Archives에 포함돼 있으며, Benny Morris, *Correcting A Mistake*, 62쪽 주석 12~15에서 인용된 바 있다.

23 앞의 자료.

24 Hagana Archives, File 66,8.

25 Hagana Archives, Village Files, File 24/9, testimony of Yoeli Optikman, 16 January 2003.

26 Hagana Archives, File 1/080/451, 1 December 1939.

27 Hagana Archives, File 194/7, 1~3쪽, interview given on 19 December 2002.

28 주 15를 보라.

29 Hagana Archives, S25/4131, 105/224와 105/227, 그리고 각기 다른 마을을 다루는 이 시리즈의 다른 많은 문서.

30 Hillel Cohen, *The Shadow Army: Palestinian Collaborators in the Service of Zionism*.

31 Interview with Palti Sela in the Hagana Archives, File 205,9, 10 January 1988.

32 주 27을 보라.

33 Hagana Archives, Village Files, 105/255 files from January 1947.

34 IDF Archives, 49/5943/114, orders from 13 April 1948.

35 주 27을 보라.

36 위의 자료, File 105,178.

37 Harry Sacher, *Israel: The Establishment of Israel*, 217쪽에서 재인용.

38 Smith, *Palestine and the Arab-Israeli Conflict*, 167~168쪽.

39 Yossef Weitz, *My Diary*, vol. 2, 181쪽, 20 December 1940.

40 Ben-Gurion's *Diary*, 12 July 1937; *New Judea*, August-September 1937, 220쪽.

41 Shabtai Teveth, *Ben-Gurion and the Palestinian Arabs: From Peace to War*.

42 Hagana Archives, File 003, 13 December 1938.

43 영국의 정책에 관해서는 Ilan Pappe, *Britain and the Arab-Israeli Conflict, 1948-1951*을 보라.

44 Interview of Moshe Sluzki with Moshe Sneh, in Gershon Rivlin (ed.), *Olive-Leaves and Sword: Documents and Studies of the Hagana*; Ben-Gurion's *Diary*, 10 October 1948.

45 Yoav Gelber, *The Emergence of a Jewish Army*, 1~73쪽을 보라.

46 Michael Bar-Zohar, *Ben-Gurion: A Political Biography*, vol. 2, 639~666쪽 (히브리어).

47 Pappe, *Britain and the Arab-Israeli Conflict*를 보라.

48 Yehuda Sluzki, *The Hagana Book*, vol. 3, part 3, 1942쪽.

49 4장을 보라.

## 3. 분할과 파괴: 유엔 결의안 제181호와 그 여파

1 팔레스타인은 몇 개의 행정 구역으로 나뉘어 있었다. 1947년 당시 행정 구역별 유대 인 비율은 다음과 같다. 사파드 12%, 아크레 4%, 티베리아스 33%, 베이산 30%, 나사 렛 16%, 하이파 47%, 예루살렘 40%, 리드(여기에는 야파, 텔아비브, 페타티크바가 포 함된다) 72%, 라믈라 24%, 베르셰바 7.5%.

2 Ilan Pappe, *The Making of the Arab-Israeli Conflict, 1947-1951*, 16~46쪽을 보라.

3 United Nations Archives: The UNSCOP Documents, Box 2를 보라.

4 Walid Khalidi, 'Revisiting the UNGA Partition Resolution', *Journal of Palestine Studies*, 105 (Autumn 1997), 15쪽. 운스콥에 관해, 그리고 시온주의자들의 자극 을 받아 운스콥이 유엔을 친시온주의적인 팔레스타인 분할 해법으로 교묘하게 유도 한 과정에 관해 더 자세한 내용은 Pappe, *The Making of the Arab-Israeli Conflict*, 16~46쪽을 보라.

5 Khalidi, 앞의 글.

6 위의 글.

7 Plenary Meetings of the General Assembly, 126th Meeting, 28 November 1947, *UN Official Record*, vol. 2, 1390~1400쪽.

8 Flapan, *The Birth of Israel*, 13~54쪽.

9 예를 들어 David Tal, *War in Palestine, 1948: Strategy and Diplomacy*, 1~145쪽 을 보라.

10 Bar-Zohar, *Ben-Gurion*, part II, 660~661쪽.

11 1947년 12월 3일 노동당 센터Mapai Centre에서 벤구리온이 한 연설을 보라.

12 Private Archives, Middle East Centre, St. Antony's College, Cunningham's Papers, Box 2, File 3.

13 위의 자료.

14 아랍의 반응에 관한 해박한 분석으로는 Eugene L. Rogan and Avi Shlaim (eds.), *The War For Palestine: Rewriting the History of 1948*을 보라. 그중에서도 특히 Charles Tripp, 'Iraq and the 1948 War: Mirror of Iraq's Disorder'; Fawaz A. Geregs, 'Egypt and the 1948 War: Internal Conflict and Regional Ambition'; Joshua Landis, 'Syria and the Palestine War: Fighting King Abdullah's 'Greater Syria' Plan' 등을 보라.

15 Ben-Gurion's *Diary*, 7 October, 1947.

16 벤구리온은 딱 한 번 협의체의 이름을 입에 올렸다. 일기(1948년 1월 1일 자)에서 그 는 협의체를 '전문가 모임Mesibat Mumhim'이라고 불렀다. 출간된 일기의 편집자들은 모임이란 아랍 문제에 관한 전문가들의 회의를 가리킨다고 덧붙였다. 이 회의의 문서 를 보면, 전문가들 외에도 최고 사령부 성원 몇 명까지 포함한 더 큰 토론장이 있었음 을 알 수 있다. 실제로 두 집단이 회동해서 내가 협의체라고 부르는 조직이 되었다.

17 벤구리온은 『일기』에서 다음의 회의들에 관해 이야기한다. 1947년 6월 18일, 1947

년 12월 1~3일, 1947년 12월 11일, 1947년 12월 18일, 1947년 12월 24일(이 회의
는 25일 자 일기에 기록되어 있으며 네게브사막에 있는 요새들을 다루는 내용이다),
1948년 1월 1일, 1948년 1월 7일(야파의 미래에 관한 논의), 1948년 1월 9일, 1948
년 1월 14일, 1948년 1월 28일, 1948년 2월 9~10일, 1948년 2월 19일, 1948년 2월
25일, 1948년 2월 28일, 1948년 3월 10일, 1948년 3월 31일. 일기에서 거론하는 모
든 회의의 전후에 오간 서한은 벤구리온 문서 보관소에서 찾을 수 있다. Ben-Gurion
Archives, the correspondence section and the private correspondence section. 서한
들에 담긴 내용을 보면, 일기에서 개략적으로 언급한 내용의 빈 부분을 많이 채울 수
있다.

18  협의체의 성원이었던 개인들을 재구성해 보면 다음과 같다. 다비드 벤구리온, 이가엘
야딘(작전부장), 요하난 라트너(벤구리온의 전략 고문), 이갈 알론(팔마흐와 남부 전선
책임자), 이츠하크 사데(기갑 부대 책임자), 이스라엘 갈릴리(최고 사령관), 츠비 아얄론
Zvi Ayalon(갈릴리의 부관이자 중부 전선 사령관). 마트칼, 즉 최고 사령부의 구성원
이 아닌 다른 이들로는 요세프 바이츠(유대 기구 정착부장), 이사르 하렐(정보부장)과
그의 부하인 에즈라 다닌, 가드 마흐네스, 여호수아 팔몬 등이 있었다. 모셰 샤레트와
엘리아후 사손도 한두 차례 회의에 참석했다. 한편 벤구리온은 일기에서 증언하는 것
처럼, 거의 일요일마다 사손을 만났고, 예루살렘에서 야코프 시모니와도 따로 만났다.
몇몇 야전 장교들도 교대로 회의에 불려 왔다. 단 에벤Dan Even(해안 전선 사령관),
모셰 다얀, 시몬 아비단, 모셰 카르멜(북부 전선 사령관), 슐로모 샤미르, 이츠하크 라
빈 등이 그들이다.

19  벤구리온은 또한 그의 책에서도 이 회의에 관해 이야기한다. *When Israel Fought*,
13~18쪽.

## 4. 마스터플랜을 완성하다

1  영국 팔레스타인 고등 판무관 앨런 커닝엄 경은 처음에 파업으로 시작된 이 항의 시
위가 어떻게 폭력 사태로 변했는지에 관해 증언한 바 있다. "초기의 아랍 폭동은 자생
적이고 비조직적이었으며 유대인에 대한 단호한 공격보다는 유엔에 대한 불만을 드러
내는 시위의 성격이 강했다. 처음에 사용된 무기는 몽둥이와 돌멩이였고, 유대인이 총
기를 사용하지 않았다면 아마 흥분이 가라앉아서 인명 손실이 거의 없었을 것이라
고 보아도 된다. 아랍 고등 위원회 전체와 특히 무프티가 파업 호소에 대한 열띤 반응
에 만족하긴 했지만 심각한 폭동에는 찬성하지 않았기 때문에 이렇게 될 가능성이
더 컸다." Nathan Krystal, 'The Fall of the New City, 1947-1950', in Salim Tamari,
*Jerusalem 1948. The Arab Neighbourhoods and their Fate in the War*, 96쪽에서
재인용.

2  이 점에 관해서는 다음 장에서 자세히 이야기할 것이다.

3  Bar-Zohar, *Ben-Gurion*, 663쪽.

4   Meir Pail, 'External and Internal Features in the Israeli War of Independence' in
    Alon Kadish (ed.), *Israel's War of Independence 1948-1949*, 485~487쪽.

5   Smith, *Palestine and the Arab-Israeli Conflict*, 91~108쪽.

6   Avi Shlaim, *Collusion*.

7   Avi Shlaim, 'The Debate about 1948' in Pappe (ed.), *The Israel/Palestine
    Question*, 171~192쪽.

8   Rivlin and Oren, *The War of Independence*, vol. 1, 320쪽, 18 March 1948; 397쪽,
    7 May 1948; vol. 2, 428쪽, 15 May 1948.

9   위의 책, 28 January 1948, 187쪽.

10  여기에는 하가나가 체코슬로바키아와 체결한 1228만 달러 상당의 무기 거래가 포함되
    었다. 소총 2만 4,500정, 기관총 5,200정, 탄약 5400만 발 등이었다.

11  주 8을 보라.

12  정보 장교들에게 내려진 명령에 관해서는 나중에 다시 언급할 것이다. IDF Archives,
    File 2315/50/53, 11 January, 1948에서 명령 내용을 찾아볼 수 있다.

13  Bar-Zohar, *Ben-Gurion*, 663쪽에 재인용된, 벤구리온이 벤아르치에게 보낸 편지
    와 Ben-Gurion Archives, Correspondence Section, 23.02-1.03.48 document 59, 26
    February 1948에 있는 샤레트에게 보낸 편지를 보면 이런 사실을 알 수 있다.

14  Ben-Gurion's letters, 위의 자료.

15  Israeli State Archives Publications, *Political and Diplomatic Documents of the
    Zionist Central Archives and Israeli State Archives*, December 1947-May 1948,
    Jerusalem 1979 (히브리어), Doc. 45, 14 December 47, 60쪽.

16  Masalha, *Expulsion of the Palestinians*.

17  Bar-Zohar, *Ben-Gurion*, 702쪽.

18  1937년 7월 12일 자로 된 장문의 일기에서 벤구리온은 유대 지도부가 아랍인들을 팔
    레스타인 밖으로 이동시키려는 의지와 힘을 가져야 한다는 소망을 표현한다.

19  연설문 전체가 그의 책에 수록되어 있다. David Ben-Gurion, *In the Battle*, 255~272
    쪽.

20  Central Zionist Archives, 45/1 Protocol, 2 November 1947.

21  Flapan, *The Birth of Israel*, 87쪽.

22  Morris, *The Birth of the Palestinian Refugee Problem Revisited*.

23  이 사건이 민족 문제와 무관하다는 점은 벤구리온에게 보고되었다. Ben-Gurion
    Archives, Correspondence Section, 1.12.47-15.12.47, Doc. 7, Eizenberg to Kaplan, 2
    December 1947을 보라.

24  벤구리온은 『일기』에서 1947년 12월 2일의 이런 회의에 관해 이야기한다. 당시 동양
    전문가들은 팔레스타인인들의 수도 공급원과 교통 중심지를 공격하자고 제안했다.

25  대다수 농민들이 전쟁에 가담하기를 원치 않았다는 평가에 대해서는 Ben-Gurion's
    *Diary*, 11 December 1947을 보라.

26    Hagana Archives, 205.9.

27    벤구리온은 하루 뒤인 1947년 12월 11일 자 일기에서 이 회의에 관해 이야기한다. 회의는 더 제한된 토론 모임으로 열렸을 수도 있다.

28    IDF Archives, 49/5492/9, 19 January 1948.

29    구술사 증언을 권유하는 쌍방향 웹 사이트 www.palestineremembered.com을 보라.

30    1947년 12월 11일 자 벤구리온의 일기와 모셰 샤레트에게 보낸 편지, G. Yogev, Documents, December 1947-May 1948, Jerusalem: Israel State Archives 1980, 60쪽.

31    1947년 12월 22일 자 〈뉴욕타임스〉에 보도됨. 하가나 보고서는 12월 14일에 이가엘 야딘에게 제출되었다. Hagana Archives, 15/80/731을 보라.

32    IDF Archives, 51/957, File 16.

33    Central Zionist Archives, Report S25/3569, Danin to Sasson, 23 December 1947.

34    *The New York Times*, 20 December 1947; speech by Ben-Gurion in the Zionist Executive, 6 April 1948.

35    벤구리온은 1947년 12월 18일 자 일기에 수요일 회의 내용을 요약해놓았다.

36    Yaacov Markiviski, 'The Campaign on Haifa in the Independence War' in Yossi Ben-Artzi (ed.), *The Development of Haifa, 1918-1948*.

37    *Filastin*, 31 December 1947.

38    Milstein, *The History of the Independence War*, vol. 2, 78쪽.

39    Benny Morris, *The Birth of the Palestinian Refugee Problem*, 156쪽; Uri Milstein, *The History of the Independence War*, vol. 2, 156쪽.

40    민족 위원회는 1937년 팔레스타인 곳곳의 다양한 지역에서 설립된 지역 명사들의 기구였다. 각 도시에서 팔레스타인 공동체를 대변하는 일종의 비상 지도부 역할을 했다.

41    Morris, *The Birth of the Palestinian Refugee Problem*, 50쪽; Milstein, *The History of the Independence War*, vol. 3, 74~75쪽.

42    Morris, *The Birth of the Palestinian Refugee Problem*, 55쪽 주 11.

43    Political and Diplomatic Documents, Document 274, 460쪽.

44    위의 자료, Document 245, 410쪽.

45    Rivlin and Oren, *The War of Independence*, 편집자의 말, 9쪽.

46    긴 세미나의 회의록 본문은 다음 자료에 들어 있다. Ha-Kibbutz Ha-Meuchad Archives, Aharon Zisling's private collection.

47    Ben-Gurion's *Diary*, 31 December 1947.

48    Weitz, *My Diary*, vol. 2, 181쪽.

49    Morris, *The Birth of the Palestinian Refugee Problem*, 62쪽.

50    Ben-Gurion Archives, The Galili papers, Protocol of the meeting.

51    Danin testimony for Bar-Zohar, 680쪽 주 60.

52    Ben-Gurion Archives, Correspondence Section, 16.1.48-22.1.48, Document 42, 26 January 1948.

53　Ben-Gurion's *Diary*, 7 January 1948.

54　Ben-Gurion's *Diary*, 25 January 1948.

55　Rivlin and Oren, *The War of Independence*, 229쪽, 10 February 1948.

56　Ben-Gurion Archives, Correspondence Section, 1.1.48-31.1.48, Doc. 101, 26 January 1948.

57　요하난 라트너, 야코프 도리Yaacov Dori, 이스라엘 갈릴리, 이가엘 야딘, 츠비 레쉬너 (아얄론)Zvi Leschiner(Ayalon), 이츠하크 사데 등이다.

58　Ben-Gurion's *Diary*, 9 January 1948.

59　이 팸플릿은 스턴갱의 간행물인 〈미브라크*Mivrak*〉에 실렸다.

60　Ben-Gurion's *Diary*, 31 January 1948.

61　Rivlin and Oren, *The War of Independence*, 210~211쪽.

62　Ben-Gurion's *Diary*, 1 January 1948.

63　주 52를 보라.

64　Bar-Zohar, *Ben-Gurion*, 681쪽.

65　Ben-Gurion's *Diary*, 30 January 1948.

66　위의 책, 14 January 1948, 2 February 1948, 1 June 1948.

67　2월에 열린 회의들에 관한 정보는 벤구리온의 일기에서 가져온 것이다.

68　Ben-Gurion's *Diary*, 9 and 10 February 1948; *Haganah Book*, 1416~1418쪽.

69　*Hashomer Ha-Tza'ir* Archives, Files 66.10, meeting with Galili 5 February 1948(reporting a day after the 〈Matkal〉 meeting on 4 February Wed.).

70　Zvi Sinai and Gershon Rivlin (eds), *The Alexandroni Brigade in the War of Independence*, 220쪽 (히브리어).

71　Morris, *The Birth of the Palestinian Refugee Problem*, 53~54쪽.

72　Weitz, *My Diary*, vol. 3, 223쪽, 11 January 1948.

73　공식 보고서에 나온 수치는 더 작아서 주택 40채 폭파, 마을 사람 11명 살해, 80명 부상 등이 열거되어 있다.

74　Israel Even Nur (ed.), *The Yiftach-Palmach Story*.

75　Ben-Gurion's *Diary*, 19 February 1948.

76　위의 책.

77　Khalidi (ed.), *All That Remains*, 181~182쪽.

78　Weitz, *My Diary*, vol. 3, 223쪽, 11 January 1947.

79　위의 책, 239~240쪽.

80　Morris, *The Birth of the Palestinian Refugee Problem*, 84~86쪽.

81　Pail, *From the Hagana to the IDF*, 307쪽. 다음 장의 플랜 D에 관한 논의를 보라.

82　Walid Khalidi, 'Plan Dalet: Master Plan for the Conquest of Palestine', *Journal of Palestine Studies*, 18/69 (Autumn 1988), 4~20쪽에서 가져온 영어 번역이다.

83　5장을 보라.

84 군인들에게 배포된 계획서와 첫번째 직접 명령서는 다음 자료에 있다. IDF Archives, 1950/2315 File 47, 11 May 1948.

85 Yadin to Sasson IDF Archives, 16/69/261 The Nachshon Operations Files.

## 5. 종족 청소를 위한 청사진: 플랜 달렛

1 Rivlin and Oren, *The War of Independence*, vol. 1, 332쪽.

2 Speech to the Executive Committee of the Mapai party, 6 April 1948.

3 카르멜리 여단에 하달된 명령에서 직접 인용. Zvi Sinai (ed.), *The Carmeli Brigade in the War of Independence*, 29쪽.

4 Binyamin Etzioni (ed.), *The Golani Brigade in the Fighting*, 10쪽.

5 Zerubavel Gilad, *The Palmach Book*, vol. 2, 924~925쪽; Daniel McGowan and Matthew C. Hogan, *The Saga of the Deir Yassin Massacre, Revisionism and Reality*.

6 데이르야신에서 벌어진 사태에 관한 묘사와 증언은 다음 책에서 가져온 것이다. Daniel McGowan and Matthew C. Hogan, *The Saga of the Deir Yassin Massacre, Revisionism and Reality*.

7 위의 책.

8 당대의 설명에서는 데이르야신 학살 희생자 수를 254명으로 보았다. 당시 유대 기구, 적십자 관리, 〈뉴욕타임스〉, 예루살렘 소재 아랍 고등 위원회 대변인 후세인 알칼리디 박사 등도 이 수치를 확인했다. 아마 팔레스타인인들 사이에서 공포를 퍼뜨려서 대규모 탈출을 부추기기 위해 의도적으로 수치를 부풀린 것으로 보인다. 확실히 나중에는 마을을 청소하기 전에 확성기를 사용해서 자진해서 떠나지 않으면 끔찍한 결과가 벌어질 것이라고 사람들에게 경고했다. 공포를 부추기고, 목숨을 부지하려면 지상군이 진입하기 전에 도망치라고 하기 위한 것이었다.

이르군 지도자 메나헴 베긴은 저서 『반란The Revolt』, 특히 164쪽에서 이런 소문을 퍼뜨린 것이 팔레스타인인들에게 효과를 발휘했다고 설명했다. "나라 곳곳의 아랍인들은 '이르군의 살생'에 관한 무시무시한 이야기에 이끌려서 끝없는 공포에 사로잡혔고, 결국 목숨을 건지기 위해 도망치기 시작했다. 이런 대규모 도주는 이내 통제 불능의 광적인 대탈주로 확대되었다. 현재 이스라엘 국가 영토에 살던 80만 명에 달하는 인구 가운데 16만 5,000명만이 남아 있다. 이런 사태 전개의 정치, 경제적 의미를 과소평가해서는 안 된다."

뉴욕에서 알버트 아인슈타인은 저명한 유대인 27명과 함께 〈뉴욕타임스〉 1948년 12월 4일 자에 공개서한을 게재해서 데이르야신 학살을 비난했다. "테러리스트 집단[베긴의 이르군을 말한다]이 전투 대상 군사적 목표물이 아닌 이 평화로운 마을을 공격해서 주민 대부분—남녀노소 240명—을 살해하고 나머지 몇 명을 포로로 삼아 예루살렘 거리에서 끌고 다녔습니다. 유대인 공동체 대부분은 이 행동에 충격을 받았고,

유대 기구는 트랜스요르단의 압둘라 국왕에게 전보를 보냈습니다(원문 그대로). 하지만 테러리스트들은 자신들의 행동을 부끄러워하기는커녕 이 학살을 자랑하고 널리 홍보했으며, 이 나라에 주재하는 외국 통신원 전원을 초청해서 데이르야신에 쌓인 시체와 파괴된 현장 전체를 보여주었습니다."

9   Uri Ben-Ari, *Follow Me*.

10  스턴갱의 지도적 인물이자 현재 극우 활동가인 게울라 코헨Geula Cohen이 아부가우시 마을을 구한 사정은 특히 흥미롭다. 마을 구성원 중 한 명이 1946년에 코헨이 영국 감옥을 탈출하는 것을 도와주었기 때문이다. 코헨의 이야기는 다음 책을 보라. Geula Cohen, *Woman of Violence; Memories of a Young Terrorist, 1945-1948*.

11  *Filastin*, 14 April 1948.

12  Palumbo, *The Palestinian Catastrophe*, 107~108쪽.

13  위의 책, 107쪽.

14  Flapan, *The Birth of Israel*, 89~92쪽의 요약을 보라.

15  이스라엘 정보기관은 이 전보를 가로챘다. 벤구리온은 1948년 1월 12일 자 일기에 전보 내용을 인용하고 있다.

16  Rees Williams, the Under Secretary of States statement to Parliament, *Hansard*, House of Commons Debates, vol. 461, 2050쪽, 24 February 1950을 보라.

17  이스라엘 갈릴리의 부관인 아르난 아자리아후Arnan Azariahu의 회고에 따르면, 새로 구성된 마트칼(최고 사령부)이 라마트간Ramat Gan으로 옮겼을 때 이가엘 야딘이 키르야티 여단 소속 병사들에게는 사령부 방어 책임을 맡겨서는 안 된다고 주장했다고 한다. Arnan Azariahu, *Maqor Rishon*, interview, 21 May 2006.

18  Walid Khalidi, 'Selected Documents on the 1948 War', *Journal of Palestine Studies*, 107, Vol. 27/3 (Spring 1998), 60~105쪽은 아랍 위원회의 서한뿐만 아니라 영국인들의 서한까지 자료로 활용한다.

19  Hagana Archives, 69/72, 22 April 1948.

20  Central Zionist Archives, 45/2 Protocol.

21  Zadok Eshel (ed.), *The Carmeli Brigade in the War of Independence*, 147쪽.

22  Walid Khalidi, 'Selected Documents on the 1948 War'.

23  Montgomery of Alamein, *Memoirs*, 453~454쪽.

24  Walid Khalidi, 'The Fall of Haifa', *Middle East Forum*, XXXV, 10 (December 1959), letter by Khayat, Saad, Mu'ammar and Koussa from 21 April 1948.

25  팔레스타인 쪽에 관한 정보는 다음 책에서 가져온 것이다. Mustafa Abasi, *Safad During the British Mandate Period: A Social and Political Study*, Jerusalem: Institute for Palestine Studies, 2005 (아랍어). 이 책을 요약한 내용이 'The Battle for Safad in the War of 1948: A Revised Study', *International Journal for Middle East Studies*, 36 (2004), 21~47쪽에 있다.

26  위의 책.

27  위의 책.

28  Ben-Gurion's *Diary*, 7 June 1948.

29  Salim Tamari, *Jerusalem* 1948.

30  이 명령을 재구성한 것은 1948년 예루살렘의 하가나 정보부장 이츠하크 레비이다. Itzhak Levy, *Jerusalem in the War of Independence*, 207쪽 (이 인터뷰들은 나중에 이스라엘 방위군 문서 보관소 자료로 통합되었다).

31  벤구리온은 일기에서 이 전보 14통을 인용한다. Rivlin and Oren, *The War of Independence*, 12, 14, 27, 63, 64, 112, 113, 134, 141, 156, 169, 170, 283쪽을 보라.

32  Ben-Gurion's *Diary*, 15 January 1948에 언급됨.

33  Levy, *Jerusalem*, 219쪽.

34  Red Cross Archives, Geneva, Files G59/1/GC, G3/82 sent by the International Committee of the Red Cross (ICRC) delegate de Meuron on 6-19 May 1948은 장티푸스가 갑자기 유행한 사정을 설명한다.

35  이 부분의 모든 정보는 적십자 자료와 Salman Abu Sitta, 'Israel Biological and Chemical Weapons: Past and Present', *Between the Lines*, 15-19 March 2003을 토대로 한 것이다. 아부 시타는 또한 1993년 8월 13일 자 〈하다쇼트*Hadashot*〉에 실린 사라 레이보비츠-다르Sara Leibovitz-Dar의 기사를 인용하는데, 여기서 사라는 역사학자 우리 밀스테인Uri Milstein에게서 단서를 얻어 '아크레 작전에 책임이 있으면서도 자신의 질문에 답을 거부하는 이들'을 추적한다. 그녀는 기사에서 다음과 같이 결론짓는다. "그들은 당시에 깊은 확신과 열성으로 저지른 일을 지금은 수치로 감춘다."

36  Ben-Gurion's *Diary*, 27 May 1948.

37  위의 책, 31 January 1948; 헤메드의 역사에 관한 벤구리온의 언급.

38  Levy, *Jerusalem*, 113쪽. 그렇지만 레비는 아랍 군단이 앞서 이미 항복한 이들에 대한 공격에 가담했다고 비난한다. 109~112쪽을 보라.

39  Interview with Sela (2장 주 31을 보라).

40  www.palestineremembered.com 웹 사이트에서 한나 아부이에드Hanna Abuied가 제시한 증거.

41  Morris, *The Birth of the Palestinian Refugee Problem*, 118쪽.

42  히브리어판 저서 95쪽에서 모리스는 이 회의를 거론하며, 벤구리온은 일기에서 언급한다.

43  이 작전들은 대부분 Morris, 위의 책, 137~167쪽에서 언급된다.

44  수치와 방식, 지도에 관한 가장 자세한 정보는 살만 아부 시타의 『나크바 지도*Atlas of the Nakbah*』에 들어 있다.

45  Interview with Sela (2장, 주 31을 보라).

46  이 부분의 내용은 Khalidi (ed.), *All That Remains*, 60~61쪽과 Hagana's Village Files, Ben-Zion Dinur et al., *The History of the Hagana*, 1420쪽에서 가져왔다.

47  Ha-Kibbutz Ha-Meuchad Archives, Aharon Zisling Archives, Ben-Gurion letters.

48 거의 모든 마을의 추방과 파괴가 우리가 주된 출처로 삼은 〈뉴욕타임스〉뿐만 아니라 Khalidi (ed.), *All That Remains*; Morris, *The Birth of the Palestinian Refugee Problem*; Ben-Zion Dinur et al., *The History of the Hagana* 등에도 서술되었다.

49 Morris, 위의 책, 243~244쪽.

50 Palmach Archives, Givat Haviva, G/146, 19 April 1948.

51 Nafez Nazzal, *The Palestinian Exodus from the Galilee 1948*, Beirut: the Institute for Palestinian Studies, 1978, 30~33쪽; Morris, *The Birth of the Palestinian Refugee Problem Revisited*, 130쪽.

52 칼리디는 *All That Remains*에서 이 자료를 광범위하게 활용한다.

53 모리스의 *The Birth of the Palestinian Refugee Problem Revisited*도 이 기록을 주요 자료로 삼았다.

54 Weitz, *My Diary*, vol. 3, 21 April 1948.

55 IDF Archives, 51/967 특히 Files 16, 24 and 42, and 51/128/50에 있는 명령 내용을 보라.

56 Ben-Gurion Archives, Correspondence Section, 23.02-30.1 doc. 113.

57 Nazzal, *The Palestinian Exodus*, 29쪽.

58 Netiva Ben-Yehuda, *Between the Knots*.

59 영화에 대한 평으로는 *Al-Ahram Weekly*, 725, 13-19 January 2005를 보라.

60 Khalidi (ed.), *All That Remains*, 437쪽에서 이용 가능한 자료를 종합한 내용을 보라.

61 Hans Lebrecht, *The Palestinians, History and Present*, 176~177쪽.

62 누구나 접할 수 있는 출판물이다. *The Palmach Book*, vol. 2, 304쪽.

63 Ben-Yehuda, *Between the Knots*, 245~246쪽.

64 *The Palmach Book*.

65 Interview with Sela (2장 주 31을 보라).

66 위의 인터뷰.

67 위의 인터뷰.

68 위의 인터뷰.

69 Laila Parsons, 'The Druze and the Birth of Israel' in Eugene Rogan and Avi Shlaim (eds), *The War for Palestine: Rewriting the History of 1948*.

70 Ben-Gurion Archives, Correspondence, 23.02-1.03.48, doc. 70.

71 아랍 연맹 내의 논의에 관해서는 Pappe, *The Making of the Arab-Israeli Conflict*, 102~134쪽을 보라.

72 Walid Khalidi, 'The Arab Perspective' in W. Roger Louis and Robert S. Stookey (eds), *The End of the Palestine Mandate*.

73 Pappe, *The Making of the Arab-Israeli Conflict*.

74 Qasimya Khairiya, *Fawzi al-Qawuqji's Memoirs, 1936-1948*.

75 Shlaim, *Collusion*을 보라.

76  Ben-Gurion's *Diary*, 2 May 1948.

77  1948년 5월 8일 회의에서 하가나 고위 장교들이, 그리고 5월 10일 압둘라 국왕이 골다 메이어에게 똑같은 내용을 전달했다. 메이어는 실제로 시온주의 지도부에 압둘라가 유대인들과 조약을 체결하지 않을 테고 전쟁을 벌여야 할 것이라고 보고했다. 하지만 1975년 모셰 다얀은 영국이 의심한 내용, 즉 사실 그는 이라크와 요르단 군대가 유대 국가를 침략할 것을 예상했다는 점을 확인했다. 〈예이도트아흐로노트*Yeidot Achronot*〉 1975년 2월 28일 자에 실린 다얀의 말과 Rivlin and Oren, *The War of Independence*, 409~410쪽을 보라.

78  PRO, FO 800,477, FS 46/7 13 May 1948.

79  니므르 하와리는 『나크바의 비밀*The Secret of the Nakba*』이라는 전쟁 회고록을 썼다 (1955년 나사렛에서 아랍어로 출간).

80  Flapan, *The Birth of Israel*, 157쪽에서 재인용.

81  최근 이스라엘 역사학자들 사이에서 벤구리온의 입장을 놓고 흥미로운 논쟁이 벌어졌다. *Ha'aretz*, 12 and 14 May 2006 'The Big Wednesday'를 보라.

82  Wahid al-Daly, *The Secrets of the Arab League and Abd al-Rahman Azzam*.

83  In front of the Joint Parliamentary Middle East Councils, Commission of Enquiry—Palestinian Refugees, London: Labour Middle East Council and others, 2001.

## 6. 가짜 전쟁과 진짜 전쟁: 1948년 5월

1   레비는 『예루살렘』, 특히 114쪽에서 이 고립지들을 방어하기로 한 결정이 전략적 실수라고 비판했다. 전반적인 전략에 도움이 되지 않았다는 것이다.

2   회의 내용은 모두 벤구리온의 일기에서 인용한 것이다.

3   Interview with Glubb. Glubb, *A Soldier with the Arabs*, 82쪽도 보라.

4   Yehuda Sluzky, *Summary of the Hagana Book*, 486~487쪽.

5   다음 글에 이런 내용이 담겨 있다. "operative orders to the Brigades according to Plan Dalet", IDF Archives, 22/79/1303.

6   Amitzur Ilan, *The Origins of the Arab-Israeli Arms Race: Arms, Embargo, Military Power and Decision in the 1948 Palestine War*.

7   IDF Archives, 51/665, File 1, May 1948.

8   Pail, 'External'.

9   실제로 앞서 언급한 몇몇 책들, 특히 Khalidi (ed.), *All That Remains*와 Flapan, *The Birth of Israel*, Palumbo, *The Catastrophe*, Morris, *Revisited* 등은 이 점을 아주 설득력 있게 입증한다.

10  명령 내용은 IDF archives, 51/957, File 16, 7 April 1948에서 발견할 수 있다. 49/4858, File 495 to 15 October 1948[이하 IDF Archives, orders]도 보라.

11 *Maqor Rishon*을 보라. 이전한 이유는 레드하우스와 벤구리온의 아파트가 이집트 항 공기의 직접 공격을 받기 때문이라고 한다.

12 IDF Archives, 1951/957, File 24, 28 January 1948 to 7 July 1948.

13 위의 자료.

14 Ilan Pappe, 'The Tantura Case in Israel: The Katz Research and Trial', *Journal of Palestine Studies*, 30(3), Spring 2001, 19~39쪽을 보라.

15 Pappe, 위의 글, 3쪽과 Pappe, 'Historical Truth, Modern Historiography, and Ethical Obligations: The Challenge of the Tantura Case', *Holy Land Studies*, vol. 3/2 November 2004를 바탕으로 서술.

16 Nimr al-Khatib, *Palestine's Nakbah*, 116쪽.

17 Sinai and Rivlin, *The Alexandroni Brigade*.

18 IDF Archives, 49/6127, File 117, 13 April to 27 September 1948.

19 위의 자료.

20 Hagana Archives, 8/27/domestic, 1 June 1948.

21 주 8을 보라.

22 Report to Yadin, 11 May 1948 in Hagana Archives, 25/97.

23 Eshel (ed.), *The Carmeli Brigade in the War of Independence*, 172쪽.

24 www.palestineremembered.com, 1 July 2000에 게시됨.

25 Ben-Gurion's *Diary*, 24 May 1948.

## 7. 청소 작전 확대: 1948년 6월~9월

1 Morris, *The Birth of the Palestinian Refugee Problem*, 128쪽.

2 Ben-Gurion's *Diary*, 2 June 1948.

3 벤구리온은 1948년 6월 1일 자 일기에서 이런 마을 네 곳—베이트티마Beit Tima, 후 즈, 비리야, 심심—을 이야기한다. Israeli State Archives report setting fire to villages, in 2564/9 from August 1948.

4 Ben-Gurion's *Diary*, 2 June 1948.

5 위의 책.

6 Naji Makhul, *Acre and its Villages since Ancient Times*, 28쪽.

7 Interview by Teddy Katz with Tuvia Lishanski. Pappe, *Tantura*를 보라.

8 Salman Natur, *Anta al-Qatil, ya-Shaykh*, 1976 (출판사 없음)에는 목격자들의 회고 가 실려 있다. 유엔 문서 기록을 샅샅이 조사한 마이클 팔룸보는 유엔이 이스라엘의 즉결 처형 방식을 알고 있었다고 전한다. *The Palestinian Catastrophe*, 163~174쪽.

9 IDF Archives, 49/5205/58n, 1 June 1948.

10 Israeli State Archives, 2750/11 a report of the intelligence officer to Ezra Danin, 29 July 1948.

11    IDF Archives, 49/6127, File 117, 3 June 1948.

12    Israeli State Archives, 2566/15, 시모니가 작성한 다양한 보고서.

13    한 예로 다음을 보라. Orders to the Carmeli Brigade in the Hagana Archives, 100/29/B.

14    ww.palestineremembered.com에서 구술사 증언을 보라.

15    Morris, *The Birth of the Palestinian Refugee Problem*, 198~199쪽.

16    Ben-Gurion's *Diary*, 16 July 1948.

17    IDF Archives, 49/6127, File 516.

18    Report by the Intelligence Officer of the Northern Front to the HQ, 1 August 1948 in IDF Archives, 1851/957, File 16.

19    *The New York Times*, 26 and 27 July 1948.

20    Khalidi (ed.), *All That Remains*, 148쪽.

21    *The Encyclopedia of Palestine*, Lydda 항목.

22    Dan Kurzman, *Soldier of Peace*, 140~141쪽.

23    Ben-Gurion's *Diary*, 11, 16 and 17 July 1948 (그는 정말로 강박에 사로잡혀 있었다).

24    위의 책, 11 July 1948.

25    Ben-Gurion's *Diary*, 18 July 1948.

26    위의 책.

27    Interview with Sela (2장 주 31을 보라).

28    Nazzal, *The Palestine Exodus*, 83~85쪽.

29    IDF Archives, 49/6127, File 516.

30    베두인족 추방에 관한 자세한 설명은 Nur Masalha, *A Land Without a People: Israel*, Transfer and the Palestinians에서 볼 수 있다.

31    IDF Archives, File 572/4, a report from 7 August 1948.

32    위의 자료. 51/937, Box 5, File 42, 21 August 1948.

33    위의 자료.

34    IDF Archives, 549/715, File 9.

35    위의 자료. 51/957, File 42, Operation Alef Ayn, 19 June 1948.

## 8. 임무 완수: 1948년 10월~1949년 1월

1    Morris, *The Birth of the Palestinian Refugee Problem*, 305~306쪽.

2    난민들이 현재 사는 위치와 원래 살던 마을에 관한 자세한 정보는 Salman Abu Sitta, *Atlas of Palestine 1948*에서 볼 수 있다.

3    Nazzal, *The Palestinian Exodus*, 95~96쪽; Morris, *The Birth of the Palestinian Refugee Problem*, 230~231쪽; Khalidi, (ed.), *All That Remains*, 497쪽.

4  구술사 증언은 2001년 4월 25일 무함마드 압둘라 에지하임이 www.palestineremembered.com에 게시했고, 문서 기록 증거는 Hashomer Ha-Tza'ir Archives, Aharon Cohen, private collection, a memo from 11 November, 1948에서 볼 수 있다.

5  이 내용은 살림과 셰하데흐 슈레이데흐Shehadeh Shraydeh를 인터뷰한 에지하임의 증언에 등장한다.

6  Morris, *The Birth of the Palestinian Refugee Problem*, 194~195쪽.

7  이끄리트에서 벌어진 사건에 관한 간결한 보고서가 담긴 공식 웹 사이트가 있다. www.iqrit.org.

8  Daud Bader (ed.), *Al-Ghabsiyya; Always in our Heart*, Center of the Defence of the Displaced Persons' Right, May 2002 (Nazareth, 아랍어).

9  IDF Archives, 51/957, File 1683, Battalion 103, company C.

10  위의 자료, 50/2433, File 7.

11  위의 자료, 51/957, File 28/4.

12  위의 자료, 51/1957, File 20/4, 11 November 1948.

13  Morris, *The Birth of the Palestinian Refugee Problem*, 182쪽.

14  IDF Archives, 51/957, File 42, Hiram Operative Commands and 49/715, File 9.

15  United Nation Archives, 13/3.3.1 Box 11, Atrocities September-November.

16  IDF Archives, The Committee of Five Meetings, 11 November 1948.

17  위의 자료.

18  *Ha-Olam ha-Ze*, 1 March 1978; *Journal of Palestine Studies*, vol. 7/4 (Summer 1978), no. 28, 143~145쪽에 공개된 현지 이스라엘 사령관 도브 이르미야의 증언. 이르미야는 수치를 언급하지 않지만 레바논의 이 마을들로 이루어진 협회 웹 사이트에는 수치가 나와 있다. Issah Nakhleh, *The Encyclopedia of the Palestine Problem*, 15장을 보라.

19  IDF Archives, 50/121, File 226, 14 December 1948.

20  Michael Palumbo, *Catastrophe*, 173~174쪽.

21  Hagana Archives, 69/95, Doc. 2230, 7 October 1948.

22  IDF Archives, 51/957, File 42, 24 March 1948 to 12 March 1949.

23  *The New York Times*, 19 October 1948.

24  'Between Hope and Fear: Bedouin of the Negev', Refugees International's report 10 February, 2003; Nakhleh, 위의 책, 11장 2~7절.

25  야세르 알반나Yasser al-Banna가 하빕 자라다와 인터뷰를 해서 2002년 5월 15일 '이슬람온라인Islam On Line'에 발표했다.

26  모두 Morris, *The Birth of the Palestinian Refugee Problem*, 222~223쪽에 언급된 내용이다.

27  유대 군대는 대규모 탈출을 부추기려는 의도적인 시도로 아랍 주민들에게 겁을 주고

사기를 저하시키기 위해 심리전이라고 설명할 수밖에 없는 광범위한 전략을 사용했다. 아랍어 라디오 방송에서는 아랍인들 한가운데에 배신자들이 있다고 경고하면서 팔레스타인인들이 지도자에게 버림을 받았다고 설명하는 한편 아랍 민병대들이 아랍 민간인들을 상대로 범죄를 저지르고 있다고 비난했다. 질병의 공포도 퍼뜨렸다. 아예 노골적으로 확성기 트럭을 사용하는 전술을 구사하기도 했다. 마을과 도시에 거주하는 팔레스타인인들에게 모두 살해당하기 전에 도망치라고 재촉하거나 유대인들이 독가스와 원자 폭탄을 사용하고 있다고 경고하거나 또는 '공포를 불러일으키는 소리'— 비명과 신음 소리, 사이렌 소리, 화재 경보 소리—를 녹음해서 틀기도 했다. Erskine Childers, 'The Wordless Wish: From Citizens to Refugees', in Ibrahim Abu-Lughod (ed.), *The Transformation of Palestine*, 186~188쪽; Palumbo, *The Palestinian Catastrophe: The 1948 Expulsion of a People from Their Homeland*, 61~62, 64, 97~98쪽 등을 보라.

### 9. 점령의 추한 얼굴

1    IDF Archives, 50/2433, File 7, Minorities Unit, Report no. 10, 25 February 1949.

2    이런 명령은 이미 1948년 1월에 하나의 형태로 내려졌다. IDF Archives, 50/2315, File 35, 11 January 1948.

3    IDF Archives, 50/2433, File 7, Operation Comb, 날짜 없음.

4    IDF Archives, 50/121, File 226, Orders to the Military Governors, 16 November 1948.

5    Ben-Gurion's *Diary*, 17 November, vol. 3, 829쪽.

6    IDF Archives, 51/957, File 42, report to HQ, 29 June 1948.

7    IDF Archives, 50/2315 File 35, 11 January 1948.

8    Aharon Klien, 'The Arab POWs in the War of Independence' in Alon Kadish (ed.), *Israel's War of Independence 1948-9*, 573~574쪽을 보라.

9    IDF Archives, 54/410, File 107, 4 April 1948.

10    다음의 적십자 문서를 제공해준 살만 아부 시타에게 감사한다. G59/I/GG 6 February 1949.

11    Al-Khatib, *Palestine's Nakbah*, 116쪽.

12    위의 책.

13    주 10을 보라.

14    주 4를 보라.

15    이 내용은 Yossef Ulizki, *From Events to A War*, 53쪽에도 나온다.

16    Palumbo, *The Palestinian Catastrophe*, 108쪽.

17    주 4를 보라.

18    Dan Yahav, *Purity of Arms: Ethos, Myth and Reality, 1936-1956*, 226쪽.

19 주 15를 보라.

20 주 4를 보라.

21 주 4를 보라.

22 Interview with Abu Laben, in Dan Yahav, *Purity of Arms: Ethos, Myth and Reality, 1936-1954*, Tel-Aviv: Tamuz 2002, 223~230쪽.

23 Ben-Gurion's *Diary*, 25 June 1948.

24 이 회담의 회의록은 톰 세게브Tom Segev가 자신의 저서 『1949-최초의 이스라엘인들 1949-The First Israelis』에 전문을 실었고, 국가 문서 보관소에서 찾아볼 수 있다.

25 회의록 전체는 Tom Segev, *1949-The First Israelis*, Jerusalem Domino, 1984, 69~73 쪽을 보라.

26 위의 책.

27 위의 책.

28 위의 책.

29 위의 책.

30 Ben-Gurion's *Diary*, 5 July 1948을 보라.

31 IDF Archives, 50/121, File 226, report by Menahem Ben-Yossef, Platoon commander, Battalion 102, 26 December 1948.

32 Ben-Gurion's *Diary*, 5 July 1948.

33 Ben-Gurion's *Diary*, 15 July 1948.

34 Pappe, 'Tantura'.

35 Ben-Gurion, As Israel Fights, 68~69쪽.

36 Ben-Gurion's *Diary*, 18 August 1948.

37 위의 책.

38 David Kretzmer, *The Legal Status of Arabs in Israel*.

39 Tamir Goren, *From Independence to Integration: The Israeli Authority and the Arabs of Haifa, 1948-1950*, 337쪽; Ben-Gurion's *Diary*, 30 June 1948.

40 Ben-Gurion's *Diary*, 16 June 1948.

41 이 절의 모든 정보는 나엘 나클레Nael Nakhle가 2005년 9월 14일 〈알아우다Al-Awda〉에 쓴 글에 바탕을 둔 것이다(런던에서 아랍어로 출간).

42 Benvenisti, *Sacred Landscape*, 298쪽.

43 Weitz, *My Diary*, vol. 3, 294쪽, 30 May 1948.

44 Hussein Abu Hussein and Fiona Makay, *Access Denied: Palestinian Access to Land in Israel*.

45 *Ha'aretz*, 4 February 2005.

## 10. 나크바의 기억 학살

1  유대 민족 기금의 웹 사이트 주소는 www.kkl.org.il이다. 내용이 제한된 영어판 사이트는 www.jnf.org.il인데, 이 장의 정보는 대부분 여기서 가져온 것이다.
2  Khalidi (ed.), *All That Remains*, 169쪽.
3  이스라엘 히브리어로 '*kfar*'는 보통 "'팔레스타인' 마을'을 뜻한다. 히브리어에서는 그 대신 '이슈브*yishuv*(정착촌)', '키부츠*kibbutz*', '모샤브*moshav*' 등의 단어를 사용하기 때문에 '유대 마을'이란 존재하지 않는다.
4  Khalidi (ed.), *All That Remains*, 169쪽.

## 11. 나크바 부정과 <평화 협상 과정>

1  내가 '가짜 팔레스타인 해방 기구'라고 지칭한 1964~1968년 시기에 관해서는 Ilan Pappe, *A History of Modern Palestine: One Land, Two Peoples*를 보라.
2  Ramzy Baroud (ed.), *Searching Jenin: Eyewitness Accounts of the Israeli Invasion 2002*.
3  위의 책, 53~55쪽.
4  말 그대로 '귀환권 거부를 보장하기 위한 2001년 법률The Law for Safeguarding the Rejection of the Right of Return, 2001'이라는 이름이다.

## 12. 요새 이스라엘

1  아랍계 의원들은 세 정당 소속이다. 공산당(하다쉬Hadash), 아즈미 비샤라Azmi Bishara의 민족당National Party(발라드Balad), 이슬람 운동의 실용주의 세력이 구성한 통일 아랍 연합United Arab List이 그 주인공이다.
2  1895년 6월 12일 자 일기에서 헤르츨은 팔레스타인에 유대인 '사회'를 건설하는 데서 유대인을 위한 '국가'를 창설하는 방향으로 나아가자는 제안을 이야기한다. 독일어 원문에서 마이클 프라이어가 번역한 내용 재인용: Michael Prior, 'Zionism and the Challenge of Historical truth and Morality', in Prior (ed.), *Speaking the Truth about Zionism and Israel*, 27쪽을 보라.
3  1947년 12월 3일 마파이당 본부 앞에서 한 연설. Ben-Gurion, *As Israel Fights*, 255쪽에 전문이 재수록됨.
4  *Yediot Achrinot*, 17 December 2003에서 재인용.
5  '손 떼기'는 물론 시온주의의 기만적 신조어로서 '점령 종식' 같은 용어를 사용하는 것을 피하고, 요르단강 서안과 가자지구 점령 세력인 이스라엘에게 국제법에 따라 지워진 의무를 회피하려고 고안해 낸 것이다.
6  Ruth Gabison, *Ha'aretz*, 1 December, 2007. 히브리어 원문은 다음과 같다. '*Le-Israel*

*yesh zkhut le-fakeah al ha-gidul ha-tivi shel ha-'Aravim'.'*

7    이스라엘의 아랍계 유대인을 가리키는 미즈라히라는 용어는 1990년대 초에 쓰이기 시작했다. 엘라 쇼하트가 설명하는 것처럼, 이 단어는 '아슈케나지'와는 정반대의 의미를 고스란히 함축하는 한편 '수많은 함의를 응축하고 있다. 미즈라히는 동양 세계의 과거를 찬양하고, 이스라엘 자체 내에서 발전한 범동양 공동체를 확인하며, "아랍-무슬림의 동양과 다시 공존하는 미래를 환기시킨다". Ella Shohat, 'Rupture and Return: A Mizrahi Perspective on the Zionist Discourse', *MIT Electronic Journal of Middle East Studies 1*[2001] (강조는 필자가 덧붙임).

8    이스라엘이 1980년대에 에티오피아에서 들여온 '흑인' 유대인은 곧바로 주변부의 빈민 지역으로 추방되었고 오늘날 이스라엘 사회에서 거의 눈에 보이지 않는다. 이 사람들에 대한 차별은 심각하며 그들의 자살률도 높다.

## 에필로그

1    *Ha'aretz*, 9 May 2006.

## 개정판 옮긴이의 말

2006년 처음 나온 이 책에서 지은이는 1948년 전후로 팔레스타인에서 벌어진 아랍인 추방과 마을과 도시 파괴, 즉 팔레스타인 "종족 청소"가 급작스럽게 벌어진 이스라엘-아랍 전쟁이라는 혼란 상황에서 불가피하게 일어난 "부수적 피해"가 아니라 시온주의 세력이 이전부터 구상하고 몇 년 앞서 체계적으로 기획한 결과물이라고 지적해서 전 세계의 주목을 받았다. 벤구리온을 중심으로 한 강경 시온주의 지도부가 비공식적인 "협의체"를 이루어 팔레스타인 땅을 유대인이 독차지하기 위해 기획한 "플랜 달렛"이라는 종족 청소 계획이 낳은 비극이라는 주장이었다.

이 책에서 지은이는 1948년을 전후로 벤구리온의 측근인 10여 명이 매주 수요일 레드하우스에 모여서 팔레스타인 아랍인을 겨냥한 "종족 청소"를 기획하고 실행한 과정을 촘촘하게 엮어 낸다. 공식 역사에는 전혀 남아 있지 않은 이 "협의체"를 추적하기 위해 벤구리온의 일기와 편지, 훗날 협의체 성원들이 남긴 회고록과 자서전, 이스라엘 방위군 자료,

팔레스타인인들의 구술사 등을 모조리 뒤져서 당시 벌어진 추방이나 학살, 성폭력 등의 날짜를 일일이 끼워맞추면서 "종족 청소"의 역사를 재구성한 역작이다. 이름도 생소한 팔레스타인 마을들이 숱하게 등장하고(지금은 대부분 히브리어 이름이나 성서에서 따온 새로운 이름, 또는 아랍어의 흔적을 지우려고 변형시킨 이름으로 바뀌었다), 거의 천편일률적인 방식으로 진행된 종족 청소 작전이 날짜와 사망자, 쫓겨난 주민 수만 다른 채로 계속 등장해서 독자를 질리게 만든다. 거의 8장까지 이런 비슷비슷한 사례들이 줄줄이 이어진다.

지은이가 1948~1949년의 몇 달간 벌어진 사태를 이토록 집요하게 추적하는 것은 오늘날까지 70여 년을 이어오는 이스라엘-팔레스타인 분쟁 해결의 실마리를 찾으려면 이스라엘 건국 당시 벌어진 일의 실체를 정확하게 규명하고 거기서 교훈을 얻어야 하기 때문이다. 팔레스타인인들이 나크바(재앙)라고 부르는 당시 사태에서 팔레스타인 땅에서 쫓겨난 75만 명의 난민은 이스라엘의 공식 서사에서 말하는 대로 "진격하는 아랍 군대에 길을 내주기 위해" 자진해서 떠난 것이 아니다. 시온주의 지도부가 치밀하게 기획한 종족 청소 작전 때문에 어쩔 수 없이 쫓겨난 것이다. 하가나와 이르군 등 유대 군대는 마을과 도시를 포위하고, 주택을 파괴, 방화하고, 아랍인들의 재산과 소지품을 빼앗고, 남자들은 수용소에 가두고, 여자와 어린이, 노인까지 쫓아냈다. 그리고 다시 돌아오지 못하게 마을과 도시를 파괴하고 지뢰를 묻었다. 이는 아랍 5개국 군대가 개입해서 정식으로 전쟁이 벌어지기 전부터 진행된 작전이었고, 유엔 분할안에서 팔레스타인 땅으로 지정된 지역도 예외는 아니었다. 강경 시온주의 세력은 애초부터 팔레스타인 아랍인과 이 땅을 분할하고 공존할 생각이 없었다. 3년 전 벌어진 홀로코스트의 공포가 배경이었다고 하나 팔레스타인 아랍인에 대한 유럽 유대인의 인종주의가 내면 깊숙이 도사리고 있었기 때문에 가능한 일이었다.

이렇게 거대한 인구를 강제 추방한 역사가 지금까지 이어지고 있다. 아랍과 이스라엘의 네 차례 전쟁과 이후 헤즈볼라-이스라엘 전쟁, 지금의 하마스-이스라엘 전쟁에 이르기까지 1948년 팔레스타인 종족 청소가 낳은 분쟁이 양상을 달리하며 계속되는 것이다. 이스라엘은 이런 분쟁을 군사력 강화로만 해결하려 하면서 전쟁 승리로 이스라엘의 팔레스타인 지배를 기정사실화하는 데만 골몰했다. 지은이는 이런 맥락에서 2000년대 초반까지 이어진 이스라엘의 점령과 가자지구 고립, 하마스와 헤즈볼라에 대한 군사 공격을 지적하면서 "훨씬 더 파괴적인 충돌과 유혈 사태가 벌어질 위험성은 어느 때보다도 더욱 크다"(431쪽)는 경고로 책을 마무리했다. 하지만 안타깝게도 지은이의 경고는 현실이 되어 2023년 10월 7일 하마스의 전투원들이 대대적인 로켓 공격과 동시에 분리 장벽을 뚫고 이스라엘에 진입해서 이스라엘인과 외국인 1,100여 명을 살해하고, 251명을 인질로 끌고 갔다. 이때 이스라엘에 침투한 하마스 전투원 3,000명은 아마 대부분 소년 시절을 봉쇄된 가자지구에서 보내면서 분노를 키웠을 것이다. 부모와 조부모에게서 나크바 이야기를 전해들으면서.

10개월째 계속되는 전쟁에서 가자지구의 사망자는 38,848명이고, 이스라엘 쪽은 민간인 842명, 군경 779명이다. 하지만 10월 7일 하마스의 공격에서 많은 희생자가 나온 이스라엘 도시 스데로트가 "세상에서 가장 잔인한 극장(스데로트 시네마)"이라고 불리던 곳이었다는 사실은 의미심장하다. 이스라엘이 가자지구에 미사일을 발사할 때마다 스데로트의 언덕에 늘어선 이스라엘인들이 불타는 가자지구를 보며 환호성을 지르는 장면이 전 세계 외신에 많이 등장한 까닭에 붙은 별명이다.

현재 이스라엘은 하마스를 완전히 박멸하겠다고 민간 병원과 안전지대까지 무차별 폭격을 하며 팔레스타인 민간인을 무수히 살해하고 있지만, 지금까지의 역사가 보여주는 것처럼 500만 명이 넘는 팔레스타인 인구 전체를 몰살하지 않는 한 제2, 제3의 하마스가 계속 등장할 것이다. 종족 청소라는 반인도적 범죄를 바탕으로 나라를 세우고, 팔레스타인 난민의 귀환을 가로막고, 요르단강 서안과 가자지구에서 유대인 정착촌 확대와 봉쇄 정책으로 계속 괴롭히는 한, 이스라엘은 1948년에 종족 청소까지 자행하면서 그토록 원했던 평화와 안전을 결코 누리지 못할 것이다.

2024년 7월
유강은

## 초판 옮긴이의 말

　이스라엘 출신의 일란 파페가 현재 영국 엑시터대학에서 교수로 있는 데에는 다른 학자들과 달리 유별난 사정이 있다. 1930년대 나치의 박해를 피해 팔레스타인 땅으로 도망친 독일계 유대인 부모 밑에서 1954년 하이파에서 태어난 파페는 18세에 군에 징집되어 1973년에는 욤키푸르 전쟁에 참전했다. 출신상 이스라엘 사회의 주류 유대인이라 할 수 있는 그가 이스라엘과 아랍의 갈등, 이스라엘의 원죄의 역사를 탐구하면서 이스라엘 건국 신화를 허물어뜨리자 어느새 그는 이스라엘 사회의 눈엣가시가 되었다. 팔레스타인 현대사, 그중에서도 특히 이스라엘 건국을 전후로 벌어진 학살과 추방의 역사를 추적하는 데 집중하는 한편, 이스라엘의 양심적인 유대인들이 중심이 된 평화 운동과 정치 운동에도 관여하는 과정에서 그는 끊임없이 협박을 받고 학계에서는 왕따를 당했다.

　그 와중에 2005년에 이스라엘의 점령 정책에 항의하기 위해 영국을 비롯한 유럽에서 이스라엘에 대한 정치, 사회적 보이콧의 일환으로 점령 정책에 협조하는 이스라엘대학을 겨냥한 보이콧 운동까지 벌어졌는데, 일란 파페가 자신이 재직하고 있던 하이파대학이 대상으로 포함된 이 운동을 지지한 것이 사단이 되었다. 당시 하이파대학 총장은 보이콧 운동을 지지하려면 파페 스스로 보이콧을 실천해서 대학을 떠나라고 요구했다. 아이러니하게도 1948년에 팔레스타인인들이 '자진해서' 떠났다는 게 이스라엘의 공식적인 서술인데, 총장도 파페에게 '자진해서' 사임할 것을 압박했다. 징계 절차를 밟지는 않겠다고 하면서도 '학문의 자유'를 위협하는 보이콧을 지지하는 일은 '도덕적으로 용납하기 힘들다'는 것이었다. 지은이가 '감사의 말'에서 자기 때문에 가족이 '고생'했다고 에둘러 말하는 것처럼, 그전부터도 그와 가족은 협박 전화와 유무형의 불이익에 시달렸다고 한다. 그렇게 해서 도망치듯 영국으로 옮겨가기 직전에 이 책을 출간한 사실은 의미심장하다.

흔히 이스라엘의 공식 역사를 바로잡는 '새로운 역사'의 일원으로 평가받는 파페가 더 나아가 '수정주의자들의 수정주의자'라는 악명까지 얻은 데는 이 책이 톡톡히 기여했다. 1948년의 이스라엘 건국을 이스라엘은 '독립 전쟁'이라고 부르는 반면, 팔레스타인인들은 '나크바', 즉 재앙이라고 부른다. 영국인들이 팔레스타인에서 철수한 1947년 이후 이스라엘의 초대 총리이자 건국의 아버지인 벤구리온을 필두로 한 시온주의 지도자들은 팔레스타인을 '탈아랍화'하기 위해 무력 행동에 나섰다. 1947년 11월에 유엔이 팔레스타인을 유대 국가와 아랍 국가로 분할하는 결의안 제181호를 통과시킨 이래 양쪽은 전투를 계속했다. 1948년 5월 이스라엘이 독립을 선포했을 때 이미 팔레스타인인 25만 명이 난민 신세로 전락한 상태였다. 그리고 독립 선포 직후에 80만 명에 육박하는 팔레스타인인이 쫓겨났다. 이스라엘 공식 역사는 이에 대해 아랍 군대가 들어오자 팔레스타인인들이 '자진해서' 길을 내주고 떠났다고 말한다. 반면 수정주의 역사학자들은 군사 문서 기록을 토대로 당시 유대 군대와 준군사 조직들이 팔레스타인 민간인들을 상대로 협박과 추방, 재산 강탈과 학살을 자행했음을 밝혔다. 정규 전쟁과 게릴라전이 뒤섞인 상황에서 불가피한 비극이 일부 벌어졌다는 것이다. 파페는 여기서 더 나아가 이런 비극이 부분적으로 계획되고 지역에 따라 상이하게 벌어진 게 아니라 벤구리온을 비롯한 초기 시온주의 지도자들의 원대한 구상이 실현된 결과라고 주장한다. 시온주의 지도자들은 팔레스타인을 '탈아랍화'해서 오로지 유대인이 독점하는 국가를 세우고자 했는데, 이를 위해 전면적인 종족 청소 계획을 수립하고 체계적으로 실행했다는 것이 파페가 주장하는 주된 요지이다.

1990년대 유고슬라비아 내전을 계기로 생겨난 종족 청소라는 개념은 '특정한 지역이나 영토에서 종족이 뒤섞인 인구를 균일화하기 위해 강제로 쫓아내는' 행위로 정의된다. 파페는 1948년을 전후한 팔레스타인에서 벌어진 일이 바로 이와 같은 반인도적 범죄였다고 단언한다. '플랜 달렛'이라는 이름으로 진행된 종족 청소 때문에 '80만 명 가까이가 집에서 쫓겨나고, 마을 531곳이 파괴되고, 도시 동네 11곳이 사람이 살지 않는 곳'으로 바뀌었다. 지은이를 비판하는 이스라엘 주류학자들은 그가 당시 유대인들의 심적 상태, 즉 600만 명이 목숨을 잃은 홀로코스트 직후에 유대인들이 안전하게 살 수 있는 국가를 세우는 일에 절박하게 매달린 사정을 무시한다고 주장한다. 하지만 그는 치밀하게 계획되고 조직적으로 실행된 '종족 청소'는 이런 정상 참작의 여지조차 없는 범죄라고 대꾸한다. 그러면서 이렇게 되묻는다. "또다시 피할 길 없는 질문이 제기된다. 홀로코스트가 벌어지고 3년 뒤에 이 비참한 사람들이 지나가는 모습을 지켜보는 유대인들의 마음속에는 과연 어떤 생각이 떠올랐을까?"

역사와 기억에서 깡그리 지워진 당시 사건의 진상을 재구성하기 위해 파페는 입수 가능한 모든 자료를 동원한다. 당대의 군사 기록을 뒤지고, 특히 종족 청소를 기획한 주역들, 벤구리온을 비롯한 시온주의 지도자들의 일기와 기록에 단편적으로 등장하는 서술, 피해 당사자인 아랍인들의 구술 등을 짜 맞추어 이스라엘의 가장 어두운 비밀에 다시 빛을 비춘다. 당시의 종족 청소는 이후에도 강도만 약해졌을 뿐 계속 재발하고 있고, 종족 청소를 바탕으로 세워진 이스라엘은 거대한 아파르트헤이트 체제에 다름 아니다. 무엇보다도 유대인과 아랍인이 지금까지 계속되는 충돌을 그만두고 평화롭게 공존하는 미래를 만들기 위해서는 이스라엘이 허구의 역사에 근거한 자기기만을 벗어던지고 과거의 만행에 대한 법적, 도덕적 책임을 져야만 한다. 그런 연후에야 팔레스타인 아랍인들도 현실을 인정하고 공존의 길을 모색하는 첫걸음을 뗄 수 있기 때문이다. 그래서 지은이는 역사 바로 세우기를 포기하지 않는다. "이것은 거듭 이야기해야 하는 사실이다. '아랍의 침략'이 시작되자 '아랍인'들이 도망쳤다는 이스라엘이 꾸며 낸 이야기를 허물어뜨리는 내용이기 때문이다. 아랍 각국 정부가 결국, 우리가 아는 것처럼 마지못해, 군대를 보내기로 결정했을 때에는 이미 아랍 마을 절반 가까이가 공격을 당한 상태였다."

1948년 이후 팔레스타인 마을의 잔해는 공원과 자연 보호 구역으로 바뀌었고, 팔레스타인인들이 농사짓던 들과 올리브밭은 키부츠나 유대인 이민자 주택 단지로 바뀌었다. 아랍어 마을 이름도 히브리어로 변형되거나 아예 고대 이스라엘에서 따온 새로운 이름이 붙었다. 홀로코스트에서 가까스로 살아남은 유대인들이 유엔의 권고에 따라 사람이 거의 살지 않는 황량한 사막으로 이주해서 불모의 땅을 초록이 우거진 이스라엘로 만들었다는 신화. 이런 신화가 만들어진 것은 혹시라도 국제 사회가 이스라엘의 팔레스타인인 강제 추방에 제재를 가할까 두려웠기 때문이다. 그리고 팔레스타인인들이 돌아올 여지를 아예 없애 버리기 위해서였다. 하지만 역사는 아무리 지우려 해도 완전히 말살하지는 못한다고 지은이는 단호히 말한다. 그리고 지금이라도 왜곡된 역사를 바로잡고 새로운 공존의 미래를 모색해야 한다고 간곡하게 호소한다. 식민지 역사를 경험한 우리에게도 역사와 기억에 대한 지은이의 호소가 울림을 주었으면 좋겠다.

2017년 8월
유강은

# 찾아보기

지은이 **일란 파페(Ilan Pappe)**

1954년 이스라엘 하이파에서 태어났다. 나치의 박해를 피해 독일에서 이스라엘로 건너온 유대인 부모의 슬하에서 자랐다. 18세에 이스라엘 방위군(IDF)에 징집되어 욤키푸르 전쟁에 참전했다. 1978년 예루살렘의 히브리대학을 졸업했고, 영국의 저명한 역사학자 앨버트 후라니와 로저 오웬의 지도 아래 1984년 옥스퍼드대학에서 역사학으로 박사학위를 받았다. 1984년부터 2007년까지 이스라엘 하이파대학 정치학과 교수로 재직하였으나, 기존 이스라엘의 건국에 관한 주류 역사관에 저항하고, 자국이 팔레스타인에 자행한 전쟁 범죄와 참혹한 추방의 역사에 대한 지속적인 연구 활동으로 일부 시민들의 살해 협박과 동료 교수들로부터 배척을 받으며 쫓겨나듯 영국 엑시터대학으로 자리를 옮겼다. 현재 엑시터대학의 교수이자, 유럽 팔레스타인 연구 센터 소장, 엑시터 민족정치학 센터 공동 소장을 맡고 있다.

주요 저서로는 『영국과 아랍-이스라엘 갈등, 1948-51Britain and the Arab-Israeli Conflict, 1948-51』(1988), 『팔레스타인 종족 청소The Ethnic Cleansing of Palestine』 (2007), 『이스라엘의 개념The Idea of Israel』(2014), 『이스라엘에 대한 열 가지 신화Ten Myths About Israel』(2017) 등이 있다. 노엄 촘스키와 함께 쓴 『위기의 팔레스타인과 가자 The On Palestine and Gaza in Crisis』(2011)가 있다.


옮긴이 **유강은**

국제문제 전문 번역가. 옮긴 책으로 『팔레스타인 실험실』, 『팔레스타인 100년 전쟁』, 『나의 팔레스타인 이웃에게 보내는 편지』, 『팔레스타인 현대사』 등이 있다. 『미국의 반지성주의』로 제58회 한국출판문화상(번역부문)을 수상했다.

# 팔레스타인 종족 청소
**이스라엘의 탄생과 팔레스타인의 눈물**

초판 1쇄 인쇄 2024년 11월 15일
초판 1쇄 발행 2024년 11월 25일

지은이 일란 파페
옮긴이 유강은

기획 조성진 | 편집 이고호 이희연 | 디자인 이정민 이원경
마케팅 김선진 김다정 | 저작권 박지영 형소진 최은진 오서영
브랜딩 함유지 함근아 박민재 김희숙 이송이 박다솔 조다현 배진성
제작 강신은 김동욱 이순호 | 제작처 한영문화사(인쇄) 신안제책사(제본)

펴낸곳 (주)교유당 | 펴낸이 신정민
출판등록 2019년 5월 24일 제406-2019-000052호

주소 10881 경기도 파주시 회동길 210
문의전화 031.955.8891(마케팅) 031.955.2680(편집) 031.955.8855(팩스)
전자우편 gyoyudang@munhak.com

인스타그램 @gyoyu_books | 트위터 @gyoyu_books | 페이스북 @gyoyubooks

ISBN 979-11-93710-74-6  03910